Jürgen Jekewitz · Michael Melzer · Wolfgang Zeh (Hrsg.)

Politik als gelebte Verfassung · Festschrift für Friedrich Schäfer

Politik als gelebte Verfassung

Aktuelle Probleme des modernen Verfassungsstaates

Festschrift für Friedrich Schäfer

Herausgegeben von
Jürgen Jekewitz · Michael Melzer ·
Wolfgang Zeh

Springer Fachmedien Wiesbaden GmbH

CIP-Kurztitelaufnahme der Deutschen Bibliothek

Politik als gelebte Verfassung: aktuelle Probleme
d. modernen Verfassungsstaates; Festschr. für
Friedrich Schäfer/hrsg. von Jürgen Jekewitz ...

ISBN 978-3-531-11500-9 ISBN 978-3-322-87747-5 (eBook)
DOI 10.1007/978-3-322-87747-5
NE: Jekewitz, Jürgen [Hrsg.]; Schäfer, Friedrich:
Festschrift.

Umschlaggestaltung: Horst Dieter Bürkle, Darmstadt

ISBN 978-3-531-11500-9

Inhalt

Zur Einführung

Am 6. April 1980 vollendet Friedrich Schäfer sein 65. Lebensjahr. Freunde, Kollegen, politische Weggefährten und Mitarbeiter widmen diese Festgabe einer Persönlichkeit, deren Lebensweg Politik, Wissenschaft und Verwaltung in eindrucksvoller Weise miteinander verbindet.

Friedrich Schäfer wuchs im württembergischen Sindelfingen als Sohn eines Steinmetzes auf Sein Studium der Rechtswissenschaft in Tübingen und Berlin schloß er 1938 mit dem ersten Staatsexamen und der Promotion zum Dr. jur. ab. Von 1939 bis zu einer schweren Verwundung im Jahre 1943 war er dann Soldat. Anschließend legte er die Große Juristische Staatsprüfung ab. Bis Kriegsende Rechtsanwalt in Stuttgart, dann beim Landratsamt in Biberach tätig, erhielt Friedrich Schäfer seine erste große Aufgabe als Staatskommissar des Landes Württemberg-Hohenzollern für die Umsiedlung der Flüchtlinge und als Mitglied der Technical Assistance Commission der ECA zur Entwicklung des Sonne-Plans für die Lösung der Flüchtlingsfrage. In diese Zeit fällt seine Begegnung mit Fritz Erler, die seinen Weg in die Politik bestimmte. Ab 1951 war er Leiter württembergischer und badischer Landespolizeidirektionen und der Landespolizeischule in Freiburg.

Seit 1957 gehört Friedrich Schäfer für die SPD dem Deutschen Bundestag an, zwischen 1961 und 1966 als Parlamentarischer Geschäftsführer seiner Fraktion. 1967 legte er das Mandat nieder, um als Staatssekretär in dem von Carlo Schmid geleiteten Bundesministerium für Angelegenheiten des Bundesrates und der Länder vor allem an der Vorbereitung der Großen Finanzreform mitzuwirken. 1969 wieder in den Bundestag gewählt und seither ununterbrochen stellvertretender Vorsitzender seiner Fraktion, wurde Friedrich Schäfer der Vorsitz in zahlreichen parlamentarischen Gremien übertragen, darunter von 1969 bis 1976 im Innenausschuß, in der von 1971 bis 1976 tagenden Enquete-Kommission Verfassungsreform, daneben in einem Untersuchungsausschuß der 7. Wahlperiode; hervorzuheben ist auch seine Mitgliedschaft im Wahlmännerausschuß zur Wahl der Bundesverfassungsrichter und im Vermittlungsausschuß.

Als Honorarprofessor lehrt Friedrich Schäfer seit 1967 an der Universität Köln und seit 1969 außerdem an der Universität Tübingen. Seit 1972 ist er Mitglied des bremischen Staatsgerichtshofes. Er ist Vorsitzender des Vereins für Verwaltungsreform und Verwaltungsforschung in Bonn, Vizepräsident der Gesellschaft zur Förderung des Forschungsinstituts für Politische Wissenschaft und Europäische Fragen an der Universität in Köln und Vorsitzender des Auswahlausschusses der Friedrich-Ebert-Stiftung für die Stipendiatenförderung. Zahlreiche wissenschaftliche Vereinigungen wie die Deutsche Vereinigung für Politische Wissenschaft, der Deutsche Juristentag, die Freiherr-vom-Stein-Gesellschaft und die Deutsche Vereinigung für Parlamentsfragen zählen ihn zu ihren Mitgliedern. 1979 wurde er zum Vizepräsidenten des Deutschen Städte- und Gemeindebundes gewählt.

Der Blick auf diese Lebensstationen zeigt eine Spannweite von Aufgaben und Interessen, wie sie in diesem Umfang selten in einer Person anzutreffen sind. Friedrich Schäfer hat, vielfach zugleich, als Politiker, akademischer Lehrer, Beamter und Verfassungsrichter gewirkt Viele weitere Tätigkeiten wie seine langjährige Arbeit im Vermittlungsausschuß, seine Mitgliedschaft im Haushaltsausschuß und in weiteren Ausschüssen des Bundestages, im Bundes- und Landesvorstand seiner Partei und in vielen anderen Bereichen lassen sich kaum auch nur vollständig aufzählen. Dabei hat Friedrich Schäfer sich immer verpflichtet gefühlt, Aufgaben und Verantwortung zu übernehmen und sich mit Arbeit beladen zu lassen; von bloß repräsentativen oder nominellen Funktionen hat er nie viel gehalten.

In seiner politischen Arbeit versteht Friedrich Schäfer sich überzeugt und konsequent als Parlamentarier. Das belegen sein Standardwerk über den Bundestag und zahlreiche andere Veröffentlichungen zu Parlamentsfragen ebenso wie seine Funktionen im Bundestag und seine Art ihrer Wahrnehmung. Die Dominanz und Konzentration der politischen Willensbildung in der Volksvertretung, die parlamentarische Kontrolle von Regierung und Verwaltung und die Integration der pluralistischen gesellschaftlichen Kräfte in den Staat als Aufgabe der Parteien sind, wie es dem Grundkonzept der Verfassung entspricht, Leitvorstellungen seiner Arbeit.

Von dieser Position aus setzte sich Friedrich Schäfer mit wesentlichen Fragen der staatlichen Ordnung politisch, wissenschaftlich und publizistisch auseinander. Viele der von ihm im Laufe der Jahre bearbeiteten Gebiete erfuhren eine vertiefte Erörterung in der Enquete-Kommission Verfassungsreform. Eine besondere Rolle spielte das richtige Verhältnis zwischen Parlament und Regierung im Rahmen des parlamentarischen Regierungssystems. Dem gehen im vorliegenden Band die Beiträge von Bundesjustizminister *Vogel*, Bundestagsvizepräsidentin *Annemarie Renger* und Professor *Scharpf* nach, wobei die beiden letzteren sich besonders dem aktuellen Problem staatlicher Planung und der Aufgabe des Parlaments hierbei zuwenden. *Claus Arndt* als langjähriger Bundestagsabgeordneter und Professor *Stern*, beide wie Scharpf Mitglieder der Enquete-Kommission, behandeln speziellere Fragen aus diesem Zusammenhang. Die Beiträge von *Carl Otto Lenz*, dem Vorsitzenden des Rechtsausschusses des Bundestages, und Staatssekretär Professor *Schreckenberger* aus Rheinland-Pfalz befassen sich mit Problemen des Verfahrens und der Ergebnisse der Gesetzgebungsarbeit des Bundestages. Auch dieses Thema hat in der Enquete-Kommission, der beide – Lenz als einer ihrer stellvertretenden Vorsitzenden – angehörten, eine wichtige Rolle gespielt.

Mitglieder dieser Kommission waren seinerzeit auch Bundespräsident *Carstens* und Bundesverfassungsgerichtspräsident *Benda*. Ihre Beiträge zu diesem Band weisen über den innerstaatlichen Rahmen hinaus, indem sie Fragen der Außen- und der Europapolitik mit zentralen Feldern der Parlamentsfragen und des Grundgesetzes verbinden. Bundesaußenminister *Genscher*, mit dem Friedrich Schäfer als Innenausschußvorsitzender viele Jahre zusammenarbeitete, als jener das Innenressort leitete, schreibt über den Umweltschutz, ein Thema, das beiden ein zentrales Anliegen der gemeinsamen Arbeit wurde.

Probleme der bundesstaatlichen Ordnung bildeten nicht nur das Hauptaufgabengebiet der Enquete-Kommission, sondern beschäftigten Friedrich Schäfer schon früher intensiv, besonders in der Vorbereitung der 1969 verabschiedeten Reform der Finanzverfassung des Grundgesetzes. Aus dieser Zeit stammt die Verbindung zu Senator a. D. *Heinsen* aus Hamburg, mit dem Friedrich Schäfer in der Enquete-Kommission zum zweiten Male diese Grundfrage des Föderalismus beraten konnte. Den Zusammenhang zwischen Föderalismus und Parlamentarismus stellen mit Landtagspräsident *Lemke* – er war einer der stellvertretenden Vorsitzenden – und Professor *Böckenförde* ebenfalls zwei ehemalige Kommissionsmitglieder her.

Bundesfinanzminister *Matthöfer*, mit Friedrich Schäfer gemeinsam an zahlreichen politischen Aufgaben und Aufträgen beteiligt, behandelt die verfassungsrechtliche Ordnung der Gemeindefinanzen. Mit der Einordnung der kommunalen Spitzenverbände befaßt sich Direktor *Leidinger*; auch er war, mit kommunalverfassungsrechtlichem Schwerpunkt, Mitglied der Enquete-Kommission.

Den Föderalismus der Bundesrepublik Deutschland mit deren Parteiensystem zu verknüpfen unternimmt Professor *Kaltefleiter*, der mit Friedrich Schäfer durch die Kölner Universität verbunden ist. Dort bildete das Wahlrecht zum Bundestag in der Zeit der Großen Koalition einen Schwerpunkt von Schäfers Interesse; sein Reformkonzept, der Dreierwahlkreis, wurde letztlich ebensowenig verwirklicht wie eine anderweitige Reform des Wahlrechts. In dieser Frage, in der Politik und Wissenschaft besonders eng verflochten sind, hat sich damals wie schon zuvor Professor *Hermens* engagiert, der hier sein Thema in grundsätzlicher Weise anklingen läßt. Ebenso grundsätzlich sind die Fragen an den demokratischen Staat, die Professor *Mikat* stellt; mit ihm wirkte Friedrich Schäfer zuletzt bei der Begleitung der Forschungen des einst vom Bundestag ins Leben gerufenen Wissenschaftszentrums Berlin zusammen.

Ein Beitrag fehlt in diesem Band: der von *Carlo Schmid*. Er hatte ursprünglich in der Festgabe vertreten sein wollen, konnte dann aber seinen geplanten Aufsatz nicht mehr liefern. Wir halten es für erlaubt, ihn selbst zu Wort kommen zu lassen; er schreibt: „... Ich muß feststellen, daß ich die Zeit für einen unseres Freundes würdigen Beitrag nicht finden werde. Das ist eine schmerzliche Erkenntnis, aber eine Erkenntnis, vor der man nicht die Augen verschließen kann. So wird dann wohl die Festschrift ohne einen Beitrag von mir erscheinen müssen. Wie sehr es mich schmerzt, bei der Ehrung eines so guten alten Freundes fehlen zu müssen, brauche ich Ihnen wohl nicht zu sagen; aber ich kann in der Tat nicht anders als Ihnen dies zu sagen.“ –

Der Überblick zeigt einen Ausschnitt der wichtigsten Themen, denen Friedrich Schäfer sich gewidmet hat. Die Anzahl weiterer Gebiete und Gegenstände seines Interesses verbietet es, auf sie einzeln einzugehen. Kennzeichnend für sie alle ist der Bezug zur Verfassung; das Grundgesetz bildet den Hintergrund und die Schnittstelle der politischen Aktivitäten.

Friedrich Schäfers Verständnis des Grundgesetzes geht dabei über den Verfassungstext stets hinaus. Beispielhaft wird dies deutlich in seinen Sondervoten zum Schlußbericht der Enquete-Kommission; es kennzeichnet auch schon seinen Einsatz in der Diskussion um eine richtige Gestaltung der Notstandsverfassung, um den sogenannten Radikalenerlaß und um das Recht des öffentlichen Dienstes.

Politische Gestaltung der „Verfassung", in der das Gemeinwesen sich befindet, am Maßstab eines verbindlichen Konzepts von verfassungsrechtlich abgesicherten Werten – das ist für ihn der Auftrag des Politikers, der dadurch die Verfassung lebendig macht, sie aber auch lebendig erhält. Die innere Dynamik, die Fähigkeit zum Wandel und zur Anpassung der Verfassung ist in Schäfers Sicht freilich immer gebunden an den Konsens der politischen Kräfte über Richtung und Maß dieser Veränderungen der Verfassung als Bedingung ihrer Bestandskraft.

Diesem Konsens hat Friedrich Schäfer einen hohen Rang im politischen Alltag eingeräumt. Die Schärfe der Auseinandersetzung war für ihn nie das letzte Wort. Irgendwelche Flügel und Gruppierungen konnten ihn nicht für sich in Anspruch nehmen. Das Gespräch über die Grenzen von Parteien, Fraktionen und Gruppen hinweg prägte seinen politischen Stil. Dabei kam ihm nicht zuletzt wiederum seine Neigung zur fachlich-wissenschaftlichen Verarbeitung aktueller Streitfragen zustatten. Noch maßgeblicher hierfür wie für seine Grundeinstellung zur Politik dürfte aber die Prägung durch die Kriegs- und Nachkriegsjahre sein, die er mit so vielen seiner Altersgenossen teilt. Letzter Maßstab ist für ihn, ob und wie Politik den inneren und äußeren Frieden sichern kann. In Reden und Vorträgen, mehr noch im persönlichen Gespräch hat Schäfer immer wieder diesen Punkt erwogen, immer wieder gefragt, auf welche Weise besonders die Jugend vom Wert einer friedlichen demokratischen Ordnung überzeugt werden könne. Dies ist sein eigentliches Motiv, wenn er Studenten in der Universität Bedingungen und Zusammenhänge der praktischen Politik erläutert, wenn er sich in der Friedrich-Ebert-Stiftung mit Auswahl und Förderung der Stipendiaten befaßt, wenn er jugendliche Besuchergruppen im Bundestag mit der Arbeitsweise des Parlaments vertraut macht. Er hat oft seiner Genugtuung darüber Ausdruck gegeben, daß mittlerweile eine Generation in der Bundesrepublik erwachsen wurde und in verantwortliche Funktionen einrückt, die von Anfang an in einem friedlichen und demokratischen Gemeinwesen aufgewachsen ist. Sie ganz für den Staat zu gewinnen, ihn zu ihrer Angelegenheit werden zu lassen ist das, was man als sein Anliegen bezeichnen darf – auch wenn er selbst dieses Wort zu hochtrabend finden würde.

Eine nüchtern-pragmatische Grundhaltung prägt auch Friedrich Schäfers persönliche Lebensführung. Besonnenheit, Zurückhaltung, besonders auch die schwäbischen Tugenden der Solidarität und des Fleißes sind charakteristisch für ihn. Er hält das höchstmögliche Maß an Arbeit für selbstverständliche Parlamentarierpflicht und erwartet auch von anderen einiges in dieser Hinsicht. So hält er beispielsweise das aktuelle Bonner Problem ausreichender Präsenz der Abgeordneten im Plenarsaal trotz zahlreichen anderweitigen Verpflichtungen für ohne weiteres lösbar: In der Enquete-Kommission hat er sich für den Vorschlag eingesetzt, die Anwesenheit der Abgeordneten jedenfalls beim Gesetzesbeschluß bindend vorzuschreiben. Einsatz für die Belange anderer ohne großes Aufhebens, wenig persönlicher Aufwand, solche Eigenschaften bestimmen über Äußerlichkeiten hinaus seinen Stil auch bei Debatten und Verhandlungen, bei Publikationen und bei den ungezählten Vorträgen und Beiträgen, mit denen er politischen, wissenschaftlichen und gesellschaftlichen Vereinigungen und Organisationen regelmäßig zur Verfügung steht.

Friedrich Schäfer wird in diesem Jahr seine parlamentarische Arbeit im Bundestag beenden. Auf eine Fortführung seiner wissenschaftlichen, lehrenden und in vielfältiger Weise beratenden Tätigkeiten rechnen Autoren, Herausgeber und Verlag dieser Festschrift und wünschen ihm dafür noch viele Jahre fruchtbaren Wirkens.

Jürgen Jekewitz Michael Melzer Wolfgang Zeh

I. Repräsentative Demokratie und Regierbarkeit

Europa als Grundrechtsgemeinschaft

Von Prof. Dr. *Ernst Benda*,
Präsident des Bundesverfassungsgerichts, Karlsruhe

I.

Im Juni 1979 hat die erste Direktwahl zum Europäischen Parlament stattgefunden. Zum ersten Mal wurden die parlamentarischen Vertreter von rund 250 Millionen Menschen in einem gemeinsamen Wahlakt berufen. Dieses Ereignis kann weit über den Kreis der unmittelbar Beteiligten hinaus von vielleicht historischer Bedeutung sein. Wenn sich nur ein Teil der Hoffnungen erfüllt, wird dieser Wahlgang zu einem Anstoß für eine lebendige Neubesinnung auf europäische Nachbarschaft. Dies wird für Parlamente und Regierungen gelten, für staatliche Organisationen und private Vereinigungen, aber ebenso für den unmittelbaren Kontakt der europäischen Bürger zueinander.

Wir wissen aus der Geschichte, daß auch das institutionelle Miteinander auf die Dauer abhängig ist von der inneren Annahme der hierfür maßgeblichen Rechtsnormen. Deshalb ist die Besinnung auf Wert und Würde des Einzelnen, auf seine Rechtsstellung in einem Europa der Zukunft ein zentraler Ansatzpunkt einer wirklich dauerhaften Integration. Die in den vergangenen Jahren lebhafter gewordene Grundrechtsdiskussion in Europa weist in diese Richtung.

Friedrich Schäfer hat sich in den vielen Jahren seines politischen und wissenschaftlichen Wirkens stets bemüht, die engen Grenzen einer nur auf das eigene Land bezogenen Betrachtungsweise zu überwinden. Seine rechtlichen und rechtspolitischen Überzeugungen orientieren sich an den vom Grundgesetz mit dem Bekenntnis zur Menschenwürde gegebenen wesentlichen Richtpunkten. So könnte er zu der europäischen Grundrechtsdiskussion wichtige Beiträge leisten; die nachfolgenden Bemerkungen sollen ihn auch hierzu ermutigen.

II.

Das Thema „Europa als Grundrechtsgemeinschaft" ist mehr und mehr Gegenstand politischer Erklärungen, wissenschaftlicher Kolloquien, gerichtlicher Entscheidungen und publizistischer Beiträge geworden. Dabei werden drei Zentren europäischen Grundrechtsschutzes benannt, die voraussichtlich in den kommenden Jahren den Gang der europäischen Grundrechtsdiskussion beeinflussen:

Der Europarat und seine Rechtsprechungsorgane, die Europäische Gemeinschaft, insbesondere der Europäische Gerichtshof in Luxemburg und schließlich ein Gremium, das möglicherweise weniger bekannt ist: die Konferenz der europäischen Verfassungsgerichte und ähnlicher Institutionen, die im Jahre 1981 zum fünften Mal zusammentreten wird.

1. Die Mitgliedsstaaten des Europarates erklären durch ihren – vollzogenen oder bevorstehenden – Beitritt zu der vor 25 Jahren in Kraft getretenen Konvention zum Schutze der Menschenrechte und Grundfreiheiten ihre Bereitschaft, sich der Feststellung einer Menschenrechtsverletzung auszusetzen – ein bedeutsamer Schritt staatlich-hoheitlicher Selbstverleugnung, der sich nur aus dem Respekt der Mitgliedsstaaten vor Wert und Würde des Menschen erklären läßt.

Die überwiegende Zahl der Mitgliedsländer ist sogar bereit, nicht nur die sogenannte Staatenbeschwerde, sondern auch die Individualbeschwerde gegen sich gelten zu lassen, bei welcher der Bürger der jeweiligen Staatsgewalt ganz unmittelbar entgegentritt.

Auch heute, fast 30 Jahre nach der ersten Formulierung, haben die Worte aus der Präambel der Menschenrechtskonvention nichts von ihrer Kraft verloren:

> „in Erwägung der Universellen Erklärung der Menschenrechte ...,
> in der Erwägung, daß das Ziel des Europarates die Herbeiführung einer größeren Einigkeit unter seinen Mitgliedern ist und daß eines der Mittel zur Erreichung dieses Zieles in der Wahrung und in der Entwicklung der Menschenrechte und Grundfreiheiten besteht;
> unter erneuter Bekräftigung ihres tiefen Glaubens an diese Grundfreiheiten, welche die Grundlage der Gerechtigkeit und des Friedens in der Welt bilden, und deren Aufrechterhaltung wesentlich auf einem wahrhaft demokratischen politischen Regime einerseits und auf einer gemeinsamen Auffassung und Achtung der Menschenrechte andererseits beruht, von denen sie sich herleiten;
> entschlossen, als Regierungen europäischer Staaten, die von gleichem Geiste beseelt sind und ein gemeinsames Erbe an geistigen Gütern, politischen Überlieferungen, Achtung der Freiheit und Vorherrschaft des Gesetzes besitzen, die ersten Schritte auf dem Wege zu einer kollektiven Garantie gewisser in der Universellen Erklärung verkündeter Rechte zu unternehmen ..."

In zahlreichen Reden und Aufsätzen ist der Beitrag des Europarates, insbesondere die Bedeutung der Europäischen Menschenrechtskonvention, der Europäischen Sozialcharta und der Zusatzprotokolle vor allem anläßlich des 25jährigen Inkrafttretens der MRK sowie des 30jährigen Bestehens des Europarates untersucht und gewürdigt worden. Es ist nicht meine Sache, der einen oder anderen Anregung zu einer gewissen organisatorischen oder auch inhaltlichen Modifikation und Ergänzung nachzugehen, zumal nicht zu bezweifeln ist, daß die MRK – gerade unter dem Aspekt der weltweiten Menschenrechtserklärungen – sich als ein beispielhaftes Modell eines multinationalen Ordnungssystems zum Schutz der Menschenrechte und Grundfreiheiten darstellt. Mancher Beobachter wird natürlich die Frage nach der Erfolgsquote der über 8000 registrierten Beschwerden und damit das Problem der praktischen Effizienz anschneiden. Es ist bekannt, daß der überwiegende Teil dieser Beschwerden für unzulässig erklärt wurde, insbesondere etwa, weil die Beschwerdeführer nicht zuvor die nationalen Gerichte angerufen hatten oder weil die behaupteten Menschenrechtsverletzungen gar nichts mit den in der Konvention geschützten Rechtsgütern zu tun hatten. Zur Zulassungspraxis der Menschenrechtskommission möchte ich mich nicht im einzelnen äußern; als Verfassungsrichter kann ich aber nur davor warnen, aus der relativ hohen Nichtannahmequote voreilig auf fehlende Effizienz zu schließen. Erst die unumgängliche Vorauswahl macht es möglich, sich der wirklich ernsthaften Fälle in gebotener Geduld und Arbeitsintensität anzunehmen. Und zum anderen ist schließlich nicht bekannt, aber auch wohl nicht zu vernachlässigen, ob nicht doch schon die Existenz einer solchen Prüfungskommission bereits im Vorfeld auf die staatliche Meinungsbildung einen gewissen Einfluß auszuüben vermag. Ungeachtet der verschiedenen Überlegungen, wie vielleicht der Individualschutz wirksamer gemacht werden könnte, möchte ich – unter dem Aspekt meines Themas – auf die zweite, gleichsam objektive Rolle der Menschenrechtskonvention hinweisen. Denn deren Bedeutung hat sich – wie auch auf einem eindrucksvollen Kolloquim über Grundrechtsschutz in Europa des Max-Planck-Instituts in Heidelberg festgestellt wurde – mehr und mehr auf die „Harmonisierung des Standards der geschützten Rechte in den Mitgliedsstaaten" verlagert. Dies kommt etwa in den Anträgen zum Ausdruck, welche die Menschenrechtskommission und auch einzelne Mitgliedsstaaten bei der Vorlage an den Gerichtshof formulieren. So wird verschiedentlich weniger Wert auf die Argumentation zum Einzelfall als vielmehr auf das Ersuchen um bestimmte Leitentscheidungen über grundsätzliche Auslegungsfragen gelegt.

Auf die Verknüpfung der Menschenrechtskonvention mit der Rechtsprechung des Europäischen Gerichtshofs in Luxemburg wird noch einzugehen sein; zunächst ein Wort zur Bedeutung der MRK für die nationale Rechtsordnung.

In der Bundesrepublik Deutschland – wie in einem Teil der anderen Mitgliedsstaaten – gilt die MRK als innerstaatliches Recht; von daher entfaltet der in der Konvention enthaltene Schutzgedanke unmittelbare Wirkung. Nun ist darauf hingewiesen worden, anders als etwa in der Rechtsprechung des Schweizerischen Bundesgerichts werde dieser innerstaatlichen Wirkung durch die höchstrichterliche Rechtsprechung in der Bundesrepublik Deutschland wenig Rechnung getragen. Jedenfalls werde die Konvention in den Entscheidungen des Bundesverfassungsgerichts nur ausnahmsweise zitiert. Es gibt ausdrückliche Hinweise auf die Menschenrechtskonvention auch in den Entscheidungen des Bundesverfassungsgerichts; aber sicher ist das nicht die Regel. Dies hängt im wesentlichen damit zusammen, daß zwischen Grundrechtsnormen unserer Verfassung und der Menschenrechtskonvention eine weitgehende inhaltliche Übereinstimmung besteht, insbesondere, wenn man die vom Verfassungsgericht weit ausgelegten Prinzipien des Rechtsstaates und der Verhältnismäßigkeit hinzunimmt.

Ob sich tatsächlich im Laufe der Zeit – vielleicht auch im Gefolge der offenbar wieder verstärkten Einschaltung des Straßburger Gerichtshofes – ein gewisser, den nationalen Grundrechtskatalog übertreffender Schutzbereich aus der Menschenrechtskonvention erkennen läßt, bleibt abzuwarten. Die möglicherweise dann entstehenden Verfahrens- und Abgrenzungsfragen werden sich lösen lassen, wenn man – und dies gilt wohl für alle vorstellbaren gerichtlichen Abgrenzungskonstellationen – nicht auf die jeweilige Kompetenz, sondern zunächst auf effizienten Grundrechtsschutz der einzelnen Bürger abstellt.

Die bisherigen „deutschen Fälle" in Straßburg – sei es die Feststellung einer überlangen Verfahrensdauer, sei es die Verpflichtung zum Ersatz von Dolmetscherkosten – berührten meiner Ansicht nach im Prinzip Auslegungsfragen zum Problem des fairen Verfahrens, die wohl dem grundsätzlichen Ansatz nach keinen neuen, vom Grundgesetz bislang nicht erfaßten oder durch Auslegung erfaßbaren Schutzbereich angesprochen haben, wenn sie auch Akzente setzten, die vermutlich auch auf die deutsche Verfassungsrechtsprechung nicht ohne Einfluß bleiben werden.

2. So war es in der Vergangenheit auch weniger das Nebeneinander von Menschenrechtskonvention und innerstaatlicher Norm als vielmehr das Verhältnis von nationaler Verfassungsordnung und europäischem Gemeinschaftsrecht, welches die Gemüter gerade der engagierten Europäer erhitzte und schließlich zu dem Ruf nach einem europäischen Grundrechtskatalog beigetragen hat.

Das sogenannte sekundäre Gemeinschaftsrecht gilt bekanntlich in den Mitgliedsstaaten unmittelbar; insofern steht es in der Bundesrepublik Deutschland der Menschenrechtskonvention rechtlich gleich. Der Unterschied liegt aber darin, daß die MRK Grundfreiheiten ausdrücklich sichern will, während das Gemeinschaftsrecht, durchaus auch in beschränkender Weise, das Verhalten des einzelnen Bürgers in wichtigen Lebensbereichen reglementieren kann. Soll dieses Gemeinschaftsrecht seine integrierende Wirkung nicht verlieren, dann muß es im Grundsatz den nationalen Rechtsvorschriften vorgehen nach dem Prinzip: „Gemeinschaftsrecht bricht nationales Recht". Es ist vielleicht 10 Jahre her, seit die daraus erwachsende Spannung zwischen Gemeinschaftsrecht und Verfassungsrecht deutlich wurde. Die entscheidende Frage ging von nun an dahin, ob der Vorrang des Gemeinschaftsrechts auch gegenüber nationalen Grundrechtsverbürgungen gelten kann, wie sie z. B. in der italienischen Verfassung oder auch im Grundgesetz der Bundesrepublik Deutschland ausdrücklich benannt sind.

Darf mit anderen Worten zwar nicht der demokratisch legitimierte Gesetzgeber, wohl aber der jedenfalls bislang demokratisch nur mittelbar legitimierte europäische Normgeber ohne Rücksicht auf nationales Verfassungsrecht in grundrechtlich geschützte Positionen wie Eigentum und Berufsfreiheit eingreifen? Aber muß nicht umgekehrt ein uneingeschränkter nationaler Verfassungsvorbehalt die von allen angestrebte Rechtsgemeinschaft erheblich in Frage stellen?

Das italienische und auch das deutsche Verfassungsgericht haben versucht, in vielzitierten Beschlüssen aus dem Dilemma herauszufinden. Wohl weniger in Sorge um möglichen Kompetenzverlust, als in der Verantwortung um einen möglichst hohen Grad an Grundrechtsschutz hat der Zweite Senat des Bundesverfassungsgerichts im Mai 1974 festgestellt.

> „Ein unaufgebbares, zur Verfassungsstruktur des Grundgesetzes gehörendes Essentiale der geltenden Verfassung der Bundesrepublik Deutschland ist der Grundrechtsteil des Grundgesetzes. Ihn zu relativieren, gestattet Art. 24 GG nicht vorbehaltslos. Dabei ist der gegenwärtige Stand der Integration der Gemeinschaft von entscheidender Bedeutung. Sie entbehrt noch eines unmittelbar demokratisch legitimierten, aus allgemeinen Wahlen hervorgegangenen Parlaments, das Gesetzgebungsbefugnisse besitzt und dem die zur Gesetzgebung zuständigen Gemeinschaftsorgane politisch voll verantwortlich sind; sie entbehrt insbesondere noch eines kodifizierten Grundrechtskatalogs, dessen Inhalt ebenso zuverlässig und für die Zukunft unzweideutig feststeht wie der des Grundgesetzes und deshalb einen Vergleich und eine Entscheidung gestattet, ob derzeit der in der Gemeinschaft allgemein verbindliche Grundrechtsstandard des Gemeinschaftsrechts auf die Dauer dem Grundrechtsstandard des Grundgesetzes, unbeschadet möglicher Modifikationen, derart adäquat ist, daß die angegebene Grenze, die Art. 24 GG zieht, nicht überschritten wird. Solange diese Rechtsgewißheit, die allein durch die anerkanntermaßen bisher grundrechtsfreundliche Rechtsprechung des Europäischen Gerichtshofs nicht gewährleistet ist, im Zuge der weiteren Integration der Gemeinschaft nicht erreicht ist, gilt der aus Art. 24 GG hergeleitete Vorbehalt. Es handelt sich also um eine rechtliche Schwierigkeit, die ausschließlich aus dem noch in Fluß befindlichen fortschreitenden Integrationsprozeß der Gemeinschaft entsteht und mit der gegenwärtigen Phase des Übergangs beendet sein wird.
> Vorläufig entsteht also in dem unterstellten Fall einer Kollision von Gemeinschaftsrecht mit einem Teil des nationalen Verfassungsrechts, näherhin der grundgesetzlichen Grundrechtsgarantien, die Frage, welches Recht vorgeht, das andere also verdrängt. In diesem Normenkonflikt setzt sich die Grundrechtsgarantie des Grundgesetzes durch, solange nicht entsprechend dem Vertragsmechanismus die zuständigen Organe der Gemeinschaft den Normenkonflikt behoben haben" (BVerfGE 37, 271 [280]).

Man spricht noch heute von diesem sogenannten „Solange-Beschluß". Er ist heftig kritisiert, aber auch als Impuls für eine verstärkte Grundrechtsdiskussion begrüßt worden. Tatsächlich hat sich seit 1974 eine lebhafte Debatte entwickelt. Ein entscheidendes Verdienst ist dabei zweifellos dem Europäischen Gerichtshof in Luxemburg zuzusprechen. Seine frühere Praxis, nach welcher grundrechtliche Einwendungen schlechthin verworfen wurden, ist seit Jahren durch eine stärker grundrechtsorientierte Rechtsprechung abgelöst worden. So schreibt der Gerichtshof in dem bekannten Nold-Fall, er könne „keine Maßnahmen als Rechtens erkennen, die unvereinbar sind mit den von den Verfassungen dieser (Mitglied-)Staaten anerkannten und geschützten Grundrechten. Auch die internationalen Verträge über den Schutz der Menschenrechte, an deren Abschluß die Mitgliedsstaaten beteiligt waren oder denen sie beigetreten sind, können Hinweise geben, die im Rahmen des Gemeinschaftsrechts zu berücksichtigen sind".

Auch im sogenannten Rutili-Fall entnimmt der Gerichtshof „Hinweise" für den Umfang des Grundrechtsschutzes internationalen Verträgen, insbesondere der MRK.

In der Entscheidung Internationaler Handelsgesellschaft gegen EVST-Getreide benutzt der Europäische Gerichtshof die Formel von den „gemeinsamen Verfassungsüberlieferungen der Mitgliedstaaten", einen sicherlich weitgefaßten, aber doch hoffnungslosen Begriff.

Es ist gefragt worden, inwieweit gerade ein solcher Rückgriff auf diese „gemeinsamen Verfassungsüberlieferungen der Mitgliedstaaten" im jeweiligen Fall weiterhelfen werden, ja, ob sich eine solche Gemeinsamkeit überhaupt in concreto nachweisen lasse. Man kann zwar hoffen, daß der Europäische Gerichtshof wie bisher im jeweiligen Streitfall zu argumentieren und eine auch im Ergebnis befriedigende Lösung zu finden in der Lage sein wird. Aber trotz des heute anerkannten Grundrechtsbewußtseins des Luxemburger Gerichtshofes ist der Ruf nach einem Grundrechtskatalog der Gemeinschaft, nach einem irgendwie kodifizierten, verfestigten Grundrechtskonsens nicht verstummt. So wird mit Recht daran erinnert, daß der Europäische Gerichtshof schon von dem zu entscheidenden Sachverhalt her nur in wenigen Fällen Gelegenheit findet, seine Rechtsprechung zum europäischen Grundrechtsschutz fortzubilden, und daß er selbst dort im wesentlichen auf Grundrechte des wirtschaftlichen und sozialen Alltags beschränkt bleiben müsse.

Man mag dem entgegenhalten, dies sei nur die Folge daraus, daß entsprechend der vorwiegend ökonomischen und sozialen Kompetenzen der Gemeinschaftsorgane mit einer Verletzung des Grundrechts auf Religionsfreiheit, Meinungsfreiheit oder Versammlungsfreiheit kaum zu rechnen sei. Der unmittelbare Grundrechtsschutz des einzelnen Bürgers gegen mögliche Übergriffe der Gemeinschaftsorgane werde daher durch den Europäischen Gerichtshof in Luxemburg jedenfalls hinreichend gesichert.

In diesem Zusammenhang wird auch auf die gemeinsame Erklärung des Europäischen Parlaments, des Rates und der Kommission vom 5. April 1977 verwiesen, in der es u. a. heißt:

> „Das Europäische Parlament, der Rat und die Kommission unterstreichen die vorrangige Bedeutung, die sie der Achtung der Grundrechte beimessen, wie sie insbesondere aus den Verfassungen der Mitgliedstaaten sowie aus der Europäischen Konvention zum Schutz der Menschenrechte und Grundfreiheiten hervorgehen.
> Bei der Ausübung ihrer Befugnisse und bei der Verfolgung der Ziele der Europäischen Gemeinschaften beachten sie diese Rechte und werden dies auch in Zukunft tun."

In der Präambel dieser Erklärung heißt es:

> „Die Verträge zur Gründung der Europäischen Gemeinschaften beruhen auf dem Grundsatz der Achtung des Rechts.
> Dieses Recht umfaßt, wie vom Gerichtshof anerkannt wurde, außer den Vorschriften der Verträge und des abgeleiteten Gemeinschaftsrechts die allgemeinen Rechtsgrundsätze und insbesondere die Grundrechte, Prinzipien und Rechte, die die Grundlage des Verfassungsrechts der Mitgliedstaaten bilden. Insbesondere sind alle Mitgliedstaaten Vertragsparteien der ... Europäischen Konvention zum Schutz der Menschenrechte und Grundfreiheiten."

Unter den verschiedenen politischen Impulsen der jüngsten Zeit sei an die „table ronde" über die Besonderen Rechte und die Charta der Rechte des Bürgers der Europäischen Gemeinschaft erinnert, die vom Europäischen Parlament im Oktober 1978 in Florenz abgehalten wurde.

Man kann nicht vorhersagen, wie angesichts dieser Gesamtsituation die nationalen Gerichte in einem neuen Fall die Frage des Vorrangs der unterschiedlichen Rechtsordnungen beantworten würden. Jedenfalls sind wesentliche Entwicklungsschritte unverkennbar, die durch die ersten Direktwahlen noch unterstrichen wurden; hierzu hat gerade auch die besonders in Italien und in der Bundesrepublik geäußerte Kritik an dem unzureichenden Stand der Entwicklung des Grundrechtsbewußtseins in der Europäischen Gemeinschaft bis zur Mitte der sechziger Jahre beigetragen. Mehr als bisher sollte aber meiner Ansicht nach in der Diskussion um einen für die Gemeinschaft verbindlichen Katalog das auch bei der MRK anerkannte, objektive Element betrachtet werden. Unstreitig bleiben Verfassungen, insbesondere Grundrechte auch nach Ablösung der konstitutionellen Monarchien ihrem Kern nach Freiheitsverbürgungen für den einzelnen Menschen. Aber in der freiheitlichen Demokratie dienen sie nicht nur der Begrenzung staatlicher Herrschaftsmacht. Sie konstituieren und prägen als objektive Prinzipien und subjektive Rechte zu einem wesentlichen Teil erst die Staatlichkeit, und sie tragen dazu bei, diese zu legitimieren.

Ein europäisches Parlament, das sich als Neubeginn einer weiteren Integration versteht, wird sich dieser Wirkung bewußt sein müssen, wenn es nach Erörterung des Für und Wider über die konkrete Ausarbeitung eines Grundrechtskatalogs der Gemeinschaft zu entscheiden hat.

3. Drittens möchte ich nun über ein Forum berichten, das nach früheren Begegnungen in Dubrovnik, Baden-Baden und Rom im Herbst des vergangenen Jahres in Wien zusammengetroffen ist: Die Konferenz der europäischen Verfassungsgerichte und ähnlicher Institutionen, an der anläßlich der letzten Begegnung Delegationen aus 16 europäischen Staaten sowie vom Europäischen Gerichtshof für Menschenrechte, von der Europäischen Menschenrechtskommission und vom Luxemburger Gerichtshof teilgenommen haben. Diese Begegnungen führen zu Kontakten über die Tagungswochen hinaus. So wird das Gespräch auch zwischen den Konferenzen fortgeführt – auch dies auf seine Weise ein Baustein zur Integration.

Das Zentralthema der jüngsten Begegnung in Wien – im Jahre 1978 – betraf das hier behandelte Anliegen: Bestand und Bedeutung der Grundrechte in Europa. Naturgemäß stand dabei die rechtsvergleichende Information im Mittelpunkt; aufgrund der präzisen nationalen Berichte und der auf dieser Grundlage vor Konferenzbeginn erstellten Generalberichte konnten die Teilnehmer aber schon nach kurzer Zeit zur Erörterung einzelner Schwerpunkte übergehen.

Durch die von allen Delegationen begrüßte Teilnahme Jugoslawiens und Rumäniens wurden eine Vielzahl auch verfassungstheoretischer Aspekte eingeführt, welche die enge Verknüpfung von Grundrechtsverständnis und Staatsverständnis deutlich machten. Zum ersten Mal konnte die Konferenz auch eine Delegation des türkischen Verfassungsgerichtshofes begrüßen.

Lenkt man – vielleicht vor dem Hintergrund einer Integration im engeren Sinne – verstärkt den Blick auf die Berichterstattung aus den westeuropäischen Staaten, so erweist sich, daß einem relativ breiten Bestand an vergleichbaren Schutzgütern (also z. B. Meinungsfreiheit, Versammlungsfreiheit, Freiheit vor willkürlicher Verhaftung usw.) eine unbestreitbare Divergenz hinsichtlich des Grundrechtsverständnisses, also bezüglich der konkreten Bedeutung der Grundrechte im juristischen Alltag, gegenübersteht.

Am wenigsten problematisch erscheint der wohl recht breite Konsens der westeuropäischen Staaten über Bestand und Bedeutung der klassischen persönlichen Freiheitsrechte. Folgt man hier dem zusammenfassenden Generalbericht, so lassen sich – vereinfacht – folgende Gruppen herausstellen:

– Die Grundrechte der Einzelperson, insbesondere mit dem Recht auf Gleichheit vor dem Gesetz, dem Recht auf Leben und auf persönliche Freiheit, dem Verbot der Zwangs- und Pflichtarbeit, dem Recht auf Unverletzlichkeit des Hausrechtes, dem Schutz des Brief- und Fernmeldegeheimnisses, dem Recht auf Freiheit des Aufenthaltes und auf Freizügigkeit, auf Achtung des Privat- und Familienlebens und schließlich auf ein faires Verfahren vor den zuständigen Behörden und Gerichten.

– Grundrechte des Gemeinschaftslebens, wie z. B. das Vereins- und Versammlungsrecht, einschließlich der Koalitionsfreiheit, das Petitionsrecht und das Recht auf Freiheit der Meinungsäußerung und auf Pressefreiheit.

– In der dritten Gruppe benannte der Generalberichterstatter die Grundrechte der Religion und der Religionsgesellschaften, d. h. das Recht auf Glaubens- und Gewissensfreiheit wie auch das Recht auf Religionsausübung.

– Hinzu kommt das Grundrecht der Bildung und Schule; darunter wurden vom Generalberichterstatter benannt das Recht auf Freiheit der Wissenschaft und ihre Lehre und ein Recht auf Unterrichtsfreiheit.

– Der fünfte Bereich mit vielleicht größeren Variationen in der praktischen Ausgestaltung betrifft die Grundrechte des wirtschaftlichen Lebens, also das Recht auf Unverletzlichkeit des Eigentums und das Recht auf freie Erwerbstätigkeit.

Der freiheitsverbürgende, eingriffsabwehrende Charakter dieser Rechte ist auf der Konferenz in Wien wenig problematisiert worden. Dieses Grundrechtsverständnis bewegt sich unverändert in den gemeinsamen Bahnen der bürgerlichen Verfassungstradition Europas, in der die persönliche Grundfreiheit zunächst einmal die notwendige Freiheit *vom* Staat zum Inhalt hatte. Wir wissen, und gerade wir Deutschen wissen es aus geschichtlicher Erfahrung, daß dieses zentrale Element des Grundrechtsschutzes als Abwehrrecht zum für uns unverzichtbaren Bestand einer freiheitlichen Staatsverfassung gehört. Und es ist im letzten eben diese gemeinsame Grundüberzeugung, welche unsere Staaten verbindet, unabhängig davon, ob eine solche Auffassung in Verfassungsurkunden, in nationalen Gesetzen oder in gefestigter Rechtsprechung unserer Länder ihren Niederschlag gefunden hat.

Vor diesem gemeinsamen Fundament der europäischen Nachbarländer – und dies beziehe ich nicht nur auf die Staaten der Europäischen Gemeinschaft im engeren Sinne – sind meiner Ansicht nach die Meinungsunterschiede über zusätzlich entstehende, ergänzende Sinngehalte der Grundrechte leichter auszutragen. Aber gerade diese Fragen stellen sich heute.

So konnte auf der Wiener Begegnung noch keine Einigung darüber erzielt werden, inwieweit bestimmte, im wesentlichen als Freiheits- und Abwehrrecht konzipierte Grundrechtsartikel gleichzeitig juristisch verpflichtender Ausdruck einer in der Verfassung enthaltenen Wertordnung sind, der alle Staatsorgane Rechnung zu tragen haben und vor deren Hintergrund – im Streitfalle – sich selbst der Gesetzgeber für sein Tun oder, im besonderen Fall, für sein Unterlassen verantworten muß.

Diese Differenz erscheint gravierend. Dennoch spricht manches dafür, daraus nicht abweichendes Wertverständnis, sondern zunächst eine unterschiedliche Auffassung über die Rolle der Verfassungsgerichte, insbesondere ihr Verhältnis zum Gesetzgeber, zu entnehmen. So sind z. B. die unterschiedlichen Erkenntnisse über die Strafbarkeit der Abtreibung wohl nicht als Indiz für eine unterschiedliche Grundauffassung über Wert und Würde auch des werdenden Lebens heranzuziehen. Das deutsche Bundesverfassungsgericht sah sich nicht in der Lage, angesichts der Gefährdung dieses verfassungsrechtlichen Höchstwertes „Menschliches Leben" den Gesetzgebern aus der sich aus der Wertordnung der Verfassung ergebenden Verpflichtung zu entlasten, zum Schutz des ungeborenen Lebens alle nur verfügbaren Mittel – also im Extremfall auch das der Strafdrohung – einzusetzen, solange nicht eine bessere Schutzwirkung anderer, sozial-flankierender Maßnahmen deutlich gemacht werden konnte.

Der österreichische Verfassungsgerichtshof ist zu einem anderen Ergebnis gelangt, vor allem deshalb, weil er – von seinem Grundrechtsverständnis her – eine vom Verfassungsgericht feststellbare konkrete Schutzpflicht des Staates auch in diesem Extremfall nicht abzuleiten vermochte.

Die Frage nach einer verfassungsrechtlich gebotenen Handlungspflicht des Staates wird noch deutlicher im Bereich der sogenannten sozialen Grundrechte.

Wer ein „Recht auf Arbeit" als persönlichen Verfassungsanspruch festschreiben will, wird sich darüber klar sein, daß der Staat ein solches Leistungsgrundrecht nicht allein durch Verzicht auf Eingriffe verwirklichen kann. Er benötigt im Gegenteil eine Fülle sehr konkreter Zuständigkeiten, die ihrerseits ohne staatliches Einwirken an anderer Stelle nicht vorstellbar sind. Die Teilnehmer der Wiener Konferenz waren sich dessen bewußt.

Etwas ganz anderes ist ein in der Verfassung verankerter Appell an Gesetzgeber und Regierung, ihrer sozialen Verpflichtung nachzukommen, sei es in Form einer Generalklausel, sei es in einem Katalog einzelner sozialer, aber nicht unmittelbar anspruchsbegründender Grundrechte.

Die europäische Grundrechtsdiskussion wird auch nicht umhinkommen, sich mit dem Problem der sogenannten Drittwirkung zu befassen. Hierbei geht es bekanntlich darum, inwieweit der Einzelne sich nicht nur gegenüber der staatlichen Gewalt auf seine Grundrechte berufen darf, sondern möglicherweise auch gegenüber einem privaten Vertragspartner, vor allem aber gegenüber solchen Kräften, die aufgrund ihrer wirtschaftlichen oder gesellschaftlichen Macht in der Lage sind, in seinen grundrechtlich geschützten Lebensbereich in ähnlicher Weise wie der Staat einzuwirken.

III.

Im Blick auf diese noch recht unterschiedlichen Ansätze zum Grundrechtsverständnis, vielleicht auch aus einem vorsichtigen Zweifel an dem vom Europäischen Gerichtshof in Luxemburg vorausgesetzten greifbaren Bestand europäischer Grundrechtsüberlieferung gibt es Stimmen, die eine breite Diskussion um einen europäischen Grundrechtskatalog für wenig hilfreich, zumindest für verfrüht halten. Zweifellos wird eine solche Bestandsaufnahme nicht nur Harmonie zutage fördern. Aber auch eine wirklich in die Tiefe gehende Verfassungsdiskussion auf nationaler Ebene wird immer unterschiedliche Akzente freisetzen. Auch das Bonner Grundgesetz ist im Jahre 1949 aus sehr verschiedenen politischen und geistigen Quellen gespeist worden; dennoch können wir heute, nach 30 Jahren, auch von auswärtigen Beobachtern hören, daß es seine Bewährungsprobe als wichtiger Integrationsfaktor der neuen demokratischen Ordnung im großen und ganzen bestanden hat.

Auch die an sich recht gute Erfahrung mit den verschiedenen Erscheinungsformen eines doch recht ausgeprägten Pluralismus – denken Sie an den Föderalismus, an das Nebeneinander der unterschiedlichen Interessenverbände, insbesondere der Tarifpartner – mag darauf zurückzuführen sein, daß immer wieder hinreichender Konsens über den Inhalt des zentralen Grundrechtskatalogs erreicht werden konnte. Dabei ist vielleicht auch für die europäische Diskussion von Interesse, daß das Grundgesetz auf die Festlegung zugunsten eines bestimmten Wirtschaftskonzepts verzichtet hat. Der Kampf um die richtige wirtschaftliche und gesellschaftliche Ordnung ist den politischen Kräften überlassen worden. Umgekehrt läßt die Verfassung von 1949 keinen Zweifel, daß jedes Modell am Prüfstein der individuellen Grundrechte zu messen ist.

Die Entscheidung in Sachen Mitbestimmung gab dem Bundesverfassungsgericht Gelegenheit, einige der maßgeblichen Grundgedanken noch einmal deutlich herauszustellen:

> „Anders als die Weimarer Reichsverfassung normiert (das Grundgesetz) nicht konkrete verfassungsrechtliche Grundsätze der Gestaltung des Wirtschaftslebens. Es überläßt dessen Ordnung vielmehr dem Gesetzgeber, der hierüber innerhalb der ihm durch das Grundgesetz gezogenen Grenzen frei zu entscheiden hat, ohne dazu einer weiteren als seiner allgemein demokratischen Legitimation zu bedürfen. ... Dabei kommt den Einzelgrundrechten die gleiche Bedeutung zu wie in anderen Zusammenhängen: Nach ihrer Geschichte und ihrem heutigen Inhalt sind sie in erster Linie individuelle Rechte, Menschen- und Bürgerrechte, die den Schutz konkreter, besonders gefährdeter Bereiche menschlicher Freiheit zum Gegenstand haben. Die Funktion der Grundrechte als objektiver Prinzipien besteht in der prinzipiellen Verstärkung ihrer Geltungskraft, hat jedoch ihre Wurzel in dieser primären Bedeutung. ... Das darin zutage tretende Element relativer Offenheit der Verfassungsordnung ist notwendig, um einerseits dem geschichtlichen Wandel Rechnung zu tragen, der im besonderen Maße das wirtschaftliche Leben kennzeichnet, andererseits die normierende Kraft der Verfassung nicht aufs Spiel zu setzen. Allerdings darf die Berücksichtigung der Gestaltungsfreiheit des Gesetzgebers nicht zu einer Verkürzung dessen führen, was die Verfassung in allem Wandel unverändert gewährleisten will, namentlich nicht zu einer Verkürzung der in den Einzelgrundrechten garantierten individuellen Freiheiten, ohne die nach der Konzeption des Grundgesetzes ein

Leben in menschlicher Würde nicht möglich ist. Die Aufgabe besteht infolgedessen darin, die grundsätzliche Freiheit wirtschafts- und sozialpolitischer Gestaltung, die dem Gesetzgeber gewahrt bleiben muß, mit dem Freiheitsschutz zu vereinen, auf den der einzelne Bürger gerade auch dem Gesetzgeber gegenüber einen verfassungsrechtlichen Anspruch hat. ..." (BVerfGE 49, 89 ff.)

Auch in einer Debatte um die maßgeblichen Elemente einer europäischen Grundrechtsordnung werden sich sehr unterschiedliche Stimmen zu Wort melden, voraussichtlich gar nicht so sehr unter nationalem Bezug als vielmehr aufgrund abweichender gesellschaftspolitischer Konzepte.

Falls Europa aber wirklich auf dem Weg zu einer echten Gemeinschaft unterwegs sein will – zu sprechen ist zunächst einmal vom Europa der Neun, Zehn, vielleicht demnächst Zwölf –, dann muß es auch eine solche verfassungspolitische Debatte ohne inneren Bruch überstehen. Die Suche nach dem verbindenden Grundkonsens zwingt zum Nachdenken, was die Bürger eines Landes, was in gleicher Weise aber die europäischen Nachbarn über alle tagespolitischen Meinungsverschiedenheiten hinaus an Wertvorstellungen, an geschichtlich gewachsenen Grundideen verbindet. Die Besinnung auf die gemeinsame Idee vom Menschen und die damit vereinbaren Wege staatlicher Ordnung sind wichtige Hilfsmittel, damit uns allen Europa über politische ratio und ökonomische Interessen hinaus auch als geistige Einheit bewußt wird.

Es ist daher nicht nur möglich, sondern sogar geboten, diese Grundsatzdiskussion über Grundrechtsinhalt und Grundrechtssicherung, über Wert und Würde des Menschen, über das Verhältnis von Staat und Bürger, über Einzelinteressen und Gemeinschaftsinteressen möglichst früh zu beginnen, um die wirklichen Chancen einer dauerhaften, lebendigen Integration rechtzeitig auszuloten.

Darüber hinaus verspreche ich mir eine fruchtbare Wechselwirkung zwischen dieser allgemeinen Diskussion und dem parlamentarischen Neubeginn. Jede noch so bedeutsame institutionelle Fortentwicklung führt erst an ein als Gemeinschaft erlebtes Europa heran. Der belebende Funke, der in alle bereitgestellten und förderlichen Strukturen überspringt, muß sich im Bereich persönlicher Zustimmung entzünden. Eine solche, auf die verfassungsrechtliche Situation des Einzelnen abgestellte Grundsatzdiskussion, die naturgemäß dazu beiträgt, den Grundrechtsstandard in Europa – auch mit Wirkung für den nationalen Bereich – zu festigen und zu erweitern, wird ein solches persönliches Ja zu Europa vielleicht leichter machen.

Auf welche Weise man nun im einzelnen weitergeht, ist eine politische Entscheidung der Bürger und ihrer gewählten Vertreter. Es hat in den vergangenen Jahren eine Reihe wichtiger Vorüberlegungen gegeben, auch zu möglichen inhaltlichen und formellen Bezügen zwischen einem möglichen Grundrechtskatalog der Gemeinschaft und der Europäischen Menschenrechtskonvention. Ich bin zuversichtlich, daß man einen geeigneten Weg finden wird, der ein Zeichen setzt, daß sich die engere, schon besonders dicht integrierte Gemeinschaft der Neun gerade im Nachdenken über Menschenrechte und Grundfreiheiten nicht von unseren europäischen Nachbarn abgrenzt, sondern durchaus im Wissen um ein umfassendes europäisches Grundrechtsbewußtsein tätig wird.

Dann wird die – wie auch immer rechtlich gestaltete – Verfestigung eines Grundrechtskatalogs nicht zur Schranke, sondern zum Kern einer staatliche und organisatorische Grenzen überschreitenden europäischen Grundrechtsgemeinschaft.

IV.

Ich meine daher, daß der nächste nach den Europawahlen fällige Schritt das ernsthafte Ringen um die Grundelemente einer europäischen Verfassung sein sollte. Dabei geht es nicht um Kompetenzabgrenzungen oder andere organisatorische Maßnahmen, die auch einmal erforderlich sein werden, aber für welche die Zeit heute kaum reif sein dürfte. Vielmehr wird die ohnehin in vollem Gange befindliche Grundrechtsdiskussion zu den wichtigsten und dringlichsten Aufgaben des neuen Europäischen Parlaments gehören. Auf die vielfältigen Schwierigkeiten, sich angesichts der sehr unterschiedlichen verfassungsrechtlichen Situation in den Mitgliedstaaten auf eine für alle annehmbare Konzeption zu einigen, habe ich hingewiesen; aber dies spricht nicht gegen die Notwendigkeit, die Diskussion in dem politisch legitimierten Organ in Gang zu bringen.

Wer über ein europäisches Grundrechtsverständnis nachdenkt, setzt sich nicht lediglich mit einer juristisch bedeutsamen Frage auseinander; vielmehr stellt er sich einer Frage, die für die Bildung einer politischen Gemeinschaft schlechthin ausschlaggebend ist; nämlich der, an welchem Menschenbild sich die Tätigkeit der Gemeinschaft zu orientieren hat. Jede nationale Verfassung muß diese Frage beantworten; ob der Staat ein freiheitliches Gemeinwesen ist oder nicht, hängt vor allem davon ab, wie das Verhältnis der Einzelnen in seinen Rechten und Pflichten gegenüber der Allgemeinheit definiert wird. Auch eine übernationale Gemeinschaft kann nur entstehen, wenn sie diese zentrale Frage beantworten kann und will. Die Vielfalt der nationalen Antworten, die wir in den Mitgliedstaaten der Gemeinschaft heute finden, wird eine gemeinsame übergreifende Problemlösung schwierig machen; aber dies darf nicht als Ausrede dafür dienen, sich dieser Frage nicht zu stellen. Man kann sogar sagen, daß die offene Diskussion wichtiger ist als das schließlich zu erhoffende Ergebnis. Indem in dem sich bildenden Europa über Grundrechte nachgedacht und gesprochen wird, wird in einem wahrscheinlich schwierigen Prozeß das Selbstverständnis Europas entwickelt. So wie die Besinnung auf die den Menschen gemeinsamen Grundüberzeugungen die wichtigste Voraussetzung zur Bildung oder Bewahrung einer Nation ist, wird sich die größere Gemeinschaft nur dann ergeben, wenn sie den Mut hat, nicht nur über Organisations- oder Kompetenzfragen zu sprechen, sondern ihr Selbstverständnis zu finden. Damit wird die Grundrechtsdiskussion, die bisher vor allem die Juristen beschäftigt hat, zu einer politischen Frage von hervorragender Bedeutung.

Zur aktuellen Kritik am Bundesverfassungsgericht*

Von Dr. *Hans-Jochen Vogel*, MdB,
Bundesminister der Justiz, Bonn

I.

Der Schlußbericht der Enquete-Kommission Verfassungsreform des Deutschen Bundestages[1], deren Vorsitzender Friedrich Schäfer war, mußte sich zu einigen Themenbereichen auf bloße Fragestellungen beschränken, da für eine ausführliche Sachberatung nicht genügend Zeit zur Verfügung stand. Deshalb enthält der Bericht vor allem zu den Fragen der Verfassungsgerichtsbarkeit keine abschließenden Empfehlungen. Die Kommission macht vielmehr anhand eines Problemaufrisses auf Ansätze für mögliche Reformüberlegungen aufmerksam, ohne daß sie allerdings damit sagen will, daß zu allen von ihr aufgezählten Punkten[2] gesetzgeberische Änderungen ins Auge zu fassen wären. Nicht von ungefähr findet sich aber in dem Fragenkatalog der Komplex „Bundesverfassungsgericht und politischer Gestaltungsspielraum des Gesetzgebers und der Regierung: Prüfungsumfang des Gerichts, Justitiabilität und Nichtjustitiabilität von Streitfragen, Abgrenzung von Rechtsfragen und Zweckmäßigkeitserwägungen".

In der Tat steht das BVerfG seit einiger Zeit im Mittelpunkt einer ebenso lebhaften wie kritischen Diskussion. Auslösende Momente für den Beginn und die Fortsetzung dieser Diskussion waren vor allem die Entscheidungen zur Reform des § 218 StGB[3], zum Vorschaltgesetz zum niedersächsischen Hochschulgesetz[4] und zur Wehrdienstnovelle[5] sowie das sogenannte Diätenurteil[6]. Schon vorher hatte das Grundlagenvertragsurteil[7] zu einer kontroversen Debatte geführt. Außerdem entzündete sich Kritik am Urteil über die Öffentlichkeitsarbeit der Bundesregierung[8], am Urteil zur Haushaltsüberschreitung im Jahre 1973[9] und zuletzt am Beschluß über die Höhe des Gehaltes für kinderreiche Beamte[10], mit dem sich Friedrich Schäfer vor dem Deutschen Bundestag eindringlich und kritisch auseinandergesetzt hat[11].

In der Auseinandersetzung, die in erster Linie von Politikern[12] und Publizisten[13], daneben aber auch von Verfassungsrechtlern[14] und sogar von einzelnen Mitgliedern des Gerichts selbst[15] geführt wird, mischen sich Ärger über verlorene Verfahren, Unmut gegenüber einer angenommenen Grundtendenz und die Sorge

* Der Beitrag entspricht – in einigen Passagen ergänzt und aktualisiert – meinem in DÖV 1978, S. 665 veröffentlichten Aufsatz „Videant judices! Zur aktuellen Kritik am Bundesverfassungsgericht".

über eine Grenzverschiebung zwischen dem Gesetzgeber und dem BVerfG. Die Stichworte „Obergesetzgeber“[16], „Konterkapitäne von Karlsruhe“[17], „Entmächtigung des Parlaments“[18], „Usurpation von evidenten Aufgaben des Gesetzgebers“[19], „Hineinregieren in Einzelheiten“[20], „Außenpolitik nach Anweisung des Bundesverfassungsgerichts“[21] und „vom Hüter zum Herrn der Verfassung“[22] kennzeichnen die Spannweite der Kritik.

Auf der anderen Seite finden sich gerade zur jüngeren Rechtsprechung des BVerfG durchaus auch positive Kommentare zu Entscheidungen, in denen nach Meinung der Kommentatoren die Funktionenteilung zwischen BVerfG einerseits und anderen Verfassungsorganen andererseits besonders deutlich zum Ausdruck komme. Der Beschluß zu den Ostverträgen[23], das Schleyer-Urteil[24], das Witwenrenten-Urteil[25], der Kalkar-Beschluß[26] und insbesondere das Mitbestimmungsurteil[27] werden hier vor allem herausgehoben[28].

II.

Wer zum sachlichen Kern der Kritik vorstoßen will, muß zunächst versuchen, die Spreu vom Weizen zu sondern. Dazu gehört auch, daß einige Selbstverständlichkeiten in die Erinnerung zurückgerufen werden.

So haben einige offenbar vergessen, daß bei der Schaffung des Grundgesetzes im Parlamentarischen Rat alle politisch relevanten Kräfte für eine starke Verfassungsgerichtsbarkeit mit weitgefaßter Zuständigkeit eingetreten sind. Die Voten über die maßgebenden Bestimmungen der Art. 93, 94 und 100 GG waren im Hauptausschuß des Parlamentarischen Rates nahezu einstimmig; die einzige Gegenstimme kam vom Vertreter der Kommunistischen Fraktion[29]. Das Stimmverhältnis im Plenum ist dem Protokoll nicht zu entnehmen[30]. Es dürfte aber mit dem im Hauptausschuß übereinstimmen. Für eine solche Grundentscheidung gab es nach den Erfahrungen der Weimarer Republik und der Jahre zwischen 1933 und 1945 eine Vielzahl respektabler Argumente. Deshalb haben sich gerade auch sozialdemokratische Mitglieder des Parlamentarischen Rates, insbesondere auch der Vorsitzende des Ausschusses für Verfassungsgerichtshof und Rechtspflege, Georg August Zinn, für eine breite Kompetenz des Verfassungsgerichts ausgesprochen.

Nach der Wahl des 1. Deutschen Bundestages hat vor allem die SPD-Fraktion von Anfang an auf eine schnelle Errichtung des Gerichts gedrängt und bereits im Dezember 1949 einen eigenen Entwurf eines Bundesverfassungsgerichtsgesetzes vorgelegt, der über die im Grundgesetz vorgeschriebenen Zuständigkeiten hinaus die Einführung der Verfassungsbeschwerde vorsah[31]. Dieser Entwurf wurde neben dem später eingebrachten Regierungsentwurf[32] Grundlage der endgültigen Fassung des Bundesverfassungsgerichtsgesetzes, das gegen die Stimmen der Kommunistischen Fraktion mit der Zustimmung aller anderen Fraktionen angenommen wurde[33]. Einmütig haben sich später die Fraktionen für die Verankerung der – zunächst nur einfachrechtlich geregelten – Verfassungsbeschwerde im Grundgesetz (Art. 93 Abs. 1 Nrn. 4a und 4b[34] ausgesprochen.

Sodann übersehen manche, daß das Gericht in aller Regel nur Entscheidungen der Parlamentsmehrheit und der Bundesregierung auf ihre Verfassungsmäßigkeit prüfen kann. Die Minderheit macht keine Gesetze, sie regiert auch nicht. Folglich tritt häufig die Opposition als Kläger auf, während es umgekehrt kaum möglich ist, die Opposition als solche vor das Verfassungsgericht zu ziehen. Demgemäß können Verfahren in Karlsruhe wohl zu dem Ergebnis führen, ein von der Bundesregierung eingebrachtes und von der Parlamentsmehrheit verabschiedetes Gesetz verstoße gegen die Verfassung. Eine entsprechende Feststellung in bezug auf Beschlüsse oder sonstige Aktivitäten der Opposition ist hingegen nur in Ausnahmefällen denkbar[35]. Es ist also fast zwangsläufig, daß für die Öffentlichkeit der Eindruck entstehen muß, Verfassungsgericht und Opposition stünden einander näher als Verfassungsgericht und Regierungsmehrheit.

Dies war übrigens vor 1966 bei vertauschten politischen Rollen nicht viel anders. Auch die Sozialdemokraten waren in der Anrufung des BVerfG, sei es durch die Bundestagsfraktion, sei es durch die Hessische Landesregierung, durchaus nicht ängstlich. So versuchte die SPD-Bundestagsfraktion durch eine vorbeugende Feststellungsklage noch vor Unterzeichnung des Vertrages und durch eine zweite Klage im Mai 1953 den Beitritt der Bundesrepublik zur Europäischen Verteidigungsgemeinschaft mit Hilfe des Verfassungsgerichts zu verhindern[36], ein Versuch, der letzten Endes nicht am Gericht, sondern daran scheiterte, daß sich das Verfahren durch Wegfall des Streitgegenstandes erledigte, weil die französische Nationalversammlung am 31. August 1954 ihre Zustimmung zu dem Vertrag verweigerte. Weitere Beispiele sind die Klage der SPD-Bundestagsfraktion gegen das Vertragsgesetz zum Saarstatut[37] sowie die Anträge der Hessischen Landesregierung zur Zulässigkeit des steuerlichen Abzugs von Parteispenden[38] und zur Zulässigkeit der Parteienfinanzierung aus dem Bundeshaushalt[39].

Schließlich gibt es auch durchaus kritikwürdige Versuche, dem BVerfG eine Verantwortung zuzuschreiben, die von den politischen Kräften zunächst einmal selbst übernommen werden sollte. Das von der niedersächsischen Landesregierung jüngst eingeleitete abstrakte Normenkontroll-Verfahren zur Frage der steuerlichen Berücksichtigung von Beiträgen und Spenden an politische Parteien ist ein Beispiel für einen solchen, allerdings mißlungenen Versuch. Der 2. Senat[40] hat dann auch die geltende Regelung für verfassungsgemäß erklärt und der Antragstellerin zu Recht ins Stammbuch geschrieben: Ob die derzeitigen Höchstbeträge für die steuerliche Begünstigung von Beiträgen und Spenden an politische Parteien der gewandelten Situation angepaßt werden sollten, sei eine „politische Frage, deren Beantwortung dem Gesetzgeber obliegt".

Und auch der damaligen Regierungsmehrheit ungünstige Entscheidungen gab es vor 1966, und zwar in großer Zahl. Insgesamt hat das BVerfG bei 107 vor dem 1. Dezember 1966, d. h. vor dem Beginn der großen Koalition erlassenen Normen erkannt, daß sie wegen Verstoßes gegen das Grundgesetz nichtig oder mit dem Grundgesetz unvereinbar seien. In fünf Fällen hat es festgestellt, daß der Gesetzgeber in verfassungswidriger Weise untätig geblieben sei. In fünf weiteren Fällen lautet die Entscheidung des BVerfG dahin, daß sonstige Maßnahmen der Bundesregierung oder einzelner Minister mit dem Grundgesetz in Widerspruch stünden[41]. Darunter befanden sich Komplexe von erheblicher politischer Tragweite; so u.a. die Zusammenveranlagung der Ehegatten[42], der Stichentscheid des Vaters im Rahmen der elterlichen Gewalt[43], die Deutschland-Fernsehen-GmbH[44], die Parteienfinanzierung[45] sowie das Jugendwohlfahrts- und das Bundessozialhilfegesetz[46].

Für vordergründige Polemik, etwa den Vorwurf parteipolitischer Präferenzen oder unterschiedlicher Verhaltensweisen vor und nach der Bildung der sozialliberalen Koalition bleibt demnach bei ernsthafter Betrachtung kein Raum[47].

III.

Was bleibt, ist vielmehr die Sorge vor einer allmählichen, aber spürbaren Grenzverschiebung zwischen Parlament und BVerfG zu Lasten des Parlaments. Die generelle Gefahr einer solchen Grenzverschiebung ist bis zu einem gewissen Grade mit einer Verfassungsgerichtsbarkeit wohl stets verbunden. Das BVerfG kann sich, ist es zulässigerweise angerufen worden, einer Entscheidung nicht entziehen; es muß das Verfahren vorantreiben und alsdann zu den relevanten Verfassungsfragen Stellung nehmen, auch wenn es damit in den politischen Handlungsraum hineinwirkt. Das BVerfG hat allerdings die Möglichkeit, in einem Normenkontrollverfahren, dessen Gegenstand ein gerade erst verabschiedetes Gesetz ist, über dessen Auswirkungen praktische Erfahrungen fehlen, mit der Entscheidung – wenn auch auf Kosten der Rechtssicherheit – etwas zuzuwarten. Dies bringt den Vorteil, bei der Entscheidungsfindung nicht etwa nur mit der Rechtsauffassung eines einzigen – unter Umständen nur erstinstanzlichen – vorlegenden Gerichts konfrontiert zu sein, sondern über eine Palette inzwischen ergangener obergerichtlicher Entscheidungen einschließlich etwaiger Äußerungen im Schrifttum in breiterem Umfang auch praktische Erfahrungen bei der Anwendung der neuen Normen berücksichtigen zu können[48].

Die Gefahr einer Verschiebung der Grenze wurde auch von den Befürwortern der breiten Zuständigkeit des BVerfG von Anfang an gesehen. So hat Adolf Arndt in seiner Rede zur dritten Lesung des Bundesverfassungsgerichtsgesetzes ausgeführt: „… gerade weil wir uns zu der Auffassung bekennen, daß das Bundesverfassungsgericht ein echtes Gericht zu sein hat, muß ich erklären, daß auch dieses Gericht mit aller Sorgsamkeit sich davor hüten sollte, eine politische Führungsaufgabe übernehmen zu wollen, die ihm nicht zukommt."[49] Den Kern dieses Problems hat ein Mitglied des Gerichts, die allzu früh verstorbene Frau Rupp-v. Brünneck, so umschrieben: „Es wird eine der wesentlichen Aufgaben der Rechtsprechung der Zukunft sein, die Zusammenhänge zwischen der Reichweite der Gesetzesprüfung und der Funktionsteilung zwischen den verschiedenen Gewalten deutlich zu machen und von daher Kriterien zu entwickeln, die trotz Erweiterung des Prüfungsfeldes verhindern, daß das Bundesverfassungsgericht in die Rolle eines Ersatzgesetzgebers gerät."[50]

Worin können diese Kriterien bestehen?

Zunächst einmal: Sie können nicht mit Verbindlichkeit von einem anderen Verfassungsorgan gesetzt werden – es sei denn, man würde die Verfassung ändern. Dafür fehlen aber alle Voraussetzungen. Und das geltende Verfassungsrecht bestimmt nun eben, daß das BVerfG das Grundgesetz zu interpretieren und daß es bei Streitigkeiten unter den Verfassungsorganen das letzte Wort hat. Die Kriterien müssen also vom Gericht selbst entwickelt werden. Dabei kommt abweichenden Meinungen aus der Mitte des Gerichts und auch der Rechtswissenschaft eine wichtige Aufgabe zu. Andere Verfassungsorgane und die Öffentlichkeit können ebenfalls helfen, sei es durch ihre Stellungnahmen in konkreten Verfahren, sei es durch konstruktive Beiträge, die nicht allzu sehr vom jeweiligen Ergebnis her argumentieren[51].

Bei alledem geht es um Grundfragen der Verfassungsinterpretation einschließlich der Wahl der Interpretationsmethode. Die Bestimmungen des Grundgesetzes, insbesondere aber die Grundrechte, sind infolge ihrer Abstraktionshöhe und auch infolge sprachlicher Mehrdeutigkeiten interpretationsbedürftig. Die vom Gericht zu diesem Zweck herangezogene Werttheorie[52] hat sicherlich mit dazu beigetragen, den Freiheitsraum der Bürger zu erweitern und zu festigen. Auf der anderen Seite ist aber damit dem Einströmen auch subjektiver und zeitbedingter Wertauffassungen und Werturteilen das Tor geöffnet[53]. Hier nun sollte das Gericht Zurückhaltung üben, wenn es sein im Rahmen seiner Verfassungsauslegung gewonnenes Wertverständnis oder seine Wertinterpretation an die Stelle des Wertverständnisses oder der Wertinterpretation des Gesetzgebers setzt. Das gilt vor allem, wenn bei der Lösung eines Problems mehrere Werte oder Prinzipien miteinander in Konflikt treten und ein derartiger Konflikt entschieden werden muß. So war es beispielsweise bei der Entscheidung über die angemessene Alimentation kinderreicher Beamter[54]. Im Rahmen der Steuerreform und der Neuregelung des Kindergeldes hatte der Gesetzgeber entschieden, allen Familien mit Kindern unabhängig vom Einkommen dasselbe Kindergeld zukommen zu lassen, und bewußt auch die Beamten in diese Regelung einbezogen, um eine möglichst weitgehende Gleichstellung aller Familien zu erreichen. Gegenüber diesen auf den Gleichheitssatz und auch das Sozialstaatsprinzip gestützten Erwägungen leitete das BVerfG aus Art. 33 Abs. 5 GG in Verbindung mit dem Sozialstaatsprinzip den Anspruch der Beamten her, unabhängig von der Stellung anderer kinderreicher Familien von ihrem Dienstherrn unter Berücksichtigung der Kinderzahl „amtsangemessen" alimentiert zu werden.

Zurückhaltung ist ferner am Platz, wenn nicht die Zielsetzung selbst, sondern die Wahl des geeigneten Mittels zur Erreichung dieses Zieles Gegenstand der Prüfung ist. Diese Wahl ist – wohl hin bis zur Grenze der Untauglichkeit des gewählten Mittels – Sache des Parlaments und von ihm entsprechend zu verantworten. Ob beispielsweise das ungeborene Leben durch eine Strafsanktion wirklich besser geschützt wird als durch die zunächst zur Reform des § 218 StGB vorgesehene Regelung, wird noch lange eine umstrittene Frage bleiben. War es für das BVerfG wirklich zwingend, in diesem Streit schon jetzt Partei zu ergreifen? Hätte es nicht genügt, den Schutzanspruch des ungeborenen Lebens aus der Verfassung abzuleiten, die Erfüllung dieses Anspruches aber in der Verantwortung des Parlaments zu belassen? In diesem Zusammenhang geht es auch um die Haltung des Gerichts in der Prognosefrage. Das Maß, in dem das BVerfG dem Gesetzgeber einen weiten Prognosespielraum beläßt oder dessen Prognose zum Gegenstand eigener richterlicher Einschätzung macht, indiziert, wieweit sich das Problem eines die Grenze verschiebenden richterlichen Eingreifens in den ureigenen Funktionsbereich eines anderen Verfassungsorgans stellt. Hier nun hat – wie auch von berufener Seite hervorgehoben[55] – das BVerfG im Mitbestimmungsurteil zu den Möglichkeiten einer differenzierten Handhabung wichtige Akzente gesetzt[56].

Zum Hochschulurteil: Ist die Freiheit der Wissenschaft wirklich nur dann gewährleistet, wenn die Hochschullehrer in den Gremien, in denen über Fragen der Forschung entschieden wird, einen Sitz mehr innehaben als alle anderen Gruppen? Sind nicht auch sonstige Organisationsformen denkbar, die das gleiche Ziel genauso oder sogar noch besser erreichen?

Widerstehen sollte das BVerfG weiter der Versuchung, die Verfassung in allzu kleine Münze umzuwechseln und bei Detailfragen mit dem Argument aufzutreten, dies und nichts anderes gebiete das Grundgesetz. So ist beispielsweise nicht nur dem verfassungsrechtlichen Laien sehr schwer verständlich zu machen, das Grundgesetz

– verlange, daß die Grenze zur Deutschen Demokratischen Republik ähnlich wie die Grenzen zwischen Bayern und Baden-Württemberg oder anderen Bundesländern behandelt werde[57],

– verbiete, Ausschußvorsitzenden in den Parlamenten eine höhere Entschädigung zu gewähren als anderen Abgeordneten[58], oder

– schreibe im Ergebnis vor, kinderreichen Beamten notfalls einen höheren Ausgleich zu gewähren als kinderreichen Arbeitern oder Angestellten[59].

Schließlich wird zu bedenken sein, ob das Gericht nicht da und dort ohne Not zu Fragen Stellung genommen hat, die es auch auf sich hätte beruhen lassen können. Das gilt für detaillierte Anweisungen an den Gesetzgeber, wie er nach der Nichtigerklärung seines vorhergehenden Gesetzesbeschlusses in Zukunft verfahren solle[60], das gilt für die sog. obiter dicta, das gilt aber auch für ganze Materien, deren sich das Gericht überhaupt nur dadurch bemächtigt, daß es einen – mitunter recht mühsamen – Zusammenhang mit einer anhängigen Klage oder Beschwerde herstellt. Das erwähnte Diätenurteil bietet Beispiele für alle drei Varianten. Der ursprüngliche Beschwerdeführer wollte nur geklärt wissen, ob er neuerdings in den saarländischen Landtag gewählt werden kann. Daraus wurde im Ergebnis ein neues Parlamentsrecht für alle Landtage und den Bundestag. Daß dabei manche obiter dicta und die Anweisungen für die zu erlassenden neuen Regelungen im Rechtssinne keine bindende Wirkung haben, ändert nichts. Denn welches Parlament wird schon einer ausdrücklich geäußerten Ansicht des BVerfG zuwiderhandeln? Hätte es nicht genügt, allenfalls in die Entscheidung des saarländischen Streits eine Anmahnung der im Bundestag bereits in Vorbereitung befindlichen Besteuerung der Diäten aufzunehmen? Dann hätte man sich auch das Mißverständnis erspart, das ein Richter des zuständigen Senats jetzt hinsichtlich der Deutung des Wortes „Alimentation“ in den Urteilsgründen öffentlich beklagt[61].

IV

Bei diesen Gedankengängen geht es nicht um Polemik, Druck oder Einflußnahme auf einen Einzelfall. Es geht auch nicht um die Schelte einzelner Urteile, obwohl diese im Rahmen unserer Verfassungsordnung durchaus zulässig ist. Jedermann ist verpflichtet, die Gründe der Entscheidungen für richtig zu halten. Es geht vielmehr darum, die Autorität des Gerichts und seine Befriedungsfunktion zu erhalten und zu verhindern, daß sich beides unnütz verbraucht. Außerdem muß verhindert werden, daß ohne Not Lösungen mit Verfassungsrang festgeschrieben werden, die dann nur noch durch Verfassungsänderung oder durch Selbstkorrektur des Gerichts modifiziert werden können.

Wolf-Rüdiger Schenke bringt dies alles unter den Begriff der „Verfassungsorgantreue“[62] und sagt dazu:

„Macht das Bundesverfassungsgericht von diesen Kompetenzen, deren Ausübung nicht als Gesetzessubsumtion im positivistischen Sinn verstanden werden kann, sondern der unbestreitbar auch ein schöpferisches und gestalterisches Moment innewohnt, nicht in behutsamer Weise Gebrauch, gefährdet es hierbei nicht nur seine Autorität und seine Bedeutung als staatlicher Integrationsfaktor.

Die Befriedigungsfunktion des Bundesverfassungsgerichts, die ihm als letztinstanzlich über die Auslegung der Verfassung entscheidendes Organ zukommt, verlangt von ihm eine Verfassungsauslegung, die in ihrer behutsamen und vorsichtigen Interpretation der Verfassung ein Höchstmaß an Gemeinsamkeit zwischen den einzelnen, am Integrationsprozeß beteiligten gesellschaftlich relevanten Gruppen wie aber auch den staatlichen Organen erwarten darf. Sie trägt damit zugleich dem Umstand Rechnung, daß, von seiner Funktion her gesehen, das Parlament in erster Linie den Ort darstellt, in dem politische Meinungsverschiedenheiten und Richtungskämpfe auszutragen sind, während das Gericht, auch das Bundesverfassungsgericht, hierzu, obwohl eine klare Trennung von politischen und rechtlichen Fragen bei seinen Entscheidungen nicht möglich ist, bereits von seiner Bestellung, seiner Zusammensetzung, Arbeits- und Funktionsweise her wenig geeignet erscheint.“

Dem ist nur zuzustimmen. Und das Mitbestimmungsurteil läßt hoffen.

Anmerkungen

1 BT-Drs. 7/5924; auch ds: Beratungen und Empfehlungen zur Verfassungsreform, Teile I und II, Zur Sache 3/76 und 2/77, hrg. vom Presse- und Informationszentrum des Deutschen Bundestages.

2 Zur Sache 2/77, Kap. 16 „Fragestellungen zur Verfassungsgerichtsbarkeit“, S. 266 ff.

3 BVerfGE 39, 1.

4 BVerfGE 35, 79.

5 BVerfGE 48, 127.
6 BVerfGE 40, 296.
7 BVerfGE 36, 1.
8 BVerfGE 44, 125.
9 BVerfGE 45, 1.
10 BVerfGE 44, 249 (die Entscheidung wurde am 25.7.1977, also nach dem in Anm. 9 aufgeführten Urt. v. 25.5.1977, bekanntgegeben).
11 Anläßlich der 1. Lesung des Entwurfs des 7. Besoldungserhöhungsgesetzes. 107. Sitzung am 28.9.1978, Sten. Ber. Bd. 107, S. 8467 ff. (insbes. S. 8471).
12 Vgl. z. B. die Rede von Ministerpräsident Holger Börner vor dem Hessischen Landtag am 31. Mai 1978, Sten. Ber. 8/78, S. 4742 ff.
13 Vgl. u. a. Hans Schueler, Die Zeit v. 24.2.1978; Robert Leicht, Süddeutsche Zeitung v. 19.4.1978.
14 Aus der ständig zunehmenden Literatur seien nur folgende Beispiele genannt: Dieter Wilke/Gerd H. Koch, JZ 1975, S. 233; Christian-Friedrich Menger, Verw. Arch. 67 (1976) S. 303; Martin Kriele, NJW 1976, S. 777 ff; Ernst-Wolfgang Böckenförde, NJW 1976, S. 2089 ff.; Konrad Zweigert, in: Bundesverfassungsgericht und Grundgesetz, Band I,1976, S. 63 ff.; Norbert Achterberg, DÖV 1977, S. 649 ff.; Rainer Eckertz, Der Staat 17 (1978), S. 183 ff.; Wolf-Rüdiger Schenke, NJW 1979, S. 1321 ff.; jeweils mit zahlreichen weiteren Nachweisen.
15 Vor allem im Rahmen von abweichenden Meinungen, vgl. Helmut Simon/Wiltraut Rupp-v. Brünneck, BVerfGE 35, 148 ff.; 39, 68 ff.; Walter Seuffert, BVerfGE 40, 330 ff.; Martin Hirsch, BVerfGE 48, 185 ff. Zu weiteren Äußerungen vgl. Martin Hirsch, DRiZ 1977, S. 225, aber auch Ernst Benda, Gegen den Vorwurf, politisch zu richten, Rheinischer Merkur v. 21.4.1978.
16 Robert Leicht, a.a.O. (Anm. 13).
17 Hans Schueler, a.a.O. (Anm. 13).
18 Ministerpräsident Holger Börner in einer Rede in Kassel, wiedergegeben in der Aktuellen Stunde des Hessischen Landtages vom 31.5.1978, a.a.O. (Anm. 12) S. 4744.
19 Konrad Zweigert, a.a.O. (Anm. 14), S. 73.
20 Hans Leussink, in: Festschrift für Alex Möller, 1978, S. 143 (152).
21 Dieter Wilke/Gerd H. Koch, a.a.O. (Anm. 14), S. 233.
22 Werner Holtfort, Vorgänge 37, 1/1979, S. 64 (73).
23 BVerfGE 40, 141.
24 BVerfGE 46, 160.
25 BVerfGE 48, 346.
26 BVerfGE 49, 89.
27 BVerfGE 50, 290.
28 Vgl. auch Säcker, BayVBl. 1979, S. 193 ff.
29 37. Sitzung des Hauptausschusses am 13.1.1949, Stenografische Berichte, S. 461 ff.
30 10. Sitzung am 8.5.1949, Stenografische Berichte, S. 229.
31 BT-Drs. Nr. 328.
32 BT-Drs. Nr. 788.
33 116. Sitzung vom 1.2.1951, Sten. Ber. Bd. 6, S. 4419.
34 19. Gesetz zur Änderung des Grundgesetzes vom 29.1.1969, BGBl. I S. 97.
35 Vgl. etwa BVerfGE 45, 187 zur Verfassungsmäßigkeit der lebenslangen Freiheitsstrafe. Das BVerfG hat die Verfassungsmäßigkeit dieser Strafe nur mit bedeutsamen Einschränkungen bejaht und ausgeführt, das Rechtsstaatsprinzip verlange eine gesetzesförmige Verrechtlichung der Voraussetzungen, unter denen die Vollstreckung einer lebenslangen Strafe ausgesetzt werden könne. Mit dieser Feststellung wurden Vorstellungen in Kreisen der Opposition korrigiert, die sich gegen eine entsprechende gesetzliche Regelung ausgesprochen hatten.
36 Die Anträge vom 31.1.1952 und vom 11.5.1953 sind abgedruckt in: Der Kampf um den Wehrbeitrag, Band I, 1952, S. 3 ff, Band III, 1958, S. 166 ff.

37 Vgl. BVerfGE 4, 157.

38 Vgl. BVerfGE 8, 51.

39 Vgl. BVerfGE 20, 56. Die SPD-Bundestagsfraktion nahm einen Antrag zur Parteienfinanzierung – 2 BvF 1/66 – und einen weiteren Antrag zur Öffentlichkeitsarbeit der Bundesregierung – 2 BvF 1/66 – zurück.

40 Urteil vom 24.7.1979 – 2 BvF 1/78 –, S. 23, 38 der Urteilsausfertigung.

41 Im ganzen also 117 Aufhebungen für die Zeit vom 6. September 1949 bis zum 30. November 1966. Die entsprechende Zahl für die Zeit vom 1. Dezember 1966 bis heute beträgt 32.

42 BVerfGE 6, 55.

43 BVerfGE 10, 59.

44 BVerfGE 12, 205.

45 BVerfGE 20, 56. Die Regelung über die Abzugsfähigkeit von Parteispenden war bereits in BVerfGE 8, 51 für verfassungswidrig erklärt worden.

46 BVerfGE 22, 180.

47 In diesem Zusammenhang sei nur daran erinnert, daß es auch vor 1966 scharfe Kritik am BVerfG gegeben hat. 1952 erklärte der damalige Bundesjustizminister Thomas Dehler, das BVerfG sei „in einer erschütternden Weise von dem Wege des Rechts abgewichen" (zitiert bei Ernst Friesenhahn, Die Verfassungsgerichtsbarkeit in der Bundesrepublik Deutschland, 1963, S. 48 Fn. 134). – Zum Fernseh-Urteil offenbarte Bundeskanzler Adenauer in der Haushaltsrede am 8.3.1961 dem Bundestag: „Das Kabinett war sich darin einig, daß das Urteil des Bundesverfassungsgerichts falsch ist." (147. Sitzung, Sten. Ber. Bd. 48, S. 8308). – Auch nach Ansicht von Karl Carstens (Politische Führung, 1971, S. 82) hat das BVerfG – im Bereich der Abgrenzung der Kompetenzen zwischen Bund und Ländern – „eine Reihe von Fehlurteilen gefällt".

48 Der zeitliche Ablauf der Verfahren betreffend die Verfassungsmäßigkeit des Versorgungsausgleichs und anderer Regelungen des 1. EheRG vom 14.6.1976 läßt den Schluß zu, daß der 1. Senat aus einsichtigen Gründen gerade hier, obwohl aus der Sicht der Instanzgerichte eine möglichst schnelle Klärung erwünscht war, in Interesse einer ausgewogenen Entscheidung von dieser Möglichkeit Gebrauch gemacht hat.

49 116. Sitzung des Deutschen Bundestages am 1.2.1951, Sten. Ber. Bd. 6, S. 4412, 4415.

50 Landesbericht der Bundesrepublik Deutschland für die Dritte Konferenz der Europäischen Verfassungsgerichte, AöR 102 (1977), S. 1 (24 f.).

51 Und auch nur den äußeren Anschein von Druck oder Einschüchterung vermeiden. Jeder, der nur einigermaßen mit richterlichen Verhaltensweisen vertraut ist, weiß, daß dadurch gerade das Gegenteil erreicht wird.

52 Vgl. etwa BVerfGE 6, 32 (40 ff.) und insbesondere 7, 198 (205 ff.). Dazu vor allem Hesse, EuGRZ 1978, S. 227 (230 ff.); siehe auch Fiedler, JZ 1979, S. 417 (421 ff.).

53 Vgl. Ernst-Wolfgang Böckenförde, NJW 1974, S. 1529 (1534).

54 BVerfGE 44, 249.

55 Ernst Benda, Bundesverfassungsgericht und Gesetzgeber im dritten Jahrzehnt des Grundgesetzes, DÖV 1979, S. 465 (469).

56 Siehe insbesondere Abschnitt C I 2b der Urteilsgründe.

57 BVerfGE 36, 1 (26 f.).

58 BVerfGE 40, 296 (318).

59 BVerfGE 44, 249 (267 ff.).

60 Z. B. BVerfGE 24, 300 (342): 0,5 %-Grenze für Wahlkampfkostenerstattung; BVerfGE 39, 1 (48 ff.): Umschreibung der vier zulässigen Ausnahmen von der Strafbarkeit des Schwangerschaftsabbruchs.

61 Willi Geiger, Der Abgeordnete und sein Beruf, in: Politik als Beruf? Das Abgeordnetenbild im historischen Wandel. Protokoll eines Seminars der Deutschen Vereinigung für Parlamentsfragen, Zur Sache 1/79, S. 105 ff. (III f).

62 Wolf-Rüdiger Schenke, Die Verfassungsorgantreue, 1977, S. 120.

Starker oder schwacher Staat

Bemerkungen zum Staatsverständnis des Bonner Grundgesetzes*

Von Prof. Dr. *Paul Mikat*, MdB, Bonn

30 Jahre sind seit Gründung der Bundesrepublik Deutschland vergangen – 30 Jahre ist unser Grundgesetz in Kraft, eine Verfassung, die nicht nur die freiheitlichste der deutschen Geschichte ist, sondern unbestritten zu den freiheitlichsten Verfassungen der Welt zählt. Bewußt haben die Väter des Grundgesetzes, denen Diktatur und staatlicher Totalitätsanspruch schmerzlich lebendige Erfahrung war, eine Verfassung geschaffen, in der die Grundrechte als Freiheitsrechte des Bürgers, die unmittelbar jegliche staatliche Gewalt binden, einen besonderen Rang einnehmen. Zugleich haben sie aber auch unseren Staat als sozialen Rechtsstaat konzipiert und ihm damit von der Verfassung her eine dynamische Komponente gegeben. Denn der freiheitlich-soziale Rechtsstaat wird ja nicht schon durch die Verfassung geschaffen und erfüllt, sondern bedarf der politischen, der gesetzlichen und verwaltungsmäßigen Realisierung, der ständigen Einfügung in die jeweilige geschichtliche Situation und stellt insofern eine ständige Aufgabe dar.

Deutlicher als früher wird heute gesehen, daß die Verwirklichung sowohl der Freiheitsrechte wie aber auch der Sozialverpflichtungen nicht nur Angelegenheit des Staates und des Individuums ist, sondern daß dafür dem Verhältnis von Staat und Gesellschaft gleichermaßen grundlegende Bedeutung zukommt.

Dieses Verhältnis wird im Grundgesetz zwar nicht direkt und expressis verbis angesprochen (– sieht man einmal von der verfassungsrechtlichen Fixierung der politischen Parteien ab –), aber es ist angelegt im Selbstverständnis eines freiheitlichen Verfassungsstaates, angelegt in der geschichtlichen Dimension der modernen freiheitlichen Demokratie, in der unser Grundgesetz sich entfaltete.

So nimmt es denn auch nicht wunder, daß nicht nur in der Soziologie, sondern auch in der Staatsrechtslehre die Ortsbestimmung des Verhältnisses von Staat und Gesellschaft in jüngster Zeit zunehmend an Gewicht gewinnt. Die Diskussion darüber hat durchaus praktisch-politische Bedeutung; ihre verfassungsrechtliche und

* Dem vorliegenden Beitrag liegt ein 1974 auf einem Kommunalpolitischen Kongreß der CDU in Mönchen-Gladbach gehaltener Vortrag zugrunde.

verfassungspolitische Relevanz zeigt sich in der Mitbestimmungsfrage ebenso wie in der Schulfrage oder bei der Frage, welche Bedeutung den freien gesellschaftlichen Kräften beim Ausbau unseres Krankenhauswesens zukommt. Die Klarstellung der Ordnungsbezüge, nach denen das Verhältnis von Staat und Gesellschaft im demokratischen Rechtsstaat auszurichten ist, stellt sowohl eine wissenschaftliche als auch eine politische Aufgabe von hoher Aktualität und Dringlichkeit dar.

Auf die historischen Voraussetzungen des gegenwärtigen Verhältnisses von Staat und Gesellschaft (— das freilich keineswegs festgeschrieben ist und dessen Konturen erst allmählich schärfer hervortreten —) kann hier nicht näher eingegangen werden, einige Markierungspunkte nur seien genannt, um den Weg zu skizzieren, der vom antinomistischen „Gegenüber" hin zu einer sehr differenzierten „Verschränkungslage" führte, vom Kampf des Staates gegen die gesellschaftlichen Kräfte hin zum Zusammenwirken von Staat und Gesellschaft. So sah Hegel den Staat als „Wirklichkeit der sittlichen Idee" im dialektischen Spannungsverhältnis zur Gesellschaft als „einem System von Bedürfnissen und einer Vermischung von Naturnotwendigkeit und Willkür", in der „jeder sich Zweck und alles andere ihm nichts sei". „Der Inhalt des Lebens der Gemeinschaft", so formulierte später Lorenz von Stein noch schärfer, „ist ein beständiger Kampf des Staates mit der Gesellschaft". Der scharfe Gegensatz von Staat und Gesellschaft war es auch, der im 19. Jahrhundert dem Staat seine prägende Grundstruktur gab, was nicht ausschloß, daß der Staat in zunehmendem Maße um der allgemeinen Daseinsvorsorge willen die staatliche Zuständigkeit auf Kosten gesellschaftlicher Freiräume ausweitete. Der Bereich der Gesellschaft galt jedenfalls grundsätzlich als „staatsfreier Raum", in den der Staat nicht gestaltend eingriff, über den er aber wachte, um die Rechtsordnung zu wahren, um Eigentum, Leben und Freiheit der Bürger zu schützen. Dem geschlossenen Herrschaftsbereich der staatlichen Gewalt stand der private Bereich der Gesellschaft gegenüber, was freilich nicht im Sinne einer „Gleichordnung" der beiden Sphären zu verstehen ist. Der hoheitlich-staatliche Bereich war der des Zwanges, der Über- und Unterordnung, ausgestattet mit der Majestät des „öffentlichen Rechts", der gesellschaftliche Bereich war demgegenüber der Bereich privater Freiheit, der Gleichordnung, eine privatrechtlich bestimmte Sphäre, die einer hoheitlichen Regelung durch die Staatsgewalt nicht zugänglich sein sollte.

Der Dualismus von Staat und Gesellschaft ist aber nicht nur der gemeinsame Nenner im Wandel der staatswissenschaftlichen Begriffsgeschichte, er ist ebenso Spiegelbild der politischen und ökonomischen Entwicklung vom Absolutismus über die konstitutionelle Monarchie zur Republik, vom Merkantilismus zur Marktwirtschaft, von der agrarisch-feudalen zur industriellen Gesellschaft.

Stehen aber Staat und Gesellschaft nicht mehr gegeneinander oder beziehungslos nebeneinander, sind sie vielmehr auf mannigfache Weise miteinander verflochten und aufeinander angewiesen, so wird man nicht mehr von einem dualistischen Verhältnis sprechen können, wiewohl die Unterscheidung von Staat und Gesellschaft nach wie vor theoretisch und praktisch bedeutsam bleibt. Wenn wir den Staat des Grundgesetzes als „freiheitlichen Rechtsstaat und Sozialstaat" bezeichnen, dann ist in dieser Bestimmung sowohl das Element der Verflechtung wie auch das der notwendigen Unterscheidung und funktionellen Verschiedenheit enthalten. Die Geschichte der deutschen Sozialgesetzgebung zeigt, daß das Netz der sozialen Sicherheit nicht dem freien Spiel gesellschaftlicher Kräfte überlassen bleiben konnte, und wenn der Staat eine aktive Gesellschafts- und Wirtschaftspolitik wie eine umfassende Bildungspolitik, Familienpolitik und Gesundheitspolitik betreibt, so wird er damit zwar in Bereichen tätig, die früher als „staatsfreie Räume" angesehen wurden, sichert aber durch dieses Tätigwerden die Existenz der freien Gesamtgesellschaft. Die Sozialverpflichtung des Staates führte zum Beispiel dazu, daß im Bereich von Ehe und Familie (– der doch als der „privateste Bereich" gilt –) die Notwendigkeit staatlicher Regelungen zwangsläufig zunehmen mußte. Wer vorschnell hier nach Reduktion staatlicher Gesetzgebung ruft, übersieht leicht, daß mit der Säkularisierung und Individualisierung von Ehe und Familie, mit der Entwicklung, die von der größeren Familie hin zur Kleinfamilie führte, gleichzeitig auch ein Verlust an gesellschaftlicher Stabilität und sozialer Sicherheit eintrat, der durch den Staat aufgefangen und ausgeglichen werden mußte. Andererseits wirken gesellschaftliche Gruppen nicht nur über die Parteien an der politischen (– und damit dann auch staatlichen –) Willensbildung mit, vielmehr haben sie auf vielen Ebenen, sei es meinungsbildend, sei es beratend, oder auch eigenverantwortlich gestaltend, Einfluß auf die staatliche und gesellschaftliche Ordnung.

Diese Hinweise mögen genügen, um zu verdeutlichen, was mit dem Begriff „Verschränkungslage" gemeint ist. Doch trotz starker Wechselbeziehungen sind Staat und Gesellschaft gerade im demokratischen und sozialen Rechtsstaat nicht identisch. Die funktionale Unterscheidung von Staat und Gesellschaft ist im Gegenteil wegen der weitgehenden Verflechtung beider Bereiche heute eine notwendige Voraussetzung zur Gewährleistung individueller Freiheit. Das hat Ernst-Wolfgang Böckenförde in seiner Schrift „Die verfassungstheoretische Unterscheidung von Staat und Gesellschaft als Bedingung der individuellen Freiheit" einsichtig und überzeugend dargelegt. Denn „die Unterscheidung von Staat und Gesellschaft führt zu einer relativen Verselbständigung der notwendigen politischen Entscheidungsfunktionen gegenüber gesellschaftlicher Unmittelbarkeit. Sie bewirkt, daß gesellschaftliche Macht sich nicht unmittelbar in politische Macht umsetzt, daß derjenige, der gesellschaftlich mächtig ist, nicht eo ipso auch über politische Entscheidungsgewalt verfügt, insbesondere nicht über die Möglichkeit, allgemeinverbindliche Anordnungen zu treffen". Die organisatorische Verselbständigung des funktional auf die Gesellschaft bezogenen Staates dient damit der Mediatisierung und der Neutralisierung gesellschaftlicher Macht, und, wie Böckenförde mit Recht betont, ist „die in Freiheit gesetzte und in Freiheit sich entfaltende Gesellschaft, zumal als dynamische Erwerbs- und Industriegesellschaft, keineswegs selbstregulativ".

Politische Entscheidungen ergeben sich nicht aus der Sachgesetzlichkeit technischer Rationalität. Vor dieser Annahme hat Ulrich Scheuner zu Recht gewarnt. Auch die pluralistische und industrielle Gesellschaft bedarf nach Scheuner des Staates als einer „übergreifenden, entscheidungsbefugten Organisation, die nicht bloß mit anderen gesellschaftlichen Organisationen auf gleicher Ebene konkurriert, sondern als höchste und insofern souveräne Organisation in der Lage ist, auseinanderstrebende gesellschaftliche Interessen in eine gemeinsame Ordnung einzubinden, entstehende Konflikte beizulegen oder vorab zum Ausgleich zu bringen, eine verbindliche Rahmenordnung für das Handeln der Gesellschaft und in der Gesellschaft festzulegen, fortzuentwickeln und ihr Geltung zu gewährleisten". Der Staat ist mehr als ein Stück Selbstorganisation der Industriegesellschaft, er dient ihr zwar, er ist für sie da, aber er steht letztlich als diejenige Instanz, der das Allgemeinwohl anvertraut ist, doch über ihr.

Die Unterscheidung von Staat und Gesellschaft bewirkt aber nicht nur die relative Verselbständigung der politischen Entscheidungsfunktion beim Staate und damit deren Zugang zu effektiver politischer Kontrolle, sie ermöglicht auch die Aufteilung der in einem Gemeinwesen anfallenden Aufgaben auf verschiedene Träger und damit eine Einschränkung staatlicher Entscheidungsmacht, die den einzelnen vor der totalen Einbeziehung in den politischen Herrschaftsprozeß schützt. Dadurch wird der individuelle Freiheitsschutz verstärkt, den das Grundgesetz durch die unmittelbare Bindungswirkung der Grundrechte, durch die vertikale Gewaltenteilung in Bund, Länder und Gemeinden sowie durch die horizontale Gewaltenteilung in Legislative, Exekutive und Jurisdiktion ohnehin für den Bürger bereithält.

Die funktionale Unterscheidung von Staat und Gesellschaft ist mithin ein wesentliches Merkmal des Selbstverständnisses unserer freiheitlich-demokratischen Verfassungsordnung. Ebenso wesentlich (– und mit der funktionalen Unterscheidung von Staat und Gesellschaft eng verknüpft –) ist für den Bestand unserer staatlichen Grundordnung aber auch, daß der Staat durch vielfältige Maßnahmen von sich aus aktiv darauf hinwirkt, die pluralistische Struktur unserer Gesellschaft zu respektieren und zu gewährleisten. Denn die Vielfalt miteinander konkurrierender und rivalisierender Parteien, gesellschaftlicher Gruppen und Vereinigungen ist für den demokratischen Staat eine notwendige Voraussetzung und läßt ihn überhaupt erst als pluralen, freiheitlichen Rechtsstaat in Erscheinung treten. Die Pluralität gesellschaftlicher Gruppen ist der Boden realer Freiheit und zugleich die Scheidelinie, die den totalitären Staat vom freiheitlichen Staat trennt, wie Ernst Fraenkel in seinen Studien über Pluralismus und Demokratie überzeugend gezeigt hat. Die pluralistische Struktur der Gesellschaft wird in unserem Staat angesichts der hochgradigen Technisierung und Spezialisierung und der zunehmenden Kompliziertheit aller sozialrelevanten Lebensbereiche allerdings nur dann auf Dauer gefestigt werden können, wenn der Staat, wo immer dies möglich ist, unter bewußter und gewollter Selbstbeschränkung seiner eigenen Tätigkeit den betroffenen gesellschaftlichen Gruppen überschaubare Gestaltungsräume beläßt oder zuweist. Wenn der Staat in diesem Sinne Krankenhäuser oder Schulen oder Einrichtungen der Erwachsenenbildung in freier Trägerschaft fördert, so fördert er damit die gesamtgesellschaftliche Freiheit, und es wird in Zukunft darauf ankommen, diese Förderung zu verstärken und nicht abzubauen. Unter diesem Gesichtspunkt erweisen sich auch staatliche Subventionen für kirchliche Einrichtungen nicht als geschichtlich überholte Privilegierungen, sondern ganz im Gegenteil als unserer gesellschaftlichen Situation durchaus angemessene Förderung, die nicht nur einer bestimmten Gruppe, sondern der Gesamtgesellschaft zugute kommt. Aber auch innerhalb der staatlichen Verwaltungsstruktur ist die Frage, ob es gelingt, überschaubare Gestaltungsräume zu belassen, von entscheidender Bedeutung. So wird es zum Beispiel bei einer Verwaltungs- und Gebietsreform nicht nur darauf ankommen, neue, gut funktionierende Verwaltungsapparaturen zu schaffen, sondern es wird ebenso darauf zu achten sein, daß echte verwaltungstechnische Effizienz nur dann gegeben ist, wenn sie den einzelnen Gruppen, aber auch den staatlichen beziehungsweise den kommunalen Gebilden überschaubare und einsichtige Handlungsspielräume läßt. Die Belassung solcher Gestaltungs- und Handlungsspielräume ist ein Kernpunkt gesellschaftlicher und letzten Endes auch individueller Freiheit. Das ist eine Erkenntnis, die (– was die staatliche Ebene betrifft –) im föderalistischen Prinzip des Grundgesetzes, im dezentralistischen, kompetenzmäßig abgestuften und abgegrenzten Aufbau unseres Staates in Bund, Länder und Kommunen, ihren Niederschlag gefunden hat. Diese Erkenntnis sollte auch in die Gestaltung des gesellschaftlichen Bereichs Eingang finden.

Die pluralistische Struktur unserer Gesellschaft ist freilich nicht nur durch das außerordentliche Ansteigen sozialstaatlicher Lenkungs-, Leistungs-, Vorsorge- und Verteilungsaufgaben und der dadurch zumindest teilweise hervorgerufenen beängstigenden Aufblähung der Verwaltung gefährdet, sie ist auch bedroht vom Konzentrationsprozeß gesellschaftlicher Macht auf immer weniger gesellschaftliche Gruppen. Gerade weil die Vielfalt der gesellschaftlichen Gruppen eine Existenzvoraussetzung des demokratischen Staates ist, gibt diese Entwicklung Anlaß zur Sorge. Einige gesellschaftliche Gruppen scheinen heute an der Schwelle zu solcher Machtfülle zu stehen, daß sie ihre Sonderinteressen jederzeit durchzusetzen in der Lage sind, wie am Verhalten bestimmter Konzerne während einer Energiekrise oder auch an einem Fluglotsenstreik sinnfällig demonstriert werden kann. In solchen Fällen besteht die Gefahr, daß der demokratische Staat von vielen (– und nicht nur von seinen Gegnern –) als schwach empfunden wird, obschon doch objektiv seine administrative Macht gewachsen ist. Heute ist jedenfalls die Furcht verbreitet (– und man sollte diese Furcht angesichts des sich inflationär verschärfenden Verteilungskampfes nicht unterschätzen –), daß der demokratische Staat außer Stande sei, den Wildwuchs gesellschaftlicher Sonderinteressen auf ein Maß zurückzuschneiden, das dem Allgemeinwohl entspricht. Gelingt das dem Staat nicht, so wird sich der Eindruck in weiten Teilen der Bevölkerung verstärken müssen, der Staat könne zum Spielball mächtiger Interessengruppen werden. Es stellt sich in der Tat die Frage, ob das Anwachsen gesellschaftlicher Gruppenmacht Anzeichen eines zwangsläufig im System unserer Gesellschaft angelegten Entwicklungsprozesses ist, und ob auf die Phase des Gegenübers von Staat und Gesellschaft zunächst die Phase gegenseitiger Durchdringung von Staat und Gesellschaft folgt, die ihrerseits dann durch die Phase der Eroberung des Staates durch einzelne mächtige gesellschaftliche Gruppen abgelöst wird. Dann könnte nicht mehr ausgeschlossen werden, daß sich Nietzsches Wort von der Demokratie als der historischen Form des Staatsverfalls bewahrheiten würde. Dann wären wir in der Tat auf dem

Wege zum Absterben des Staates, zur Selbstverwaltung der Gesellschaft, die nach Ansicht des dialektischen Materialismus der letzte qualitative Sprung zur Verwirklichung der klassenlosen Gesellschaft des Sozialismus ist.

Wir teilen diese Ansicht keineswegs; denn die Geschichte vollzieht sich nicht mit jener gesetzmäßigen Notwendigkeit, die Marx voraussetzt, die aber weder durch die historische Erfahrung noch durch die politische und ökonomische Entwicklung der Gegenwart bestätigt wird. Dennoch aber sollten wir die Augen nicht vor möglichen Gefahren für die staatliche und gesamtgesellschaftliche Freiheit verschließen, die mit der Verselbständigung gesellschaftlicher Macht gegeben sein können. Diesen Gefahren kann sicherlich nicht mit der oft beschworenen „Demokratisierung“ gesellschaftlicher Macht begegnet werden, es sei denn, unter Demokratisierung gesellschaftlicher Macht würde die demokratisch legitimierte staatliche Kontrolle gesellschaftlicher Machtkonzentration verstanden. Wird jedoch Demokratisierung gesellschaftlicher Macht als Verselbständigung und Herauslösung gesellschaftlicher Bereiche (– nämlich Herauslösung aus staatlicher Gesamtverantwortung für das bonum commune –) und als Unterwerfung dieser Bereiche unter die ausschließliche Kontrolle und Lenkung einzelner gesellschaftlicher Gruppen verstanden, so würde eine derartige Demokratisierung gesellschaftlicher Macht nichts anderes als die Übertragung staatlicher Entscheidungsbefugnisse an gesellschaftliche Kollektive darstellen. Würden aber staatliche Entscheidungsbefugnisse im Zuge der Demokratisierung auf gesellschaftliche Gruppen übertragen, so würde dadurch gerade jene relative Verselbständigung der politischen Entscheidungsbefugnisse beim Staat unterlaufen, die nicht nur Sinn und Zweck der verfassungstheoretischen Unterscheidung von Staat und Gesellschaft ist, sondern die eine Garantie unserer Freiheit darstellt. Eine solche Demokratisierung würde durch die partielle oder totale Aufhebung der funktionalen Wechselbezogenheit zwischen Staat und Gesellschaft nur bewirken, daß die zu demokratisierende Macht nicht geringer würde, sondern allenfalls auf eine andere gesellschaftliche Gruppe überginge, aber die individuelle Freiheit würde ihres staatlichen Schutzes gegenüber gesellschaftlicher Abhängigkeit beraubt. Demokratisierung im Sinne der Kontrolle gesellschaftlicher Macht durch gesellschaftliche Gruppen ist ein untauglicher Versuch mit untauglichen Mitteln, aber mit gefährlichen Folgen.

Es bedarf keiner näheren Erörterung darüber, daß in einer pluralistischen Gesellschaft die Wahrung der Balance unter den einzelnen Gruppen außerordentlich schwierig ist, und daß es im freiheitlichen Rechtsstaat wohl kaum möglich sein wird, potentielle Gefahren gesellschaftlicher Gruppenmacht durch institutionelle Mittel von vorneherein gänzlich auszuschließen, es sei denn, das Risiko eines Rückfalls in autoritäre oder quasiautoritäre staatliche Verhaltensweisen würde in Kauf genommen. Wohl aber kann und muß vom Staat verlangt werden, daß er (– sei es opportun, sei es inopportun –) gänzlich darauf verzichtet, vorhandene gesellschaftliche Machtpositionen mit staatlicher Hilfe noch auszuweiten oder gar zu ihnen in ein Verhältnis zu treten, das einer faktischen Identifikation entsprechen würde.

Jede Macht bedarf von einer gewissen Größe an der Kontrolle und Begrenzung durch andere Kräfte, soll es nicht zu einer Monopolisierung von Machtpositionen und zur Einschnürung von individuellen Freiheitsrechten kommen. Ein System der Tarifautonomie, in dem die miteinander konkurrierenden Kräfte in einem mehr oder weniger ausgewogenen Verhältnis stehen, fördert die allgemeine Freiheit; verschieben sich aber im System der Tarifautonomie die Gewichtungen derart, daß an die Stelle der Ausgewogenheit das massive Übergewicht einer Seite tritt, dann stellt das zugleich auch eine potentielle Gefahr für die gesamtgesellschaftliche Freiheit dar. Unter diesem Gesichtspunkt sollte das Problem von Streik und Aussperrung auch gesehen werden, und es wäre durchaus denkbar, daß die Tarifpartner sogar untereinander Einigkeit über eine gewisse Adäquanz ihrer Kampfmittel bei Tarifauseinandersetzungen erzielen könnten. Der Verlust solcher Adäquanzpositionen kann unter Umständen in Kampfsituationen dazu führen, daß an die Stelle echter Verhandlungen und Kompromißsuche das Diktat des Stärkeren tritt; aus Tarifverträgen würden dann der Sache nach Unterwerfungsverträge, und es bedarf keiner sonderlichen Phantasie, um sich die Endstation einer solchen Entwicklung und die Folgen für die gesamtgesellschaftliche Freiheit auszumalen. Gerade in einer Zeit, in der die Bedrohung individueller Freiheit angesichts der starken Selbstbindung der staatlichen Gewalt durch die Grundrechtsbindung nicht so sehr von der staatlichen Seite, als vielmehr von gesellschaftlichen Machtkonzentrationen zu befürchten ist, kommt es darauf an, daß in den gesellschaftlichen Gruppen selbst die Bereitschaft zur Selbstbeschränkung und Rücksichtnahme auf andere Interessenlagen wächst, eine Bereitschaft, die nicht zuletzt in der Erkenntnis wurzeln sollte, daß die eigene Freiheit nicht so sehr gesichert wird durch eine maximale Erfüllung eigener Interessen, sondern durch eine optimale Sicherung der gesamtgesellschaftlichen Freiheit. Der Preis, der dafür zu zahlen ist, ist die Begrenzung der eigenen Freiheit und der eigenen Interessen.

Zur Entschärfung gesellschaftlicher Machtkonzentration kann sicherlich auch eine sozialorientierte wirtschafts- und gesellschaftspolitische Ordnungspolitik, wie sie durch die soziale Marktwirtschaft repräsentiert wird, beitragen, die einerseits die bestehenden gesellschaftlichen Gruppen in den übergreifenden Bezugsrahmen der Sozialpflichtigkeit einbezieht und die andererseits genügend Raum beläßt für spontane neue gesellschaftliche Gruppenbildung und Gruppenauflösung, um so dem Pluralismus unserer Gesellschaft eine stets notwendige Offenheit und Vitalität zu geben.

Gesellschaftliche Angelegenheiten sind nie „rein private" Angelegenheiten, sie sind immer ganz oder doch wenigstens zum Teil auch „öffentliche" Angelegenheiten (– was aber nicht „öffentlich-rechtliche Angelegenheiten" bedeutet –). Sie sind dies auch dann, wenn die Motivation des Handelns gesellschaftlicher Gruppen in der Verwirklichung ihres Gruppeninteresses zu suchen ist. Weil gesellschaftliche Angelegenheiten nie rein private Angelegenheiten sind, kann den gesellschaftlichen Gruppen eine ausschließlich eigennützige Verfolgung ihrer Sonderinteressen ohne jede Rücksichtnahme auf das Allgemeinwohl nicht freigestellt werden. Die Gesellschaft ist im Verhältnis zum Staat nicht nur eine freie, sondern auch eine verantwortliche Gesellschaft; das ist der Kern der Forderung nach Sozialpflichtigkeit des gesellschaftlichen Verhaltens. Freilich wird auch der besten politischen Führung mit freiheitlichen Mitteln ein sozial gerechter Ausgleich zwischen Sonderinteressen und dem allgemeinen Wohl nur dann gelingen, wenn die gesellschaftlichen Gruppen bei aller Verschiedenheit und Divergenz ihrer speziellen Interessenlagen eine gemeinsame unbestrittene Wertordnung verbindet. So notwendig in einer pluralistischen Gesellschaft die Divergenz spezieller Interessen ist, so notwendig ist doch auch ein gemeinsamer Konsens.

Die Antwort auf die Frage nach der Selbstbindung und Selbstbeschränkung staatlicher und gesellschaftlicher Macht gehört mit zu den wichtigsten Prüfsteinen einer freiheitlich-demokratischen Staats- und Gesellschaftsordnung. Wir haben früher an anderen Stellen schon mehrfach darauf hingewiesen, daß im Bereich der politischen Willensbildung die moderne Demokratie nicht auf einem Rousseau'schen Gemeinwillen beruht, der den Willen der Mehrheit schlechthin absolut setzt, sondern daß in ihr alle politischen Überzeugungen und Interessen grundsätzlich als gleichberechtigt anerkannt werden, vorausgesetzt, daß sie in den weitgesteckten Grenzen der verfassungsrechtlich normierten Grundordnung bleiben. In der modernen Demokratie gelten ebenfalls auch alle gesellschaftlichen Gruppen grundsätzlich als gleichberechtigt, was selbstverständlich nicht ausschließen kann, daß die einzelnen gesellschaftlichen Gruppen von höchst unterschiedlicher Gewichtung sein können, sei es auf Grund historischer Vorgegebenheiten, sei es auf Grund der Zahl ihrer Mitglieder oder auch besonderer Interessenstärke. Der Staat jedenfalls darf für seine politischen Entscheidungen Wertvorstellungen der stärksten gesellschaftlichen Gruppe nicht ohne weiteres als absolut verbindlich übernehmen, er hat sie vielmehr grundsätzlich auf das Maß zurückzuführen, das auch für andere Gruppen annehmbar ist und damit den allgemeinen Wertvorstellungen der Gesamtgesellschaft entspricht. Dieses Prinzip, das eine wichtige Sicherung gegen ideologische Extremlagen darstellt, erfordert von den starken gesellschaftlichen Kräften die stete Bereitschaft zum Ausgleich und zum Verzicht auf ihre für idealtypisch gehaltenen Vorstellungen. Verfügt zum Beispiel eine politische Partei in einem Parlament über die absolute Mehrheit, so mag sie zwar durchaus die von der Verfassung gedeckte Möglichkeit haben, bei einem Gesetz ihre Vorstellungen ohne Rücksicht auf die Ansicht der Minderheit durchzusetzen, es bleibt jedoch zu fragen, ob ein solches Vorgehen dem Sinngehalt eines demokratischen Gemeinwesens voll entspricht. Es ist nach unserer Meinung vielmehr ein verfassungspolitisches Postulat, daß die Mehrheit die Vorstellungen der Minderheit nicht nur bei den Gesetzesberatungen mehr oder weniger unverbindlich zur Kenntnis nimmt, sondern daß sie immer auch darum bemüht sein muß, möglichst viel von diesen Vorstellungen mit ihren eigenen Vorstellungen zu einem tragfähigen und verantwortungsbewußten Kompromiß zu vereinigen. Das gilt vor allem bei besonders gravierenden, von weltanschaulichen Implikationen bestimmten Materien, wie zum Beispiel beim Ehe- und Familienrecht, bei strafrechtlichen Fragen oder auch in der Kultur- und Bildungspolitik. Je breiter hier der Konsens ist, der eine Entscheidung trägt, desto größer ist die Aussicht, daß die getroffene Entscheidung von Dauer sein wird, daß sie von einem möglichst großen Teil der Bürger auch innerlich angenommen wird. Breite Zustimmung im Sinne einer echten „acceptatio legis“ stärkt das allgemeine Rechtsbewußtsein und sichert langfristig am besten den inneren Frieden. Doch darf die Bemühung um tragfähige Kompromisse nicht dazu führen, daß notwendige Entscheidungen über ein verantwortbares Maß hinausgeschoben werden oder daß die schließlich zu treffende Entscheidung nicht mehr darstellt als den „kleinsten gemeinsamen Nenner".

Damit wird nicht das Recht der Mehrheit (– und auch nicht ihre Pflicht –) in Frage gestellt, zu entscheiden, nur geht es darum, wie sie diese Entscheidung vorbereitet hat und ob die Entscheidung mehr ist als nur ein quantitativer Ausdruck der parlamentarischen Konstellation. Ebenso wichtig ist aber auch die Bereitschaft der parlamentarischen Opposition (– also in der Regel der parlamentarischen Minderheit –), sich ihrerseits um mögliche Kompromisse zu bemühen. Bei aller Notwendigkeit parteipolitischer Profilierung sollte jedoch gesehen werden, daß die Parteien nicht Ziel der Politik sind, sondern daß ihnen ein instrumentaler Charakter im Hinblick auf das Gemeinwohl zukommt. Wer aus einseitig parteipolitischen Gründen einer sachgerechten Lösung widerspricht, widerspricht damit letztlich dem „Wesen des Politischen". Das Wohl der eigenen politischen Partei ist sicherlich ein hohes Gut, das aber gerade dann gefährdet wird, wird es absolut gesetzt. Da keine politische Partei ein Monopol auf Wahrheit und Richtigkeit hat und haben darf, ist es notwendig, die gegenseitigen verschiedenen Standpunkte und Argumente zu werten und zu wägen; wir meinen, daß die in einer solchen Haltung liegende Offenheit ein wesentliches Element unserer Freiheit darstellt.

Da in einem Staatswesen, in dem die Schlüsselpositionen der Verwaltung zum großen Teil unter parteipolitischen Aspekten besetzt werden (– was ja durchaus nicht gegen die Verwaltung sprechen muß, da ja die Parteien ohne Zweifel die Möglichkeit haben, aus ihren Reihen qualifizierte Kräfte bereitzustellen –), leicht die Gefahr besteht, daß die Verwaltung selbst als verlängerter Arm der einen oder der anderen Partei erscheint, ist es notwendig, daß die Träger der Verwaltung immer wieder deutlich machen, daß die Verwaltung eine eigenständige Staatsgewalt ist, die nicht in den Dienst einer bestimmten Partei oder Interessengruppe geraten darf.

Bleibt hier noch zu sagen, daß die große Bedeutung, die starke gesellschaftliche Kräfte heute gewonnen haben, leicht dazu führen kann, daß diejenigen Bürger, deren Interessen nicht durch eigene Interessenverbände artikuliert und vertreten werden, leicht an den „Rand" der Gesamtgesellschaft gedrückt werden; nicht ganz von ungefähr ist ja das Wort von den „Randgruppen der modernen Gesellschaft" zu einem feststehenden Begriff geworden. Im sozialen Rechtsstaat ist es Aufgabe sowohl des Staates wie der gesellschaftlichen Kräfte, immer auch die besondere Interessenlage der „Randgruppen" von sich aus zur Geltung zu bringen. Ein eindrucksvolles Beispiel einer solchen Rücksichtnahme stellt in der Bundesrepublik Deutschland sicherlich die Rentendynamisierung dar, die ja zu Gunsten derjenigen Mitbürger in unser soziales Sicherheitsnetz aufgenommen ist, die nicht mehr in der Lage sind, im Rahmen der Tarifautonomie eine aktive Rolle spielen zu können. Ähnliche Beispiele ließen sich aus anderen Bereichen anführen. Es geht darum, daß die sozial Schwachen voll in der Gesamtgesellschaft integriert bleiben und daß die Wahrnehmung ihrer Interessen gleichermaßen als Staatsaufgabe wie auch als gesamtgesellschaftliche Aufgabe begriffen wird.

Stets hat es zu den vordringlichsten Aufgaben des Staates gehört, seinen Bürgern Sicherheit und Schutz vor inneren und äußeren Gefahren zu gewähren. Dem elementaren Bedürfnis der Bürger nach Sicherheit hat der freiheitlich-demokratische Staat mit den Mitteln zu genügen, die ihm von seiner rechtsstaatlichen Verfassung her erlaubt und geboten sind. Da die Vernachlässigung der öffentlichen Sicherheit seit jeher eine der Ursachen für die Entstehung autoritärer Regime gewesen ist, sollten nicht nur die demokratischen Parteien, sondern auch alle im demokratischen Konsens unserer Gesellschaft einbezogenen gesellschaftlichen Kräfte ein originäres Interesse daran haben, daß der Staat seine Pflicht, die Sicherheit nach innen und außen zu gewähren, voll wirksam wahrnimmt. Auf zwei in der gegenwärtigen öffentlichen Diskussion besonders „allergisch" behandelte Teilbereiche der staatlichen Sicherheitsaufgabe sei eigens hingewiesen:

1. Unser Staat gewährt selbst seinen Gegnern (– den Minderheiten, die ihn bekämpfen –) ein Höchstmaß an Toleranz. Sogar materiell verfassungswidrige Parteien genießen auf Grund des Parteienprivilegs in Art. 21 Abs. 2 GG bis zur formellen Feststellung ihrer Verfassungswidrigkeit die volle politische Freiheit. Ein solches Maß an Toleranz kann sich aber der Staat nur dann leisten, wenn zumindest seine Bediensteten fest auf dem Boden der staatlichen Grundordnung stehen. Insoweit ergänzt die den Angehörigen des Öffentlichen Dienstes obliegende besondere politische Treuepflicht notwendig die gegenüber den politischen Parteien mögliche Toleranz. Wer nicht die Gewähr dafür bietet, jederzeit für die freiheitlich-demokratische Grundordnung einzutreten, kann daher in den Öffentlichen Dienst unseres Staates nicht eingestellt werden. Gewähr für Verfassungstreue bietet sicher nicht, wer einer verfassungsfeindlichen Organisation als aktives Mitglied angehört und selbst wie seine Partei verfassungsfeindliche Ziele verfolgt. Wer Mitglied einer solchen Partei oder Vereinigung ist, wird in der Regel deren verfassungsfeindliche Ziele genau kennen und sie auch billigen und in die Tat umzusetzen bereit sein. Die Mitgliedschaft in einer verfassungsfeindlichen Partei oder Vereinigung läßt somit in der Regel Zweifel an der Verfassungstreue des Bewerbers aufkommen. Es liegt beim Bewerber, diese Zweifel im konkreten Einzelfall auszuräumen, genauso wie es ihm obliegt, auch seine sonstigen persönlichen und fachlichen Qualifikationen für das angestrebte Amt darzutun. Gelingt ihm dies nicht, so ist seine Bewerbung zurückzuweisen. Zur Darlegung seiner Verfassungstreue kann sich der Bewerber hierbei nicht darauf berufen, daß die Partei oder Vereinigung, der er angehört, formell nicht verboten ist. Denn auch eine Partei, über die ein förmliches Verbot noch nicht verhängt ist, kann verfassungsfeindliche Ziele verfolgen. Das Parteienprivileg des Grundgesetzes darf nicht als Freibrief zur Aufnahme in den Öffentlichen Dienst mißverstanden werden.

2. In jüngster Zeit stehen Stellung und Aufgaben des Staats- und Verfassungsschutzes vermehrt im Mittelpunkt politischer Diskussionen; es fehlt nicht an Stimmen, die unter Berufung auf unsere freiheitlich-rechtsstaatliche Ordnung die Notwendigkeit des Staats- und Verfassungsschutzes sogar gänzlich in Frage stellen; daß

sich hinter solchen Stimmen oft Kräfte verbergen, die zum Sturz der freiheitlich-demokratischen Rechtsordnung entschlossen sind, ist hinlänglich bekannt. In der Regel wird von bestimmten Mißbrauchstatbeständen der Praxis her argumentiert und gleichzeitig verkannt, daß auch hier der Satz gilt, daß der Mißbrauch einer Sache über den rechten Gebrauch nichts aussagt. Es bleibt festzuhalten, daß in einer freiheitlich-rechtsstaatlichen Demokratie, die selbst gegenüber ihren Feinden ein Höchstmaß an Toleranz aufbringt, der Staats- und Verfassungsschutz eine unverzichtbare Einrichtung zur Gewährleistung eben dieser Toleranz ist. Jeder Staat benötigt Organe, die ihn vor Unterwanderung, Unterwühlung und Zersetzung schützen. Die mit den Aufgaben des Staats- und Verfassungschutzes betrauten Behörden sind daher auch in einem freiheitlichen Rechtsstaat nicht in irgendeiner Grauzone angesiedelt, sie sind nicht suspekt und sie verdienen auch nicht generelles Mißtrauen. Sie sind Teil selbstverständlicher und normaler Staatstätigkeit. Fehler auf dem Felde des Staats- und Verfassungsschutzes sollten von den politischen Parteien nicht geleugnet und nicht verharmlost werden, sie bedürfen der Klärung und Bereinigung. Aber alle unseren Staat tragenden politischen Parteien müssen zugleich immer auch ein Interesse daran haben, daß der Staats- und Verfassungsschutz funktioniert. Funktionieren kann er aber nur, wenn seine Arbeit nicht ohne entsprechende Rückendeckung bleibt. Staats- und Verfassungsschutz sind jedoch nicht ausschließlich eine Angelegenheit besonderer mit ihrer Wahrnehmung betrauter Institutionen. So wie eine gute Gesellschaftspolitik das beste Mittel zur Vorbeugung gegen Kriminalität ist, so sind auch die Verfestigung demokratischen Staatsbewußtseins und die Anerkennung staatlicher Autorität das beste Mittel zum vorbeugenden Schutze der Verfassung und des Staates. Durch politische Bildungsarbeit und faire politische Auseinandersetzungen sollten wir daher versuchen, auch diejenigen von den Werten unserer freiheitlichen Demokratie zu überzeugen, die ihr noch skeptisch oder gar feindlich gegenüberstehen. Das ist eine uns allen gestellte Aufgabe. Nicht nur vom Bekenntnis, sondern vom Engagement der Bürger und der gesellschaftlichen Kräfte für die freiheitliche Demokratie lebt unser Staat. In dem Maße, in dem es gelingt, dieses Engagement zu stärken und zu fördern, in dem Maße tragen wir zur Sicherung unseres Staates, zur Sicherung der individuellen wie auch der gesamtgesellschaftlichen Freiheit bei.

Die dauerhafte Sicherung unserer freiheitlichen Staats- und Gesellschaftsordnung wird allerdings nicht durch die notwendige Aufgabenerfüllung von Polizei, Militär oder Staats- und Verfassungsschutz erfolgen können, sie setzt die Aufweisung und Verwirklichung zukunftsweisender Ordnungsbezüge voraus; Abwehrmaßnahmen allein genügen nicht, können niemals an die Stelle einer „nach vorn" gerichteten zukunftssichernden Politik treten. Erst wenn die Ordnungsbezüge politischen Wollens und Handelns geklärt sind, ist ein stetiger Reformprozeß möglich, in dem sich die verfassungsrechtlichen und verfassungspolitischen Wertentscheidungen immer wieder neu zu bewähren haben.

Im Zusammenhang mit der Reform des Ehe- und Familienrechts habe ich im Deutschen Bundestag versucht, Notwendigkeit und Grenzen reformorientierter Politik wenigstens im Ansatz aufzuzeigen, und ich darf auch an dieser Stelle den mir entscheidenden Gesichtspunkt noch einmal erwähnen: Ich begreife Reformen nicht als eine einmalige Aufgabe, sondern als eine jeder Regierung und jedem Gesetzgeber stets gestellte Aufgabe. Ich verstehe Reformen als Prinzip der Politik; eine Politik, die nicht getragen wird vom „Prinzip Reform", wird vom schnellen Strom der Entwicklung hinweggerissen werden. Aber so wenig es ein Monopol auf Wahrheit und Richtigkeit in der Politik gibt, so wenig gibt es in der Politik auch ein Monopol auf Reformen. Eine Änderung ist nicht schon deshalb eine zukunftsträchtige Reform, weil sie von der Regierung dazu ernannt wurde. Man kann nicht und man sollte nicht jede Änderung des Bestehenden schon mit dem Begriff „Reform" versehen. Es ist vielmehr notwendig, sparsam mit diesem Begriff umzugehen und ihn nur dort zu verwenden, wo es wirklich um die großen Strukturprobleme unserer Gesellschaft geht. Nichts schadet den wirklichen Reformen mehr als eine geradezu inflationistische Anwendung des Begriffs „Reform" und als eine unreflektierte und unkritische Änderungssucht um jeden Preis. Kein Vernünftiger wird die Veränderung um der Veränderung willen anstreben, und nicht einmal das Alter eines Gesetzes oder einer Institution vermag etwas darüber auszusagen, ob dieses Gesetz oder diese Institution der Änderung bedürfen. Zwar ist es heute beliebt, Änderungen von Gesetzen mit dem Alter der Gesetze zu begründen – ein höchst törichtes Unterfangen; denn es gibt Gesetze, die sind wenige Jahre alt und bedürfen dringend der Reform, und es gibt Gesetze, die sind viele Jahre alt, und dennoch sind sie auch heute noch funktionsfähig.

Es wird also jeweils darauf ankommen zu prüfen, ob die Gesetze noch geeignet sind, in einer veränderten geschichtlichen Situation ihre Funktion zu erfüllen, und bei dieser Überprüfung ist dann das Alter ein wichtiges Indiz. Regierung und Gesetzgeber sind stets dazu aufgerufen, die gesellschaftliche Wirklichkeit zu verbessern, ja, zu verändern, wobei sie freilich wissen müssen, daß es dabei nicht um die Herstellung eines schlechthin idealen Zustandes geht, den man allenfalls erträumen, nicht aber realisieren kann. Andererseits gilt, daß für den Gesetzgeber die Orientierung an idealtypischen Vorstellungen notwendig ist, auch und gerade wenn er weiß, daß er sie nicht in vollem Umfang Wirklichkeit werden lassen kann. Wer die Geschichte der Utopien kennt, der weiß, daß in ihnen die alte Sehnsucht des Menschen nach vollkommenem Glück, nach absoluter Gleichheit und absoluter Freiheit lebt. Solche Utopien sollten wir nicht verachten, sie haben einen hohen Wert für unsere kritische Haltung gegenüber dem Bestehenden. Nicht zuletzt besteht ihre Funktion darin, den Gesetzgeber und damit den Politiker daran zu erinnern, daß er diese Sehnsüchte in seiner Gesetzgebung nicht vergißt, wiewohl er sich ihrer Verwirklichung immer nur nähern, sie aber nie ganz erreichen kann. Es ist eben etwas anderes, verhängnisvoller Utopist zu sein oder um die Bedeutung der Utopien für die Gestaltung von Gegenwart und Zukunft zu wissen. Berücksichtigung der Utopie in diesem Sinne schließt also nicht realistische Reformpolitik aus, sondern bedingt sie geradezu.

Soll schließlich eine Rechtsreform von Dauer sein, so wird sie sich davor hüten müssen, die Verbindung mit der geschichtlichen Kontinuität außer Acht zu lassen. Gerade derjenige, der die Geschichtlichkeit des Menschen und der menschlichen Institutionen betont, also ihre Wandelbarkeit und Reformbedürftigkeit, wird darauf zu achten haben, daß Reformen sich immer in konkreten geschichtlichen Situationen vollziehen und daß sie auf die gesamtgesellschaftlichen Bedingungen dieser Situationen bezogen sein müssen.

Zur Gewährleistung von Sicherheit und zur Durchführung von Reformen bedarf es eines starken Staates, den die Staatsbürger als „ihren Staat" in Freiheit innerlich angenommen haben, den sie nicht als Zwangsinstitut begreifen, sondern als Ordnungsmacht, die im Bewußtsein ihrer Bürger Autorität genießt. Das Vorhandensein solcher Art Autorität ist auch für den demokratischen Staat eine Notwendigkeit. Im demokratischen Staat hat die staatliche Autorität die Freiheit des Bürgers zum Ziel; existiert sie um des Bürgers willen, ist sie allerdings auch um des Bürgers willen unverzichtbar. Eindrucksvoll lehrt die Geschichte, daß jede prinzipielle Autoritätsfeindlichkeit immer auch die Freiheit bedroht, und gerade diejenigen, die die absolute Freiheit und den Abbau jeglicher Autorität fordern, bedrohen mit dieser Forderung die konkrete Freiheit. Es gibt nicht die Möglichkeit, zwischen Freiheit und Autorität zu wählen. Die Freiheit des einzelnen setzt das Vorhandensein von staatlicher Autorität voraus, damit ist aber zugleich auch die stete Selbstbindung und Kontrolle der staatlichen Autorität gefordert.

Auch staatliche Autorität ist nicht als außergeschichtliche, statische Größe zu verstehen, sie muß sich in der geschichtlich konkreten Situation stets aufs Neue legitimieren und hat nach der dieser Situation gemäßen Form zu suchen. Die Aktualisierung der staatlichen Autorität und ihrer Legitimation vollzieht sich in den Personen, die staatliche Autorität repräsentieren und geltend machen. Nicht formale Berufung auf ein Amt, sondern geistige Ausfüllung des Amtes und somit sich stets legitimierende Autorität, die dem Bürger die notwendige entlastende Funktion echter Autorität zukommen läßt, sichern die Freiheit des einzelnen und der Gesellschaft.

Dieser Forderung liegt letztlich die Überzeugung zugrunde, die für den freiheitlich-demokratischen Staat konstitutiv ist: daß nämlich dem Staat kein höherwertiges Sein eigen ist als dem Bürger, daß seine Ordnungsfunktion immer nur Dienstfunktion ist. Diese Sicht nimmt dem Staat nichts von seiner Würde, allenfalls entkleidet sie ihn einer falschen, gerade auch für den Christen nicht akzeptierbaren Hoheit.

Wir sollten nicht vergessen, daß gerade der Christ, der sich der neutestamentlichen Botschaft verpflichtet weiß, sich in einer unaufhebbaren Distanz zum Staat (– zu jedem Staat –) befinden muß, denn er weiß um die Vorläufigkeit und Endlichkeit des Staates, um die Gefährdung, die von ihm ausgehen kann und der es ebenso wie der Freiheitsgefährdung durch gesellschaftliche Macht zu wehren gilt. In dieser Distanz liegt zugleich die Bestimmung des Stellenwertes staatlicher Autorität um der Freiheit des Menschen willen beschlossen. Solche Distanz bedeutet nicht „Enthaltsamkeit" und schwächt den Staat nicht, aber sie bewahrt vor der Vergötzung des Staates und zwingt zu steter Bemühung um den Staat. In dem Maße, in dem es gelingt, die einzelnen Bürger wie die gesellschaftlichen Gruppen in die bewußte, mündige Verantwortung für den Staat zu nehmen, wird sich dann seine „Schwäche" als seine eigentliche „Stärke" erweisen.

Das neue Dilemma der Demokratie *

Von Prof. Dr. *Ferdinand A. Hermens*, Washington

Die 1970er Jahre sind dadurch gekennzeichnet, daß zu dem alten Dilemma der Demokratie ein neues hinzugetreten ist bzw. eine Schärfe angenommen hat, als deren Folge sich ein qualitativ neues Problem stellt.

Das alte Dilemma der Demokratie besteht in der Entwicklung von Anti-System-Parteien[1]. Diese sind durch eine radikale Ablehnung des demokratischen und insbesondere des parlamentarischen Integrationssystems gekennzeichnet. „Radikal" bedeutet in diesem Zusammenhang nicht nur, daß Änderungen angestrebt werden, die an die Wurzel des bestehenden Systems gehen, sondern auch, daß die Mittel, mit denen das geschehen soll, die Anwendung der Gewalt einschließen. Die Möglichkeit der Gewaltanwendung ist institutionalisiert in der Struktur der Partei selbst und gegebenenfalls in gewissen Hilfsorganisationen, von denen die deutsche SA die bekannteste, aber keineswegs die einzige ist. Solche Parteien sind daher nicht nur auf zeitweise Gewaltanwendung eingestellt, z. B. eine demokratisch motivierte Revolution, die, wenn sie ihren Zielen treu bleibt, nur eine Brücke zu einem neuen Zustand darstellt, innerhalb dessen friedliche Methoden des politischen Machterwerbes und der Machtbegrenzung akzeptiert werden. Echte Anti-System-Parteien geben zu der Befürchtung Anlaß, daß am Ende einer Machtergreifung durch sie eine politische Struktur stehen würde, der es nie gelingt, legitim in dem Sinne zu werden, daß der friedliche Wettbewerb anderer Gruppen akzeptiert werden könnte und würde.

Wo immer Anti-System-Parteien entstehen und so konsequent sind, wie es etwa die Nationalsozialisten und Kommunisten während der Weimarer Republik waren, erschweren sie das Funktionieren des parlamentarisch-demokratischen Systems. Dessen Logik erfordert die Möglichkeit einer demokratischen Alternative. Eine Partei, die sich über eine gewisse Frist an der Macht befindet, ist meistens über kurz oder lang durch Verschleißerscheinungen gekennzeichnet: Die „Zirkulation der Eliten" weicht wachsenden oligarchischen Tendenzen, und die Partei mag sich in ihrer programmatischen Haltung neuen Entwicklungen innerhalb des Volkes verschließen. Schließlich können insbesondere wirtschaftliche Schwierigkeiten dazu führen, daß sich unter den Wählern eine massive Protesthaltung entwickelt, die zu einer Abwendung von der regierenden Gruppe führt. Besteht eine demokratische

* Im Sommer 1979 revidierte Version der Niederschrift eines am 4. März 1978 vor der Deutsch-Amerikanischen Juristischen Gesellschaft in Bonn gehaltenen Vortrages. Herrn Dr. Jürgen Jekewitz und Herrn E. P. Walk sei auch an dieser Stelle für ihre Hilfe bei der Bearbeitung der Niederschrift gedankt.

Alternative, der sich die Wähler zuwenden können, so bedeutet ein Machtwechsel nur, daß eine neue Elite die Chance bekommt, sich zu bewähren, eine geänderte Richtung einzuschlagen und insbesondere auch dem Volke das Empfinden zu geben, daß es im Akte der Wahl wirkliche Entscheidungen treffen kann.

Wo immer echte Anti-System-Parteien im Parlament vertreten sind, sind die Regeln des demokratisch-parlamentarischen Systems in Gefahr. Im Prinzip lehnen solche Parteien die Beteiligung an einer Koalitionsregierung, die sie nicht dominieren können, ab. Sie sind daher nicht in Gefahr, für ihre Versprechen in politischer Verantwortung einstehen zu müssen. Als dauernde Opposition können sie von jedem Wählerprotest Gewinn ziehen. Gibt es Anti-System-Parteien auf beiden politischen Flügeln, so kommt es zu jener Einkreisung der das System bejahenden Parteien, die Entscheidendes zum Zusammenbruch der Weimarer Republik beitrug. Solchen Entwicklungen können Bestimmungen wie das „positive Mißtrauensvotum" des Grundgesetzes nur in Grenzen begegnen[2], abgesehen davon, daß sie auch unerwünschte Folgen haben[3].

Mit diesen Bemerkungen befinden wir uns bereits auf dem Gebiet der systemtheoretischen Analyse. Der Sinn einer Verfassung erschöpft sich nicht in einzelnen Artikeln. Über diesen muß ein „Sinngebilde", ein Ganzes, stehen, in dessen Rahmen sich alles, was auf die eigentliche politische Struktur einwirkt, einfügt. Nach der Definition des Littré ist ein System „un ensemble de choses qui se tiennent" – gibt es Teile darin, die systemwidrig sind, so müssen sie die Funktionsfähigkeit des Ganzen beeinträchtigen, und sie können zu seinem Zusammenbruch führen.

Wenden wir diese Überlegungen auf das parlamentarische System an – das natürlich im engeren Sinne des Wortes nie „parlamentarisch" war und im letzten Drittel des 19. Jahrhunderts definitiv demokratische Züge angenommen hat – so ist eine Bezugnahme auf die englische Regierungsweise unvermeidlich, da sich die Charakteristiken dieses Systems in ihr zuerst und anderswo bisher nicht (wenn auch in den älteren Commonwealth-Ländern annähernd) erreichter Geschlossenheit entwickelt haben. Und das führt zu einem Einwande, den Gerhard Lehmbruch[4] mit besonderem Nachdruck erhoben hat, und nach welchem Argumente wie die hier entwickelten „normativ" sind. Damit soll gewiß gesagt werden, daß sie ein Werturteil einer Art enthalten, deren Nichtzulässigkeit seit Max Weber unumstritten ist. Dabei wird jedoch übersehen, daß gerade für Max Weber eine „wert*freie*" Wissenschaft eine wert*lose* Wissenschaft wäre[5]. Kein Wissenschaftler wird sich mit irgendeinem Gegenstand befassen, wenn dieser ihm nicht aus dem einen oder anderen Grunde wert*voll* wäre, und sein Bemühen wäre für seine Mitmenschen belanglos, wenn nicht die maßgeblichen Werte mindestens von einer großen Zahl unter ihnen geteilt würden.

Das, wogegen Max Weber sich wandte, ist die *Subjektivität*. Man kann nicht im Namen der Wissenschaft etwas befürworten oder ablehnen, einfach weil es persönlichen Vorstellungen entspricht. Die erste Aufgabe eines auf *Objektivität* ausgerichteten wissenschaftlichen Bemühens ist es, zu klären, ob ein bestimmtes Mittel geeignet ist, zur Erreichung bestimmter, von vielen bejahter Zwecke beizutragen. Das ist an sich bereits ungeheuer viel; gerade in der Politik stellt die Wahl unzweckmäßiger Mittel auf die Dauer selbst die Werte in Frage, von deren Bejahung der Handelnde ausgegangen ist. Das gilt in besonderem Maße für alle Anti-System-Parteien, wenn auch das Mißverhältnis von Werten und Mitteln nirgendwo größer gewesen ist als im Falle von Lenin und seinen Nachfolgern[6]: Aus dem Streben nach einer „Gesellschaft der Freien und Gleichen" ist ein totalitäres Herrschaftssystem geworden, das zwar in gewissen Bereichen aufgelockert werden mag, aber den Stachel unvermeidlicher und dauernder Gewaltanwendung in sich trägt.

Max Weber betont ebenfalls, daß auch die Klärung der Beziehungen zwischen den Werten selbst weitgehend eine echte wissenschaftliche Aufgabe ist. Wir hören so oft von einer vermeintlich unvermeidlichen „Antinomie der Werte", wenn es sich faktisch darum handelt, daß die Betreffenden ihr eigenes Wertsystem nicht in Ordnung gebracht haben. Menschen müssen selbst entscheiden, welche von ihren Werten die über- und untergeordneten sind, und sie müssen sich bewußt sein, daß die untergeordneten nur dann sinnvoll sind, wenn sie mit den übergeordneten im Einklang stehen. Praktisch erfordert die Klärung solcher Beziehungen meistens auch die Aufhellung der Beziehungen zwischen Werten und Mitteln. Hier stehen wir natürlich all den Komplikationen des menschlichen und zwischenmenschlichen Verhaltens gegenüber, die in unserer Zeit mehr bedeuten denn je. Aber auch heute läßt sich vieles tun, wenn man, in echt aristotelischer Weise, das eine Teilproblem nach dem anderen in Angriff nimmt und vom Einfachen zum Komplizierten fortschreitet.

Nun ist nichts so sehr geeignet, die gegenseitige Anpassung von Mitteln und Zielen klarzustellen, wie das parlamentarische System englischer Art. Seine Entstehung ist von der „Logik der Entwicklung" gekennzeichnet, deren Bedeutung Joseph Schumpeter, in seinen Vorlesungen und Seminaren noch mehr als in seinen Schriften, hervorgehoben hat. Niemand hat es „erfunden", und wenn immer ein entscheidender Schritt in seiner Entwicklung getan wurde, wußten weder dessen Befürworter, noch auch dessen Gegner, wohin die Reise ging. Gerade deswegen konnte das Systemwidrige zeitig ausgeschaltet werden, während das Systemkonforme immer wieder durch den Erfolg prämiiert wurde. Am Ende stand ein Ganzes, von dem lange gesagt werden konnte, daß Zufriedenheit mit ihm allgemein sei.

Zur Erhellung des parlamentarischen Systems (und seiner demokratischen und nichtdemokratischen Konkurrenten) hat Walter Bagehot[7] Grundlagen gelegt, auf denen wir auch heute noch bauen können. Er schrieb zu einer Zeit, als die eigentliche „demokratische" Phase des Kabinettsystems, die er selbst nicht recht verstand[8], erst in der Entstehung begriffen war; aber als diese sich voll entfaltete, lagen seine Grundzüge in der von Bagehot skizzierten Richtung. Seine wesentlichen Strukturelemente liegen in der engen Verbindung von Volk, parlamentarischer Mehrheit, Kabinett, Ministerpräsident und Staatsoberhaupt. Gerade Linien, mit klarer Entscheidungsbefugnis, laufen von unten nach oben wie von oben nach unten. Eine, wenn auch oft relative Mehrheit der Wähler schafft ein Unterhaus, in welchem im Normalfall eine Partei eine klare parlamentarische Mehrheit besitzt. (Im Vorbeigehen sei gesagt, daß das, und nichts anderes, der Sinn des Zweiparteiensystems ist. Natürlich hat es in England immer mehr als zwei Parteien gegeben, und das System wäre nicht demokratisch, wenn nicht gelegentlich eine der führenden Parteien durch eine neue verdrängt werden könnte. All das braucht heute nur wiederholt zu werden, weil gelegentlich Kritiker glauben, etwas Wesentliches zu sagen, wenn sie auf die Vielheit der englischen Parteien hinweisen.) Hat einmal die stärkste Parlamentsfraktion keine absolute Mehrheit, so wird trotzdem ihr Führer zum Ministerpräsidenten ernannt; er kann sich, dank des Auflösungsrechtes, eine geraume Zeit halten und dann meistens Neuwahlen zu einer ihm genehmen Zeit anberaumen. Der Ministerpräsident schlägt in allen Fällen der Königin die Ernennung eines Kabinettes vor, das auch Führer von Tendenzen innerhalb seiner Partei enthält, die nicht die seinen sind. Formell wird der Regierungschef zum Staatsoberhaupt ernannt und entlassen, aber materiell könnte das heute nur noch Bedeutung besitzen, wenn etwas ganz Ungewöhnliches einträte, etwa der Ministerpräsident den Verstand verlöre oder wegen ernster Krankheit nicht voll funktionsfähig wäre, aber nicht freiwillig abdankte. Ihrerseits sind der König und die Königin zwar nicht gewählt, aber, wie der Fall von Eduard VIII. gezeigt hat, besitzt ein Ministerpräsident, der sich von einer parlamentarischen Mehrheit gedeckt fühlt, die Möglichkeit, notfalls eine Abdankung zu erzwingen.

Der Weg führt insofern von oben nach unten, als der Ministerpräsident jederzeit dem Staatsoberhaupt eine Auflösung des Unterhauses vorschlagen kann, und diese im Normalfall automatisch gewährt wird. Das ist zunächst gegenüber dissidierenden Mitgliedern der eigenen Partei von Bedeutung. So wird ein Ministerpräsident versuchen, mit allen Kabinettsmitgliedern zu Rande zu kommen, auch wenn sie seiner Politik so kritisch gegenüberstehen wie Michael Foot und Tony Benn den Kabinetten Wilson und Callaghan. Aber auf der anderen Seite kann der Ministerpräsident jederzeit der Königin die Entlassung von Kabinettsmitgliedern vorschlagen, und die Billigung ist praktisch automatisch. Nur so können zwei der wichtigen Bedingungen des Systems, Homogenität und Solidarität des Kabinettes, realisiert werden. Hinter Dissidenten von Statur steht natürlich immer eine Gruppe von Unterhausabgeordneten. Würde diese groß genug, so könnte sie das Kabinett in die Minderheit versetzen. Die Möglichkeit der Parlamentsauflösung, die unweigerlich einem solchen Vorgang folgen würde (bzw. deren Möglichkeit der Vorgang praktisch verhindert) sorgt dafür, daß Ministerpräsident und Kabinett effektiv regieren können. Ähnliches gilt für die Möglichkeit des Sturzes einer Minderheitsregierung. Daß in England Callaghan überhaupt eine Chance hatte, war eine Folge des Auflösungsrechts. Kleinere Gruppen führen nur dann ein Mißtrauensvotum herbei, wenn sie, wie am Ende der Regierung Callaghan, der Meinung sind, daß es anders nicht mehr geht; sie laufen das Risiko, daß die Wahl zu einer neuen parlamentarischen Mehrheit einer der beiden führenden Parteien führt, was dann ja auch geschah.

Ein solches System ist demokratisch in dem Sinne, daß die Regierung ihre Bildung dem direkten Mandat der Wähler verdankt, und daß, wenn sie über ein parlamentarisches Votum fällt, die Wähler erneut das letzte Wort haben. Mit dem demokratischen Element verbindet sich das der Leistungsfähigkeit, der „efficiency“. Die Demokratie braucht das nicht minder als irgendeine andere Staatsform. Die

Funktionen einer Regierung werden verkannt, wenn man einfach in den Kategorien einer „Exekutive" denkt, deren Aufgabe sich darauf beschränkt, vom Parlament beschlossene Gesetze auszuführen. R. Pelloux[9] beginnt einen markanten Aufsatz über dieses Problem mit den Worten „Il est des morts qu'il faut qu'on tue". Für ihn war dieser Begriff der Exekutive „tot", seit Bluntschli ihm in seiner Allgemeinen Staatslehre den Prozeß machte, und französische Juristen, beginnend mit Hauriou, ihm folgten. Für Bluntschli waren Funktionen der Regierung primärer Natur, da sie sowohl entscheiden wie führen muß. Sie muß in all den Dingen selbst entscheiden, die sich ihrer Natur nach parlamentarischer Bestimmung entziehen, und das schließt weithin aus den bereits von John Locke angeführten Gründen den Gesamtbereich der Außenpolitik ein; Locke stellte aus diesem Grunde den normalen „executive" eine „federative power" zur Seite. Beide Aufgaben sind von demselben Personenkreis auszuführen, der aber im Bereich der „federative power" eine viel größere Eigenständigkeit besitzen muß. Und schließlich fügte kein anderer als John Stuart Mill hinzu, daß selbst im Bereich der Legislative ein Parlament allein nicht rational handeln könne; es brauche die Führung durch die Regierung. Man nehme nur den Fall der amerikanischen Energie-Gesetzgebung, um zu sehen, wohin ein Parlament treiben mag, wenn es nicht über die Art von innerer Integration verfügt, die ihm auf die Dauer nur eine aus seinen eigenen Führern bestehende Regierung geben kann[10].

Die weiter unten zu behandelnden Probleme, die heute das neue Dilemma der Demokratie schaffen, machen die Autorität der Einpartei-Mehrheitsregierung in Haushaltsfragen besonders wichtig[11]. Wenn der englische Finanzminister seinen Haushaltsplan vorlegt, so stimmt die Regierungsmehrheit sofort für die neuen steuerlichen Vorschläge, die am nächsten Tage vorläufig in Kraft treten. Sie müssen im Prozeß der regelmäßigen Gesetzgebung innerhalb von vier Monaten gebilligt werden, was jedoch bei einer über eine sichere Mehrheit verfügenden Regierung kein Problem ist. Diese kann von sich aus auf Änderungswünsche eingehen, aber aufgrund der Standing Order Nr. 78 des Unterhauses, die aus dem Jahre 1713 stammt, können Parlamentsmitglieder keinen Gesetzentwurf einbringen, der zu einer Erhöhung der öffentlichen Ausgaben führt. Gegebenenfalls weist der Speaker derartige Anträge von sich aus als geschäftsordnungswidrig zurück.

Normale Gesetze werden in einem offeneren Verfahren behandelt, das mehr Möglichkeiten zur Änderung von Regierungsvorschlägen gibt. Dabei handelt es sich jedoch um von der Regierung akzeptierte Änderungen; wünscht die Regierung eine Änderung nicht, so wird sie die Vertrauensfrage stellen oder jedenfalls mit ihr drohen. So ist es nicht überraschend, daß, modifiziert oder nicht, mit seltenen Ausnahmen, die Gesetzesvorschläge einer Mehrheitsregierung in der Session des Parlamentes verabschiedet werden, in der sie vorgelegt wurden. Diese, für die „demokratische" Phase der parlamentarischen Kabinettsregierung typische Situation erfordert natürlich ein erhebliches Maß an parlamentarischer Disziplin. Diese ist immer wieder angegriffen worden, und auch heute stellt das klassische Buch von Ramsay Muir eine umfassende Formulierung der diesbezüglichen Argumente dar[12]. Demgegenüber ist es gerade zu einer Zeit, wo die Verschiedenheit von Ansichten so leicht auf Klassengesichtspunkte zurückgeführt wird, interessant, daß die verfassungspolitischen Wortführer der Labour Party die Einpartei-Mehrheitsregierung mit ausführlicher und auch heute noch relevanter Beweisführung verteidigt haben[13]. Es gehört nun einmal zu den Eigenschaften der politischen Form, daß sie gerade über Klassengegensätze hinwegschreitet und diese, bei normalem Funktionieren des Gesamtprozesses, weithin integriert.

Gewiß sind weder die parlamentarischen Eliten im engeren Sinne, d. h. diejenigen Unterhausmitglieder, die „ministrabel" sind, noch diejenigen, die zum Verweilen auf den Hinterbänken verurteilt sind, mit einer solchen Situation ganz zufrieden. Wer noch nicht Minister ist, möchte es werden. Ist er es, so hätte er gern ein wichtigeres Ressort, und natürlich wäre er auch gern Ministerpräsident. Der Ehrgeiz der „back benchers" reibt sich an noch stärkeren wirklichen und vermeintlichen Zurücksetzungen. In manchen technischen Einzelheiten, beginnend mit der Besoldung, ließe sich auch im Rahmen des bestehenden Systems manches tun, aber überschreitet man eine bestimmte Grenze, so würden sowohl der demokratische Charakter wie auch die Funktionsfähigkeit der Einpartei-Mehrheitsregierung beeinträchtigt.

Das führt zu den Werten, die diesem System zugrunde liegen. Wie man in der Wirtschaft von dem „magischen Dreieck" von Vollbeschäftigung, optimalem wirtschaftlichen Wachstum und Währungsstabilität spricht, so gibt es im Verfassungsstaat das magische Dreieck von Freiheit, Autorität und Rationalität. Freiheit und Autorität sind nicht, wie Yves Simon[14] betont, konträre, sondern komplementäre Begriffe. Es gibt keine wirkliche Freiheit ohne Autorität; das würde einen „Naturzustand" bedeuten, in dem der Starke über den Schwachen herrscht. Und Autorität ohne Freiheit bedeutet eine Art von Macht, die jener Legitimität ermangelt, die vom Begriff der Autorität untrennbar ist. Rationalität wird hier am besten negativ definiert, im Sinne der Abwesenheit jener Tendenzen zur Caesaro-Manie, mit denen uns zuerst Herodot in seiner Diskussion der Monarchie vertraut gemacht hat, die dann unter einigen der römischen Caesaren virulent wurden, in unseren Tagen unter Wilhelm II., Stalin und Hitler ihre Blüten trieben, aber, was in diesem Zusammenhang wichtig ist, als *Tendenz* auch in der Einmann-Exekutive der amerikanischen Verfassung zu finden ist[15].

Was die englische Verfassungswirklichkeit angeht, so kann man auch heute noch, trotz einiger später zu erwähnender jüngster Entwicklungen sagen, daß die individuelle Freiheit faktisch in mindestens dem Umfange gesichert ist, in dem das in irgendeinem anderen Lande der Fall ist. Die Autorität der Einpartei-Mehrheitsregierung ist in der verfassungspolitischen Wirklichkeit nach wie vor gesichert, obwohl auch hier weiter unten zu behandelnde jüngste Entwicklungen neue Probleme aufgeworfen haben.

Die wesentliche Voraussetzung der Rationalität ist eine freie Diskussion zwischen Gleichen oder annähernd Gleichen. So sehr die Person des Ministerpräsidenten in England insbesondere seit Beginn des elektronischen Zeitalters herausragt, so muß er sich doch zunächst in dem engeren Kabinett seiner unmittelbaren Mitarbeiter, dann im Gesamtkabinett, im Unterhause und durch die außerparlamentarischen Organe seiner Partei eine Art Kritik gefallen lassen, die ihn zwingt, Realitäten auch dann zur Kenntnis zu nehmen, wenn sie ihm unbequem sind. Die hier zusammengefaßten Argumente sind der Grund, warum es falsch ist, zu sagen, die Anlegung des englischen Maßstabes an andere Verhältnisse sei „normativ", was wohl heißen muß, auf einem subjektiven Werturteil begründet. Wenn es sich hier um eine „Normativität" handelt, so ist es lediglich eine System-Normativität, für die der bessere Name „System-*Logik*" wäre. Akzeptiert man die angeführten Grundwerte, so stellt die Einpartei-Mehrheitsregierung, wenn sie wirklich auf dem Wettbewerb zweier großer, einander an der Macht ablösender Parteien beruht, den „reinen" Fall der parlamentarischen Demokratie dar. Alles andere ist „Ersatz" in dem Sinne, in dem während zweier Weltkriege Ersatzgüter am deutschen Markt den Platz der in den Vorkriegsjahren erworbenen Güter übernahmen.

Ein jedes politisches System besteht natürlich aus einer Mehrzahl von Teilen, von denen einige wichtiger als andere sind. So haben führende Autoren, beginnend mit Montesquieu, dem Wahlrecht eine herausragende Stellung zugewiesen. Seine Bedeutung im Rahmen des parlamentarischen Systems wurde zuerst von dessen erstem wissenschaftlichen Analytiker, eben Walter Bagehot, dargelegt[16]. Hier ist nicht der Ort, auf Einzelheiten einzugehen. Genüge es, darauf hinzuweisen, daß kein Wahlrecht rein statische Folgen hat, also, wie die Vertreter der Verhältniswahl so oft annehmen (und nie begründen), einfach etwas Bestehendes „repräsentiert", sondern immer einen aktiven Faktor in einem dynamischen politischen Prozeß darstellt. So ist die Mehrheitswahl, wie zuerst von Hugo Scharnberg formuliert, zugleich ein mehrheits*bildendes* Wahlrecht. Wir müssen hinzufügen, daß es, ebenso wie jede Alternative, zugleich ein *meinungs*bildendes System ist. Wie nach Ernest Renan die Nation, so sind Parteien „un plébiscite de tous les jours", ein täglich sich wiederholendes (und änderndes) Plesbiszit. In diesem Prozeß des Wandelns stellen alle politisch effektiven Institutionen einen regulierenden Faktor dar. Unter ihnen nimmt das Wahlrecht deswegen einen so hohen Rang ein, weil im Akte der Wahl, wie es Rudolf Wildenmann einmal formulierte, alle sozialen und politischen Gruppen sich dem einen Auslese- und Gestaltungsfaktor zu stellen haben, der für die Dauer einer Legislaturperiode entscheidet, in welcher Größe und Beschaffenheit sie die Politik ihres Landes legal beeinflussen können.

Dabei gehen die stärksten Einflüsse von der relativen Mehrheitswahl aus, deren Sinn die englische Proporzbewegung und die von ihr beeinflußten Akademiker so sehr verkennen, wenn sie sie als das System abtun, unter dem „the first past the post" gewinne. Nirgendwo ist die Prämie auf Einigung und Integration größer, als wenn die Entscheidung sofort und endgültig fällt, wie das bei diesem System der Fall ist. Nicht ohne Grund sind, wo immer dieses System gilt, Anti-System-Parteien am schwächsten. Gewiß gibt es so etwas wie politische Tradition und politische Kultur, und insbesondere letzterer Begriff ist in mancher Hinsicht fruchtbar. Aber die politische Kultur entwickelt sich im Laufe von Generationen, und wo immer die relative Mehrheitswahl von Anfang an bestanden hat, also in den englischsprechenden Demokratien, einschließlich der Vereinigten Staaten, haben sich Ansätze zu Anti-System-Parteien immer wieder an den Hindernissen, die ihnen die

Kanalisierung der politischen Willensbildung durch die relative Mehrheitswahl entgegensetzt, gerieben und praktisch zu Tode gerieben. In diesem Sinne stellte James Madison die Mehrheitswahl (wobei er die relative Mehrheitswahl als Regelfall voraussetzte) an die Spitze jener Institutionen, die seiner Meinung nach „Faktionen" sowohl „brechen" wie auch „kontrollieren" könnten[17]. Gewiß sah Madison, wie die überwiegende Mehrzahl seiner Zeitgenossen noch nicht die positiven Funktionen von Parteien und Interessengruppen, aber sein Text läßt keinen Zweifel, daß er sein Hauptaugenmerk auf Gruppen richtete, die geneigt waren, ihre politischen Ziele durch Gewaltanwendung (und durch die Perversion des bestehenden Systems von innen) zu verfolgen. Die amerikanische Geschichte hat ihm in vollem Umfange Recht gegeben, beginnend mit den zum Teil recht radikalen Gegnern der Verfassung, die bei den Wahlen zu den ratifizierenden Versammlungen des Jahres 1787 und 1788 praktisch so stark waren wie die Befürworter der Verfassung, die aber bereits unter den um die Jahreswende 1788/89 abgehaltenen ersten Wahlen unter dem neuen System ihr Waterloo erlebten. Die Reihe setzte sich später fort mit der sogenannten „Anti-Masonic-Party" der 1830er, dem Klu-Klux-Klan der Zeit nach dem Bürgerkriege und nach dem 1. Weltkriege, den radikalen Gruppen, die sich in den 1930ern bildeten, den radikalen Befürwortern der Rassentrennung nach dem 2. Weltkriege, und schließlich den „Weathermen" der jüngsten Vergangenheit. In all diesen Fällen gesellte sich das Zuckerbrot zur Peitsche. Gingen solche Parteien aufs Ganze, so erhielten sie so wenige Stimmen, daß diese in den meisten Statistiken bis in die jüngste Zeit kaum einzeln angeführt, sondern unter „andere" zusammengefaßt wurden. Waren sie bereit, sich den immer mäßigenden Einflüssen des Systems zu unterwerfen, so standen selbst ihren Führern alle Türen und Tore offen, und es wäre leicht, einige Dutzend markante Beispiele anzuführen.

Unter diesen Gesichtspunkten ließe sich auch zur politischen Entwicklung Englands einiges sagen, besonders auf der Grundlage der Beobachtungen derer, die, wie der Verfasser, einige Zeit in England verbrachten, als Sir Oswald Moslys „British Union of Fascists" auf dem Höhepunkt ihrer Anziehungskraft stand, aber gegenüber den Schranken der relativen Mehrheitswahl zwar ein Ärgernis, aber keine Gefahr darstellen konnte. Und so wenig die Kommunisten heute bedeuten, so verkünden sie kein Wahlprogramm und veröffentlichen keine Wahlanalyse, ohne zu betonen, wie viel besser sie bei Verhältniswahl abschneiden würden.

In ähnlicher Kürze sei erwähnt, daß, wo immer Abweichungen von dem durch England (und die älteren Commonwealth-Länder) repräsentierten „reinen" Typ des parlamentarisch-demokratischen Systems vorliegen, die Integrationskraft sinkt, insbesondere auch zum Nutzen der Anti-System-Parteien. Im Frankreich der Dritten Republik handelt es sich dabei sowohl um das praktisch fehlende Auflösungsrecht, auf dessen Folgen Walter Bagehot[18] hinwies, noch ehe die Verfassungsgesetze von 1875 angenommen worden waren, und um die im Rahmen der Mehrheitswahl maximalen Abweichungen von der Entscheidung durch (notfalls) relative Mehrheiten, deren Bedeutung bereits Woodrow Wilson erkannte[19].

Gerade der Fall Frankreichs zeigt jedoch, daß selbst bei der schwächsten Form der Mehrheitswahl Anti-System-Parteien sich erheblichen Hemmnissen gegenüber sehen. Solange die Kommunisten in echt stalinistischer Weise jede Zusammenarbeit mit gemäßigten Linksparteien ablehnten, erhielten sie etwa ein Fünftel der Sitze, die ihnen die Verhältniswahl gegeben hatte. Nach Bildung der Volksfront schnitten sie 1936 wesentlich besser ab, lagen jedoch mandatsmäßig so klar hinter den Sozialisten, daß die gemäßigten Linksparteien nicht auf ihre Unterstützung angewiesen waren. Die Einführung der Verhältniswahl in der Vierten Republik kehrte die Proportionen um: Die Kommunisten überholten die Sozialisten rasch an Stimmen und Mandaten, und die gemäßigten Parteien fanden sich bald in einem Zweifrontenkrieg gegen links und rechts, mit Nachteilen, die entscheidend zum Zusammenbruch der Vierten Republik beitrugen.

Umgekehrt ging es nach Wiedereinführung der Mehrheitswahl im Jahre 1958, als die Kommunisten empfindlich an Stimmen und katastrophal an Mandaten verloren. Sie erholten sich, als sie erneut ein Wahlbündnis mit den Sozialisten eingingen; aber als sich die Sozialisten unter Mitterrand neu gruppierten, ließen sie wiederum die Kommunisten stimmen- und insbesondere mandatsmäßig hinter sich zurück. Das ist der Grund, warum in den Wahlen von 1978 die Kommunisten eine Niederlage der Linken einem Siege vorzogen, der sie zu einer Hilfstruppe der Sozialisten zu reduzieren drohte.

In den dann folgenden Kantonswahlen vom März 1979 fehlte der Abschrekkungseffekt, den bei den Wahlen von 1978 die Aussicht auf einen Linkssieg mit kommunistischer Regierungsbeteiligung ausgelöst hatte. Die Sozialisten lagen weit vorn mit 27 % der im ersten und 33 % der im zweiten Wahlgang abgegebenen Stimmen, während die Kommunisten 22,5 % im ersten und 17,3 % im zweiten erhielten. Mandatsmäßig schlugen die Sozialisten mit 542 Sitzen (plus 78 Linksradikale) die Kommunisten mit 244 (Zahlen nach *Le Monde* vom 27. März 1979) mehr als zwei zu eins – eine Demonstration dessen, was bei den parlamentarischen Wahlen schon 1978 hätte geschehen können.

Kurz darauf fanden die europäischen Wahlen statt, unter der Verhältniswahl, die Giscard d'Estaing seinen widerwilligen gaullistischen Verbündeten aufgezwungen hatte. Die Rechnung des Präsidenten ging auf in Bezug auf die von ihm begünstigten Gruppen der gemäßigten Rechten und der Mitte, die als „Union pour la Démocratie Française" (UDF) mit 27,6 % der Stimmen 26 Mandate erhielten, während auf die Gaullisten 16 % und 15 Mandate entfielen. Ein Grund für das starke Abschneiden der von der populären Simone Veil geführten UDF war die anti-europäische Einstellung der Gaullisten, der auf der Linken die ähnliche Haltung der Kommunisten und die etwas zweideutig gewordene der Sozialisten entsprach. Das auf die Dauer Entscheidende war jedoch die Selbstbehauptung der Kommunisten, die mit 20,6 % der Stimmen und 19 Mandaten hart an die Sozialisten mit 23,6 % und 21 Mandaten herankamen und sich in Teilen des Landes merklich von früheren Verlusten erholen konnten. Was sie brauchen, um die Sozialisten wieder ihrer führenden Stellung zu berauben, ist nichts als Proporz bei Kammerwahlen, gefolgt von einer Koalition der Sozialisten mit der gemäßigten Rechten. Dann wäre man zurück bei der „Dritten Kraft", der Vierten Republik, d. h. bei einem Zweifrontenkrieg von Regierungen der an Profilneurosen leidenden Parteien der Mitte gegen eine unerbittliche Opposition von links und rechts.

Um einen ganz kurzen Blick auf Italien zu werfen[20], sei nur erwähnt, daß die Kommunisten noch 1946 stimmenmäßig leicht hinter den damals noch geeinigten Sozialisten lagen, aber sie bald so überflügelten, daß sie doppelt so stark waren als Sozialisten und Sozialdemokraten zusammen. Hat man einmal das „principiis obsta" einer in sich (wegen der Vorzugsstimmen und der Chancen auch kleinster Parteien) sehr radikalen Verhältniswahl so lange ignoriert, wie das nun in Italien der Fall ist, so fragt es sich, ob es überhaupt noch einen friedlichen Rückweg zu einem funktionsfähigen parlamentarischen System als Alternative für eine Regierung der gemäßigten Rechten gibt, in dem eine gemäßigte Linke bereit stünde. Ließe der Raum es zu, so könnten verschiedene Möglichkeiten zu einer Besserung der gegenwärtigen Lage erörtert werden. Sie alle setzen voraus, daß man sich auch seitens einer breiteren Öffentlichkeit voll bewußt ist, warum man die neuen Wege des politischen Handelns geht, und wie man sie gehen muß, damit sie wenigstens eine *Aussicht* haben, zum Ziele zu führen.

Nun ist es aber Zeit, auf die Besonderheiten des *neuen* Dilemmas der Demokratie einzugehen. Wir tun das so spät, weil seine Problematik der des „alten" Dilemmas, das sich aus dem Bestehen von Anti-System-Parteien ergibt, weithin ähnelt. In beiden Fällen liegen Abweichungen von dem Postulat vor, das Lord Balfour in seinem Vorwort zu Walter Bagehots „English Constitution" formulierte: Ein System sich an der Macht abwechselnder Parteien setzt voraus, daß ein Volk sich so fundamental einig ist, daß man es sich erlauben kann, sich über Einzelheiten zu zanken. Nur dann bedeutet eine Machtablösung nicht die Art von Schock, die bürgerkriegsähnliche Verhältnisse hervorrufen oder zumindest die Kontinuierlichkeit der Regierungsarbeit gefährden würde.

Es sei jedoch wiederholt, daß gerade beim Zweiparteien-System und relativer Mehrheitswahl der politische Konsensus sowohl in seinen fundamentalen Voraussetzungen wie auch in seiner konkreten und zeitgebundenen Ausprägung nicht einfach vorausgesetzt, sondern durch den Wettbewerb um den Wähler der Mitte stets neu geschaffen wird. Dieser Konsensus kann auch eine Mischung von religiösen und rassischen Faktoren einbeziehen, wie sie sich in Nordirland so explosiv geäußert hat. Man ignorierte das, als man die sechs Grafschaften des Nordens von den 26 des Südens trennte. In einem Gesamtirland könnte es sich keine der zu erwartenden zwei großen Parteien leisten, die Wünsche der protestantischen Minderheit zu ignorieren, da diese es in der Hand hätte, über Sieg und Niederlage zu entscheiden. Als Gladstone seine „Home Rule" für alle 32 Grafschaften einführen wollte, war sich der Nationalistenführer Parnell, selbst Protestant, dieser Umstände bewußt. Er erwartete nicht nur inneren Frieden in Irland, sondern auch ein freundschaftliches Verhältnis des Gesamtstaates zu England. Und wenn es der Raum gestattete, könnte ausgeführt werden, daß die ein gutes Drittel starke katholische Minderheit in den sechs Grafschaften, die seit 1922 Nordirland bilden, bei Ausnutzung der ihr durch das Wahlrecht gegebenen, aber nie voll genutzten Möglichkeiten und bei Zusammenarbeit mit gemäßigten Protestanten den Sprung zur Mehrheit hätte machen können, etwas, was selbst heute, rein objektiv gesehen, nicht unmöglich ist.

Aber die den Konsensus bedrohenden Probleme, um die es in diesem Zusammenhang geht, ergeben sich aus Differenzen in Bezug auf die Wirtschafts- und Sozialpolitik. Gewiß hatte Harold Laski unrecht, wenn er glaubte, daß Klassengegensätze immer ein demokratisches System in seinen Grundlagen bedrohen müßten. Solange die Labour-Party durch Männer wie Attlee, Gaitskell, Wilson und Callaghan geführt wurde, und diese sich durchsetzen konnten, war das Streben nach einer Politik, mit der sich auch die Gegner der Partei zumindest abfinden konnten, klar erkenntlich. Wenn trotzdem die Dinge im jüngsten Jahrzehnt angefangen haben anders auszusehen, so ist zunächst zu wiederholen, daß der Beginn der „englischen Krankheit" über hundert Jahre zurückliegt. Schon Schulze-Gaevernitz[21] behandelte die Entwicklung der englischen Wirtschaft unter der Überschrift „Kapitalistische Erschlaffung", und Werner Sombart[22] fügte diesem Bilde einige Einzelheiten hinzu. Äußerten sich die von diesen beiden Autoren gekennzeichneten Dinge als Verringerung des wirtschaftlichen Fortschrittes, so haben jüngst englische Schriftsteller auf allgemeine soziale Entwicklungen hingewiesen, die die sich daraus ergebenden Probleme verschärften[23]. Nicht alles muß negativ gewertet werden, denn der Verlangsamung des wirtschaftlichen Fortschrittes entsprechen kulturelle Leistungen und andere Aspekte der „Qualität des Lebens", die weithin eine verringerte wirtschaftliche Dynamik kompensieren. Voraussetzung für die Bejahung einer solchen Entwicklung ist es jedoch, daß man sich mit ihr zufrieden gibt, also vom wirtschaftlichen Prozeß nicht mehr Materielles verlangt, als er unter solchen Umständen geben kann.

Das aber ist es, was man im England der 70er Jahre getan hat; es stellt den Kern der wirklichen „englischen Krankheit" dar[23].

Es wird unsere spätere Gedankenführung erleichtern, schon hier zu betonen, daß in gewisser Weise englische Entwicklungen der Vorläufer einer weltweiten Tendenz sind. Der Ausdruck „Revolution der steigenden Erwartungen" wurde zunächst für Entwicklungsländer geprägt, kennzeichnet jedoch seit Beginn der 70er Jahre alle demokratischen Industrieländer des Westens. (Die sich rasch industrialisierenden Länder des „pazifischen Randes", Taiwan, Süd-Korea, Hongkong und Singapur – wie auch Brasilien – zeigen, wie verschieden die Dinge unter einer autoritären Diktatur verlaufen können). In dem Vierteljahrhundert von 1948 bis 1973 hatte ein wirtschaftlicher Aufschwung ohne gleichen stattgefunden. Die Gesamtproduktion der Welt verdoppelte sich, mit anderen Worten, was tausende von Jahren erfordert hatte, wurde in 25 noch einmal geleistet. Ist ein solcher Prozeß im Gange, so hat er keine technologischen Grenzen[24]. Wirtschaftlich kann es anders sein. Von der Technik erschlossene Möglichkeiten werden erst dann bedeutungsvoll, wenn es Unternehmern gelingt, sie in den Rahmen der Rentabilität einzufügen. Hier türmen sich heute die Hemmungen. Zunächst begann in England unmittelbar nach dem Kriege und in den anderen westlichen Ländern etwas später eine rasche Häufung wohlfahrtsstaatlicher Einrichtungen. Die Grenzen, die ihnen Pioniere wie Sir William Beveridge setzen wollten, wurden rasch überschritten. Eine wachsende, und besonders als Folge der Inflation wachsende, Steuerprogression beschränkte sowohl das erforderliche Investitionskapital wie auch den unternehmerischen Anreiz, es zu nutzen. Später kamen die erheblichen Belastungen hinzu, die sich aus umweltpolitischen Maßnahmen ergaben. Diese waren zum großen Teil fällig und überfällig, aber man stellte nicht immer in Rechnung, daß die sich aus ihnen ergebenden Belastungen einer von vielen zusätzlichen Unkostenfaktoren waren.

Schließlich und letztlich die Lohnentwicklung. Es ist eine der großen Leistungen der kapitalistischen Wirtschaft, daß regelmäßige Lohnerhöhungen möglich sind. Liegen sie im Rahmen des Produktivitätszuwachses, so haben sie nur die Folge einer echten Kaufkraftausweitung. Gehen sie darüber hinaus, so finden marginale neue Investitionen nicht statt, und viele derer, die trotzdem getätigt werden, sind „Rationalisierungen" in dem Sinne, daß das Ziel eine einfache Ersparung von Arbeitskräften ist. Eine sich ihrer Auswirkungen bewußte Lohnpolitik gehört daher heute zu den Voraussetzungen einer in sich ausgeglichenen wirtschaftlichen Aufwärtsentwicklung.

Wenn die sich aus diesen Tatsachen ergebenden Schlüsse nicht gezogen werden, so richtet sich der Tadel in oft übervereinfachter Weise gegen die Gewerkschaften[25]. Was diese tun können, hängt jedoch von ihren inneren Führungsproblemen ab, besonders in England. Es gibt dort zu viele Gewerkschaften, zehnmal mehr als im Nachkriegsdeutschland[26]. Lohnpolitische Verhandlungen sind infolgedessen in England viel weniger übersichtlich als in Deutschland, und sie werden in weniger verantwortlicher Weise geführt. Dazu tritt der Konflikt zwischen den „shop-stewards" in den Betrieben und den Gewerkschaften mit dem Resultat, daß die Gewerkschafts-„Führer" sich seit Jahren auf der „Flucht nach vorn" vor den „Geführten" befinden. Die Regierungen Wilson, Heath, wiederum Wilson und schließlich Callaghan versuchten, auf dem Wege der „Einkommens"-Gesetzgebung für jenen Einklang von Wünschen der Arbeiter und realen Gegebenheiten zu sorgen, den die Sozialpartner nicht mehr zu schaffen vermochten. Wie es der Manchester Guardian jüngst ausdrückte, machten es jedoch im Grunde die Gewerkschaften allen diesen Regierungen unmöglich, zu regieren.

Gehen die Dinge einmal so weit, wie das bei dem englischen Regierungswechsel von 1979 der Fall war, so verengen sich die Optionen der Regierung in einer Weise, die Gefahren sowohl für die wirtschaftliche wie die politische, d. h. in diesem Falle demokratische Entwicklung des Landes in sich schließen. Eine neue Labour-Regierung hätte versucht, weiterhin mit dem Akzent auf Zusammenarbeit mit den Gewerkschaften zu regieren, wie enttäuschend diese auch geworden war. Die Regierung Thatcher wandte ein der Schule von Milton Friedman inspiriertes Rezept an, mit dem Schwergewicht auf monetärer und Finanzpolitik. Bisher hat sich keine demokratische Regierung so stark auf solche Methoden verlassen können, aber es ist interessant, daß die Reaktion des „Economist"[27] positiv war: Die Risiken seien groß, aber zu vertreten.

Es ist verständlich, daß sich angesichts eines solchen neuen Dilemmas der Demokratie englische Beobachter fragten, ob ihm noch mit den alten verfassungspolitischen Mitteln begegnet werden könnte. Das englische Zweiparteien-System ist heute nicht mehr in dem Sinne in der Mitte verankert, wie das noch in den 1960ern der Fall war. In den Gewerkschaften haben sich seit Ende der 50er Jahre radikale Tendenzen vorgedrängt. Kommunisten und andere Linksradikale könnten gegenüber der Mehrheitswahl im Einer-Wahlkreis nicht viel erreichen, sich aber in Gewerkschaftswahlen weit überproportional durchsetzen. Ein führender Vertreter der politischen Wissenschaft[28] wies dem Verfasser gegenüber eindringlich auf die „Atrophie des politischen Interesses" hin, deren Folge es war, daß insbesondere die Labour-Party nicht mehr genug aktive Anhänger in ihren Wahlkreis-Organisationen besitzt. Dazu kommt die hocherfolgreiche Taktik linksgerichteter Aktivisten, allgemein als „Trotzkisten" bezeichnet. Diese sahen, daß die Infiltration der Labour-Organisationen um so leichter war, wie die Eroberung von Wahlkreisen mit eigenen Kandidaten schwerer wurde. Die Unterhauskandidaten der Labour-Party werden von den „General Management Committees" nominiert. In diesen sind neben den individuellen Mitgliedern gewerkschaftliche Gruppen vertreten, und die Aktivisten brauchten nur die Anerkennung von ein oder zwei neuen, oft mehr oder minder fiktiven Organisationen zu erreichen, um die Mehrheit in diesen Committees nach links zu verlagern. Das Resultat ist ein unablässiger Druck auf gemäßigte Kandidaten oder potentielle Kandidaten geworden.

Ein weiterer, das Funktionieren des Systems alternierender Parteien erschwerender, in der Literatur meistens übersehener Faktor ist die Immobilisierung breiter Wählergruppen der Mitte durch die Folgen der liberalen Renaissance von 1974. Die Liberalen erhielten im Februar 19,3 % der Stimmen, im Oktober 18,3 %, und dann 1979 immerhin noch 14 %. Es lag durchaus im Sinne des Zweiparteien-Systems, daß die Liberalen versuchten, sich an die Stelle der beiden „Großen" zu setzen. Aber das System kann nicht funktionieren, wenn man einen gescheiterten Versuch immerfort wiederholt. Hätten sich die liberalen Stimmen ab Oktober 1974 auf die großen Parteien verteilt, so hätte das gereicht, um in beiden die Macht der Gemäßigten entscheidend zu stärken. Da die Mehrzahl der Liberalen die Labour Party vorzuziehen scheint, hätte ihre Mitarbeit in dieser das Ende einer jeden Diktatur der Linken bedeutet.

Was unter solchen Umständen nicht nur in England, sondern allgemein in den Demokratien zu tun wäre, sollte unter dem Stern der Einsicht in das stehen, was man heute in Spanien als „el fin de los automatismos institucionales" bezeichnet. Alle institutionellen Automatismen, deren „unsichtbare Hand" in den Fällen, wo sie funktionsgerecht ausgerichtet waren, bisher ein gesamtpolitisch akzeptables Resultat ermöglicht hatten, wirken nicht mehr in einem ausreichenden Umfang. Die rationale Lösung kann heute nur heißen: Die unsichtbare Hand sichtbar machen. Das heißt, jene soziale und politische Dynamik, von der die Welt nun einmal regiert wird, all denen, die dafür einiges Verständnis aufbringen können, mit aller nur möglichen Intensität zum Bewußtsein zu bringen. Hier kann nicht im einzelnen ausgeführt werden, wie das geschehen könnte, aber die Verantwortlichkeit ruht in erster Linie bei den Medien der Massenkommunikation, deren eigenes Verhalten allerdings selbst in einem Umfang durch institutionelle Dynamik bedingt ist, die die Rationalität gefährdet und derer sich ihre maßgebenden Leiter selten bewußt sind[29].

Es bleibt nichts übrig, als hier (wie in anderen Bereichen) gegen den Strom zu schwimmen, und das erfordert die Mobilisierung derer, die die Franzosen „journalistes de profondeur" nennen. Es gibt sie überall, auch in der Bundesrepublik.

Was solche Journalisten leisten können, setzt jedoch voraus, daß die einschlägigen Wissenschaften das Ihre tun, um die Grundlagen zur Klärung des politischen Handelns zu legen. Das geht nicht ohne Rückbesinnung auf das, was die politische Literatur von zweitausend Jahren über die fundamentale Bedeutung der politischen Form gesagt hat. In diesem Sinne haben in der Welt von heute das öffentliche Recht und die politische Wissenschaft die gemeinsame Aufgabe, eine echt systembezogene Analyse des Verfassungsstaates vorzunehmen und Teilbereiche wie das Wahlrecht entsprechend einzuordnen. Das heißt heute mehr denn je, daß ein solcher Bereich nicht im luftleeren Raume steht. Er muß den durch die Anti-System-Parteien wie den durch die Besonderheiten der modernen Wirtschaft geschaffenen Tendenzen Rechnung tragen.

Im Einzelnen sei wiederholt, daß es trotzdem heute wichtiger denn je ist, den (annähernd) „reinen" Typ der parlamentarischen Kabinettsregierung, wie er heute noch in England und den älteren Commonwealth-Ländern besteht, sowohl in der Theorie wie in der Praxis vor Verzeichnungen zu bewahren. Will man ihn einfach durch eine „Konkordanz"- oder eine „Konsozionale" Demokratie ersetzen, so entwickelt man bestenfalls eine Resignationstheorie. Ein großes Maß an politischer Entscheidungskraft und demokratischer Legitimation wird aufgegeben, ohne daß die Alternative die in sie gesetzten Hoffnungen erfüllen kann. Selbst bei dem auf diesem Gebiete führenden Autor[30] klingt heute ein deutlicher Pessimismus an: Was es in den Jahrzehnten der wirtschaftlichen Hochkonjunktur an Zusammenarbeit von Proporzparteien gab, ist seit dem Überhandnehmen wirtschaftlicher Schwierigkeiten selbst in Belgien, den Niederlanden und den skandinavischen Ländern wachsenden Problemen begegnet. Es ist bemerkenswert, daß, während in der Vergangenheit der Ausdruck „nòrmativ" als Pejorativum gegen die Vertreter der „klassischen Analyse" verwendet wurde, er heute in positivem Sinn mit der eigenen Gedankenführung verbunden wird.

Es ist ebenso bemerkenswert, daß, was das englische System angeht, aus dem Wachsen kleinerer Parteien in den beiden Wahlen von 1974 der Schluß gezogen wurde, das traditionelle britische System gehe ohnehin seinem Ende entgegen. Nun bestand bereits vor mehr als einer Generation Anlaß, darauf hinzuweisen[31], daß es ein zeitweises Anwachsen dritter, vierter und anderer Parteien auch früher gegeben hat, daß aber die Konzentrationsprämie der relativen Mehrheitswahl über kurz oder lang zu einer Neuerstarkung der beiden großen Parteien führte, mit dem Resultat, daß das System von Einpartei-Mehrheitsregierungen, nur zeitweise abgeschwächt, sich erneut behauptete. Die Wahlen von 1979 ließen keinen Zweifel, daß die alte Dynamik fortwirkt. Die kleineren Parteien wichen deutlich zurück, und die Mehrheit der siegreichen Partei war groß genug, um ihr, aller Voraussicht nach, ein Regieren für die volle fünfjährige Legislaturperiode zu ermöglichen.

Trotzdem muß das englische politische System, falls es auf die Dauer funktionsfähig sein soll, in bezug auf gewisse, bisher übersehene Einzelheiten den Erfordernissen der Systemlogik angepaßt werden. Das heißt zunächst ganz einfach, daß, wenn erhebliche Verschiebungen in der Bevölkerungszahl eingetreten sind, die Wahlkreiseinteilung ihnen prompt Rechnung tragen sollte. Als z. B. die Regierung Heath ihr Amt übernahm, wurde sie darauf hingewiesen, daß die Abwanderung in die Vororte übergroße konservative Wahlkreise geschaffen hatte, was es Labour erlaubte, im Februar 1974 mit weniger Stimmen als die Konservativen mehr Mandate zu erlangen und die Regierung zu übernehmen. Eine Neuordnung der Wahlkreise hätte aller Voraussicht nach den Konservativen mehr Sitze gegeben als Labour.

Ergibt sich weiterhin eine zufällige Benachteiligung (accidental bias) einer Partei aus anderen Gründen, so gibt es mehrere Möglichkeiten. So ist vorgeschlagen worden, die Wahlkreiseinteilung solle absichtlich auf die Chancengleichheit der Parteien eingestellt werden, was jedoch praktisch nicht leicht ist. Helmut Unkelbach regte an, eine Kompensation dann eintreten zu lassen, wenn die an Stimmen führende Partei weniger Sitze erhält als die nächststarke. Dem Verfasser erschien eine praktische Anpassung an das „Kubussystem" als besser; kleinere Abweichungen in den Resultaten würden hingenommen, aber größere nach einer gleitenden Skala korrigiert. Eine solche Regelung hat den weiteren Vorteil, daß jede Wahlkreismanipulation („gerrymandering") unmöglich gemacht wird, da das endgültige Resultat vom Verhältnis der im ganzen Lande abgegebenen Stimmen abhängt. Man braucht daher die Wahlkreiseinteilung nicht so oft zu ändern, wie das heute erforderlich ist. Zugleich wird der „Verödungseffekt" insofern vermieden, als Wähler in allen Landesteilen gleichermaßen die endgültige Sitzverteilung bestimmen.

In England erscheinen solche Bestimmungen weithin als perfektionistisch. Sie sind es nicht, aber wenn man sich nicht zu ihnen entschließt, so ist das so lange das geringere Übel, als man sich nicht durch die erwähnten Systemwidrigkeiten dadurch bewegen läßt, das Kind mit dem Bade auszuschütten und durch Einführung der Verhältniswahl die Einpartei-Mehrheitsregierung als Ganzes abzuschaffen. Vielleicht fände es mehr Anklang, übergroße Mehrheiten zu verhindern, deren Vorhandensein es nicht nur der Opposition, sondern auch dissidierenden Gruppen innerhalb der Mehrheitspartei unmöglich macht, ihre Rolle als konstruktiver „check" in der Regierung zu spielen; die Wahlresultate von 1931 und 1935 haben das Ihre dazu beigetragen, die „appeasement"-Politik möglich zu machen, und wenn die konservative Mehrheit in den Wahlen von 1979 so überwältigend geworden wäre, wie es die Meinungserhebungen zeitweise erwarten ließen, so hätte auch das nicht die Funktionsfähigkeit des Systems der Einpartei-Mehrheitsregierung gefördert.

Es gibt Länder wie die Bundesrepublik, in denen auch der Dreierwahlkreis mit dem d'Hondtschen System der Verhältniswahl, vorgeschlagen von der Wahlrechtskommission der SPD im Jahre 1967, den Funktionserfordernissen der Einpartei-Mehrheitsregierung Rechnung tragen würde. England gehört jedoch, wie ein Blick auf die Wahlstatistik (die in solchen Fällen immer in Rechnung zu stellen ist) zeigt, nicht zu diesen Ländern, und es braucht kaum betont zu werden, daß ein solches System, wo immer es große Anti-System-Parteien gibt wie in Italien und Frankreich, diese begünstigen würde. In solchen Fällen empfiehlt sich jedoch ein

Blick auf den Dreierwahlkreis mit Mehrheitswahl und der Maßgabe, daß ein Sitz an die zweitstärkste Partei fällt, falls sie mindestens halb so groß ist wie die stärkste.

In Bezug auf alle Einzelheiten ist es gut, sich der Fragen bewußt zu sein, die Friedrich Schäfer in der Titelformulierung seines Aufsatzes „Ist die Zeit reif für ein funktionsgerechtes Wahlrecht?"[32] stellt. Das Wahlrecht ist nun einmal Teil eines Gesamtsystems. Infolgedessen sind die an es zu stellenden Anforderungen komplizierter, als das die alte Antithese Verhältniswahl-Mehrheitswahl erkennen läßt. Ist man nicht gar zu denkfaul, so wird man auch einsehen, daß für eine mehrgestaltige Aufgabe (wenn sie in richtiger Erkenntnis dessen, was mehr und was weniger wichtig ist, formuliert wird) eine angepaßte Lösung zu finden ist, die mehr als einem Gesichtspunkt gerecht wird.

Einfache Antithesen sind jedoch gerade das, woran das England von heute leidet. So trägt ein besonders ausführlicher und eindringlicher Artikel des *Economist* (5. November 1977) den Titel: „Blowing Up A Tyranny". Die „Tyrannei" ist das jetzt bestehende englische Regierungssystem. Damit seine Beseitigung gründlich ist, soll auch das Auflösungsrecht entweder abgeschafft oder so begrenzt werden, daß es, wie Pierre Cot das gelegentlich der entsprechenden Bestimmungen in der Verfassung der Vierten Republik formulierte, „un sabre de bois", ein hölzernes Schwert darstellen würde. Eine solche Kombination hätte einige Aussichten, die Verfassungszustände der Vierten Republik in England zu reproduzieren.

Das wird besonders klar, wenn man einen Leitartikel der *Times* vom 8. Juli 1975 hinzuzieht, der den Titel trägt: „The Middle Majority Is Now The Only One There Is", „Die Mehrheit der Mitte ist jetzt die einzige, die es gibt." Die Einführung der Verhältniswahl soll eine Spaltung sowohl der Labour- wie der konservativen Partei in einen gemäßigten und einen radikalen Flügel bewirken. Die beiden gemäßigten Gruppen würden ein Bündnis mit den Liberalen schließen, von denen erwartet wird, daß sie ihre Einheit behaupten werden.

Das alles läuft auf eine englische Version der „Dritten Kraft" hin, mit der Léon Blum die letzten Schlachten der Vierten Republik zu gewinnen versuchte. Der damit verbundene Zweifrontenkrieg würde in England kaum weniger Probleme aufwerfen als in Frankreich. Die beiden Oppositionsflügel könnten alle Zwistigkeiten ausbeuten, die sich aus den Profilneurosen der drei Koalitionspartner ergäben und schon bei der Regierungsbildung sichtbar würden. Beim jetzigen System ist es Brauch, daß die Königin am Nachmittag des Tages nach den Wahlen einen unterlegenen Ministerpräsidenten verabschiedet und eine halbe Stunde später seinen Nachfolger ernennt, der die Namen seiner führenden Mitglieder sofort bekannt gibt. Da Wahlen am Donnerstag stattfinden, sind alle wesentlichen Änderungen mit dem Wochenende abgeschlossen; am Montag funktioniert die neue Regierung. Alle Übergangsprobleme werden dadurch erleichtert, daß die Mitglieder des Civil Service auch in hohen Regierungsstellen bleiben. Sie haben sich bereits auf die Möglichkeit einer Wachablösung so umfassend und so hilfsbereit vorbereitet, daß auch ein Labour Führer wie Harold Wilson[33] dafür nur Anerkennung hatte.

Wie lange dagegen die Bildung einer sich nach rechts wie nach links erstreckenden Koalitionsregierung dauern würde, ist eine andere Frage. Die Herausgeber des

Economist wehren sich dagegen, daß man in der Erörterung von Proporzfolgen Israel, die Türkei und Italien erwähnt. Aber in Holland, das England temperamentsmäßig so nahe steht, dauerte es 1977 neun Monate, bis nach Ausbruch einer Kabinettskrise eine neue Regierung gebildet werden konnte. Profilneurosen haben eben wenig mit der „politischen Kultur" eines Landes, aber manches mit der inneren Dynamik von Proporzparteien zu tun. Dazu kommen die Folgen, die unbefriedigende Koalitionen auf das Wählerverhalten haben. Sowohl Kommunisten wie auch die Führer der „Nationalen Front" sind der Meinung, daß ihre Stimmenzahl bei Verhältniswahl erheblich wachsen würde, und in England könnten neben Koalitionsproblemen anhaltende wirtschaftliche Schwierigkeiten zur Erfüllung solcher Erwartungen beitragen.

Unter diesen Umständen, die von den Führern beider Parteien, und insbesondere von Mrs. Thatcher, klar gesehen werden, hat der traditionelle Regierungstyp bessere Chancen, dem Lande aus seinen Schwierigkeiten herauszuhelfen als die beste Proporzregierung. Die Natur dieser Schwierigkeiten muß jedoch in allen Ländern, nicht nur in England, erkannt werden, und man muß ihnen begegnen, wenn nicht das neue Dilemma der Demokratie überall Zweifel an der Anwendbarkeit eines in sich logischen parlamentarischen Systems erwecken soll. In der Bundesrepublik z. B. haben sich Kreise der Wirtschaft seit langem für den Proporz eingesetzt, um eine sozialdemokratische Mehrheit zu verhindern. Nach Bildung der sozial-liberalen Koalition haben auch führende Mitglieder der CDU im stillen der FDP dafür gedankt, daß sie ihren Koalitionspartner zur Änderung seiner wirtschaftspolitischen Pläne zwangen. Bei normalem Funktionieren der Mehrheitswahl würde die Abhängigkeit einer jeden Partei von dem in der Mitte stehenden Grenzwähler dafür sorgen, daß auch wirtschaftspolitisch „die Kirche im Dorf" bleibt und sich keine Partei soweit von einem breiten Konsensus entfernt, daß sich die Opposition „tyrannisiert" fühlt, und daß im Falle eines Machtwechsels die neue Regierung damit beginnt, so viele Maßnahmen ihrer Vorgängerin zu widerrufen, daß eine kontinuierliche Wirtschaftsentwicklung erschwert wird.

Der Kern des Problems liegt also in der Wiederherstellung des Primates der Mitte, der sich früher einfach aus der „institutionellen Automatik" der Mehrheitswahl ergab. Manche sind der Meinung, nicht nur in der Labour Party, sondern auch in der SPD seien heute die linksgerichteten Eliten so einflußreich, daß, falls ihre Partei eine absolute Mehrheit hätte, sie deren Wirtschaftspolitik in eine Richtung zwingen würden, die nicht diejenige wäre, die die Mehrheit der eigenen Wähler bejaht. Hier kann nicht auf Einzelheiten eingegangen werden, aber was sich im Deutschland des jüngsten Jahrzehnts, ähnlich wie in England, unter der Forderung nach „Demokratisierung" verbarg, ist eine Elitisierung, die das Funktionieren der Demokratie nicht minder gefährdet als das der Wirtschaft.

Hier ergeben sich zunächst organisatorische Probleme innerhalb der Partei, und dann, was das Land als Ganzes angeht, die Ausdehnung der Forderung, „die unsichtbare Hand sichtbar machen", auf das Gebiet der Wirtschaft. Nur wenn auch breite Wählerkreise einsehen, was auf lange Sichte die Folgen entscheidender Maßnahmen sind, und in ihrer Wahlentscheidung entsprechend handeln, kann man der

Zukunft der Wirtschaft wie der der Demokratie mit Vertrauen entgegensehen. Es braucht nicht betont zu werden, daß auch in dieser Hinsicht den Medien der Massenkommunikation eine entscheidende Bedeutung zukommt.

Mit diesen Ausführungen (die der Verfasser an anderer Stelle zu präzisieren hofft) kommen wir so nahe an das Gebiet der politischen Predigt, daß kurz auf die Frage zurückzukommen ist, ob es hier nicht auch institutionelle Sicherungen gibt. *Eine* solche Sicherung gibt es bereits: Wo immer ein Land sich in solchen wirtschaftspolitischen Schwierigkeiten befindet, daß Abhilfe auf dem normalen Kreditwege nicht mehr möglich ist, steht der Internationale Währungsfonds bereit. Wendet man sich an ihn, so werden dessen Kredite nicht selten mit Bedingungen verknüpft, die radikale Änderungen in der Wirtschafts- und Währungspolitik bedeuten. Es wäre einfacher gewesen, es nicht zu der Notwendigkeit eines Appells an den Fonds kommen zu lassen, und es fragt sich, ob die Empfehlungen der internationalen Experten immer die richtigen sind. Aber in mehr als einem Fall ist der Fonds die einzige Instanz gewesen, der es gelungen ist, jedenfalls das *Prinzip* der wirtschaftspolitischen Rationalität wieder zu Ehren zu bringen.

Der Weg, der zu diesem Ziele führte, hat jedoch so wenig mit dem normalen Funktionieren einer Demokratie zu tun, daß man nach anderen Korrekturen sucht. So ist man in England nach der Volksabstimmung über die Mitgliedschaft in der Europäischen Gemeinschaft weithin zu dem Schluß gekommen, daß der direkte Appell an den Wähler seine Vorzüge habe. Der Verfasser gehört zu denen, die sich seit Jahrzehnten negativ zu dieser Form der „direkten" Demokratie geäußert haben. So relevant die meisten der Gegenargumente immer noch sind, so steht ihnen die Tatsache gegenüber, daß heute nicht nur in England parlamentarische Mehrheiten oft weit davon entfernt sind, „repräsentativ" für die Wünsche ihrer Wähler zu sein. Eine Volksabstimmung kann für Korrekturen sorgen. Die Argumente für diesen Weg sind daher heute, trotz aller verbleibenden negativen Wirkungen, überall stark genug, um manche zu veranlassen, hier Konzessionen zu machen. Man schrieb z. B. Mrs. Thatcher die Absicht zu, die endgültige Inkrafttretung von Maßnahmen, die den Arbeitsfrieden sichern sollen, von dem positiven Ausgang einer, nach der englischen Verfassungslage konsultativen, Volksabstimmung abhängig zu machen. Diese könnte jedenfalls Klarheit darüber schaffen, wo die Mehrheit des Volkes steht, und die Neigung einer neuen Alternativregierung, solche Bestimmungen durch einfache parlamentarische Mehrheiten abzuschaffen, erheblich reduzieren, ohne die wesentliche Entscheidungskraft der Regierung zu beeinträchtigen. Im Grunde sind auch die führenden Mitglieder einer Labour Regierung für das, was die Volksmehrheit will, und Volksabstimmungen dieser Art würden ihre Position gegenüber der elitären Linken stärken.

Anmerkungen

1 Für die Parteien der Rechten s. meinen Artikel „Die Antiparlamentarische Bewegung in Frankreich", Zeitschrift für Politik, März 1933, und für die der Linken meine Schrift „Der Ost-West-Konflikt. Gründe und Scheingründe", Frankfurt 1961.

2 Zu Einzelheiten s. F. A. Hermens, Verfassungslehre, 2. Aufl. Köln-Opladen, 411 ff.

3 Jürgen Domes, Regierungskrisen in Bund und Ländern seit 1949 und die Funktion des konstruktiven Mißtrauensvotums, in: Peter Haungs, Hsg., Res Publica, Studien zum Verfassungswesen, Dolf Sternberger zum 70. Geburtstag, München 1977, S. 53 ff.

4 Gerhard Lehmbruch, Proporzdemokratie: Politisches System und politische Kultur in der Schweiz und in Österreich, Tübingen 1967.

5 Für Einzelheiten s. meinen Beitrag zu Peter Mittelstaedt, Wissenschaft und Gesellschaft, Köln 1971, S. 63 ff.

6 Hermens, Ost-West-Konflikt, a.a.O. S. 16 ff.

7 The English Constitution, The World's Classics, Oxford 1928. Obiges gilt trotz aller Kritik, wie der von Richard Crossman in seiner Einführung zu der Neuausgabe im Rahmen der Fontana Library. Bagehot übersah natürlich die positiven Auswirkungen der zweiten und dritten Wahlreform, die zur Entstehung der modernen Parteiorganisation und damit zu der „demokratischen Phase" der Kabinettsregierung führten, und er konnte nicht das Wachsen der Bürokratie voraussehen. Aber diese Entwicklungen sind nur logische Auswirkungen der inneren Dynamik des Kabinettsystems, die Bagehot mit bisher unerreichter Schärfe und unübertroffener Brillianz dargelegt hat. Crossman ist im Grund der Journalist, der partout etwas Neues sagen will und daher das Alte verdammt und verkennt.

8 Alles Wesentliche für eine moderne Analyse der Kabinettsregierung findet sich bei Wilhelm Hasbach, Die parlamentarische Kabinettsregierung, Stuttgart 1919, und wurde dann in der deutschen Literatur insbesondere von Karl Loewenstein hervorgehoben. In der englischen Literatur sind Sidney Low, The Governance of England, London 1904 and A. L. Lowell, The Government of England, New York 1912, die klassischen Werke.

9 P. Pelloux, Remarques sur le mot et la notion d'exécutif, Melanges Paul Roubier, hier von dem keine Jahreszahl und keinen Verlagsort tragenden Sonderdruck zitiert.

10 John Stuart Mill, Considerations on Representative Government, New York 1862, Kapitel V.

11 Unmittelbar vor seinem Tode verbrachte Otmar Bühler einige Zeit in London, um die einschlägigen, von ihm als für die Gegenwart besonders wichtig erkannten Fragen neu behandeln zu können. Eine Zusammenfassung seiner Schlußfolgerungen gibt Horst Vogel, der ihn begleitete, unter dem Titel: Die parlamentarische Behandlung der Haushalts- und Steuergesetze in England, Deutsches Steuerrecht, Jg. 1965, S. 402 ff.

12 Ramsay Muir, How Britain Is Governed, London 1930.

13 Die Reihe beginnt mit Ramsay MacDonald, Sozialismus und Regierung (mit einem Vorwort von Eduard Bernstein), Jena 1912, setzt sich eindrucksvoll fort mit Harold Laski, Parliamentary Government in England, New York 1938, und wurde ergänzt durch zwei Autoren, die aus praktischer Erfahrung sprechen konnten: Herbert Morrison, Regierung und Parlament in England, München 1926, und Harold Wilson, The Governance of Britain, a.a.O. Wilson setzt sich ausführlich mit der These von Richard Crossman auseinander, nach welcher heute weithin der Ministerpräsident an die Stelle des Kabinetts getreten ist.

14 Yves R. Simon, Philosophische Grundlagen der Demokratie, Meisenheim 1956.

15 Für einige Einzelheiten s. meine Verfassungslehre, a.a.O., S. 72 ff. Zur Problematik der amerikanischen Exekutive s. das Jahrbuch „Verfassung und Verfassungswirklichkeit – The Living Constitution" für 1979 (Werner Kaltefleiter und Edward Keynes, Weltmacht ohne Politik) und 1980 (Hermens, America's Two Political Systems.)

16 The English Constitution, a.a.O., S. 129 ff. C. J. Friedrich faßt seine Ausführungen systematisch zusammen und stellt sie denen von John Stuart Mill gegenüber, s. seine Einführung

zu meiner Schrift: „Demokratie oder Anarchie? Eine Untersuchung über die Verhältniswahl", Köln-Opladen 1968.

17 Zu Einzelheiten s. meine bevorstehende Arbeit über „America's Two Political Systems." S. Anm. 15.

18 The English Constitution, S. 297–298.

19 Woodrow Wilson, The State, Boston 1902, S. 221–222.

20 Für Einzelheiten s. meine Verfassungslehre, a.a.O., S. 441 ff.

21 G. v. Schulze-Gaevernitz, Britischer Imperialismus und englischer Freihandel, Leipzig 1906, S. 333 ff.

22 Werner Sombart, Der Bourgeois, München und Leipzig 1913, S. 191 ff.

23 Besonders eindrucksvoll Stephen Haseler, The Death of British Democracy, London 1976. – Zur Kandidatenaufstellung der Labour Party s. Robert McKenzie, British Political Parties, London 1964, S. 538 ff.

24 F. A. Hermens, Unternehmer und Konjunktur, Berlin 1935, S. 121 ff.

25 A. B. Stephen Mulligan, The New Barons. Union Power in the 1970s, London 1976.

26 Die für dieses wie für andere Probleme wesentlichen Daten sind zusammengefaßt in der Abschlußdepesche des damaligen englischen Botschafters in Paris, Sir Nicholas Henderson, an den englischen Außenminister, The Economist vom 2. Juni 1979, S. 29 ff.

27 Big Risks, Small Mistakes. The first Tory budget takes risks with an already unhealthy economy – but they may prove justified. Nr. vom 16. Juni 1979, S. 63 ff.

28 In einer Unterhaltung mit dem Verfasser, die im September 1976 in London stattfand.

29 Ferdinand A. Hermens, Die Medien der Massenkommunikation und rationale Politik, Festschrift zum Zwanzigjährigen Bestehen des Westdeutschen Verlages, Köln und Opladen 1967.

30 Arend Lijphart, Democracy in Plural Societies, New Haven 1977, S. 1–3.

31 F. A. Hermens, Demokratie und Wahlrecht, Paderborn 1933, S. 34 ff.

32 Verfassung und Verfassungswirklichkeit, Jahrbuch 1968, Teil 2, S. 155 ff.

33 Harold Wilson, The Labour Government 1964–1970, Boston 1971, S. 1–4.

„Gesetzesflut" und ihre Eindämmung

Von Dr. *Carl Otto Lenz*, MdB, Heppenheim

1. *Verursacher der „Gesetzesflut"*

„Gesetzesflut" wird nicht nur von den Verfassungsorganen verursacht, die nach dem Grundgesetz das formelle Gesetzesinitiativrecht besitzen, also Bundesregierung, Bundesrat und Mitglieder des Bundestages, die in Gruppen und nicht zuletzt in Fraktionen Gesetzesanträge einbringen. Verursacher der „Gesetzesflut" sind neben diesen Verfassungsorganen auch Verwaltungen auf allen Stufen, ferner kommunale Spitzenverbände, Gerichte, Parteien, gesellschaftliche Gruppen von den Kirchen über die Gewerkschaften bis hin zu den Interessenverbänden aller Art, nicht zuletzt aber auch der Rechtssicherheit und soziale Sicherheit suchende Bürger. Ihre Motivation für den Ruf nach Normen ist teils gerechtfertigt, teils vertretbar, teils dem Gemeinwohl nicht unbedingt förderlich. Verlangt werden nicht nur Gesetze im formellen Sinn, sondern auch Normen geringeren Ranges wie Rechtsverordnungen und allgemeine Verwaltungsanordnungen bis hin zu bloß verwaltungsinternen Auslegungsregeln und Erlassen.

Alle Normenverursacher stehen in einem wechselseitigen Beziehungsgeflecht, in dem sie ständig neue Gesetze und sonstige Rechtsregeln einander vorschlagen und voneinander fordern. Damit sind sie gleichzeitig Urheber und Opfer der „Gesetzesflut"[1]. Über die Abschaffung bestehenden Rechts vermögen sie sich deshalb nur selten zu einigen.

Eine Verringerung des bestehenden Rechtsstoffes und eine Verlangsamung des Zuwachses an neuen Gesetzen läßt sich folglich nur erreichen, wenn gewichtige Teilnehmer diesen Kreislauf durchbrechen, und zwar an der Stelle, auf die sie den meisten Einfluß haben. Deshalb müssen die politischen Parteien, die Parlamentsfraktionen und die Regierungen in Bund und Ländern ihren Beitrag zur Verringerung des Rechtsstoffes leisten und dem politischen Druck zugunsten neuer, für die Förderung des Gemeinwohls aber nicht unbedingt notwendiger Gesetzesinitiativen widerstehen. Mit anderen Worten: Die Eindämmung der „Gesetzesflut" ist eine Aufgabe der politischen Führung[2].

2. *Erfolgsbedingungen für eine Eindämmung der „Gesetzesflut" und für eine Normbereinigung*

Die Forderung nach der Eindämmung der „Gesetzesflut" und der Verringerung des Bestandes von Vorschriften bedeutet nicht eine unrealistische Abschaffung oder Lahmlegung der Gesetzgebungstätigkeit bis auf ein nicht zu verhinderndes Mindestmaß oder eine Abschaffung bestehender Gesetze bis auf ein generalklauselartiges Normengerippe. Es darf nämlich nicht vernachlässigt werden, daß im hochindustrialisierten Sozialstaat moderner Großgesellschaften der Bedarf an Vorschriften von sich aus schon hoch anzusetzen ist[3]. Es muß aber dafür gesorgt werden, daß im Interesse der freien Entwicklung des modernen Rechts- und Sozialstaates Normsetzungen vermieden werden, die für die alle Einzel- und Gruppeninteressen angemessen integrierende Gesamtentwicklung nicht notwendig oder nicht mehr förderlich sind[4].

Eine Eindämmung der „Gesetzesflut" und eine Normbereinigung setzen indes voraus:

– Einen erfolgsorientierten politischen Willen zur Verlangsamung der Rechtssetzung und zur Verringerung des Rechtsstoffes auf seiten unserer politischen Führung.

– Die Entwicklung von Maßstäben zur Beurteilung der erzielten Erfolge.

– Eine Abstützung dieses politischen Willens und Wollens durch institutionalisierte Verfahren[5], was freilich nicht neuen Institutionen das Wort redet.

Zur Verwirklichung und Durchsetzung von Vorschlägen zur Eindämmung der „Gesetzesflut" und Verringerung des Normbestandes gehören daher:

– Die Bereitschaft derjenigen, die das Initiativrecht zur Gesetzgebung besitzen, wie auch derjenigen, die sonst Normen verursachen, eine Verlangsamung der Normsetzung und eine Verringerung des Normenbestandes im Interesse eines effektiveren und durchschaubareren Rechtssystems hinzunehmen („legislative self-restraint").

– Die Entwicklung von Maßstäben, um Ziele formulieren und Erfolge messen zu können.

– Die Zuweisung einer politischen Verantwortung an bestimmte staatliche oder politische Stellen für die Durchsetzung der Forderung nach Eindämmung der „Gesetzesflut" und Normbereinigung auf der Grundlage klarer Verantwortungsübertragung durch diejenigen Organe, die das Handeln der verantwortlich gemachten staatlichen und politischen Stellen legitimieren.

– Eine kritische Prüfung durch die für die Eindämmung der „Gesetzesflut" Verantwortlichen zu einem Zeitpunkt, zu dem der Rechtsetzungsvorschlag von den Verursachern noch ohne Prestigeverlust aufgegeben werden kann.

– Einen Aufbau der Verfahren zur Gesetzeseindämmung und Normverringerung, der von den Verantwortlichen einfach zu handhaben und dessen Einhaltung von den politischen Gremien sowie nicht zuletzt von der Öffentlichkeit leicht zu kontrollieren ist.

– Eine politische Sanktion – letztlich durch Wahlen – gegen diejenigen, die ihrer Verantwortung für die Eindämmung der „Gesetzesflut" nicht nachgekommen sind.

3. *Vorschläge zur Eindämmung der „Gesetzesflut" und zur Verringerung des Normenbestandes*

Mit Rücksicht auf die geschilderten Erfolgsbedingungen beim Streben nach Eindämmung der „Gesetzesflut" und zur Verringerung des Normenbestandes können die Parteien sowie die Parlamentsfraktionen und Regierungen in Bund und Ländern dem Ziel eines durchschaubaren, einsichtigen und akzeptablen Rechtssystems durch die Verwirklichung der nachfolgenden Vorschläge näherkommen[6]:

3.1 Vorschläge an die Parteivorstände in Bund und Ländern

Zur Eindämmung künftiger Gesetzgebungsarbeit müssen bereits Anträge, die Gesetzgebungswünsche enthalten, strenger als bisher auf ihre Notwendigkeit überprüft werden, bevor sie in Parteiprogramme oder Wahlprogramme Eingang finden. In jedem Falle sollten bereits die Parteien Vorsicht bei ihrer Vorarbeit zu Gesetzen walten lassen. Falls sie die Notwendigkeit einer Regelung bejahen, müssen sie auch noch prüfen, wie umfangreich und detailliert die Gesetze insgesamt ausfallen müssen. Schon die Parteien sollten dabei auch die Ergebnisse der Rechtstatsachenforschung in ihre legislatorischen Überlegungen einbeziehen.

Bei den Bundesvorständen der Parteien und bei den Bundestagsfraktionen könnten Kommissionen berufen werden, die die geltenden Bundesgesetze und Rechtsverordnungen auf ihre Notwendigkeit überprüfen und Vorschläge zur Rechtsbereinigung erarbeiten sollten. Um diese Kommissionen nicht von Anfang an zu überlasten, dürfte es sich empfehlen, ihren Untersuchungsauftrag zunächst zu begrenzen, beispielsweise auf die Normbereiche Steuern, Zuwendungen (Subventionen) und Verkehr. Soweit erforderlich, sollten solche Kommissionen auch bei den Parteivorständen in den Ländern bzw. den Landtagsfraktionen eingerichtet werden.

Ich halte die Festlegung der Verantwortung für die Eindämmung der „Gesetzesflut" schon auf der Ebene der Bundes- und Landesparteien für erforderlich, wenn das Unternehmen Erfolg haben soll: Haben die Parteien in ihren Wahlprogrammen einmal neue Gesetzgebungspläne beschlossen, so stehen die von ihnen getragenen Regierungen und Fraktionen nachher unter großem Druck, diese Wahlversprechen auch einzulösen. Deshalb muß man den Anfängen wehren.

3.2 Vorschläge an die Parlamentsfraktionen

Die Bundestagsfraktionen sollten ein Gremium von Beauftragten oder einen Beauftragten (stellvertretenden Fraktionsvorsitzenden oder parlamentarischen Geschäftsführer) wählen und ihm den Auftrag erteilen, eingehende Gesetzesvorlagen aus der eigenen Fraktion wie auch von anderen Fraktionen, der Bundesregierung oder dem Bundesrat in Zusammenarbeit mit dem Fraktionsvorstand sowie den fachlich zuständigen Arbeitseinheiten der Fraktion, insbesondere den Arbeitskreisen, nach Umfang und Inhalt auf ihre Notwendigkeit oder ihre Entbehrlichkeit zu überprüfen und die Belastung für Bürger, öffentliche Finanzen und Verwaltungen abzuschätzen sowie seine Stellungnahme rechtzeitig vor der Beschlußfassung in den zuständigen Fraktionsgremien vorzulegen. Eine solche Stellungnahme wäre vergleichbar der Überprüfung von Gesetzesvorlagen durch den Haushaltsausschuß auf ihre Vereinbarkeit mit der Haushaltslage gemäß § 96 GOBT[7]. Diese Notwendigkeits- und Entbehrlichkeitskontrolle darf nicht auf die in ihrem Eigeninteresse betroffenen Ministerien oder Gremien verlagert werden, soll nicht der mögliche, aber schwer erzielbare Erfolg von vornherein verspielt werden. Ihre Durchsetzungskraft würde diese Kontrolle der Gesetzgebungstätigkeit aus dem politischen Gewicht der Mitglieder dieses Beauftragtengremiums beziehen, nicht aus einem neuen bürokratischen Apparat, den sie nicht brauchen.

Die Landtagsfraktionen sollten in ähnlicher Weise einem – oder mehreren – Mitgliedern ihrer Fraktion die politische Verantwortung für die Eindämmung der „Gesetzesflut" übertragen. Politisches Lob sollten nicht diejenigen Abgeordneten einheimsen, die auf viele neue Vorschriften drängen, sondern diejenigen, die bei jeder Gesetzesinitiative gleichzeitig ihre Notwendigkeit für die allgemeine politische Entwicklung nachweisen und für die Aufhebung überflüssig gewordener Vorschriften eintreten.

Im parlamentarischen Bereich müßte insgesamt eine Akzentverschiebung von der Gesetzgebung zur Kontrolle der Staatstätigkeit einschließlich eines entsprechenden Wandels des Selbstverständnisses der Abgeordneten eingeleitet werden. Eine solche Neuorientierung der parlamentarischen Kontrolltätigkeit müßte sich auch der Prüfung der Folgen von Gesetzen zuwenden, um die daraus resultierenden Erkenntnisse für die Verminderung des Bestandes an Vorschriften und für die Notwendigkeitskontrolle beim Erlaß neuer Vorschriften nutzbar zu machen[8]. Eine Schwerpunktverlagerung weg von der Gesetzgebungstätigkeit hin zur Kontrolle der Auswirkungen der Gesetze halte ich für eine wesentliche rechtspolitische Forderung für die 80er Jahre, denn das Rechtsstaatsprinzip „soll den Bürger auch schützen vor unnötigen, unverhältnismäßigen, unzumutbaren und unabsehbaren Eingriffen in seinen Freiheitsbereich[9].

3.3 Vorschläge an die Regierungen

Die Bundes- oder Landesregierungen sollen sich selbst verpflichten, den über Wahlperioden hinweg zu beobachteten Trend zum Anstieg von Gesetzen um einen bestimmten Prozentsatz zu verlangsamen. Eine solche Selbstverpflichtung, deren Erfolg der Kontrolle der Öffentlichkeit letztlich bei den nächsten Wahlen unterläge, könnte beispielsweise vorsehen, daß in der nächsten Wahlperiode 10 % weniger Gesetze als im Durchschnitt der letzten drei Wahlperioden erlassen werden sollen. Dazu wäre festzulegen, daß jedes federführende Ministerium eine bestimmte Anzahl von Seiten im Gesetzblatt für den Erlaß von Gesetzen dieses Politikbereichs zur Verfügung gestellt bekäme. Jeder Minister würde dann darauf achten, daß entsprechend wenige oder konzentrierte Gesetzesinitiativen in die gesetzgebenden Körperschaften eingebracht und daß im Parlament eine entsprechend geringe Zahl an Gesetzen erlassen werden. In diesem Kontingent müßte außerdem ein bestimmter Bruchteil für unvorhergesehenen Normbedarf eingeplant werden. Erfolgreiche Gesetzesintiativen der Opposition müßten den einzelnen Ressorts zugerechnet werden. Dennoch notwendig werdende Überschreitungen des vorgegebenen Rahmens bedürften besonderer Begründung ähnlich wie bei unvermeidbaren und unvorhergesehenen zusätzlichen Ausgaben beim staatlichen Haushalt. Um zu verhindern, daß ein Minister sich dadurch zusätzlichen Raum für seine Gesetzgebung zu schaffen sucht, daß er sich Ermächtigungen zu Rechtsverordnungen geben läßt, müßten auch die Rechtsverordnungen in die Raumbeschränkung einbezogen werden. Eine Erweiterung des Raumkontingents sollte indes insoweit eintreten, als es gelingt, bestehende Gesetze und Rechtsverordnungen aufzuheben[10].

Dieser Vorschlag wird bestimmt von der Einsicht, daß nicht nur die Staatseinnahmen, sondern auch die Bereitschaft und Fähigkeit der Bürger für die Annahme neuer Vorschriften begrenzt sind. Gegen ihn könnte eingewandt werden, er sei in einem Wahlprogramm vertretbar, aber zu schematisch für eine Initiative auf der Ebene des Parlaments. Dagegen wäre aber zu sagen, daß die „Wachstumsrate" durchaus von Ressort zu Ressort unterschiedlich sein kann, ebenso wie dies bei der Wachstumsrate der Haushaltspläne für die einzelnen Ressorts schon heute der Fall ist. Außerdem ist dieser Vorschlag nur vordergründig als schematisch einstufbar. Im Kern zielt er auf eine Verhaltensänderung der an der Normsetzung Beteiligten, vergleichbar den Einwirkungen, die die Festlegung von Ausgabenhöchstgrenzen im Etat auf die Politik der Ressortminister nach sich ziehen.

Eine quantitative Beschränkung der zu erlassenden Gesetze und Rechtsverordnungen birgt zwar die Gefahr in sich, daß wegen vermehrter Verwendung von Generalklauseln und unbestimmten Rechtsbegriffen die Zahl der nachrangigen Verwaltungsvorschriften und innerdienstlichen Weisungen, die jetz schon unübersehbar und weithin unbekannt ist, noch stärker anwächst. Dieser Gefahr könnte aber entgegengewirkt werden, wenn die Landesparlamente ihre Kontrolltätigkeit auf den Vollzug von Bundesgesetzen ausdehnen würden. Ferner könnten die Vertretungskörperschaften der staatlichen Mittelinstanz, soweit sie bestehen, mit dieser Kontrolle für ihre Ebene beauftragt werden; soweit solche Vertretungskörperschaften nicht bestehen, wäre ihre Einrichtung zu erwägen.

Außerdem könnte an einen Ausbau der Haushalts-, Rechnungs- und Wirtschaftlichkeitskontrolle durch die Parlamente gedacht werden[11]. Schließlich könnte auch geprüft werden, ob eine Veröffentlichungspflicht auch für die nachrangigen verwaltungsinternen Vorschriften eingeführt werden sollte, möglicherweise ergänzt durch eine Kontingentierung dieser Verwaltungsvorschriften; diese Vorschriftensammlungen wären regional auszurichten und den Betroffenen zugänglich machen.

Ein Teil der „Gesetzesflut" ist auf die Forderung der Gerichte zurückzuführen, bestimmte Vorschriften, insbesondere im Schulbildungsbereich, müßten in Gesetzesform erlassen werden, wenn auch die Wesentlichkeitstheorie gleichzeitig den Parlamenten Anlaß gibt, ihre Entscheidungen auf die Regelungen zu beschränken, die dem Parlament vorbehalten sind. Außerdem bedürfen Generalklauseln der Auslegung durch die Gerichte. Für die Rechtsentwicklung ist zwar nicht jede Gerichtsentscheidung von Interesse; präjudizierende Wirkungen haben aber Leitentscheidungen, die eine Norm erstmalig oder im Widerspruch zu früheren Entscheidungen auslegen oder den Streit zwischen Rechtsmeinungen unterer Gerichte auslösen. Solche Entscheidungen werden zwar in den juristischen Zeitschriften veröffentlicht, sie sind aber praktisch nur der Fachöffentlichkeit zugänglich. Es könnte deshalb erwogen werden, ob diese Gerichtsentscheidungen an einer zentralen Datenstelle gesammelt werden sollten, um sie den interessierten Kreisen besser verfügbar zu machen. Im übrigen ist Maassen beizupflichten. „Will man alle irgendwie denkbaren Fälle exakt im Gesetz selbst entscheiden, dann hilft nur die perfekte Lösung, dann muß man aber auch deren Nachteile in Kauf nehmen und darf über deren Umfang, die Charakteristik und die Undurchsichtigkeit des Gesetzes ebenso wenig klagen, wie über die Bürokratisierung der Verwaltung. Nimmt man hingegen im Interesse einer größeren Praktikabilität und im Interesse einer größeren Anpassungsfähigkeit an unvorhergesehenen Entwicklungen ein gewisses Regelungsdefizit (im Detail) in Kauf, dann muß man auch anerkennen, daß genau in diesem Umfang die Mitverantwortung auf die Exekutive und – im Streitfall – auf die Gerichte übergeht. Beides zugleich kann man nicht haben[12].

Über die beschriebene Selbstverpflichtung und die Sorge für die Veröffentlichung des geltenden Rechts hinaus sollten die Landesregierungen im Bundesrat ihren Einfluß auf eine Rechtsentwicklung geltend machen, die nur noch auf – nach Inhalt und Umfang – notwendigem neuen Recht beruht. Die Landesregierungen sollten vor der Beschlußfassung im Kabinett über ihr Verhalten zu Tagesordnungspunkten im Bundesrat eingehender als bisher die Notwendigkeit von Gesetzes- und Rechtsverordnungsvorlagen überprüfen[13] und diese im Einzelfall begründet als überflüssig ablehnen. Zur gründlichen Vorbereitung solcher Kabinettsbeschlüsse gehört es u.a., daß die Bundesratsausschüsse Gesetzesvorlagen nicht so sehr unter ressortfachlichen, sondern eher unter allgemein politischen Gesichtspunkten überprüfen. Um diese Form der Notwendigkeitskontrolle herzustellen, müssen die Ausschußvorsitzenden selbst ihr politisches Gewicht in die Beratungen einbringen und sich – ohne Delegation auf ihre Beamten – selbst an der Überprüfung beteiligen.

Im übrigen genügt es nicht, den ernsten Willen einer Regierung deutlich zu formulieren und verbindlich festzulegen, daß am Anfang eines jeden Gesetzesentwurfs die sorgfältige Tatsachenforschung, die Beweisführung für die Notwendigkeit des Gesetzes und die Rechtfertigung für jeden Eingriff in den Freiheitsraum des Bürgers stehen müssen, sondern es ist insbesondere auch die Zuweisung einer politischen Verantwortung an eine bestimmte Stelle erforderlich. Maassen hat in diesem Zusammenhang den Vorschlag gemacht, die Regelung des § 26 der Geschäftsordnung der Bundesregierung auf den Fall auszudehnen, daß ein Entwurf der Bundesregierung überflüssig ist oder die betroffenen Bürger übermäßig belastet. Es ist schwer, einem solchen erfahrenen Praktiker zu widersprechen. Außerdem möchte ich zu erwägen geben, daß die zuständige Stelle am zweckmäßigsten beim Bundeskanzleramt bzw. bei der jeweiligen Staatskanzlei anzusiedeln wäre. Die

Begründung hierfür ist, daß die Eindämmung der „Gesetzesflut" ein wesentliches ressort-übergreifendes Anliegen der Regierungspolitik ist, bei dessen Durchführung der Regierungschef selbst verantwortlich ist. Auch könnten die von Maassen genannten Justiz- und Innenminister in einen Interessenkonflikt geraten, weil sie selber Anreger von Gesetzen sind, deshalb leicht als Wächter über die Gesetzgebungswünsche ihrer Amtskollegen nicht die notwendige Konsequenz aufbringen.

Gleichgültig wie man diese Frage entscheidet, wesentlich ist, daß eine Stelle innerhalb einer Regierung, einer Parlamentsfraktion oder einer Partei die Verantwortung dafür übernimmt, daß die Gesetzgebungstätigkeit nicht ausufert. Dies ist nach meiner festen Überzeugung eine wesentliche Bedingung für den Erfolg einer solchen Politik.

4. Staatsleitung durch Rechtsetzung

Mit einer Eindämmung des Erlasses von Gesetzen, Rechtsverordnungen und sonstigen Rechtsvorschriften wird zwar in Kauf genommen, daß der Ruf nach dem Erlaß mancher Vorschrift unbeachtet verhallt, was zu Lasten einzelner sachlicher, verbandlicher oder wahlkreisinterner Interessen gehen kann. Dies ist aber der Preis, ohne den eine Verminderung der „Gesetzesflut" nicht zu erhalten ist. Konflikte über die Notwendigkeit einer Gesetzesvorlage oder über die Abfassung einer nachrangigen Rechtsvorschrift im Einzelfall werden häufiger auftreten als nach der bisherigen Praxis, die oft genug nur einen Aufschub der endgültigen Konfliktaustragung bewirkte. Eine Regelung der aufkommenden Interessenkonflikte bereits vor der Normsetzung, die nur notwendige Regelungen zuläßt und einführt, unnötige aber verweigert, birgt nicht nur die Chance in sich, die in den Parteien und erst recht im gesamten Staate vertretenen widerstreitenden Interessen zu integrieren, sondern auch, in stärkerem Maße als bisher Recht zu setzen, das für den Bürger, die Verwaltungen und Gerichte einsichtig, durchschaubar und daher annehmbar ist. Nur wenn die Gesetzgebung erreicht, daß sie von der überwiegenden Zahl der Bürger auch dann, wenn die einzelnen Gesetze ihrer Interessenlage nicht voll oder gar nicht entsprechen, angenommen und befolgt wird, erfüllt sie ihre Aufgabe der Steuerung des staatlichen und politischen Lebens. Diesem Ideal wieder einen Schritt näher zu kommen dienen diese Vorschläge zur Eindämmung der „Gesetzesflut" und zur Verringerung des Normenbestandes. Ihre Verwirklichung stellt sich somit als eine Probe auf die Regierbarkeit der Bundesrepublik Deutschland durch die im Bundestag vertretenen Parteien dar.

Eine solche Politik zur Eindämmung der „Gesetzesflut" wird schwer durchzusetzen sein. Sie ist aber notwendig, wenn das Ziel verfolgt wird, das Wachstum der Staatstätigkeit und der Staatsquote unter Kontrolle zu bekommen und die größtmögliche Handlungsfreiheit des einzelnen Bürgers zu gewährleisten.

Anmerkungen

1 Als „Opfer der Gesetzesflut" zählt Wolfgang Schmitz, Die Gesetzesflut. Folge und Ausdruck der Überförderung des Staates, Gutachten, in: Verhandlungen des siebenten Österreichischen Juristentages Salzburg 1979, hrsg. vom Vorstand des Österreichischen Juristentages, Band I, 1. Teil B, Wien 1979, S. 5, auf: Staatsbürger, Gesetze beschließende Politiker und legistisch tätige Beamte einerseits sowie administrativ tätige Beamte, Richter, Staatsanwälte, Rechtsvertreter und rechtskundige Referenten in Interessenvertretungen und Unternehmen andererseits. Vgl. u. a. auch den entsprechenden Hinweis von Helmut Schmidt vor der 20. Ordentlichen Hauptversammlung des Deutschen Städtetages am 10. Mai 1979 in Kiel, in: Bulletin, Nr. 72, 31. Mai 1979, S. 669–676 (670 f.).

2 Dieser Aufgabe politischer Führung widmen sich bereits Regierungen und Fraktionen in Bund und Ländern, wie die folgenden Beispiele belegen:

a) Richtlinien zur Rechts- und Verwaltungsvereinfachung, beschlossen von den Ministerpräsidenten der Länder mit dem Bundeskanzler am 15. Febr. 1979 in Bonn, die wie folgt lauten:

„Die Regierungschefs von Bund und Ländern sind sich darüber einig, der Gefahr einer Überreglementierung und Perfektionierung im Bereich der Gesetzgebung und der Verwaltungsregelungen entgegenzuwirken. Sie werden darauf achten, daß folgende Grundsätze stärker verwirklicht werden:

– Die Rechts- und Verwaltungsvorschriften sollten auf das zur Erreichung der politischen Zielsetzung unbedingt Notwendige beschränkt werden,
– die Regelungsbefugnis sollte stets dort den Ländern überlassen bleiben, wo eine bundesgesetzliche Regelung nicht zwingend geboten ist,
– Regelungen sollten bürgernah, einfach und verständlich abgefaßt und so sparsam, leicht und bürgernah durchführbar wie möglich gestaltet werden,
– Statistiken sollten nachhaltig eingeschränkt und gestrafft werden,
– beim Erlaß von EG-Vorschriften sollten diese Grundsätze ebenfalls möglichst weitgehend verwirklicht werden."

b) Der Antrag der Fraktion der CDU/CSU zur Rechts- und Verwaltungsvereinfachung (BT-Drs. 8/1206) und die Antwort des Bundesministers des Innern dazu an den Innenausschuß des Bundestages vom 21. Nov. 1978 (Ausschuß-Drs. 8/92)

c) der Beschluß des badenwürttembergischen Ministerrates vom 26. September 1978 zur Einsetzung einer Kommission und Projektgruppe „Bürgernähe in der Verwaltung", auf deren Vorarbeiten der Entwurf eines Rechtsbereinigungsgesetzes beruht (bw LT-Drs. 7/5990); oder ferner die mit Beschluß des bayerischen Ministerrats vom 4.4.1978 eingesetzte „Kommission für den Abbau von Staatsaufgaben und für Verwaltungsvereinfachung"

d) oder z. B. in Rheinland-Pfalz die Antwort des Ministeriums der Justiz auf eine Große Anfrage der Fraktion der CDU zur Rechtsvereinfachung (LT-Drs. 8/2934, 8/3215) sowie die Arbeitsgruppe der CDU-Fraktion zur Eindämmung des Rechtsstoffes, die unter dem Vorsitz des ehemaligen Bundesratsdirektors, Dr. Pfitzer, steht.

Die Auffassung, daß es sich bei der „Eindämmung der Gesetzesflut" um eine Aufgabe der politischen Führung handelt, vertritt auch Hermann Maassen. Er fordert vom *Bundestag* gesetzgeberische Zurückhaltung und verlangt von der *Bundesregierung* einen Umdenkungsprozeß (Hermann Maassen, Die Freiheit des Bürgers in einer Zeit ausufernder Gesetzgebung, in: NJW 1979, S. 1473–1478 [1477 f.]).

3 Zu der Interdependenz von Gesetzgebung und Sozialstaat vgl. u. a. Waldemar Schreckenberger, Sozialer Wandel als Problem der Gesetzgebung, in: Verwaltungsarchiv 1977, S. 28–44.

4 Siehe hierzu auch Maassen, a.a.O. S. 1473–1476.

5 Diese Forderung unterstützt z. B. auch der Präsident des Deutschen Anwaltsvereins Rabe vor dem Deutschen Anwaltstag 1979 in Hannover.
Maassen spricht in diesem Zusammenhang von personalisierter Verantwortung, a.a.O. S. 1477.

6 Ausgewählt sind hier aus der Fülle der Vorschläge zur Eindämmung der „Gesetzesflut" diejenigen, die am stärksten erörterungsbedürftig und -würdig erscheinen. Zu weiteren Vorschlägen vgl. u. a. Hansjörg Jellinek, Ursachen und Reduktionsmöglichkeiten der Fülle von Rechtsvorschriften, in: Verwaltung und Fortbildung, 1978, S. 62–71, ferner die Ausarbeitung der Wissenschaftlichen Dienste des Deutschen Bundestages, WF III–98/79, Normreduzierung und Entbürokratisierung – Vorschläge und Literaturhinweise (Bearbeiter: Kretschmer). Zu fordern ist selbstverständlich auch eine Verbesserung der Gesetzgebungstechnik beispielsweise durch Gesetzentwurfstests oder Planspiele, vgl. u. a. Carl Böhret, Werner Hugger, Bessere Gesetze durch Test der Entwürfe?, in: ZParl 1979, S. 245–259; Bernhard Stüer/Ulrich Lau, Planspiel zum Städtebauförderungsgesetz, in: DÖV 1978, S. 544–551. Anregungen für eine Neufassung der GGO-Vorschriften zur Gesetzesvorbereitung können beispielsweise aus den von der Regionalkonferenz der Regierungen der Nordwestschweiz am 14. Juni 1974 und im Kanton Aargau seit dem 1. Aug. 1974 in Kraft gesetzten „Richtlinien der Gesetzestechnik" gewonnen werden.

7 Die enge Verwandtschaft zwischen Haushaltskontrolle und Koordinierung der Gesetzgebungstätigkeit zeigt sich bereits in der Aufgabenstellung des us-amerikanischen Bureau of the Budget, vgl. dazu des näheren: Carl Otto Lenz, Die Beratungsinstitutionen des amerikanischen Präsidenten in Fragen der allgemeinen Politik, Diss. Bonn 1961, S. B 9–B 61.

8 Mit dem noch weitgehend unerforschten Problem der Gesetzesfolgen befassen sich z. B. die BT-Drs. 7/2599, 7/5182, 8/112, 8/212; vgl. ferner u. a.: Hermann Maassen, a.a.O. S. 1477; K. Helveg Petersen, Die Verbesserung der Funktionen der Parlamente, in: Symposium über die europäische Integration und die Zukunft der Parlamente in Europa, hrsg. vom Europäischen Parlament, Generalsekretariat, Generaldirektion Wissenschaft und Dokumentation, o.O., Oktober 1975, S. 409–420 (412); Hans-Jochen Vogel, Zur Diskussion um die Normenflut, in: JZ 1979, S. 321–325 (324); Das Bundesverfassungsgericht hat den Gesetzgeber darauf aufmerksam gemacht, daß er die politische Verantwortung für alle Folgen seiner Entscheidung trägt, ohne indes verpflichtet zu sein, im Wortlaut des Gesetzes die von ihm bedachten Folgen zu bekunden (vgl. BVerG NJW 1979, S. 360).

9 Maassen a.a.O. S. 1475.

10 Eine solche Selbstverpflichtung hätte eine von der CDU geführte Landesregierung in Hessen 1978 übernehmen wollen. In dem „12-Punkte-Programm zum Kampf gegen Bürokratisierung und Bevormundung der Bürger ‚Den Aktenstaub lüften'" der hessischen CDU wurde unter Ziff. 1b ausgeführt: „Eine CDU-Landesregierung unter Dr. Dregger setzt sich zum Ziel, daß das Gesetz- und Verordnungsblatt des Landes Hessen künftig nur noch die halbe Stärke einnimmt. Eine CDU-Landesregierung wird über den Bundesrat dafür eintreten, daß auch die Zahl der vom Bund erlassenen Gesetze und Verordnungen in Zukunft verringert wird."

11 Vorschläge dazu wurden z. B. zusammengetragen in der Veranstaltung der Deutschen Vereinigung für Parlamentsfragen und des Hessischen Landtags am 5.3.1975 in Wiesbaden zum Thema „Die Finanzkontrolle des Bundes, oder: Was macht der Bundestag mit den Berichten des Bundesrechnungshofes?" (vgl. die Stenographische Niederschrift). Es würde den Blick des Bundesrechnungshofes für die Notwendigkeit oder Entbehrlichkeit einzelner Gesetze sicherlich schärfen, würde der Bundesrechnungshof nach dem Vorschlag von Friedrich Schäfer durch eine parlamentarische Wahl seines Präsidenten und Vizepräsidenten dem Bundestag zugeordnet, vgl. Friedrich Schäfer, Zur Stellung des Präsidenten des Bundesrechnungshofes, in: Verfassung, Verwaltung, Finanzkontrolle. Festschrift für Hans Schäfer zum 65. Geburtstag am 26. Januar 1975, Hrsg. von Eckart Schiffer und Helmut Karehnke, Köln-Berlin-Bonn-München 1975, S. 147–167 (158).

12 Maassen a.a.O. S. 1476.

13 So auch Maassen S. 1475. Er befürchtet, daß diese Prüfung zur Zeit „letztlich nicht mit der gebotenen Sorgfalt oder auch manchmal gar nicht stattfindet“.

Die Gesetzgebung im demokratischen Rechtsstaat

Von Prof. Dr. *Waldemar Schreckenberger*, Staatssekretär, Mainz

I.

Die Kritik an der Gesetzgebung des Bundes und der Länder ist zu einem vorherrschenden Thema geworden. Es steht in engem Zusammenhang mit der kritischen Frage nach der Regierbarkeit der Parlamentarischen Demokratie[1]. Es war ein besonderes Verdienst Friedrich Schäfers, daß er als Vorsitzender der Enquête-Kommission Verfassungsreform des Deutschen Bundestages die Diskussion immer wieder auf Fragen der Funktionsfähigkeit des modernen Staates lenkte. Ein wesentliches Element der Regierbarkeit eines Gemeinwesens bildet die Gesetzgebung. Sie sieht sich in besonderem Maße der Kritik ausgesetzt. Erstaunlich ist dabei, daß sich die kritischen Einwände nicht in erster Linie gegen den Inhalt einzelner Gesetze richtet, wie man nach der parlamentarischen Auseinandersetzung, in der inhaltliche Fragen im Vordergrund stehen, vermuten könnte. Die Kritik geht darüber hinaus. Sie zielt auf bestimmte Bedingungen und Faktoren, gleichsam auf strukturelle Momente der modernen Gesetzgebung. Beklagt wird vor allem die „Überreglementierung" und „Überperfektionierung" der Gesetze. Damit einher geht der Einwand, daß die Gesetze zu wenig „bürgerfreundlich" seien. Nicht weniger hart ist der Vorwurf, daß die Gesetzgebung trotz aller Perfektion die Dynamik sozialer Veränderungen verfehle; sie sei daher außerstande, die von ihr erwarteten Steuerungsleistungen, die für die Stabilisierung einer Gesellschaft unverzichtbar seien, zu erbringen[2].

II.

Das Versprechen, den Bürger vom Druck gesetzlicher Reglementierungen zu entlasten, und die Forderung nach Vereinfachung der Gesetze hat im öffentlichen Meinungsbild einen hohen Rang gewonnen. Beide sind inzwischen in die Programme der meisten politischen Parteien eingegangen. Bei dieser Meinungslage kann es nicht erstaunen, daß Bund und Länder vielfältige Anstrengungen unternehmen, um der Kritik an den Mängeln der Gesetze zu begegnen.

Die Regierungschefs von Bund und Ländern haben sich im gemeinsamen Beschluß vom 16. Februar 1979 ermutigt, in ihren jeweiligen Zuständigkeitsbereichen für einfachere und bürgernähere Gesetze zu sorgen. Diesem Beschluß war für einen engeren Aufgabenbereich bereits ein gemeinsames Vorhaben zwischen Bund und Ländern vorangegangen, das der Beseitigung von sogenannten investitionshemmenden Vorschriften gilt[3]. Die Durchführung von Programmen, die vorwiegend aus konjunkturellen Gründen die Investitionstätigkeit anregen sollten, stieß häufig auf rechtliche Schwierigkeiten, welche die erwartete Steuerungsleistung der Programme behinderten oder wegen des erheblichen Zeitverzuges gar vereitelten. Zur föderalistischen Kritik, daß die meisten Förderungsprogramme zu zentralistisch gehandhabt würden, kam der Zweifel, ob solche Programme angesichts der Vielzahl zeitraubender rechtlicher Erfordernisse überhaupt sinnvoll seien. Die Antwort war eine breit angelegte Überprüfung einschlägiger Rechtsvorschriften, an der die meisten Ressorts von Bund und Ländern beteiligt waren. Der Umfang des aufgearbeiteten Materials, der mehrere Bände umfaßt, ist bewundernswert; die Folgerungen, die daraus für die Gesetzgebung bisher gezogen wurden, beschränken sich, wenn man von einigen Vereinfachungen im Bauordnungsrecht verschiedener Länder absieht, auf das inzwischen in Kraft getretene Gesetz zur Beschleunigung von Verfahren und zur Erleichterung von Investitionsvorhaben im Städtebaurecht. Ziel dieses Gesetzes ist die Vereinfachung von Verfahrensabläufen bei der Aufstellung der Bauleitpläne sowie eine Beschleunigung des Baugenehmigungsverfahrens. Denn es stellte sich rasch heraus, daß es für die meisten Regelungen, die für den Investitionsbereich in Frage kamen, durchaus gute Gründe gibt, die allerdings dem Ziel, eine zügige Durchführung von Investititionen zu ermöglichen, oft wenig dienlich sind. Dies zeigte sich besonders bei den mit Planungen befaßten Vorschriften, die zahlreiche Mitwirkungs- und Beteiligungsformen kennen.

Man verkürzt aber die Problematik, wenn man sie auf einen Konflikt zwischen effektiven Steuerungsleistungen des Rechts und der Rücksichtnahme auf komplexe Ordnungserwartungen vor allem im Bau-, Planungsrecht und Umweltschutzrecht zurückführt. Auch verfehlt man wohl die Sachlage, wenn man sie in erster Linie als einen Gegensatz zwischen ökonomisch motivierten Veränderungen und der Erhaltung sonstiger lebenswerter Güter interpretiert. Das untersuchte Material vermittelt eher den Eindruck, daß die soziale Dynamik, die auch in den zu beeinflussenden gesamtwirtschaftlichen Bewegungen zum Ausdruck kommt, für die meisten Gesetzeskonzeptionen eine untergeordnete Rolle gespielt hat.

III.

Im Bund und in den meisten Ländern werden zur Zeit Vorschläge erarbeitet, um das Verhältnis zwischen „Bürger und Staat" zu verbessern. Ein bevorzugter Gegenstand sind dabei gesetzliche Regelungen und sonstige Vorschriften. Die Vorschläge zielen einerseits darauf, die Zahl der Gesetze und Vorschriften auf das unbedingt notwendige Maß zu beschränken, andererseits sollen die Regelungen im Hinblick auf die Rechtsanwendung und ihre Kontrolle, den Gesetzesvollzug und die Handhabung des Rechts durch die Normadressaten „vereinfacht" werden.

Eine naheliegende Antwort ist die Forderung nach „Privatisierung" beziehungsweise „Entstaatlichung" von Aufgaben der öffentlichen Hand. Sie geht von der Überlegung aus, daß den staatlichen Organen vor allem im Zuge der sozialstaatlichen Entwicklung oder im Zusammenhang mit der kurzfristigen Bewältigung von

Krisen in einem Maß Aufgaben überbürdet worden sind, welche die Funktionsfähigkeit der staatlichen Organisation in Frage stellen. Aber gibt es notwendige oder gar hinreichende Kriterien für öffentliche Aufgaben, die nur vom Staat wahrgenommen werden können? Die Diskussion dieser Frage wird nicht dadurch leichter, daß sie sich auf der Kampflinie stark ideologisch beeinflußter Gesellschaftskonzeptionen bewegt. Denn es geht nicht zuletzt um die Frage einer sinnvollen Aufgaben- und Machtteilung zwischen Staat und Gesellschaft. Man denke nur an Aufgaben im Bereich von Schule und Weiterbildung, an den Bereich der Versorgung und Entsorgung, an die vielfältigen Aufgaben im Sozial- und Gesundheitswesen und nicht zuletzt an das differenzierte Instrumentarium wirtschaftslenkender Maßnahmen.

Es kann nicht verwundern, daß es in einer kontroversen Situation nicht an Prognosen fehlt, die je nach Standpunkt dem Staat künftig einen größeren beziehungsweise kleineren Anteil an den sozialen Regulationen zumessen. Aber Prognosen ersetzen nicht Beurteilungsmaßstäbe. Sie sind aber wichtige Faktoren auch in der politischen Auseinandersetzung um die Grenzen des modernen Staates. Es ist zu wünschen, daß die Frage nach der Regierbarkeit moderner Industriegesellschaften einen weniger verfänglichen Einstieg in die Problematik der Staatsaufgaben erlaubt. Denn diese Frage macht deutlich, daß es nicht lediglich ideologische Gründe sind, die einer Ausweitung staatlicher Aufgaben zu Lasten privater Verantwortung und der Initiative des Einzelnen Grenzen setzen. Der praktische Erfolg der Bemühungen, die Staatsaufgaben zurückzuschneiden, entspricht durchaus dem Stand der theoretischen Aufarbeitung. Er ist über Anfangsergebnisse, die sich mit einzelnen Aspekten der Aufgabenzuordnung und ihrer Auswirkungen befassen, nicht hinausgekommen.

IV.

Als nicht weniger schwierig erweisen sich die Bestrebungen, das Recht zu „vereinfachen". Was heißt Rechtsvereinfachung? Diese Frage ist nur auf dem Hintergrund der aktuellen Kritik an der Gesetzgebung verständlich. Diese kennzeichnet häufig weniger einen bestimmbaren Sachverhalt als ein vages Unbehagen an einem als unbefriedigend empfundenen Zustand der Staatspraxis. Die Kritik wird ergiebiger, wenn sie von Überreglementierung, Überperfektionierung oder Überbürokratisierung spricht. Hier wird immerhin soviel deutlich, daß ein durchaus wünschenswerter oder zumindest hinnehmbarer Zustand durch gewisse Übertreibungen ins Gegenteil verkehrt worden sei.

Die Praxis im Bund und in den Ländern beschränkt sich nun nicht darauf, einzelne Vorschriften, die besonders Anstoß erregen, zu ändern. Sie sieht in dieser Kritik durchaus einen Hinweis auf ein grundsätzliches Problem der neueren Rechtsentwicklung. Die Praxis stößt jedoch auf ein schwer überwindbares Dilemma. Will sie das Problem grundsätzlich angehen, so kann sie auf Theorievorgaben nicht verzichten. Diese Vorgaben sind zur Zeit aber nur vereinzelt vorhanden und zudem in sehr verschiedenen Fachdisziplinen angesiedelt. Die Kritik an der Gesetzgebung hat einen empfindlichen Mangel an praxisorientierter Theorie offengelegt.

Die Rechtsdisziplin hat sich nach den großen Kodifikationen dieses Jahrhunderts hauptsächlich als Rechtsanwendungslehre verstanden. Ihre Leistungen liegen vornehmlich in der Rechtsdogmatik und in der theoretischen Offenlegung der komplizierten Prozesse der Rechtsanwendung. Hilfe war daher eher von der Rechtstheorie zu erwarten. Einen Schwerpunkt ihrer Arbeit bilden immerhin normtheoretische Fragen. Im Vordergrund stehen jedoch – der Entwicklung der Logikwissenschaften folgend – nach wie vor Fragen der logischen Struktur von Rechtssätzen und Satzsystemen; Fragen der Präzisierung der Rechtssprache, der Vollständigkeit und Widerspruchsfreiheit von Kodifikaten sind beherrschende Themen. Solche Fragestellungen haben durch den Bedarf an ADV-gerechten, kalkülisierten Sprachsystemen sicher an praktischer Bedeutung gewonnen. Sie behandeln jedoch nur einen Teilaspekt der Gesetzgebung – und wie es nach den praktischen Anforderungen scheint, nicht den wichtigsten. Einen breiteren Ansatz bieten entscheidungstheoretische und semiotische Forschungen. Sie sind allerdings den mit der Vorbereitung von Entscheidungen befaßten Personen, einem überwiegend juristisch vorgebildeten Publikum, weniger vertraut. Es fehlt allerdings nicht an Versuchen, stärker praxisorientierte Verfahren, sogenannte Praxistests für Gesetze, zu entwickeln[4]. Sie teilen mit der Praxis das Schicksal, weitgehend einer theoretischen Fundierung zu entraten.

V.

Um die Spannung zwischen dem Problembefund einerseits und dem Handlungsdruck andererseits aufzulösen, versucht die Praxis Prüfungskataloge für die Vorarbeiten an Gesetzen aufzustellen. Diese Kataloge können an die schon länger andauernden Bemühungen anknüpfen, die Effizienz von Vorschriften und ihre praktische Durchführbarkeit vor allem durch die Aufnahme von Planungselementen und Prüflisten zu steigern[5].

Die bisher erarbeiteten oder eingeführten Prüflisten verzichten auf eine Einbindung von gesetzlichen Kodifikaten und Programmen in eine übergreifende Gesetzes- und Aufgabenplanung. An die Einführung von anspruchsvolleren Planungsmodellen haben sich bekanntlich hohe Erwartungen gerichtet. Sie sind nach manchen Enttäuschungen einer verbreiteten Skepsis, wenn nicht gar einer ablehnenden Haltung gewichen. Sie machen das mühsame Geschäft, in einer hocharbeitsteiligen Administration die Grundlinien der Regierungspolitik zur Geltung zu bringen, nicht gerade einfacher. Denn es kann Planungselemente, die der Koordination von Entscheidungsprozessen mit mittel- und langfristigen Präferenzen dienen, wohl schwer entbehren.

Der Rückzug auf Kriterienkataloge kommt den Evaluationskonzeptionen in den Sozialwissenschaften entgegen. Gemeinsam ist ihnen eine Art punktatorischer Methodik, die sich in der schwierigen Lage sieht, auf komplexe Sachverhalte einfach handhabbare, operable Prüf- und Bewertungsmaßstäbe anzuwenden. Der Verzicht auf globale Konzeptionen zugunsten einer am Einzelfall orientierten Detailstrategie hat wohl praktische Vorzüge. Es besteht allerdings die Gefahr, daß man im Bemühen, gleichsam im direkten Zugriff die Praxis zu korrigieren, diese Praxis verfehlt. In solchen Katalogen wird z. B. gefordert, Rechtsvorschriften daraufhin zu überprüfen, ob sie notwendig sind, einfacher und bürgerfreundlicher geregelt werden können, ob der jeweilige Bestimmtheits- oder Detaillierungsgrad angemessen ist, oder ob die Regelung eine hinreichende Flexibilität aufweist. Diese wenigen Beispiele machen bereits deutlich, daß es sich bei den Prüfkriterien eher um heuristische Hinweise als um anwendungsfähige Entscheidungsmaßstäbe handelt. Sie greifen weitgehend Symptome auf, die eine bevorzugte Rolle in der verbreiteten Kritik an der Gesetzgebung spielen. Man sollte den Nutzen derartiger „Symptombehandlungen" sicher nicht unterschätzen. Die Behandlungsanweisungen machen auf mögliche Fehlentwicklungen aufmerksam und stärken die Bereitschaft, den eingefahrenen Routinebetrieb mit kritischen Faktoren anzureichern. Sie sind um so höher einzuschätzen, wenn, wie im vorliegenden Fall, die analytische Kapazität und der Entscheidungsdruck, verstärkt durch ein öffentliches Meinungsklima, in einem offensichtlichen Mißverhältnis stehen. Die Prüfungspraxis verspricht aber nur einen dauerhaften Erfolg, wenn es gelingt, dieses Mißverhältnis abzubauen. Dazu ist es notwendig, auch nach Bedingungen und Faktoren zu fragen, die für die Entwicklung der Gesetzgebung, die heute als beklagenswert empfunden wird, bestimmend sind.

Eine unübersehbare Tatsache ist, daß die Zahl der Gesetze und sonstigen Rechtsvorschriften und Verwaltungsregeln stark zugenommen hat[6]. Es ist auch nicht von der Hand zu weisen, daß die Vielzahl von staatlichen Vorschriften, die sich häufig auch noch rasch ändern, zu Schwierigkeiten in der Rechtspraxis, vor allem im Verwaltungsvollzug und in der sonstigen Gesetzesanwendung geführt haben.

Aufschlußreicher wäre es, wenn wir mehr über die Ursachen für diese Entwicklung wüßten. Aber hier sind wir noch weitgehend auf Vermutungen angewiesen. Es fehlt allerdings nicht an Bemühungen, die mögliche Erklärungen anzubieten versuchen. Bevorzugte Argumente sind z. B. Hinweise auf die zunehmende Komplizierung der Lebensverhältnisse, die gestiegenen Leistungserwartungen an den Staat und auf die konkurrierenden Leistungsversprechen der Parteien, die Ausweitung des Gesetzesvorbehalts durch Lehre und Rechtsprechung, das Bestreben nach lückenlosem Gerichtsschutz und schließlich auf einen unkontrollierten Hang zur Perfektionierung staatlicher Regelungen. Diese wenigen Beispiele zeigen bereits die Schwierigkeiten an, eine plausible Erklärung für die beklagte Entwicklung der staatlichen Rechtsetzung zu geben. Sie verweisen auf unterschiedliche und sehr komplexe Sachverhalte, die über Fragen der bloßen Gesetzestechnik und ihrer Korrekturmöglichkeiten hinausweisen. Sie legen vielmehr einen Zusammenhang zwischen der Struktur der Gesetzgebung und veränderten Bedingungen der Gesellschaft und der politisch-administrativen Organisation des modernen Staates nahe. Wir möchten empfehlen, noch einen Schritt weiterzugehen und nach notwendigen Bedingungen des modernen Staates der parlamentarischen Demokratie zu fragen. Hier versprechen vor allem Fragen ein Gewinn, die mit der Rechtsstaatsproblematik zusammenhängen. Der vorgegebene Rahmen gebietet, sich auf einige Hinweise zu beschränken.

VI.

Der Beginn der modernen Gesetzgebung wird häufig mit den großen kontinentalen Kodifikaten zu Ende des 18. und zu Beginn des 19. Jahrhunderts verknüpft[7]. Die Kodifikationsidee ist jedoch wesentlich älter – sie findet sich im übrigen auch in den Spätzeiten der alteuropäischen Rechtskulturen. Die neuzeitliche Kodifikationsidee ist aufs engste mit der Entwicklung des modernen Verfassungsstaates verbunden. Der demokratische Rechtsstaat speist sich aus vielen ideengeschichtlichen Quellen. Einen herausragenden Rang gewannen aber vor allem die Staats- und Sozialtheorien sowie die Wissenschaftsphilosophie des 17. und 18. Jahrhunderts. Hier vollzog sich ein Umbruch der Orientierungsformen, der bis heute unser Staats- und Gesellschaftsbild maßgeblich mitprägt. Es sei nur an Namen wie Vazquez, Althusius, Descartes, Hobbes, Pufendorf, Locke, Leibniz, Adam Smith, Rousseau, Montesquieu und Kant erinnert. Die ideengeschichtlichen Linien kennzeichnen eine Entwicklung, die das Recht aus den traditionellen Regelungskomplexen wie Religion, Sitte, Moral oder Ethik herauslöst und immer stärker mit der staatlichen Gewalt verbindet. Einen sehr nachhaltigen Einfluß auf die Rechtslehre hat in dieser Frage vor allem die strenge Trennung Kants zwischen Legalität und Moralität ausgeübt. Sie hat weitgehend das liberale Rechtsdenken beherrscht. In der aufgezeigten Entwicklung drückt sich ein Prozeß der Differenzierung der sozialen Regulation aus, der unter kulturkritischen Gesichtspunkten häufig als Säkularisierungsbewegung erörtert wird.

Die Herauslösung des positiven Rechts aus den Bindungen an universelle Handlungsmodelle des neuzeitlichen Naturrechts ist allerdings eine späte Frucht des Gesetzespositivismus des 19. Jahrhunderts. Der erbitterte Streit um die Bedeutung des Naturrechts hat heute viel an Schärfe verloren, nachdem wichtige naturrechtliche Forderungen, wie wir sie in den Menschenrechten vorfinden, Eingang in die dogmatisch herausgehobenen Verfassungsgesetze gefunden haben. Solche an „Grundwerten" orientierte Verfassungstexte deklarieren gleichsam eine Basistheorie des positiven Rechts. Sie bildet eine Schicht von Regeln, die langfristige Vorgaben bereithält und wesentlich die Veränderungsgeschwindigkeit des Rechts einer Gesellschaft bestimmt.

Die Bindung des Rechts an den Freiheit und Wohlfahrt sichernden Staat und umgekehrt begünstigten eine Institutionalisierung der Rechtsetzung. Sie erhielt eine wichtige Unterstützung durch die Gewaltenteilungslehre von Montesquieu. Ihr ging es nicht nur um eine wirksame Kontrolle der staatlichen Herrschaft durch Gewaltenteilung, sondern ebensosehr um eine sichere Institutionalisierung der französischen Gesetzgebung als einer wichtigen Voraussetzung für die Funktionsfähigkeit des Staates. Die Isolierung des Rechts durch die weitgehende Herausnahme aus dem Kontext der sozialen Regulationen fand in der konkurrenzlosen Organisierbarkeit der Rechtsetzung durch staatliche Instanzen die institutionelle Basis.

Die Entwicklung der Rechtsetzung vollzog sich auf dem geschichtlichen Hintergrund fundamentaler sozialer, insbesondere wirtschaftlicher, technischer und politischer Veränderungen. Die Positivität des Rechts erweist sich angesichts der zunehmenden Komplizierung sozialer Verhältnisse und rasch sich ändernder sozialer Bedürfnisse als ein wichtiges Steuerungselement des modernen Staates[8]. Es zeichnet sich durch ein hohes Maß an Flexibilität aus.

Wie steht es aber mit der Isolierung des Rechts? Sie steht in engem Zusammenhang auch mit der neuzeitlichen Entwicklung des Systembegriffs, die ihren Ausgang bei Descartes' auf logische und mathematische Regeln gestützte Methodenlehre nahm. Sie hat bekanntlich nachhaltigen Einfluß auf die Naturrechtskonstruktionen des 17. und 18. Jahrhunderts und auf die sich darauf stützenden großen Kodifikationen und die Pandektistik des 19. Jahrhunderts ausgeübt. Der Systemgedanke wurde zu einem vorherrschenden methodischen Muster für die meisten Fachdisziplinen[9].

Der Systembegriff erschien nicht nur als ein methodisches Ordnungsschema, das hilft, die Massen an neuen Daten zu strukturieren, er gewann auch die Funktion eines bevorzugten Kriteriums der Legitimation des Rechts. Erst ein in sich stimmiges, den Forderungen der Vollständigkeit und Widerspruchsfreiheit genügendes Recht war, indem es einem universellen methodischen Schema entsprach, voll akzeptierbar.

Die Systemgläubigkeit ist vor allem durch die rhetorische (topische) Forschung der modernen Rechtswissenschaft erheblich erschüttert worden. Dies sollte jedoch nicht darüber täuschen, daß sowohl in der Theorie als auch in der Rechtspraxis noch sehr die Auffassung verbreitet ist, die sich das Recht als ein verselbständigtes Gebilde von Rechtsätzen, die meist über besondere Rechtstexte vermittelt werden, vorstellt. Diese Auffassung wird durch ein verbreitetes Erfahrungsschema gestützt, das streng Erfahrungs- und Werturteile, Sein und Sollen, voneinander trennt. Es spielt in der Rechtsdisziplin nach wie vor eine große Rolle. Dies hat zur Folge, daß sie es weitgehend anderen Disziplinen überläßt, das komplizierte Verhältnis von sozialer Wirklichkeit und Recht aufzudecken.

Die „Verselbständigung" des Rechts wurde überdies durch die besonderen Bedingungen in der Organisation der Rechtsetzung begünstigt. Sie liegt im Bereich der Entscheidungsvorbereitung weitgehend in den Händen eines Rechtsstabs, der fachspezifisch an einer ihre Eigenständigkeit betonenden Rechtsdogmatik orientiert ist. Die Herstellung von Gesetzen und Rechtsvorschriften ist zu einem Stück des Routinebetriebs der politisch-administrativen Organisation geworden. Routine verläuft aber nach eingefahrenen Erfahrungs- und Verhaltensmustern.

Die Entwicklung der Gesetzgebung ist in ein Stadium getreten, in der die Rückbindung des Rechts an die soziale Wirklichkeit und die Dynamik ihrer Veränderung zu einem herausragenden Problem geworden ist. Die Gesetzgebung hat eine gewisse Automatik erlangt, die ihre eigene Dynamik entwickelt. Sie erscheint heute weniger als Faktor des sozialen Wandels denn als maßgebliches Instrument der sozialen Steuerung. Diese Entwicklung wird häufig als eine zwangsläufige Reaktion auf den Ausfall sonstiger sozialer Regulationen betrachtet. In gesellschaftskritischer Sicht erscheint sie als eine verfehlte Antwort auf eine schwere Orientierungskrise der Gesellschaft. Diese Kritik macht darauf aufmerksam, daß die staatliche Reglementierung in einem engen Zusammenhang mit den sonstigen sozialen Regulationen gesehen werden sollte. Soziale Wirklichkeit ist nicht nur der Stoff, den das Recht bearbeitet, sie ist selbst ein hochkomplexes, dichtes Gefüge von Regulationen, die von flüchtigen Modezwängen über spezifische Gruppenerwartungen bis zu universellen Orientierungsformen reichen. Die Verselbständigung des Rechts und seine Automatik stehen in der steten Gefahr, die soziale Wirklichkeit und ihre Dynamik zu verfehlen.

Neben der Verselbständigung des Rechts und der Institutionalisierung der Rechtsetzung ist als weiteres Strukturelement die Gewaltenteilung und ihre spezifische Form, die sie bei uns erlangt hat, zu nennen. Hier ist vor allem auf die Ausweitung des Gesetzesvorbehalts auf alle grundsätzlichen und wesentlichen Entscheidungen, die den Einzelnen unmittelbar betreffen, hinzuweisen[10]. Sie hat dazu beigetragen, den Rang der generellen Rechtsetzung durch das Parlament zu stärken. Diese Entwicklung liegt durchaus auf der Linie der kontinentalen Kodifikationsidee, die den Rechtsstaat vornehmlich als Gesetzesstaat begreift.

Sie wird noch dadurch verstärkt, daß die Handhabung eines Gesetzes in der Rechtspraxis als bloßer Gesetzesvollzug oder als bloße Gesetzesanwendung vorgestellt wird. Die Methodenforschung hat inzwischen längst nachgewiesen, daß diese Vorstellung die tatsächlichen Prozesse der Rechtsfindung und Rechtskontrolle erheblich verkürzt. Die Rechtspraxis nimmt bisher nur zögernd davon Kenntnis, daß die Herstellung genereller Rechtssätze und ihre situative Handhabung komplementäre Prozesse einer „vollständigen Rechtsetzung" sind. Das generelle Gesetz schafft einen Bestand frei verfügbarer Regeln. Die jeweilige konkrete Situation stellt aber die Bezüge her, die eine sachgerechte, voll legitimierte Entscheidung erst ermöglichen. Eine Kodifikation, die bei einem komplexen Sachverhalt alle wesentlichen Elemente für eine situationsgerechte Entscheidung vorgeben möchte, überschätzt schon die sprachliche Steuerungsleistung, die ein abstrakter, nach generellen Merkmalen verfaßter Gesetzestext zu erbringen vermag.

VII.

Welche Empfehlungen legen die dargelegten Hinweise zur Problematik der Gesetzgebung des demokratischen Rechtsstaates nahe?

- Um der Gefahr der sozialen Fehlsteuerungen zu begegnen, sollten auch in der Entscheidungspraxis Fragen der sozialen Dynamik stärker ins Blickfeld rücken. Eine Stütze kann die Konzeption bieten, welche die soziale Dynamik als eine Resultante zwischen Tendenzen der Erhaltung und Veränderung sozialer Strukturen deutet[11]. Konservativität und Progessivität erscheinen danach als komplementäre Spielarten der politischen Auseinandersetzungen um sach- und zeitgerechte Lösungen sozialer Probleme.
- Der demokratische Diskurs stützt sich auf unverletzliche Entscheidungsregeln, er verzichtet aber auf deterministische Doktrinen, die allgemeingültige Kriterien des sozialen Fortschritts bereithalten. Der demokratische Diskurs zielt nicht nur auf Mehrheitsentscheidungen, er sucht auch den Prozeß der allgemeinen Meinungs-

und Überzeugungsbildung. Das Meinungsgefüge einer Gesellschaft kennt kurzfristig veränderbare Meinungskonstellationen, aber auch Gesamtorientierungen, die nur schwer veränderbar sind. Der demokratische Gesetzgeber nimmt darauf Bedacht. Er überläßt daher die Entscheidung über fundamentale Veränderungen nicht Zufallsmehrheiten. Er überläßt es aber auch nicht allein der Verfassungsrechtsprechung, Ausmaß und Geschwindigkeit sozialer Veränderungen zu bestimmen. Denn für eine Gerichtsbarkeit, die sich stets dem Verdacht der Kompetenzüberschreitung ausgesetzt sieht, ist es in hochkontroversen Fragen über fundamentale soziale Veränderungen äußerst schwierig, die notwendige Legitimation zu beschaffen.

- Die Gesetzgebung begreift sich nicht primär als ein Instrument der kurzfristigen Machtbehauptungen oder Machtgewinnung, das auf alle Meinungsschwankungen reagiert. Sie unterzieht sich der Anstrengung, längerfristigen Tendenzen der Gesellschaft nachzugehen und absehbare krisenhafte Entwicklungen abzuwenden oder ihre Auswirkungen zu mildern.
- Die Gesetzgebung beschränkt sich auf grundsätzliche und wesentliche Entscheidungen. Sie konzentriert sich möglichst auf Schwerpunkte (Topoi) und vertraut auf die praktische Vernunft der übrigen am Rechtsfindungsprozeß beteiligten Instanzen. Der Anspruch auf Vollständigkeit und Widerspruchsfreiheit eines Kodifikats ist primär ein pragmatisches und nicht ein logisches Prinzip. Seine Maßstäbe werden in erster Linie aus dem Blickwinkel der Situation der Normadressaten gewonnen.
- Die Gesetzgebung bildet im Prozeß der Rechtsetzung nur eine kompetente Teilgewalt – alle drei Teilgewalten zusammen tragen auf ihre spezifische Weise zur Rechtsetzung im demokratischen Rechtsstaat bei. Die Gesetzgebung verzichtet auf die Neigung, die Reglementierung der Administration zu ersetzen oder gar zu überbieten. Für alle drei Teilgewalten gilt das Gebot der Selbstbeschränkung als fundamentales Prinzip der politischen Kultur.
- Die Gesetzgebung kennt ihre ausgezeichnete Funktion als Organ der sozialen Steuerung. Sie kennt aber auch die desorientierende Wirkung, die sich aus der Eigendynamik organisierter Entscheidungsprozesse ergeben können. Rechtliche Regelungen können normativ strukturierte soziale Bezüge stützen und fördern, sie können sie aber auch empfindlich stören. Rechtliche Regelungen sind wichtig; sie bilden aber nur eine Teilklasse der sozialen Regulationen, die das Handlungsgefüge einer Gesellschaft konstitutionieren. Will man die Risiken organisierter Steuerungsmechanismen mindern, so empfiehlt es sich, das Prinzip gleichsam der „legislatorischen Subsidiarität" einzuführen.
- An gesetzliche Regelungen mit höheren sozialen Risiken sind höhere methodische Anforderungen zu stellen. Längerfristige gesetzliche Festlegungen müssen prinzipiell revidierbar bleiben.

Die vorstehenden Empfehlungen legen ein Rechtsverständnis nahe, das einige andere Akzente als die traditionelle Kodifikationsidee, die noch weitgehend die Struktur der organisierten Rechtsetzung bestimmt, setzt. Sie gehen davon aus, daß die Gesetzgebung einen kritischen Punkt erreicht hat, der durchaus die Chance für eine Korrektur einiger Grundlinien unserer Rechtskultur bietet. Solche Veränderungen sind allerdings nicht kurzfristig zu erreichen. Sie werden erleichtert, wenn es gelingt, geeignete institutionelle Voraussetzungen zu schaffen.

Die meisten Empfehlungen laufen darauf hinaus, die sozialen Implikationen des Rechts und ihre Verflechtung mit operativen Prozessen stärker zu vergegenwärtigen, das heißt, sie erfordern ein höheres Maß an analytischer Kapazität. „Einfachere“ Gesetze sind eben nicht einfacher, sondern schwieriger zu erarbeiten. Hier sind Praxis und Theorie gleichermaßen gefordert. Die Bemühungen der Praxis, mit Hilfe von Prüfkatalogen in den Routinebetrieb stärkere Begründungszwänge einzubauen, sind ein ermutigender Anfang. Der Vorschlag, ein besonderes Amt für Gesetzgebung und Kontrolle der Gesetzeswirkung zu schaffen, erscheint aber weniger erfolgversprechend. Rechtsfragen sind auch Machtfragen; sie lassen sich in einer demokratischen Ordnung nur beschränkt delegieren. Auch würde einem solchen Amt, das nicht den gleichen Handlungszwängen wie die entscheidenden Instanzen ausgesetzt wäre, der erforderliche Praxisbezug fehlen. Angesichts des hohen Anteils, den administrative Entscheidungsvorbereitungen häufig an gesetzgeberischen Entscheidungsprozessen haben, versprechen die Bemühungen, Gesetzgebungsfragen verstärkt in die Aus- und Fortbildung einzubeziehen, zumindest längerfristig einen Gewinn.

Unter dem Blickwinkel der Gesetzgebungsproblematik gewinnen die Vorschläge eine besondere Bedeutung, die auf eine effektivere parlamentarische Entscheidungspraxis zielen und die auch eine stärkere Verlagerung der Beratungen in die Parlamentsausschüsse empfehlen. In der Enquête-Kommission Verfassungsreform hat sich vor allem Friedrich Schäfer mit Nachdruck, ja mit leidenschaftlicher Beharrlichkeit für solche Empfehlungen eingesetzt. Hier sprach der erfahrene Parlamentarier, dem es darum ging, Bedingungen zu schaffen, die eine vertiefte öffentliche Sachdebatte ermöglichen[12]. Diese Empfehlungen gehen von der Erfahrung aus, daß der verführerische Reiz des Plenums, rituelle Schaukämpfe auszutragen, oder in einem fast leeren Haus die Debatte einigen wenigen Sachverständigen der einzelnen Fraktionen zu überlassen, wenig geeignet sind, zur Lösung sozialer Probleme in einem demokratischen Rechtsstaat beizutragen. In einer gesellschaftlichen Situation, in der wichtige soziale Orientierungen durch regelgeleitete Verfahren zustande kommen, prägen die Bedingungen solcher Verfahren wesentlich unsere Rechtskultur.

Anmerkungen

1 Regierbarkeit, Bd. I, Wilhelm Hennis (Hrsg.), 1977; Zur Regierbarkeit der parlamentarischen Demokratie, Ein Cappenberger Gespräch, 1979.

2 Vgl. dazu Walther Hug, Gesetzesflut und Rechtsetzungslehre, in: Gesetzgebungstheorie, Juristische Logik, Zivil- und Prozeßrecht, Ulrich Klug (Hrsg.), 1978, S. 3 ff.; Georg Berner, Inflation im Recht, in: Bayerische Verwaltungsblätter, 1978, S. 617 ff.; Klaus Stern, Von den Bedingungen der Freiheit, in: FAZ vom 8.12.1975; Hermann Maassen, Die Freiheit des Bürgers in einer Zeit ausufernder Gesetzgebung, in: NJW 1979, S. 1473 ff.

3 Beschlüsse der Regierungschefs von Bund und Ländern vom 30.9.1977 und 4.11.1977.

4 Carl Böhret/Werner Hugger, Praxistest eines Gesetzentwurfs, in: Verwaltungsreformen und Politische Wissenschaft, Carl Böhret (Hrsg.), S. 185–210.

5 Vgl. zur Kontrolle mit Hilfe von Prüflisten z. B. den vom Hamburger Senatsamt für den Verwaltungsdienst herausgegebenen „Leitfaden für Praxis und Ausbildung", 2. Aufl., 1975.

6 S. dazu Klaus Lange, Eindämmung der „Vorschriftenflut" im Verwaltungsrecht, in: DVBl. 1979, S. 533 ff.

7 Vgl. Walter Hug, a.a.O., S. 3; S. zur historischen Entwicklung Wilhelm Ebel, Geschichte der Gesetzgebung in Deutschland, 1958.

8 Niklas Luhmann, Rechtssoziologie Bd. 2, 1972, S. 207 ff.

9 Vgl. Waldemar Schreckenberger, Rhetorische Semiotik, Analyse von Texten des Grundgesetzes und von rhetorischen Grundstrukturen der Argumentation des Bundesverfassungsgerichts, 1978, S. 293 ff., 394 ff.

10 S. BVerfG in: DÖV 1979, S. 49, 50 f.; vgl. Christian Starck, Staatliche Schulhoheit, Pädagogische Freiheit und Elternrecht, in DÖV 1979, S. 269, 270–272.

11 S. dazu Hans Ryffel, Rechtssoziologie, 1974, S. 159 ff.; Waldemar Schreckenberger, Sozialer Wandel als Problem der Gesetzgebung, in: Verwaltungsarchiv 1977, S. 28–44, 29 f.

12 Zur Sache 3/78, Beratungen und Empfehlungen zur Verfassungsreform (I), S. 173 ff.; Friedrich Schäfer, Der Bundestag, 3. Aufl., 1975, insbes. S. 226 ff.

II. Gestaltung und Kontrolle – Die Verantwortung des Parlaments

Notwendigkeit und Formen einer parlamentarischen Planungsbegleitung

Von *Annemarie Renger*, MdB,
Vizepräsidentin des Deutschen Bundestages, Bonn

In einer der ernsthaftesten Analysen zur Zukunft der deutschen Demokratie, in der Studie „Grundwerte in einer gefährdeten Welt", die die Grundwerte-Kommission beim SPD-Parteivorstand im Herbst 1977 vorgelegt hat, kommt das Parlament nicht vor. Es findet keinen Platz in den Strategien, die den Diagnosen und den Alpträumen von einer verwalteten Welt mit ihren technisch-industriellen Zwängen und der drohenden Entrechtung des Bürgers entgegengesetzt werden. Für die Grundwerte-Kommission scheint das Parlament, das nach Geschichte und Selbstverständnis der Hort der bürgerlichen Freiheit ist, in dieser Funktion abgedankt zu haben.

Sei es absichtliches Unterlassen, sei es fahrlässiges Vergessen, die Einschätzung der Grundwerte-Kommission findet eine breite Entsprechung in den kritischen Anmerkungen, die die Öffentlichkeit gegenüber der parlamentarischen Arbeit übt. Zu sehr erscheint sie eingebunden in die Verfahrensweise der Regierung und der Exekutivbehörden, überbeschäftigt und überfrachtet mit der Prüfung und Nachvollziehung von Gesetzen und Gesetzesfortschreibungen, bürokratisch reagierend und nicht genügend agierend in den politischen Fragestellungen, die die Bevölkerung bewegen.

Eine der Ursachen hierfür liegt in der Eigenart der Gesetzgebung selbst begründet, die dem Parlament als wesentliche Entscheidungskompetenz vom Grundgesetz zugeordnet worden ist. Gesetze sind ihrer Definition nach abstrakt und auf Dauer angelegt. Sie eignen sich deshalb nicht, die Wandlungen der öffentlichen Meinung oder die kontinuierlichen sachlichen Änderungen, denen eine Regelungsmaterie unterliegt, nachzuvollziehen. Besonders fühlbar wird diese Eigenschaft bei der Entwicklung von Großtechnologien, die sich in nicht überschaubaren Zeiträumen vollziehen, in ihren endgültigen Resultaten offen sind und dabei besondere Auswirkungen auf die Grundrechte des Lebens und der Freiheit haben können.

Auf diese Weise konnte der Eindruck entstehen, als beteilige sich das Parlament nur unzulänglich an der Diskussion um den Ausbau der besonders sicherheitsempfindlichen Kernenergie und speziell der Technologie des Schnellen Brüters, mit dem der Einstieg in die sogenannte Plutoniumwirtschaft beginnen soll. Ein grelles Licht auf diesen Sachverhalt warf der Vorlagebeschluß des Oberverwaltungsgerichts Münster, der inmitten eines Gerangels zwischen Bürgerinitiativen, Genehmigungsbehörden und Gerichten den Gesetzgeber durch das Bundesverfassungsgericht zu einer neuen gesetzlichen Leitentscheidung zwingen wollte. Das Bundesverfassungsgericht hat dem Parlament bescheinigt, daß es diese Leitentscheidung durch das Atomgesetz 1959 getroffen habe, daß es seitdem durch ein umfassendes und ineinandergreifendes Gefüge von Normen eine lückenlose hoheitliche Kontrolle und Überwachung aller Verhaltensweisen und Anlagen zur friedlichen Nutzung der Kernenergie gewährleistet habe, und daß es die Genehmigung von Kernkraftwerken und Schnellen Brutreaktoren an unbestimmte Rechtsbegriffe knüpfen durfte, nach denen die Schadensvorsorge gemäß „dem Stand von Wissenschaft und Technik" zu treffen sei. Ein „Nachfassen" des Parlaments sei also weder wegen Fehlens einer Leitentscheidung noch wegen mangelnder Bestimmtheit des Gesetzes erforderlich. Gerade weil der Gesetzgeber sich auf die abstrakten und dauerhaften Leitentscheidungen für Kernenergie und Brütertechnologie konzentriert und es der Exekutive überlassen habe, den jeweils letzten Stand von Wissenschaft und Technik im Genehmigungsverfahren festzustellen, gewährleiste er den höchstmöglichen dynamischen Grundrechtsschutz. Denn in Gesetzesform lasse sich dieser Stand bei der rasanten Entwicklung nicht jeweils optimal festschreiben.

Das Parlament als Gesetzgeber ist durch diese Entscheidung des Bundesverfassungsgerichts, wenn man so will, vor der Öffentlichkeit rehabilitiert. Dennoch hat das Oberverwaltungsgericht Münster, obwohl der von ihm gewiesene Weg der Gesetzesnovellierung falsch war, ein richtiges Empfinden geäußert, als es den Bundestag aufrief, er müsse nun sprechen. Nach der Grundsatzentscheidung für die friedliche Nutzung der Kernenergie unter höchstmöglichem Schutz der Bürger durch das Atomgesetz 1959 hat das Parlament den eminenten politischen Legitimationsverschleiß dieses Gesetzes in den siebziger Jahren kaum zur Kenntnis genommen und sich, zumindest was die außerhalb der zuständigen Ausschüsse geleistete öffentliche Arbeit angeht, im wesentlichen beobachtend verhalten. So hat es sich darauf beschränkt, durch die Haushaltsgesetze die erforderlichen Mittel zu bewilligen und zum Beispiel während der Ölkrise im November 1973 in zwei Tagen das Energiesicherungsgesetz zu verabschieden, damit aber wiederum nur der Exekutive die Plattform zum Handeln geschaffen. Es hat seit dem „Energiepolitischen Programm" der Bundesregierung 1973 etliche Berichte über die Fortschreibung der Energiepolitik und der damit zusammenhängenden Fragen wie der Entsorgung entgegengenommen, die aber mehr der Rechenschaft der Regierung vor sich selbst dienten, als daß sie zu einer politisch aktiven Kontrolle durch das Parlament – einige Experten vielleicht ausgenommen – geführt hätten. Einer breiten Öffentlichkeit jedenfalls ist seine Beteiligung oder gar seine Einflußnahme auf die in den Programmen der Bundesregierung vorgenommene Prioritätensetzung nicht deutlich geworden.

Nicht das Parlament, sondern die Parteien von SPD und FDP, die sich für veränderte Einstellungen in der Bevölkerung als sensibler erwiesen und sie in ihren

Parteitagsbeschlüssen beachtet haben, bewirkten hier nachhaltige Veränderungen. Während im Programm von 1973 der schnelle Ausbau der Kernenergie einschließlich des Schnellen Brutreaktors höchste Dringlichkeit hatte und die Steinkohle als Energieträger angesehen wurde, auf den trotz seiner hohen Kosten nicht verzichtet werden konnte, hat sich in der Zweiten Fortschreibung des Energieprogramms von 1977 diese Gewichtung umgekehrt. Jetzt steht die sparsame Energieverwendung obenan, die deutsche Stein- und Braunkohle soll vorrangig genutzt werden und die Kernenergie nur, soweit sie unverzichtbar und die Entsorgung hinreichend gesichert ist. Für neue kerntechnische Entwicklungen, wie den Schnellen Brüter, wird lediglich die Option offengehalten. Diese Entwicklungen, die die Lebensfragen unserer Volkswirtschaft betreffen, sind bis 1977 im Plenum des Parlaments nicht ausreichend debattiert worden.

Sehr spät erst hat der Bundestag erkannt, daß es für die anstehenden neuen Weichenstellungen in der Energiepolitik, vor allem der Entsorgungsfrage, dem Weiterbau des Schnellen Brüters in Kalkar mit den realen oder irrealen Schreckensvisionen der Plutoniumwirtschaft sowie der Entwicklung alternativer Technologien, seiner richtungsweisenden Entscheidung bedarf. Um in eine handelnde und gestaltende Position zu gelangen, die über die Kenntnisnahme von Berichten der Bundesregierung oder die in ihren konkreten Wirkungen unbestimmten Debatten hinausreicht, bedurfte es einer Verfahrensweise, die in Wahrnehmung der politischen Kontrollrechte dem Bundestag eine bestimmende Einflußnahme gibt, die sich weder in der dafür ungeeigneten Form der Gesetzgebung vollzieht, noch in die Organisationsgewalt der Regierung eingreift noch Einzelentscheidungen enthält, die der Verwaltung vorbehalten sind.

Die Enquete-Kommission Verfassungsreform, deren Vorsitzender Fritz Schäfer sich des Parlaments als Institution politischer Entscheidungsbildung besonders angenommen hat, stellt die Notwendigkeit einer derartigen Planungsbegleitung durch das Parlament fest und führt in ihrem Schlußbericht vom 9. Dezember 1976 aus:

„Planung beschränkt sich nicht mehr auf die Vorbereitung der politischen Entscheidungen. Sie trägt vielmehr den Charakter einer ‚Vorverfügung' über Entscheidungen des Parlaments im Bereich der Gesetzgebung und des Budgetrechts. Es erscheint daher gerechtfertigt und geboten, das Parlament über das bestehende Recht auf Information und nachträgliche Kontrolle hinaus an den Planungsentscheidungen zu beteiligen, um einem drohenden Funktionsverlust des Parlaments entgegenzuwirken. Aus diesen Gründen legte die Kommission von Anfang an auf die verfassungsmäßige Verankerung der Parlamentsbeteiligung großen Wert. ... So darf das Parlament weder „Herr der Planung" noch bloßer „Notar" von Regierungsplanungen sein: ... das würde die Pflicht der Regierung zur Planungsinitiative in Frage stellen; das andere würde der Regierung ein unerwünschtes Übergewicht über das Parlament geben ...".

In der Energiedebatte des Deutschen Bundestages im Dezember 1978 zur Zweiten Fortschreibung des Energieprogramms der Bundesregierung, zum Schnellen Brüter bei Kalkar und zur Enquete-Kommission „Zukünftige Kernenergiepolitik" sind Beschlüsse gefaßt worden, die sich als eine parlamentarische Planungsbegleitung darstellen. Der Bundestag selbst definiert seine Aufgabe in der Energiepolitik als „Begleitung" des Programms der Regierung und seiner Fortschreibung. Er macht bestimmte Vorgaben für die Durchführung des Konzepts, u.a. Umweltschutz, Energieeinsparung, Auflockerung des Zusammenhangs zwischen Wirtschaftswachstum und Energieverbrauch, Beachtung alternativer Technologien. Er fordert die Bundesregierung zur internationalen Zusammenarbeit auf, insbesondere auch im Rahmen der Kohlepolitik der Europäischen Gemeinschaft. Er verlangt von der Regierung, alsbald bestimmte Rechtsverordnungen vorzulegen. Er behält sich ausdrücklich weitere parlamentarische Beiträge bei der Fortentwicklung vor, darunter die parlamentarische Nachprüfung der vertraglichen Sicherstellung der Entsorgung, die parlamentarische Erörterung der Wiederaufbereitung von Kernbrennstoffen sowie eine grundsätzliche Debatte und erneute Entscheidung zum Schnellen Brüter nach ersten Ergebnissen des Prototyps. Er verschafft sich schließlich eine eigene Entscheidungsgrundlage durch Einsetzung der Enquete-Kommission „Zukünftige Kernenergiepolitik".

Dieses Verfahren, das weder die Energiepolitik der Regierung blockiert noch Kompetenzen anderer staatlicher Instanzen – z.B. die Bundesaufsicht über das Genehmigungsverfahren in den Ländern, die Auswahl von Standorten für Kernkraftwerke, die Richtliniensetzung über bestimmte Mindestanforderungen naturwissenschaftlich-technischer Art – in Anspruch nimmt, sichert dennoch die künftige Mitwirkung des Parlaments an den wesentlichen Schaltstellen der Entwicklung der Kernenergie und liegt gleichsam zwischen der „normalen" Gesetzgebungstätigkeit einerseits und der „bloßen" Debatte andererseits.

In der Aussprache des Bundestages sind diese Formen der Planungsbegleitung durchaus kontrovers diskutiert worden. Merkwürdig ist, daß die Opposition, der an der Ausschöpfung der Rechte des Parlaments der Natur der Sache nach besonders gelegen sein muß, sich widersetzte. Nach der Entscheidung des Bundesverfassungsgerichts, daß eine Neufassung oder Änderung des Atomgesetzes für den Weiterbau des Schnellen Brüters von der Verfassung her nicht gefordert werde, bestehe für den Bundestag kein Anlaß mehr, einen Beschluß zu fassen, erklärten ihre Sprecher. Es sei allein Sache der Bundesregierung bzw. des zuständigen Ministers, im Rahmen der Bundesauftragsverwaltung die Genehmigungsbehörden des Landes Nordrhein-Westfalen anzuweisen. Das Parlament werde als Vehikel mißbraucht, um unausgetragene Parteiauseinandersetzungen in SPD und FDP zu kaschieren. Im Interesse einer konsequenten Kernenergiepolitik sei es geboten zu handeln.

Diese Argumentation läßt sich nicht allein mit dem Versuch erklären, die Regierung wegen angeblicher Entscheidungsunfähigkeit anzuprangern. Darin steckt auch ein grundsätzlicher, wenn man so will, konservativer Vorbehalt gegen die Planungsbegleitung, die das Parlament im Dreieck zwischen der Exekutive und der Bevölkerung stärkt. Die Haltung des Parlaments ist, vor allem dann, wenn Planungen sich über mehrere Wahlperioden erstrecken, sehr viel weniger berechenbar als die auf Kontinuität angelegte Arbeit der Exekutive. Sie wird zusätzlich ungewiß, weil die Planungsbegleitung den Dialog zwischen Bürger und Parlament verbessern soll und damit der öffentlichen Meinung, die schwer vorhersehbaren Schwankungen unterliegt, größeren Einfluß auf die Willensbildung des Parlaments geben wird. Wer von der Politik zuallererst Führung und Entscheidung erwartet, wird die Planungsbegleitung reserviert betrachten.

Wer dagegen die Notwendigkeit in den Vordergrund stellt, daß die Volksvertretung durch öffentliche und kontroverse Diskussion komplexe Probleme für die Bürger durchsichtiger macht und dann in einem möglichst breiten Konsens einer politischen Lösung zuführt, wird die Planungsbegleitung, wie sie für die Kernenergieentwicklung beschlossen wurde, wünschen. Sie ist ein Versuch, der Eigendynamik und den Sachzwängen technisch-wirtschaftlicher Entwicklungen Widerstand entgegenzusetzen, indem man Entscheidungspunkte definiert, technologische Prozesse unter demokratische öffentliche Kontrolle bringt und sich an jedem Entscheidungspunkt Umkehrmöglichkeiten offenhält. Planung braucht nicht zur Erstickung der demokratischen Diskussion zu führen, wenn sich die Volksvertretung durch antreibende, bremsende, korrigierende und bestätigende Mit-Regierung einen entscheidenden Anteil an der politischen Führung bewahrt.

Damit wächst zugleich die Verantwortung des Parlaments. Es ist unerläßlich, daß es in allen Stufen der Planungsbegleitung als Repräsentationsorgan seine Unabhängigkeit und Entscheidungsfähigkeit bewahrt und gebraucht. Die Bereitschaft zum Gespräch und zur Offenheit darf nicht zur opportunistischen Schwäche und zur bedingungslosen Anpassung an Protesthaltungen ausarten. Das Parlament muß Stätte politischer Rationalität bleiben.

Zugleich ist davor zu warnen, daß sich im Bereich der Planungsbegleitung die gleiche Spezialisierung der Politiker vollzieht wie das in der Gesetzgebungsarbeit oft der Fall ist. Das Expertentum führt hier wie dort tendenziell zur Entpolitisierung, weil das Ganze des Gemeinwesens aus den Augen verloren wird. In der Enquete-Kommission „Zukünftige Kernenergiepolitik" hat sich der Bundestag ein eigenes Organ geschaffen, das die Probleme dieser Energie sachlich und neutral in Unabhängigkeit von der Exekutive erarbeitet. Der Erfolg wird davon abhängen, mit welcher Bereitschaft das Parlament in seiner Gesamtheit die Beratungen und die Ergebnisse der Kommission verfolgt und politisch wertet. Leider sind die Untersuchungsmöglichkeiten begrenzt, weil das von der Enquete-Kommision Verfassungsreform vorgeschlagene Gesetz über Enquete-Kommissionen, mit dem die Auskunftsrechte vor allem im Bereich des Privatrechts erweitert werden sollen, nicht zustande kommt.

Die parlamentarische Mitwirkung an der energiepolitischen Planung könnte ein Modell sein, das sich auch auf andere Aufgaben anwenden läßt, die ähnlich langfristig, politisch bedeutsam und in ihren Wirkungen derzeit noch nicht voll abschätzbar sind. Dazu sind in der Debatte Beispiele genannt worden: die pharmazeutische Forschung im Hinblick auf den Schutz der Rechte Dritter, insbesondere des Lebens und der Gesundheit; die Anwendung der Datenverarbeitung im Hinblick auf die Sicherung der Würde und Freiheit des Menschen; die zunehmend brisanter werdenden Probleme von neuen Technologien für militärische Zwecke im Hinblick auf die Erhaltung der internationalen Friedensordnung. Diese Beispiele lassen sich erweitern, etwa auf die raschen technologischen Fortschritte auf dem Gebiete der Elektronik, besonders der sogenannten Mikroprozessoren, deren Einsatz eine Revolutionierung der Daten- und Textverarbeitung mit Auswirkungen auf Arbeitsplätze und Berufsbilder, zusätzlich aber auch auf die Technik, Anwendungsbreite und Organisationsstruktur der elektronischen Kommunikationsmedien, u.a. Fernsehen und Telefon, bewirken kann; oder auf die wissenschaftlichen Fortschritte auf dem Gebiet der Humangenetik, insbesondere der Beeinflussung des Erbgutes, die zunächst medizinische und biologische, dann aber auch gesundheits-, familien- und sozialpolitische Folgen und letztlich Auswirkungen auf Grundlagen unseres Menschenbildes haben könnten.

Bei allen diesen Möglichkeiten stellt sich die Frage, unter welchen Voraussetzungen und wann, also in welchem „Reifegrad" des betreffenden Problems, der Bundestag sich einschalten muß. Die Antwort auf diese Frage hängt grundsätzlich von der Auffassung über die Rolle des Parlaments ab: Soll es mit besonderer Sensibilität die sich ankündigenden Probleme und Entwicklungen selbst zur Sprache bringen und dadurch auch selbst in ihrem Gewicht beeinflussen oder soll es stärker reagierend auf solche Entwicklungen eingehen, die entweder durch die Regierung – etwa im Wege des Gesetzentwurfs – herangetragen oder durch öffentliche Kontroverse entscheidungsbedürftig werden? Im Falle der Energiepolitik hat der Bundestag reagiert und zwar außerordentlich spät. Die von ihm auf diesem Feld beschlossene Planungsbegleitung auf übersehbaren gegliederten Stufen der Entwicklung ist in dieser Form auf die viel unbestimmteren anderen genannten Beispiele, deren Problematik soeben erst bewußt wird, nicht im einzelnen übertragbar. Das hindert den Bundestag aber nicht, sich mit diesen Themen zu befassen, um politische Impulse zu geben. Es gibt zwar keinen allumfassenden Parlamentsvorbehalt im verfassungsrechtlichen, wohl aber im politischen Sinne. Dies haben Sprecher der Koalition in der Energiedebatte hervorgehoben.

Den Planungen zur Kernenergie ist ebenso wie den angeführten weiteren Beispielen für eine parlamentarische Planungsbegleitung gemeinsam, daß sie wegen ihrer Auswirkungen auf die Lebensgrundlagen des Menschen und zugleich wegen ihrer Undurchschaubarkeit ein diffuses Mißbehagen auslösen, das in Politik und Publizistik als Verdrossenheit beschrieben wird. In der Energiedebatte ist auf die merkwürdige Mischung von materiellem Wohlstand und existentieller Angst hingewiesen worden, die unsere Zeit prägt. Will das Parlament seinem Anspruch, das Volk zu repräsentieren, gerecht werden, so wird es, wie in der Kernenergiedebatte geschehen, Formen entwickeln müssen, um diesen zentralen Fragen gerecht zu werden.

Politische Planung zwischen Anspruch und Realität*

Von Prof. Dr. *Fritz W. Scharpf*, Berlin

> *Glendower:* I can call spirits from the vasty deep.
> *Hotspur:* Why, so can I, or so can any man; but will they come when you will call for them?
> Shakespeare, Henry IV, Act III, Scene 1.

1. *Einleitung*

In der politischen Praxis der Bundesrepublik haben die hochgespannten Hoffnungen auf die politische Planung als „die am weitesten fortgeschrittene Problemlösungsstrategie des politischen Systems gegenüber den anstehenden Problemlagen"[1] kaum das Jahrzehnt von der Mitte der 60er bis zur Mitte der 70er Jahre überdauert. Die damalige Planungseuphorie hat inzwischen nicht nur der Skepsis, sondern sogar einem dezidierten Desinteresse an den Möglichkeiten einer umfassenden und längerfristigen Politikplanung Platz gemacht. Ähnlich steht es, wenn ich recht sehe, gegenwärtig in Frankreich[2], Großbritannien[3] und den Vereinigten Staaten[4] – jenen Ländern also, an deren Modellen sich die bundesdeutschen Planungsansätze der späten 60er Jahre vor allem orientiert hatten.

2. *Was ist politische Planung?*

Es ist gewiß kennzeichnend für die planungstheoretische Literatur des letzten Jahrzehnts, daß sie einen gemeinsamen Begriff ihres Gegenstandes nie herausgebildet hat[5]. Rückblickend wird allerdings deutlich, daß die politische Planung von Theorie und Praxis vor allem als Antwort auf drei Probleme verstanden wurde, die nach damals einhelliger Meinung die Qualität und die Wirksamkeit politischer Entscheidungsprozesse beeinträchtigten. Dabei ging es um

* Leicht gekürzte und durch Anmerkungen ergänzte Fassung eines öffentlichen Vortrags an der ETH Zürich, 2.11.1978.

– die mangelnde Rationalität politischer Entscheidungen;

– die mangelnde längerfristige Orientierung politischer Entscheidungen; und

– die mangelnde Koordination oder Steuerung der Entscheidungen separater Akteure.

3. *Das Problem der Rationalität*

stand am Anfang der Planungsdiskussion in den 60er Jahren. Ermutigt durch Erfolge im Bereich der Projektplanung und der betriebswirtschaftlichen Investitionsplanung machten sich zunächst im amerikanischen Verteidigungsministerium[6] und dann in anderen Politikbereichen und in anderen Ländern die professionellen Planer daran, die vermeintliche Irrationalität politischer Entscheidungen durch den Einsatz mikro-ökonomischer Analyse- und Bewertungsverfahren zu korrigieren[7]. Zu ihrem Instrumentarium gehörten die Optimierungstechniken der Operations Research und der Netzplananalyse, die Bewertungsverfahren der Kosten/Nutzen-Analyse und der Kosten/Wirksamkeits-Analyse sowie die umfassender konzipierten Ansätze der Systems Analysis und der Policy Analysis. Ihr organisatorisch-prozeduraler Ausdruck war das *Planing-Programming-Budgeting-System* (PPBS) in den USA[8] und die *Rationalisation des Choix Budgétaires* (RCB) in Frankreich[9]. Im Prinzip laufen sie alle auf den Versuch hinaus, die Konsequenzen unterschiedlicher Entscheidungen in unterschiedlichen Politikbereichen zu erfassen, zu quantifizieren und „objektiv" vergleichbar zu machen, um so die optimale Auswahl unter den verfügbaren Entscheidungsalternativen zu ermöglichen[10]. In dieser Zielsetzung scheitern die Optimierungs-Technologien jedoch an theoretisch unaufhebbaren logischen und an praktisch unaufhebbaren politisch-strukturellen Defekten.

a) Der *logische* Defekt ergibt sich daraus, daß die mikro-ökonomische Rationalisierung politischer Entscheidungen die Möglichkeit eines objektivierten Vergleichs unterschiedlicher Entscheidungskonsequenzen für unterschiedliche Personengruppen voraussetzt. Es gibt jedoch kein Verfahren, in dem der Vergleich zwischen unterschiedlichen Entscheidungsarten (etwa: Erhöhung des Bildungsniveaus oder Verbesserung der Verkehrsverhältnisse) zu unterschiedlichen Zeiten und für unterschiedliche Personengruppen (etwa: Subventionierung der Bergbauern oder Subventionierung der Werftarbeiter) objektiviert werden könnte[11]. Selbst Hilfskonstruktionen, die auf die (zeitdiskontierte) Maximierung des Brutto-Sozial-Produkts setzen, müssen versagen, sobald die postulierte Möglichkeit des finanziellen Lastenausgleichs zwischen Begünstigten und Benachteiligten in Frage gestellt wird. Kurz: Mikro-ökonomische Bewertungsverfahren können wohl die Opportunitätskosten politischer Entscheidung sichtbar machen, aber sie können nicht die politische Abwägung zwischen prinzipiell inkommensurablen qualitativen, zeitlichen und inter-personellen Vor- und Nachteilen ersetzen.

b) Gravierender als die logischen Defizite sind die *politisch-strukturellen* Naivitäten der mikro-ökonomischen Optimierungs-Technologien. Sie setzen alle den (von der normativen Betriebswirtschaftslehre in der Figur des Eigentümer-

Unternehmers postulierten) einheitlichen Entscheider voraus, der seine eigenen Präferenzen widerspruchsfrei ordnen und zur Grundlage aller seiner Entscheidungen machen kann. Die politische Struktur pluralistischer Demokratien, die an Stelle des souveränen, einheitlichen Entscheiders nur die Pluralität von Beteiligten mit unterschiedlichen Machtpotentialen und jeweils eigenen Interessen und Zielsystemen kennt, kann in den Optimierungsmodellen der Mikro-Ökonomie nicht abgebildet werden. Deshalb kann auch der reale politische Prozeß, in dem Entscheidungen das Ergebnis von Kompromissen zwischen einer Vielzahl von Akteuren sind, mit den Ergebnissen „objektivierter" Bewertungsverfahren nur wenig anfangen, und seine Ergebnisse ihrerseits müssen den Planungstechnologen fast immer als unbegründeter Verzicht auf mögliche Rationalität erscheinen[12]. Soweit politische Planung in der Hoffnung propagiert wurde, die (scheinbare) Rationalität objektivierter Entscheidungskalküle für den politischen Prozeß zu nutzen, ist sie in der Praxis an der unvollständigen Reflektion ihrer eigenen Prämissen – wie ich meine: zu Recht – gescheitert.

4. *Längerfristige Orientierung*

Der zweite Anstoß zu politischer Planung leitete sich aus der plausiblen Forderung nach einer längerfristigen Orientierung der Politik ab. Die politische Perspektive von Legislaturperioden oder – unter den knappen Mehrheitsverhältnissen in der Bundesrepublik – sogar von einer Landtagswahl zur anderen erschien in unverantwortlicher Weise kurzsichtig gegenüber langfristig wirksamen Problementwicklungen und den langen Vorlauf- und Ausreifungszeiten wirksamer Problemlösungen[13]. Die geforderte Langfristplanung sollte den Zwang zur Vorausschau institutionalisieren und die Abhängigkeit der Politik von kurzfristigen Kalkülen wenigstens vermindern. Auch hier sind die Hoffnungen auf eine an langfristigen Prognosen orientierte Planung der Politik jedenfalls in der Bundesrepublik weitgehend enttäuscht worden. Der Grund dafür liegt zumindest vordergründig in der Häufung massiver Tendenzänderungen gerade in der Periode zwischen 1965 und 1975, die das anfängliche Vertrauen auf die Möglichkeit längerfristiger Entwicklungsprognosen zerstört hat.

Ein Beispiel dafür ist der sogenannte „Pillenknick" in der Bevölkerungsentwicklung[14], der zu Anfang der 70er Jahre die gerade eben aufgestellten Prognosen der Raumordnung und der Bildungsplanung außer Kraft setzte[15]. Noch mehr Verunsicherung hat die wirtschaftliche Tendenzwende der letzten Jahre ausgelöst, die die staatliche Politik nach Jahrzehnten des kontinuierlichen Wirtschaftswachstums zum ersten Mal wieder mit Problemen anhaltender, hoher Arbeitslosigkeit konfrontierte und zugleich alle vom bisherigen Trend extrapolierenden Prognosen des Energiebedarfs, des Verkehrsaufkommens, der Bautätigkeit und insbesondere der Einnahmen und Ausgaben der Kommunen, des Staates und der Rentenversicherung über den Haufen warf. Seitdem stoßen staatliche Verkehrsplanungen, Energieplanungen oder Finanzplanungen auf allen Seiten auf so viel Skepsis und Mißtrauen, daß ihr Nutzen für die langfristige Orientierung der Politik grundsätzlich in Frage gestellt wird.

Die Häufung von Entwicklungsbrüchen und Tendenzänderungen im letzten Jahrzehnt mag als ein historischer Zufall erscheinen, aus dem allein noch keine grundsätzliche Kritik an der Möglichkeit politischer Langfristplanung abgeleitet werden sollte. Dennoch muß man fragen, ob denn der staatlichen Politik grundsätzlich mit Planungsmodellen gedient sein kann, die von der Prognostizierbarkeit künftiger Entwicklungen ausgehen. Auch die bestgeplante Politik beherrscht ja nur einen geringen Teil jener Faktorenkonstellation, von der wirtschaftliche und gesellschaftliche Entwicklungen in komplexer Wechselwirkung beeinflußt werden, und nichts spricht von vornherein dafür, daß diese komplexe Faktorenkonstellation über längere Zeit hinweg stabil bleiben müßte. Ebenso wenig sind wir auf dem derzeitigen Erkenntnisstand der Wirtschafts- und Sozialwissenschaften aber auch in der Lage, den Zeitpunkt und die Richtung künftiger Tendenzänderungen vorherzusagen. Die Grundbedingung staatlicher Politik ist und bleibt also die Ungewißheit, und man erweist ihr gewiß keinen Dienst mit Planungsmodellen, die diese fundamentale Ungewißheit durch die scheinbare Sicherheit extrapolierender Prognosen ersetzen wollen.

Dies ändert nichts an der langfristigen Wirkung heutiger Entscheidungen weit in die Zukunft hinein und damit an der Notwendigkeit, die heute absehbaren künftigen Wirkungen bei der Entscheidung zu berücksichtigen. Es ändert auch nichts an der Tatsache, daß viele heute wünschenswerten Ziele nur durch langfristig angelegte Strategien erreicht werden können, so daß der Verzicht auf die längerfristige Perspektive dem Verzicht auf die Verfolgung wichtiger Ziele gleichkäme. Fraglich bleibt jedoch, ob Prognose und Langfristplanung im bisher praktizierten Sinne die geeigneten Instrumente der Zielverfolgung sein können.

Wenn die Ungewißheit der Zukunft konstituierende Bedingung der Politik ist, dann ist Zukunftsgestaltung nur mit Instrumenten möglich, die dieser Bedingung Rechnung tragen. Sie müssen also in der Lage sein, auf allfällige Veränderungen der Faktorenkonstellation sensibel und flexibel zu reagieren, ohne doch über der pragmatischen Flexibilität die längerfristigen Folgen und das ferne Ziel aus dem Auge zu verlieren. Für diese Art der Langfristorientierung scheint mir der Begriff der „Strategie“[16] angemessener als der der „Planung“, die – jedenfalls in der Praxis der Bundesrepublik – eher dazu tendiert, die Ziele im Unklaren zu lassen und statt dessen die Details auf der Maßnahmeebene mit viel zu großer Präzision und Starrheit festzuschreiben. Dahinter verbergen sich jedoch Koordinations- und Steuerungsprobleme, auf die ich nunmehr eingehen möchte.

5. *Das Koordinations- und Steuerungsproblem*

Bei aller Widersprüchlichkeit ihres Rationalitätsbegriffs und bei allen Schwierigkeiten der langfristigen Prognose hätte die politische Planung doch nicht so sehr in Mißkredit geraten können, wenn sie nicht vor allem Hoffnungen auf eine „aktive

Politik" durch umfassendere Koordination und wirksamere Steuerung zunächst geweckt und dann enttäuscht hätte. Koordination und Steuerung gewinnen ihren hohen Stellenwert aus der für pluralistische Demokratien, insbesondere wenn sie auch noch föderal organisiert sind, charateristischen Zersplitterung und Verflochtenheit der Einfluß- und Handlungsbereiche der politischen Akteure. Der Bundeskanzler bestimmt die Richtlinien der Politik, aber die Ressortminister führen ihren Geschäftsbereich in eigener Verantwortung[17]. Die Regierungskoalition kann sich auf eine Mehrheit im Bundestag stützen, aber für alle wichtigen Maßnahmen braucht sie die Zustimmung der Oppositionsmehrheit im Bundesrat[18]. Die Länder und Gemeinden erfüllen den überwiegenden Teil öffentlicher Aufgaben in eigener politischer Verantwortung, aber für deren Finanzierung sind sie auf die Steuergesetzgebung und die Finanzzuweisungen des Bundes angewiesen. Bund und Länder sind für den Ausbau und die Finanzierung des Gesundheitswesens zuständig, aber die wirksamen Entscheidungen liegen in der Zuständigkeit autonomer Krankenkassen, Ärzteorganisationen und Krankenhausträger. Inflation und Arbeitslosigkeit sind überall zum Hauptproblem der staatlichen Politik geworden, aber die Entscheidungen über Preise, Löhne und Investitionen liegen nach wie vor bei den Unternehmen, Arbeitgeberverbänden und Gewerkschaften.

Die universelle Diskrepanz zwischen politischer Verantwortung und unmittelbaren Handlungsmöglichkeiten mag von einer konservativen Politik ertragen werden, die ohnehin nur den Gang der wirtschaftlich-gesellschaftlichen Entwicklung nachvollziehen will. Einer auf Veränderung, auf „innere Reformen", gerichteten Politik dagegen mußten die Handlungsschranken einer pluralistischen zersplitterten und zugleich hoch verflochtenen Entscheidungsstruktur zum Ärgernis werden. Wenn politische Planung versprach, die Chancen zielstrebiger Steuerung im pluralistischen Handlungssystem zu verbessern, dann mußten sich in der Tat alle Hoffnungen der Reformpolitik mit ihr verknüpfen. In der Praxis der Bundesrepublik allerdings sind gerade die am weitesten ausgebauten Planungssysteme während des letzten Jahrzehnts eher zum symbolischen Ersatz für wirkungsvolle Steuerung verkommen. Auch in dieser Form des Scheiterns sehe ich eine vom historischen Zufall ablösbare innere Konsequenz der Planungskonzeption.

Erfolgreiche Koordination oder Steuerung (ich will zwischen beiden Einflußformen hier nicht unterscheiden) setzt auf der einen Seite zutreffende *Information* über die Rahmenbedingungen und die Optionen des zu steuernden Verhaltens voraus, auf der anderen Seite *Konsens* zwischen den Beteiligten oder, wo dieser nicht hergestellt werden kann, effektive *Durchsetzungsmacht* der Steuerungsinstanz[19]. Ich beginne mit der zweiten Bedingung.

Durchsetzungsmacht (im Gegensatz zu Verweigerungsmacht) ist im Verhältnis zwischen den politischen Akteuren in der Bundesrepublik eine extrem knappe Ressource. Der Kanzler kann nicht einmal den Ministern der eigenen Partei, geschweige denn denen des Koalitionspartners hierarchische Weisungen erteilen. Im Bundestag können zwar die Koalitionsfraktionen (falls zwischen ihren vielen Flügeln Einigkeit hergestellt werden kann) die Opposition überstimmen, aber spätestens im Vermittlungsausschuß müssen der Bundesratsmehrheit alle jene Kompromisse konzediert werden, die man der Bundestagsminderheit verweigert hatte. In unserer besonderen Form der „Politikverflechtung", den Gemeinschaftsaufgaben zwischen Bund und Ländern und den Finanzhilfen des Bundes an die Länder, braucht der Bund rechtlich oder faktisch die Zustimmung aller Landesregierungen, um den Ländern überhaupt zweckgebundene Finanzzuweisungen zur Verfügung stellen zu dürfen. Die Länder ihrerseits müssen mit ihren Gemeinden und Landkreisen auch deshalb politisch vorsichtig umgehen, weil die Kommunalpolitiker und Landräte in den Parteien und Landtagen die einflußreichste Fraktion bilden. Politische Vorsicht gegenüber „der Wirtschaft" empfiehlt sich insbesondere dann, wenn man in der gegebenen Wirtschaftslage das „Investitionsklima" nicht noch weiter verschlechtern darf, und die nachhaltige Verärgerung der Gewerkschaften verbietet sich schon im Hinblick auf den jeweils bevorstehenden nächsten Wahltermin von selbst. Das gleiche gilt für die Bauern, die Beamten, die Rentner oder die Zahnärzte. Allenfalls die Studenten und die Hochschullehrer stehen ein wenig außerhalb dieses schützenden Kartells der pluralistischen Institutionen und Veto-Gruppen[20].

Innerhalb des Kartells jedenfalls ist Durchsetzungsmacht knapp. Auch wo sie formell verfügbar wäre, setzt man sie ungern ein, weil das Beziehungssystem ja komplex und auf Dauer angelegt ist, und der Preis für den einmaligen Erfolg dann eben in einem anderen Zusammenhang oder bei späterer Gelegenheit bezahlt werden muß. Politiker, Beamte und Verbandsfunktionäre, die diese Spielregeln nicht lernen wollen, bleiben nicht lange im Geschäft. Koordination und Steuerung sind unter solchen Bedingungen grundsätzlich nur mit der Zustimmung oder wenigstens der stillschweigenden Duldung jener Institutionen und Gruppen zu erlangen, deren Verhalten gesteuert werden soll. Diese Grundbedingung der pluralistischen Politik kann auch durch den Übergang zu politischer Planung nicht außer Kraft gesetzt werden.

Daraus folgt eine Konsequenz von entscheidender Bedeutung: *Politische Planung kann nur in dem Maße zu Gunsten einer „aktiven Politik" wirksam werden, wie es ihr gelingt, effektive politische Konsensbildungsprozesse in Gang zu setzen; wo dies nicht gelingt, da bleibt sie auf Themen und Ergebnisse beschränkt, die zwischen den beteiligten Institutionen und Gruppen unkontrovers sind.* Die Enttäuschung über die Ergebnisse der politischen Planung in der Bundesrepublik ist in erster Linie daraus zu erklären, daß diese Gesetzmäßigkeit insbesondere bei den Bund/Länder-Planungen verkannt worden ist[21].

In der einen oder anderen Form erstreckt sich die gemeinsame Planung und Finanzierung durch Bund und Länder inzwischen auf fast alle wichtigen Bereiche der öffentlichen Aufgabenerfüllung: Raumordnung[22], regionale Wirtschaftsstrukturpolitik[23], Agrarstrukturpolitik[24], Stadtsanierung, öffentlicher Personen-Nahverkehr[25], Wohnungsbau[26], Fernstraßen[27] und Forschungsförderung[28], Hochschulbau und Bildungsplanung[29]. In den gemeinsamen Planungsgremien repräsentieren die Bundesregierung und die einzelnen Landesregierungen unterschiedliche institutionelle und ökonomische Interessen und – angesichts unterschiedlicher Koalitionen in Bund und Ländern – auch unterschiedliche parteipolitische Positionen und ideologische Orientierungen[30]. Erhebliche Interessengegensätze und Zielkonflikte zwischen den Partnern müssen also vorausgesetzt werden.

Während aber viele dieser Interessengegensätze und Zielkonflikte letztlich politischer Natur sind, läuft doch der Planungsprozeß selbst – angesichts der Komplexität der Materien vielleicht unvermeidlicherweise – fast ausschließlich auf der bürokratischen Ebene der Fachressorts und der Finanzministerien. Auf dieser Ebene stehen jedoch die institutionellen, ökonomischen und politischen Interessenpositionen jedes einzelnen Beteiligten nicht zur Disposition. Der verhandelnde Beamte darf sich auch durch die überzeugendsten Argumente nicht von der schulpolitischen Konzeption seiner Regierung abbringen lassen, und er muß die Quote seines Landes bei den regionalpolitischen Subventionen des Bundes oder beim Bundesfernstraßenbau auch dann verteidigen, wenn die „objektive" Bedarfslage andere Prioritäten rechtfertigen würde[31]. Da die Interessendefinitionen auf der Verhandlungsebene nicht verändert werden können, sind Kompromisse auch nur dann möglich, wenn die wichtigen Interessenpositionen aller Beteiligten respektiert werden. Daraus lassen sich eine Reihe simpler Entscheidungsregeln ableiten, die in Bund/Länder-Planungen angewandt werden müssen, wenn der erforderliche Konsens überhaupt erreicht werden soll. Zu ihnen gehören[32]:

– Die Maxime der schematischen *Gleichbehandlung* aller Beteiligten, die eine Prioritätensetzung zu Gunsten von Bedarfsschwerpunkten erschwert;

– die Maxime der *Besitzstandswahrung*, die unabweisliche Änderungen der Verteilungsprioritäten nur dann zuläßt, wenn wenigstens in absoluten Zahlen niemand weniger erhält als im Vorjahr;

– die Flucht in den *Optimismus*, wenn Verteilungskonflikte durch zu günstige Schätzungen der Bevölkerungsentwicklung, der Wirtschaftsentwicklung, des Steueraufkommens oder der Rentenversicherungsbeiträge vorerst verschleiert werden; und

– die Flucht in die *Abstraktion*, wenn die allfälligen Zielkonflikte zwischen den Beteiligten ausgeklammert oder durch Leerformeln kaschiert werden müssen, die jedem Beteiligten – jedenfalls in der Darstellung gegenüber seiner Bezugsgruppe – das Festhalten am eigenen Standpunkt erlauben.

Gerade die Flucht in die Abstraktion hat überdies wichtige Konsequenzen für die Qualität der Planung im übrigen. Die Existenz unausgetragener Zielkonflikte verhindert zwar nicht in jedem Falle die Einigung auf der Maßnahmenebene. Ein- und dieselbe Maßnahme kann ja auch aus der Sicht grundsätzlich unterschiedlicher Positionen akzeptabel sein[33]. Aber wenn über die Ziele keine Einigkeit besteht, dann müssen die Beteiligten gleichzeitig auf einer umso präziseren Spezifikation der für alle akzeptablen konkreten Maßnahmen bestehen. Sie können nicht die Interpretation und Konkretisierung der planerischen Leerformeln der jeweiligen Ausführungsinstanz überlassen, wenn sie nicht (wie etwa im Falle der Bundesraumordnung) überhaupt auf effektiv-gemeinsame Entscheidungen verzichten wollen[34].

Der Flucht in die Abstraktion auf der Zielebene entspricht also der *Zwang zum Detail auf der Maßnahmenebene*, der zunächst den unpolitisch-bürokratischen Charakter gemeinsamer Bund/Länder-Planungen noch einmal verstärkt. Zugleich erhalten die Planungen dadurch jedoch eine Rigidität, die die flexible Anpassung an wechselnde Umstände und unerwartete Entwicklungen außerordentlich erschwert. Im Gegensatz zu allen Erfordernissen einer zukunftsorientierten Strategie, die das Ziel und die Richtung festhalten und die Maßnahmen auf der taktischen Ebene den jeweiligen Umständen elastisch anpassen müßte, werden hier bei ungeklärten Zielen die Maßnahmen auf der taktischen Ebene festgeschrieben und können nur durch neue und aufwendige multilaterale Verhandlungen wieder in Frage gestellt und angepaßt werden. Die Schwerfälligkeit so rigider Planungssysteme mag unter stabilen Verhältnissen noch erträglich sein; in den turbulenten Zeiten seit Anfang der 70er Jahre waren sie geradezu zum Mißerfolg programmiert und wurden durch ihre Mißerfolge diskreditiert. Die zunehmende Kritik an der Bund/Länder-Planung aus allen politischen Lagern der Bundesrepublik dokumentiert diesen Sachverhalt[35].

6. *Auswege?*

Wenn die Ausklammerung von Zielkonflikten in die Sackgasse führte, so folgt daraus gewiß noch nicht, daß es bloß der offenen politischen Konfrontation bedurft hätte, um die „aktive Politik" zum Erfolg zu führen. Trotzdem wurde auch die Konfrontationsstrategie in der Bundesrepublik durchexerziert. Das Feld der Auseinandersetzung war die Bildungsplanung[36], bei der der Bund im Verein mit den sozial-liberal geführten Landesregierungen den Versuch unternahm, das unverwässerte Konzept einer progressiven Schulpolitik durch Majorisierung der unionsgeführten Länder durchzusetzen. Der Kraftakt scheiterte, wie vorauszusehen, an den realen Macht- und Mehrheitsverhältnissen. Seitdem sind die bildungspolitischen Fronten so festgefahren, daß auch die auf anderen Gebieten immer möglichen pragmatischen Kompromisse zwischen den Lagern hier kaum mehr erreicht werden können. Der gegenwärtige Stillstand, ja sogar Rückschritt in der Bildungspolitik der Bundesrepublik geht nach meiner Meinung vor allem auf das Konto dieser versuchten und gescheiterten Konfrontationsstrategie.

Heißt das aber, daß politische Planung immer und in jedem Falle ein aussichtsloses Unterfangen sein müßte, solange die realen Machtverhältnisse sich nicht ändern? Ich meine nein. Sie hat ihren Platz überall dort, wo die einflußreichen Gruppen unserer Gesellschaft in ihren Zielen und Interessen im wesentlichen übereinstimmen, und wo die Verhältnisse entweder relativ stabil bleiben oder ihre Veränderung wenig fühlbar ist. Für lange Zeit war die Verkehrsplanung[37] dafür ein Beispiel oder auch die regionale Wirtschaftsstrukturpolitik. Jedoch können – wie besonders deutlich die Energieplanung zeigt – solche anscheinend unpolitischen Planungsfelder oft innerhalb kürzester Zeit politisiert werden und sind dann auch allen beschriebenen Restriktionen des Konsensbildungsprozesses unterworfen. Die Planung ist vom politischen Konsens abhängig; sie kann fehlenden politischen Konsens nicht technokratisch erschleichen.

Allerdings ist politischer Konsens keine Naturgegebenheit. Konsens bildet sich und zerfällt, er kann manipuliert werden, und er kann durch Informations- und Überzeugungsstrategien aufgebaut und zerstört werden. Während jedoch der Spielraum für politische Manipulation in pluralistischen Konkurrenzdemokratien mit offenen Kommunikationssystemen eng begrenzt ist, sind die Spielräume für Informations- und Überzeugungsstrategien noch kaum ausgeschöpft. Nicht alle manifesten Konflikt beruhen auf unvereinbaren Interessen, und viele gemeinsame Interessen werden in der politischen Praxis nicht verfolgt und verwirklicht. Die Begrenzungen der individuellen und organisatorischen Wirklichkeitsperzeption und Problemverarbeitung verhindern in vielen Fällen die Wahrnehmung potentieller Gemeinsamkeiten und die Verfolgung wechselseitig vorteilhafter Strategien.

Hier können Planer Hilfestellung leisten, wenn sie ihre Aufgabe in erster Linie darin sehen, den beteiligten Akteuren Informationen, Situationsdeutungen und Entscheidungsvorschläge anzubieten, die Scheinkonflikte auflösen und die Kompatibilität ihrer Ziele sichtbar machen. Die begrenzten Erfolge der „konzertierten Aktion', zwischen Bundesregierung, Arbeitgebern und Gewerkschaften in der Bundesrepublik waren eben damit zu erklären, daß alle Beteiligten sich von Fall zu Fall über ihre Interpretation der gesamtwirtschaftlichen Situation verständigten, um dann auf dieser Basis (und in Kenntnis der wahrscheinlichen Reaktionen der anderen Partner) jeweils ihre eigenen Strategien so festzulegen, daß das gemeinsame Interesse an Wirtschaftswachstum und Preisstabilität soweit wie möglich gewahrt blieb. Während hier jeder Versuch einer gemeinsamen Detailplanung von Lohntarifen, Preisentscheidungen und staatlicher Geld- und Fiskalpolitik mit Sicherheit hätte scheitern müssen, hat die Konzertierung auf der Informations-Ebene der Bundesrepublik über längere Zeit hinweg eine effektive Koordination der wirtschaftspolitisch relevanten Entscheidungen erlaubt. Ähnliche Mechanismen liegen, so glaube ich, den Erfolgen der schwedischen Arbeitsmarktpolitik und wohl auch der schweizerischen Wirtschaftspolitik zu Grunde.

Ich fasse zusammen: Die Hoffnungen auf eine durch Planung aktivierte Politik sind in der Bundesrepublik weitgehend enttäuscht worden. Die Probleme, die durch Planung gelöst werden sollten, bleiben jedoch bestehen. Ihre Lösung setzt entweder den bereits vorhandenen Konsens aller politisch einflußreichen Institutionen und Gruppen voraus, oder sie erfordert die Ausbildung und Verstärkung effektiver Konsensbildungsmechanismen. Wo sie wirksam sind, können Planungstechniken und Verfahren mit Nutzen eingesetzt werden; wo sie fehlen, wird der Aufbau elaborierter Planungssysteme die Probleme eher verschärfen als mildern. Die Schlüsselrolle kommt also jenen Mechanismen zu, die die Konsensbildung zwischen den politischen Akteuren ermöglichen oder erleichtern können.

Anmerkungen

1 F. Naschold: Zur Politik und Ökonomie von Planungssystemen, in: PVS, 13 (1972) Sonderheft 4, S. 13.

2 M. Giroux: Les développements de la rationalisation des choix budgétaires, in: Bulletin de l'Institut International d'Administration Publique, Heft 28, S. 677 ff.; Cohen: Modern Capitalist Planning: The French Model, Cambridge, Mass. (MIT-Press) 1969.

3 Z. B. J. Marquand: Government Economic Planning in the United Kingdom, in: Long Rang Planning, Vol. 11, December 1978, S. 2 ff.

4 A. Wildavsky: If Planning is Everything, Maybe it's Nothing, in: Policy Sciences, 4 (1973), S. 127 ff.; A. Schick: From Analysis to Evaluation, in: The Annals of the American Academy of Political and Social Science, March 1971, S. 57 ff.

5 Vgl. J. H. Kaiser: Planung I, Baden-Baden 1965 und folgende.

6 E. S. Quade, W. I. Boucher (Eds.): Systems Analysis and Policy Applications in Defense, (American Elsevier) 1968.

7 E. S. Quade: Analysis for Public Decisions, New York (American Elsevier) 1975.

8 D. Novick (Ed.): Program Budgeting: Program Analysis and the Federal Budget, 2. Aufl., Boston, Mass. (Harvard University Press) 1969.

9 Giroux, a.a.O.; Cohen, a.a.O.

10 Zusammenfassend: Heinrich Reinermann: Programmbudgets in Regierung und Verwaltung. Möglichkeiten und Grenzen von Planungs- und Entscheidungssystemen, Baden-Baden 1975.

11 G. Kirsch: Die Cost-Benefit-Analyse. Zur Kritik ihrer theoretischen Grundlagen, in: WISU (Wirtschaftsstudium) 11–12/1972; K. H. Hansmeyer, B. Rürup: Staatswirtschaftliche Planungsinstrumente, 2. Aufl., Tübingen, Düsseldorf 1975.

12 Ch. E. Lindblom: The Intelligence of Democracy. Decision Making through Mutual Adjustment, New York 1965;A. Wildavsky: The Politics of the Budgetary Process, Boston, Mass. (Little Brown) 1974; ders.: Budgeting: A Comparative Theory of Budgetary Process, Boston, Mass. (Little Brown) 1975; F. W. Scharpf: Planung als politischer Prozeß, in: Die Verwaltung 1/1971, S. 1 ff.

13 F. Naschold, D. Seuster, W. Väth, O. Zipfel: Thesen zur mehrjährigen Finanzplanung des Bundes, in: R. Mayntz, F. W. Scharpf (Hrsg.): Die Diskussion um die Reform von Regierung und Verwaltung des Bundes, München 1973, S. 146 ff.; Sozialdemokratische Partei Deutschlands: Orientierungsrahmen 85, siehe Abdruck bei: S. Hergt: Parteiprogramme, Leverkusen, Opladen 1976 (Heggn-Dokumentation Nr. 1).

14 Vgl. z. B. K. Schwarz: Planung unter veränderten Verhältnissen – demographische Aspekte, in: Planung unter veränderten Verhältnissen. Hannover 1976 (Veröff. d. Akad. f. Raumforsch. u. Landesplanung, Forsch.- u. Sitzungsber. 108).

15 Vgl. die Raumordnungsprognose 1990 und die Diskussion ihrer Ergebnisse in: Informationen zur Raumentwicklung 1/2, 1977.

16 Zum Strategiebegriff: H. Mintzberg: The Science of Strategy-making, in: Industrial Management Review 8, S. 71 ff.; ders.: Strategy-making in Three Modes, in: California Management Review, Winter 1973, S. 44 ff. und ders.: The Nature of Managerial Work, New York (Harper & Row) 1973.

17 R. Mayntz, F. W. Scharpf: Policy-Making in the German Federal Bureaucracy, Amsterdam, New York 1975.

18 G. Lehmbruch: Parteienwettbewerb im Bundesstaat, Stuttgart 1976.

19 F. W. Scharpf: Planung als politischer Prozeß, a.a.O.; F. W. Scharpf, B. Reissert, F. Schnabel: Politikverflechtung: Theorie und Empirie des kooperativen Föderalismus in der Bundesrepublik, Kronberg/Ts. 1976. S. 36 ff.

20 F. W. Scharpf: Politischer Immobilismus und ökonomische Krise, Kronberg/Ts. 1977, S. 1–18.

21 Siehe das Postulat der integrierten Aufgabenplanung im Zwischenbericht der Enquête-Kommission, BT-Drs. VI/3829 vom 21.9.1972. Hierzu kritisch: F. W. Scharpf: Politische Probleme eines Planungsverbundes zwischen Bund und Ländern, in: Recht und Politik 1972, S. 102 ff. Generell hierzu: W. Zeh: Föderalismus und öffentliche Planung, in: F. Schäfer (Hrsg.): Schwerpunkte im Kräftefeld von Bund und Ländern. Verfassung und Verfassungswirklichkeit. Jahrbuch 1974, Bd. 9, Köln 1975, S. 57 ff.

22 F. W. Scharpf, F. Schnabel: Steuerungsprobleme der Raumplanung, in: Beiträge der Akademie für Raumforschung und Landesplanung Hannover, Band 27, 1979.

23 F. Schnabel: Institutionelle und prozessuale Muster der Politikverflechtung: Das Beispiel Wirtschaftsförderung, in: Raumforschung und Raumordnung, 34 (1976) Heft 5, S. 181 ff.

24 F. W. Scharpf: Perspektiven für die sachliche und räumliche Schwerpunktbildung in der Agrarstrukturpolitik, in: Informationen zur Raumentwicklung 5/6, 1978, S. 337 ff;. F. Schnabel: Politische Probleme einer koordinierten Agrarstrukturpolitik, in: Innere Kolonisation, 26 (1977) Heft 5, S. 180 ff.

25 Vgl. zur Stadtsanierung und zum öffentlichen Personennahverkehr: F. W. Scharpf, B. Reissert, F. Schnabel: Politikverflechtung, a.a.O., S. 158 ff. und 133 ff.

26 H. Wollmann: Das Städtebauförderungsgesetz als Instrument staatlicher Intervention – wo und für wen?, in: Leviathan 1974, S. 199 ff.

27 D. Garlichs: Grenzen zentralstaatlicher Planung in der Bundesrepublik, in: Leviathan Sonderheft 1/1979 (im Erscheinen), hrsg. von H. Wollmann.

28 K.-H. Bentele: Politikverflechtung III – Kartellbildung in der allgemeinen Forschungsförderung, Kronberg/Ts. 1979.

29 H. Mäding: Infrastrukturplanung im Verkehrs- und Bildungssektor: eine vergleichende Untersuchung zum gesamtstaatlichen Planungsprozeß in der Bundesrepublik Deutschland, Baden-Baden 1978.

30 Lehmbruch, a.a.O.

31 Vgl. das Zitat eines Ländervertreters in:
F. W. Scharpf, B. Reissert, F. Schnabel: Politikverflechtung, a.a.O., S. 119: „Ich muß ganz ehrlich sagen, wenn der Bund den Vorschlag gemacht hätte, wir nehmen die Zahl der Apfelbäume für den Wegebau, und das wäre für mein Land günstig gewesen, ich hätte mich nicht dagegen gewehrt. Ich bin dort als Vertreter meines Landes und nicht als wissenschaftlicher Mitarbeiter. Ich habe mich davon ganz frei gemacht. Ich hätte mich dort jedenfalls deplaziert gefühlt, wenn ich dort hätte rein sachliche Gesichtspunkte vertreten müssen. Entscheidend ist, ich muß für mein Land etwas Besseres herausholen, bzw. möglichst wenig verlieren. Wie gesagt, ich hätte auch die Apfelbäume genommen." Siehe zur Agrarstrukturpolitik Anmerkung 24.

32 F. W. Scharpf, B. Reissert, F. Schnabel: Politikverflechtung, a.a.O., S. 62 ff.

33 Lindblom: Intelligence, a.a.O.

34 W. Väth: Raumordnung und Regionalentwicklung, Frankfurt/Main (im Erscheinen).

35 Hierzu: K.-H. Jantzen: Entwicklung des kooperativen Föderalismus aus kritischer Sicht eines Finanzsenators, in: WSI-Mitteilungen 11/1978; W. Zeh: Musterfall Gemeinschaftsaufgaben. Erscheinungsformen, Willensbildungsmuster und Ursachen der Politikverflechtung, in: Der Bürger im Staat, 29 (1979) Heft 1, S. 15 ff.

36 Mäding, a.a.O.

37 D. Garlichs: Grenzen zentralstaatlicher Infrastrukturpolitik. Bund/Länder-Kooperation in der Fernstraßenplanung. Diss. Konstanz 1979, insbesondere S. 28 ff.

Die Bedeutung des neuen Meeresvölkerrechts für die Bundesrepublik Deutschland

Von Prof. Dr. *Karl Carstens*, Bundespräsident, Bonn

Die Stürme der Veränderung, die die machtpolitischen Verhältnisse auf dem Lande in den letzten Jahrzehnten umgestaltet haben, greifen nunmehr auf die See hinaus. Hier ergeben sich Fragen neuer politischer, wirtschaftlicher und rechtlicher Zuordnungen als Folge der zahlreichen Aufgaben der See für die Menschheit.

Die See ist heute nicht nur Transportweg. Sie ich wichtige Nahrungsquelle und nunmehr auch zukunftsweisendes Rohstoffreservoir. Die See bestimmt und verändert politische Konstellationen. Sie begründet Bündnisse; sie schafft auch Gegnerschaften und Konflikte. Für die weitere Existenz und das Leben der Menschheit ist die See zu einem wichtigen Faktor geworden. Dies liegt vor allem an den neuen technischen Möglichkeiten, die Nahrungsschätze, Energiequellen und Rohstoffe im Meer auszubeuten.

Auf dem Interessenschauplatz See kreuzen sich vielfältige und zum Teil gegenläufige Absichten und Belange. Den geographisch bevorzugten Staaten mit langen Küsten stehen die benachteiligten Binnenstaaten und Staaten mit kurzer Küste gegenüber. Die Verschiedenheit der geographischen Position bedingt entscheidende Unterschiede in der Formulierung der jeweiligen Seeinteressen. Die ersteren haben zum Generalangriff auf die See, ihre Nutzungsmöglichkeiten und ihre Ressourcen angesetzt. Sie wollen aufgrund ihrer günstigeren geographischen Lage Nutzungs-, Ausbeutungs-, Kontroll- und Abwehrrechte auch über ihre Hoheitsgewässer hinaus im Bereich der Hohen See in Anspruch nehmen. Die Verzonung der See und die Begründung küstenstaatlicher Privilegien für die Nutzung und Ausbeutung von Meer und Meeresboden sind die Richtpunkte ihrer seerechtspolitischen Vorstellungen.

Den geographisch benachteiligten Staaten geht es hingegen darum, mit ihren Ansprüchen auf ungehinderte Seefahrt, Fischerei, auf Meeresforschung, Rohstofferschließung und auf die maritimen Aspekte ihrer militärischen Sicherheit nicht vom Interessenschauplatz See verdrängt zu werden. Sie berufen sich hierbei vor allem auf ihre historischen Nutzungsrechte, wie sie sich aus dem Grundsatz der Meeresfreiheit ergeben. Die Neuordnung des Meeresvölkerrechts ist wesentlich von den Auseinandersetzungen um diesen Grundsatz der Meeresfreiheit bestimmt; diese steht im Kreuzfeuer der politischen und rechtlichen Kontroversen. Starke Bestrebungen, die Möglichkeiten der neuartigen Meeresnutzung von dem Gemeingebrauch auszuschließen, sind nicht zu verkennen. Die Modifizierung, wenn nicht gar eine weitgehende Eliminierung dieses grundlegenden Nutzungsprinzips der See durch ihre Aufteilung in große Areale ist der entscheidende Punkt in den Beratungen der

Dritten VN-Seerechtskonferenz. Die seerechtliche Jahrhundertfrage der Küstenmeerbreite mit der hiervon abhängigen, vor allem unter sicherheitspolitischen Aspekten erörterten Meerengenfrage, die Begründung und rechtliche Ausgestaltung einer sich an das Küstenmeer seewärts anschließende küstenstaatlichen Wirtschaftszone, der Umfang des Festlandsockels und das Regime für den Meeresboden jenseits nationaler Jurisdiktion sind die wesentlichen seerechtlichen Fragen, um die der Kampf entbrannt ist.

Der Schauplatz der Auseinandersetzungen um das künftige Meeresvölkerrecht ist die Dritte Seerechtskonferenz der Vereinten Nationen. Nach vorbereitender Tätigkeit des VN-Meeresbodenausschusses von 1967–1973 hat die Konferenz von der Generalversammlung der Vereinten Nationen den Auftrag erhalten, eine konventionsrechtliche Nutzungsordnung für den gesamten Meeresraum zu erarbeiten. Dabei geht es um die weltweite und friedliche Nutzung von Bereichen, deren Spannbreite von außen- und sicherheitspolitischen Fragestellungen über entwicklungs- und handelspolitische Probleme bis zu energie- und rohstoffpolitischen Aspekten reicht. Diese Thematik bedingt, daß die Gruppierungen auf der Konferenz nicht statisch sind, sondern sich themenbedingt verändern. Die Genfer Sitzungsperiode der 8. Session ist im April 1979 zu Ende gegangen; diese Session wird im Juli 1979 in New York fortgesetzt. Mit über 150 teilnehmenden Staaten ist die 3. Seerechtskonferenz der Vereinten Nationen die größte Diplomatenkonferenz aller Zeiten; ihre täglichen Kosten werden auf etwa 1 Million DM veranschlagt. Die Vorläufer dieser Konferenz waren die Genfer Seerechtskonferenzen der Vereinten Nationen von 1958 und 1960, in denen wichtige meeresrechtliche Fragen des Völkergewohnheitsrechts vertragsrechtlich bestätigt und teilweise auch fortentwickelt wurden. Das Ergebnis waren die seerechtlichen Konventionen von 1958 über das Küstenmeer und die Anschlußzone, die Hohe See, die Fischerei und über den Festlandsockel. Nahezu alle damals behandelten Fragen, sei es, daß über sie – wie bei der Hohen See und den Festlandsockel – eine Einigung erzielt werden konnte, sei es, daß – wie bei der Breite des Küstenmeeres – ein Einvernehmen der Staatengemeinschaft nicht hergestellt werden konnte, stehen heute erneut zur Disposition. Dies darf indes nicht darüber hinwegtäuschen, daß die Dritte Seerechtskonferenz nach Ausgangspunkt und Zielsetzung anders angelegt ist: Sie will den Nutzungen der Hohen See und des Meeresbodens, die jetzt und zukünftig aufgrund der technologischen Entwicklung möglich sind, den erforderlichen rechtlichen Rahmen geben. Diese Konferenz ist aus dem Gedanken geboren, daß die vorhandenen Regeln des Meeresvölkerrechts Gefahren und Möglichkeiten dieser modernen Meeresnutzung nicht gerecht werden. Insoweit geht es nicht so sehr um eine Weiterentwicklung des bestehenden Seerechts, sondern um die Kodifizierung umfassender maritimer Nutzungsrechte. Diese Zielrichtung rückt die Seerechtskonferenz in die Nähe der Nord-Süd-Auseinandersetzung, insbesondere im wirtschaftlichen Bereich. Dies gilt vor allem für die Beratungen zum Meeresbergbau im Tiefseeboden jenseits nationaler Jurisdiktion.

Anstoß für die seerechtliche Entwicklung nach dem Zweiten Weltkrieg, die zu diesen Konferenzen führte, war die Schelfproklamation des amerikanischen Präsidenten Truman von 1945, in der die Bodenschätze im amerikanischen Festlandsockel als zu den USA gehörig angesehen wurden. Die Bodenschätze im Kontinentalschelf lösten den küstenstaatlichen Zugriff über das Küstenmeer hinaus in den Bereich der Hohen See aus. Mit den die Entwicklung kennzeichnenden einseitigen nationalen Proklamationen und Deklarationen war die Grundentscheidung für die Regelungsmöglichkeiten für den Festlandsockel zwischen einem auf der Meeresfreiheit beruhenden internationalen maritimen Montanrecht und dem küstenstaatlichen Schelfmonopol weitgehend zugunsten des letzteren gefallen. Der Festlandsockel wurde als geographischer und auch rechtlicher Annex zum staatlichen Landterritorium betrachtet. Verteidiger der Meeresfreiheit sahen schon damals Gefahren für diesen Grundsatz, da die Begründung von Hoheitsrechten auf den Meeresboden sich auch nach oben durch die Wassersäule fortsetzen konnte, vor allem die Gefahr einer Realteilung der Weltmeere und die Ersetzung des Systems des mare liberum durch das System des mare clausum.

Die amerikanischen Proklamationen über Fischereizonen und den Festlandsockel vom 28. September 1945 haben eine Fülle ähnlicher Erklärungen, vor allem südamerikanischer und asiatischer Staaten, mit verschiedenen Blickrichtungen ausgelöst. So standen die Ausbeutung der Rohstoffe des Festlandsockels, der Schutz der eigenen Fischereiinteressen oder auch die seewärtige Ausdehnung des Küstenmeeres im Vordergrund. Die weitestgehende Forderung muß in der Erklärung von Chile, Ecuador und Peru von 1952 gesehen werden, mit der sie ein Küstenmeer von 200 Seemeilen Breite in Anspruch zu nehmen beabsichtigen. Der Konflikt mit den USA, vor allem auf dem Gebiet der Fischerei, war damit vorprogrammiert.

Insgesamt machte dieser Ansturm auf das Meer die Erarbeitung entsprechender völkerrechtlicher Abkommen notwendig, in denen auf der Basis gemeinsam festgestellter Grundlagen ein Ausgleich der verschiedenen Interessen im Hinblick auf Nutzung und Ausbeutung des Meeres vorgenommen wurden. Ging es auf den Seerechtskonferenzen von 1958 und 1960, auf denen die Industriestaaten-Seemächte fast unter sich waren, um eine Modifizierung und Konkretisierung des Grundsatzes der Meeresfreiheit als der entscheidenden Grundlage für die Verhandlungen, so hat auf der gegenwärtigen Seerechtskonferenz, auf der die Entwicklungsländer bereits über eine Zweidrittelmehrheit verfügen, der Generalangriff auf dieses Nutzungsprinzip eingesetzt.

Die Freiheit des Meeres ist ein erst zu Beginn der Neuzeit errungenes hohes Gut der Menschheit. Es beruht auf der Erfahrung, daß der Wohlstand aller Völker besser gefördert wird, wenn die Nutzung des Meeres nicht unnötigen Hemmnissen und Behinderungen unterworfen ist. Als Wegbereiter der Meeresfreiheit gelten vor allem die Niederlande, die aals aufstrebende seefahrende Nation ein vitales Interesse am ungehinderten Seeverkehr mit ihren Kolonien, vor allem in Ostindien, hatten. Diesen Seehandelsinteressen der Niederlande entsprach die von Hugo Grotius entwickelte Lehre von der Freiheit der Meere, die als res nullius jedermann zugänglich und für jedermann offenstehen sollte. Zugleich wurde die Souveränität des Küstenstaates auf Hoheitsgewässer von 3 sm Breite begrenzt. Der Grundsatz der Meeresfreiheit richtete sich gegen die Inanspruchnahme größerer Meeresteile oder gar ganzer Meere, wie sie bis zum Beginn der Neuzeit durch die Küstenstaaten üblich war. So etwa beanspruchte Schweden die Ostsee, Dänemark den Sund und den Skagerrak, Venedig die Adria und Genua die Ligurische See als Hoheitsgebiete, von denen sie andere ausschlossen oder deren Benutzung sie mit Abgaben belegten. Im Zeitalter der Entdeckungen teilten sich Spanien und Portugal im Vertrag von Tordesillas 1494 den Atlantik und den Pazifik. Hinter diesen weltweiten Meeresmonopolisierungen standen außer militärischen Interessen vitale Handelsbelange, die häufig gegeneinander konkurrierten.

In einem jahrhundertelangen Prozeß hat sich das System des mare liberum gegen die Ordnung des mare clausum durchsetzen können. Inhaltlich bedeutet der Grundsatz der Meeresfreiheit ein Annektions- oder Okkupationsverbot der Hohen See, die als res communis omnium angesehen wird.

Die Hohe See steht im Gemeingebrauch einer gleichberechtigten Nutzung aller. Die Schiffe aller Staaten sind auf der Hohen See gleichberechtigt, sie unterstehen allein der Autorität des Flaggenstaates. Artikel 2 des Abkommens über die Hohe See von 1958 konkretisiert eine lange Entwicklung der inhaltlichen Ausgestaltung der Meeresfreiheit: diese besteht in der Freiheit von Schiffahrt und Fischerei, in der Freiheit, Unterwasserkabel und Rohrleitungen zu verlegen und in der Freiheit des Überfluges. Auch die militärische Nutzung der See – im Frieden in Flottenmanövern und im Krieg in der Seekriegführung – ist Ausfluß dieses Grundsatzes. Insgesamt sind Okkupationsverbot und Nutzungsmöglichkeiten im Rahmen des Gemeingebrauchs die konstituierenden Faktoren der Meeresfreiheit. Sie hat den wirtschaftlichen Wohlstand der seefahrenden Völker mit begründet.

In der Dritten VN-Seerechtskonferenz ist der Grundsatz der Meeresfreiheit nunmehr heftigen Angriffen seitens der Entwicklungsländer ausgesetzt. Sie sehen in ihm ein Zeichen für Kolonialismus, Kapitalismus und Hegemonialstreben. Außerdem wollen sie sich nicht einer Rechtsordnung unterwerfen, an deren Entstehung und Ausgestaltung sie nicht mitwirken konnten. Deshalb werden die Entwicklungsländer kaum die Erfahrungen der Industriestaaten mit dem nutzenstifenden Grundsatz der Meeresfreiheit nachvollziehen; die Einsicht, daß auch sie Vorteile an diesem Prinzip haben, ist durchweg verstellt. Aus ihrer Sicht kann deshalb die Meeresfreiheit nicht Orientierungsmaßstab für die neue Seerechtsordnung sein.

Daran wird deutlich, daß über die Interessengegensätze aus unterschiedlichen geographischen Positionen hinaus der Nord-Süd-Konflikt zwischen Industriestaaten und Entwicklungsländern die Ausformung des neuen Meeresvölkerrechts zu bestimmen beginnt. Die Entwicklungsländer stellen auf der Dritten VN-Seerechtskonferenz, an der etwa 150 Staaten teilnehmen, zahlenmäßig den größten Anteil. Diese Gruppe von ursprünglich 77 (1964) Entwicklungsländern ist zwischenzeitlich auf über 100 angewachsen. In wenigen Jahren wird es über 170 souveräne Staaten der Dritten Welt geben. Auf der Konferenz hat sich die gegenseitige Solidarität der Entwicklungsländer und damit ihre politische Stoßkraft intensiver als bei anderen Staatengruppierungen gezeigt. Trotz aller bestehenden vielfältigen Unterschiede zwischen ihnen erweist sich im Ergebnis ihre Geschlossenheit in seerechtspolitischen Konzeptionen als wesentlicher Faktor auf der gesamten Konferenz.

Für die Entwicklungsländer ist der Verteilungskampf um die Nutzungsmöglichkeiten und die Schätze des Meeres tragendes Motiv für die Neuordnung des Meeresvölkerrechts. Sie sehen hierin einen Hebel, das wirtschaftliche Gefälle zu den Industriestaaten zu verringern. Die Verfügungsgewalt über die Schätze im und auf dem Meeresboden soll den Entwicklungsländern eine Förderung ihrer wirtschaftlichen Sicherung und ihrer politischen Mitbestimmung bringen. Auch die Industriestaaten sind sich darüber einig, daß die Entwicklungschancen in den neuen Staaten gefördert werden sollen. Dabei wird – etwa von deutscher Seite – darauf verwiesen, daß die Probleme der Entwicklungsländer eher in einer marktwirtschaftlichen als in einer gelenkten Weltwirtschaftsordnung lösbar seien.

Der Zugriff auf das Meer hat vielerlei Ursachen. Maßgebend sind vor allem die in den letzten Jahrzehnten entwickelten technischen Möglichkeiten, die Rohstoffe des Meeres auszubeuten. Erdöl und Erdgas sowie Mangan, Kobalt, Nickel und Kupfer können heute aus dem Meeresboden gewonnen werden. Die Förderung von Diamanten vor der Küste Südafrikas, von Gold vor Alaska, von Zinn vor der Küste Süd-Ost-Asiens und von Kohle vor Japan hat begonnen. Seit der Entdeckung und Ausbeutung des ersten Erdöl-Off-shore-Feldes vor Louisiana 1938 hat die Erdölförderung aus dem Meeresboden große Fortschritte gemacht. So wurden 1972 22 v.H. der Weltrohölförderung aus dem Festlandsockel gewonnen; für 1980 wird mit einem Anstieg auf etwa ein Drittel gerechnet. Als Folge der Möglichkeit, Meeresbodenschätze aus größeren Wassertiefen zu fördern, sind vor allem Manganknollenfelder im Pazifik und im Indischen Ozean wirtschaftlich interessant geworden. Diese Manganknollen enthalten die wichtigsten Stahlveredler – neben Mangan sind es Nickel, Kupfer und Kobalt. Ein unbehinderter Zugriff auf die Rohstoffvorkommen im Meeresboden befreit von wirtschaftlichen und damit politischen Abhängigkeiten, die in unstabilen politischen Verhältnissen der Lieferländer oder in macherlei Unsicherheiten des Transportweges liegen. Daneben bestimmen Erwägungen des Fischereischutzes vor der eigenen Küste und Aspekte des marinen Umweltschutzes die Küstenstaaten zu einer seewärtigen Ausdehnung ihrer Anrainerbefugnisse.

Die Ressourcen des Meeresbodens und die zunehmenden technischen Möglichkeiten ihrer Ausbeutung lenken den Blick auf den Festlandsockel und auf das Regime für den Meeresboden jenseits nationaler Jurisdiktion. Die durch die Festlandsockelkonvention 1958 vorgenommene seewärtige Begrenzung des Kontinentalschelfs bis zu einer Wassertiefe von 200 Meter oder – darüber hinausgehend – bis zu den technischen Möglichkeiten der Ausbeutung seiner Bodenschätze wird nach dem bisherigen Verhandlungsverlauf der Dritten VN-Seerechtskonferenz auf jeden Fall seewärts verschoben, da die derzeitigen und zukünftigen technischen Möglichkeiten eine Ausbeutung der Meeresbodenschätze in größeren Tiefen erlauben. Ob dabei die bisherige Ausbeutbarkeit, der geologische Tiefseeabfall, eine bestimmte Tiefenlinie oder eine bestimmte Dicke der Sedimente oder andere Kriterien für die Grenzziehung sich als Ergebnisse abzeichnen, ist eine noch offene Frage. Dabei werden die Interessen der Küstenstaaten vor allem von Verlauf, Beschaffenheit und Ressourcenreichtum „ihres“ Festlandsockels bestimmt.

Die endgültigen Vereinbarungen über den Verlauf der Festlandsockelgrenze sind vor allem abhängig von der geplanten Rechtsordnung für den Meeresboden jenseits nationaler Jurisdiktion. Durch die Meeresbodengrundsatzerklärung der Vereinten Nationen von 1970 wurden der Meeresboden und seine Ressourcen zum "Common Heritage of Mankind" erklärt. Diese – zudem nicht einstimmig angenommene – Erklärung darf nicht über die tiefen Interessengegensätze hinwegtäuschen: Die Zustimmung der Langküstenstaaten zu den Vorstellungen der Entwicklungsländer über die Ausgestaltung des Meeresbodenregimes wurde mit der Zustimmung zu einer 200-sm-Wirtschaftszone honoriert; die geographisch benachteiligten Staaten sollen nach diesen Vorstellungen entschädigungslos um ihre Abbau- und Nutzungsrechte gebracht werden. Dabei wird die Interessenlage der Industrieländer auch bestimmt von der Ausgestaltung des Meeresbodenregimes sowie den Kompetenzen der geplanten internationalen Meeresbodenbehörde. Zu starke monopolistische und dirigistische Elemente in diesem Regime würden das Interesse der Industriestaaten an einem größeren Festlandsockel bis zum Tiefseeabfall größer werden lassen.

Für die Entwicklungsländer sind vor allem die Zugriffsmöglichkeiten auf die Meeresbodenschätze der Tiefsee das Einfallstor für die Realisierung einer neuen Weltwirtschaftsordnung, mit der die bestehenden wirtschaftlichen und auch machtpolitischen Verhältnisse geändert werden sollen. Die Frage nach einem unbehinderten, nicht diskriminierten Zugang zu den Ressourcen des Tiefseebodens führte zu einer früheren Polarisierung der Positionen der Entwicklungsländer einerseits und der Industriestaaten andererseits. Die Brisanz dieses Prozesses wird verstärkt durch die Rohstoffabhängigkeit zahlreicher Industriestaaten und durch die nur bei ihnen vorhandene Meerestechnologie zur Erforschung und Ausbeutung der Meeresbodenschätze.

Die Entwicklungsländer, die gerade in dieser Frage eine besondere Solidarität zeigen, haben die Errichtung einer internationalen Meeresbodenbehörde vorgeschlagen. Sie soll mit einem nahezu unbeschränkten Ermessensspielraum die Entscheidung darüber haben, wem und unter welchen Voraussetzungen die Genehmigung zum Abbau von Meeresbodenschätzen erteilt wird. Zu den Vorleistungen der Antragsteller soll die Verpflichtung zum Technologietransfer zu „vernünftigen und fairen" Bedingungen gehören. Damit soll aber noch kein Anspruch auf die Zuweisung eines bestimmten Areals zur ausschließlichen Erforschung und Förderung begründet werden, sondern nur ein Recht zum Eintritt in Verhandlungen hierüber mit der Meeresbodenbehörde. In der Meeresbodenresolution von 1970 sehen deshalb die Entwicklungsländer bereits jetzt ein Aneignungsverbot und eine Ausbeutungssperre für die Meeresbodenschätze auf völkergewohnheitsrechtlicher Grundlage.

Die mehrheitliche Beherrschung dieser Behörde durch die Entwicklungsländer, ihre Monopolstellung, ihre Produktions- und Preiskontrolle stoßen auf den entschiedenen Widerstand der Industriestaaten. Die großen Investitionen, die für die Entwicklung und Durchführung des Tiefseebergbaues erforderlich sind, können nur auf einer gesicherten Rechtsgrundlage erfolgen, die ökonomischen Prinzipien ausreichend Rechnung trägt. Deshalb gehört der unbehinderte und nicht diskriminierte Zugang zu den Meeresbodenschätzen zu den seerechtspolitischen Vorstellungen der Industriestaaten. Damit erfährt der Grundsatz des gemeinsamen Menschheitserbes eine den Vorstellungen der Entwicklungsländer entgegengesetzte Interpretation. Eine verbindliche Festschreibung des gegenwärtigen Konferenzverlaufs zum Meeresbodenregime könnte sehr wohl das Ende des kommerziellen Meeresbodenbergbaues bedeuten. Um der meerestechnischen Industrie die notwendige rechtliche und wirtschaftliche Investitionssicherheit zu geben, sind deshalb von den Vereinigten Staaten von Amerika und der Bundesrepublik Deutschland parlamentarische Verfahren für eine vorläufige nationale Interimsgesetzgebung eingeleitet worden, die nicht als Ersatz für eine Konvention, sondern als provisorische Regelung dieser Materie bis zum Abschluß einer Konvention gedacht ist. Dieser Vorgang ist zu Beginn der achten Session auf den entschiedenen Widerstand der Entwicklungsländer gestoßen. Sie sehen hierin einen Verstoß gegen die Qualifikation des Tiefseebodens als eines gemeinsamen Menschheitserbes und drohen mit schwerwiegenden Konsequenzen nicht nur für die Seerechtskonferenz, sondern auch für den Nord-Süd-Dialog und für das ganze System der Vereinten Nationen.

Auffälligster Ausdruck der beginnenden Meeresaufteilung ist die Inanspruchnahme von Wirtschaftszonen durch die Küstenstaaten. In den letzten Jahren sind etwa 50 Wirtschaftszonen von 200 Seemeilen proklamiert worden, die zunächst überwiegend als Fischereizonen in Anspruch genommen wurden. Das küstenstaatliche Interesse an diesen ozeanischen Randregionen zeigt sich an folgenden Daten: Kohlewasserstoffvorkommen befinden sich praktisch nur im Festlandsockelbereich. Alle wichtigen Nutzfischarten leben in den Schelfgewässern, aus denen 95 v. H. des Weltfischertrages stammen. Die meeresbiologischen Aktivitäten und Umsetzungsprozesse finden vor allem in diesem Meeresgürtel statt. Schließlich bündelt sich der Schiffsverkehr des Welthandels in diesen Gebieten zu Hauptschlagadern. Eine weltweit in Anspruch genommene Wirtschaftszone von 200 Seemeilen Breite würde etwa ein Drittel der Weltmeeresfläche erfassen. In kleineren Meeren – wie etwa der Ostsee – würden küstenstaatliche Wirtschaftszonen den gesamten Raum von Küste zu Küste ausfüllen und keinen Platz mehr für die Hohe See lassen.

Damit geht der Löwenanteil der Nutzungsmöglichkeiten der Wirtschaftszone an die Langküstenstaaten. Nicht mehr die gleichrangige Benutzung durch alle interessierten Staaten, sondern die Privilegierung der Küstenstaaten zeichnet das Regime der Wirtschaftszone aus. Die Nutzungs-, Abwehr- und Kontrollrechte der Anrainer vergrößern zugleich das Konfliktpotential zwischen ihnen und den anderen Benutzern dieser Zone.

So kann die Inanspruchnahme von nationalen Kontrollbefugnissen, die über die vereinbarten internationalen Grundsätze hinausgehen, gegenüber der Handelsschiffahrt zu einer spürbaren Beeinträchtigung der Freiheit des Seehandels führen. Des weiteren besteht in den Wirtschaftszonen die Gefahr des Kabotagevorbehalts durch eine protektionistische Schiffahrtspolitik der Anrainer dergestalt, daß Teile der Schiffahrt in der Wirtschaftszone – etwa die Versorgungschiffahrt zu den Offshore-Einrichtungen – den Küstenstaaten vorbehalten bleibt.

Für die Fischereiwirtschaft von Drittstaaten kann die Inanspruchnahme einer 200 sm Wirtschaftszone mit einem küstenstaatlichen Fischereimonopol zu existenziellen Beeinträchtigungen führen. Dies gilt vor allem für Staaten, die hauptsächlich auf die Fangergebnisse ihrer Fernfischerei angewiesen sind. Ein Ausgleich kann möglicherweise in bilateralen Kooperationsabkommen gefunden werden.

Auch die Meeresforschung wird durch die küstenstaatlichen Privilegien der Wirtschaftszone beeinträchtigt. Nach den derzeitigen Überlegungen soll die gesamte Meeresforschung in der Wirtschaftszone der Zustimmung des Küstenstaates unterworfen werden. Er soll Beobachter auf Forschungsschiffe fremder Staaten entsenden können; die Forschungsergebnisse müssen ihm ausgehändigt werden. Eine Alternative zu diesem totalen Konsenssystem bestünde in einem Dualsystem, das zwischen einer zustimmungsbedürftigen nutzungsorientierten Ressourcenforschung und einer nutzungsunabhängigen Grundlagenforschung unterscheidet, die nicht küstenstaatlichen Vorbehalten unterliegt. Ob sich dieses freiheitlichere Konzept indes durchsetzen können wird, ist eine offene Frage.

Das Regime für die Wirtschaftszone ist das entscheidende Schlüsselproblem der Seerechtskonferenz. Zur Entscheidung steht, ob es vom Grundsatz der Meeresfreiheit geprägt ist mit eng umrissenen, speziellen küstenstaatlichen Regelungsvorbehalten oder ob letztere zum bestimmenden Faktor werden und die Meeresfreiheit praktisch zum Erliegen bringen.

Die Gefahr, daß einzelne küstenstaatliche Befugnisse im Laufe der Zeit zu einem dichter werdenden Netz von Kompetenzen der Anrainerstaaten erstarken, ist in diesem Bereich besonders groß. Insgesamt entscheidet sich angesichts der vielfältigen Bedeutung der ozeanischen Flachwasserregionen für Schiffahrt, Fischerei, Forschung und sonstige Nutzung im Regime der Wirtschaftszone das weitere Schicksal der Meeresfreiheit.

Durch die Beratungen auf der Seerechtskonferenz werden die deutschen Seeinteressen in vielfältiger Weise berührt. Diese sind vor allem durch folgende Rahmenbedingungen bestimmt: Die Bundesrepublik Deutschland ist ein Staat mit kurzer, noch dazu eingeschnittener Küste; sie ist ein Außenhandelsstaat mit leistungsfähiger Handelsflotte. 85 v. H. unseres Außenhandels werden über See abgewickelt. Der Anteil des Exportwertes am Bruttosozialprodukt liegt bei 25 v. H. Die weltweite wirtschaftliche Verflechtung der Bundesrepublik Deutschland wird daran klar, daß täglich etwa 615.000 t Güter aller Art, die für die Bundesrepublik Deutschland bestimmt sind, in deutschen oder in anderen europäischen Häfen gelöscht werden. Damit wird das Interesse der Bundesrepublik Deutschland an der Aufrechterhaltung eines freien Welthandels deutlich.

Auch die Abhängigkeit der Bundesrepublik Deutschland von überseeischen Rohstoff- und Energieeinfuhren ist groß. Zwei Drittel unserer Energiemittel stammen aus überseeischen Zufuhren; allein in der Erdölversorgung sind wir zu 95 v. H. von Importen abhängig. Die Stahlveredler wie Chrom, Wolfram, Mangan und Kobalt beziehen wir überwiegend aus Ländern, in denen aus politischen Gründen es zu Lieferstörungen kommen kann. Unsere entwickelte Meerestechnologie weist internationalen Standard auf. Sie wird im beginnenden Meeresbergbau eine bedeutende Position einnehmen. Durch diesen neuen Industriezweig werden zusätzliche Arbeitsplätze gesichert.

Unsere Rohstoff- und Energieinteressen weisen uns den Weg zum Tiefseebergbau. Um den deutschen Meeresbodenbergbau die nötige Rechtssicherheit zu geben, wurde im Dezember 1978 im Bundestag aus der Mitte des Hauses von Abgeordneten aller Fraktionen der Entwurf eines Gesetzes zur vorläufigen Regelung des Tiefseebergbaues eingebracht (Drs. 8/2363). Mit dieser nationalen Interimsgesetzgebung werden die Folgerungen aus dem bisherigen Verlauf der Dritten VN-Seerechtskonferenz gezogen, die eine annehmbare Regelung des Tiefseebergbaues in absehbarer Zeit als nicht wahrscheinlich erscheinen lassen. Das Gesetz macht die Nutzung des Tiefseebodens von einer Genehmigung der Bundesregierung abhängig, die nur erteilt wird, wenn die Gemeinverträglichkeit der Meeresbodennutzung sichergestellt ist. Schiffahrt, Fischfang und das Interesse der Völkergemeinschaft an der Erhaltung der Meeresumwelt sind Bereiche, die durch den Meeresbergbau nicht beeinträchtigt werden dürfen. Ausgangspunkt der gesetzlichen Konzeption ist der Grundsatz der Meeresfreiheit, in dem die Förderung mineralischer Rohstoffe vom Meeresboden der Hohen See ihren völkerrechtlichen Geltungsgrund findet. Der Entwurf dehnt weder den deutschen Hoheitsbereich auf Teile des Meeresbodens aus noch gestattet er deren Aneignung, vielmehr kontrolliert er die völkerrechtlich zulässige Erforschung und Ausbeutung des Tiefseebodens.

Ein aus den Förderabgaben zu bildender Sonderfonds soll den Entwicklungsländern und später der internationalen Meeresbodenbehörde zugute kommen. In der Erschließung von marinen Rohstoffquellen in der Tiefsee durch den deutschen Meeresbodenbergbau wird längerfristig ein bedeutender Beitrag zur Erhöhung der Versorgungssicherheit der Bundesrepublik Deutschland gesehen. Voraussetzung hierfür ist der ungehinderte Zugang zu diesen Schätzen. Die gegenwärtigen Überlegungen zur Ausgestaltung einer internationalen Meeresbodenbehörde entsprechen deshalb nicht den Interessen des deutschen Tiefseebergbaues.

Die Fischereikonflikte zunächst mit Island, jetzt mit einigen Ostseestaaten signalisieren die Verdrängung der deutschen Fischer aus traditionellen Fanggebieten. Die Ostseefischerei wird durch die Erweiterung des Küstenmeeres auf 12 sm und durch die Begründung von Wirtschaftszonen erheblich gefährdet. 80 v. H. aller deutschen Fischfänge finden außerhalb der deutschen und der EG-Gewässer in den Wirtschaftszonen von Drittländern statt. Deshalb stellt auch die Freizügigkeit in Wirtschaftszonen anderer EG-Staaten keine hinreichende Kompensation für die deutsche Fischerei dar. Neben Kooperationsabkommen mit Drittländern, in denen gegen Lieferung von fischereitechnischem Know-how Fanggründe und Fangquoten für die deutsche Fischerei bereitgestellt werden, kommt auch eine Erschließung neuer Fanggebiete in Betracht. Hierbei werden genannt: die Arktis und der nördliche Nordatlantik, der Patagonienschelf, Neuseeland und die Antarktis. Auch kann die Vermarktung neuer Fischarten wie des blauen Wittling aus dem Atlantik und des Krill aus der Antarktis der deutschen Fischerei neue Impulse geben.

Insgesamt weist uns unsere Interessenlage an die Seite der Verteidiger der Meeresfreiheit. Von diesem überlieferten und bewährten Nutzungsprinzip gegenüber den ihm gegenwärtig drohenden Gefahren soviel wie möglich zu erhalten, bleibt zukunftsweisende Verpflichtung der deutschen Politik.

Abgeschlossen im Mai 1979.

Umweltpolitik und Verfassung

Von *Hans-Dietrich Genscher*, MdB, Bundesminister des Auswärtigen, Bonn

Herausforderung für die Industriegesellschaft

Anders als vor zehn Jahren noch ist heute Umweltpolitik mit dem Ziel einer langfristigen Sicherung der natürlichen Lebensgrundlagen eine der entscheidenden Staatsaufgaben – nur zu vergleichen mit der Lösung der sozialen Frage im 19. Jahrhundert. Inzwischen ist ein breites rechtliches Fundament für eine ernsthafte und kontinuierliche Umweltpolitik geschaffen, die auch die jetzigen Energie- und anderen weltwirtschaftlichen Turbulenzen überdauern wird. Umweltpolitik will auf eine Herausforderung der Industriegesellschaft antworten: Kann eine freie Marktwirtschaft ohne Zugriff zu einem starken Verteilungsstaat mit einem Problem dieser Größenordnung fertig werden?

Umweltprobleme haben gegenüber anderen politischen Aufgaben eine Reihe von Besonderheiten, die ihre Lösung erschweren, wenn nicht gar verhindern:

– Umweltprobleme liegen ‚notorisch quer" zu herkömmlichen Denk- und Verbrauchsgewohnheiten und „scheinbar quer" zu Zielsetzungen anderer Fachpolitiken (etwa in der Wirtschafts-, Verkehrs-, Energiepolitik).

– Viele entscheidende Umweltgefahren (von Krebswirkungen einzelner Stoffe bis zu wahrscheinlichen Veränderungen des Weltklimas durch Aufheizung der Atmosphäre und Erhöhung des Fluorkohlenwasserstoff- sowie des Kohlendioxid-Anteils) sind nicht sofort wahrnehmbar, oft der Alltagserfahrung nicht zugänglich oder nur mit sehr komplizierten wissenschaftlichen Methoden und Einsichten zu verifizieren und vorherzusagen.

– Lösungen für Umweltprobleme verlangen oft großen wissenschaftlichen und technischen Aufwand, soll nicht der Weg zu einer „asketischen Kultur" (C. F. von Weizsäcker) zum „einfachen ökologischen Leben" mit radikalem Verzicht auf Einkommens- und Wohlstandswachstum gewählt werden (was eine Reihe, teilweise religiös und moralisch motivierter, Protestgruppen fordern).

– Politiker in Parlamenten und Parteien stehen oft sich widersprechenden Aussagen von Fachleuten gegenüber (etwa in der Kernenergie- oder Weltklima-Debatte); sie werden andererseits konfrontiert mit Umweltkatastrophen-Nachrichten, massivem grünem Protest, Druck der Basis, was überlegte gründliche und langfristig angelegte Entscheidungen erschwert.

– Charakteristisch für Umweltprobleme ist ihre Langfristigkeit, Vernetzung (Interdependenz) und Nicht-Umkehrbarkeit von Fehlentwicklungen (etwa Aussterben von Tier- und Pflanzenarten, Erosion, Versteppung, Verkarstung und andere Zerstörungen von Kulturlandschaften).

Zu den wohl wichtigsten Besonderheiten der Umweltpolitik gehört die Umweltbewegung – breit gefächert von seit Jahrzehnten bestehenden Umweltverbänden, etwa im Naturschutz oder Gewässerschutz, bis zu spontanen Bürgerinitiativen, Öko-Kommunen, Lebensgemeinschaften und Bio-Zentren. Seit 1973 nimmt das Umwelt-Thema unverändert in der Einschätzung der Bevölkerung einen sehr hohen Rang ein, beruht auf sehr tief sitzenden Ängsten vieler Menschen. Das noch immer wachsende Umweltbewußtsein ist kein Modethema, keine Eintagsfliege oder vorübergehende Spinnerei. Daran haben selbst die Ölpreis-Krise und konjunkturelle Einbrüche in den letzten Jahren nichts geändert. Umwelt ist nach Auffassung vieler Analytiker längst zum Symbol und Leitthema für Staats- und Parteiverdrossenheit, Bürokratiekritik, Unsicherheit über Folgen nicht verstandener technischer Entwicklungen geworden. Das ist Anlaß für alle Parteien, über Zukunftsprobleme wie das Umweltthema noch gründlicher, vor allem ehrlicher, nachzudenken – den Folgen des starken Umweltbewußtseins für unser Staats- und Verfassungsverständnis nachzugehen. Die Wurzeln der Umweltbewegung reichen tiefer, gehen über Parteienverdrossenheit, Verärgerung über zunehmende Bürokratisierung hinaus, erreichen ein neues Grundwerte-Verständnis mit Fortschrittkritik, Technik-Kritik, Zweifel an der heutigen Welt. Man spricht vom „Säurebad der Industriekultur", das alle Lebensverhältnisse vergifte, zu Rohstoff- und Energieverschwendung, Stress, Hektik, Lärm, unwirtschaftlichen, häßlichen Städten, Zerstörung der natürlichen und sozialen Grundlagen der menschlichen Existenz selbst führe. Die düsteren Prognosen berufen sich auf die Berichte des Club of Rome, auf Bücher von Rachel Carson, Barry Commoner, Kenneth Boulding, Gordon Rattray Taylor.

Das Formulieren und Akzeptieren einer neuen öffentlichen Aufgabe, eben der Umweltpolitik, die gleichberechtigt neben sozialer Sicherheit, Bildungspolitik, innerer und äußerer Sicherheit steht, wäre ohne Zehntausende von Bürgerinitiativen, die gegen Zubetonieren von Landschaft durch Straßen, Bau von Kernkraftwerken, Vernichten von Grünflächen, gegen Luftverschmutzung und Vergiftung durch Umweltchemikalien protestieren, sicher nicht so rasch und mit so breitem Konsens in den Parlamenten erfolgt. Es darf aber auch nicht vergessen werden, daß Umweltprogramm und -gesetze der sozial-liberalen Koalition Anfang der 70er Jahre dem bis dahin diffusen Umweltprotest Konturen, Konzept und eigentlichen Resonanzboden gegeben haben. Beides: Staatliche Aktivitäten und Umweltbewegung bedingen und ergänzen einander.

Die Bundesrepublik Deutschland hat die Bewährungsprobe Umweltschutz bisher gut bestanden – ohne Grundsätze ihrer Verfassungsordnung von 1949 ändern zu müssen, unter voller Wahrung marktwirtschaftlicher und grundrechtlicher Rahmenbedingungen. Wie auch sonst in der Marktwirtschaft wird der Verursacher von Umweltschäden angehalten, diese Schäden selbst zu beseitigen oder zu verringern. Mit Verfahrens- und Produktnormen, Geboten, Verboten, Einzelanordnungen sowie Abgabenregelungen wird der Verursacher ökonomisch dazu angehalten, Umweltbelastungen aus eigener Kraft zu verringern.

Bei Durchsetzen dieses „Verursacherprinzips“ hängt die Wahl des Instrumentes, etwa Produktnorm oder Abggabe, davon ab, auf welche Weise jeweils eine möglichst hohe Umweltqualität erreicht werden kann. Die tatsächlich erreichte Verbesserung der Umwelt ist das Entscheidende – nicht das dafür eingesetzte Mittel.

Umwelt-Programm 1971

Anstoß und Richtmarke für die neue Staatsaufgabe Umweltpolitik war das Umweltprogramm der Bundesregierung vom 29. September 1971, das Ziele und Instrumente der Umweltpolitik systematisch ordnete, ein Arbeitsprogramm mit Etappenzielen aufstellte und Umrisse einer längerfristigen ökologischen Grundkonzeption entwarf. Umweltpolitik verstand die Bundesregierung dabei als „die Gesamtheit aller Maßnahmen, die notwendig sind,

– um dem Menschen eine Umwelt zu sichern, wie er sie für seine Gesundheit und ein menschenwürdiges Dasein braucht,

– um Boden, Luft und Wasser-, Pflanzen- und Tierwelt vor nachteiligen Wirkungen menschlicher Eingriffe zu schützen und

– um Schäden oder Nachteile aus menschlichen Eingriffen zu beseitigen“.

Die Bundesregierung hat niemals nur-technischen Umweltschutz betrieben, nur „Anti-Industrien“ zur Beseitigung der durch Schmutz-Industrien hervorgerufenen Belastungen vorgeschlagen, sondern immer ökologische Vorsorge für die natürlichen Lebensgrundlagen insgesamt gewollt, d. h. ihr Umweltprogramm beruht auf dem Prinzip der Vorsorge für natürliche und urbane Ökosysteme.

Das Umweltprogramm von 1971 war das erste umfassende Programm seiner Art in Europa und zugleich ein wichtiges Stück sozial-liberaler Reformpolitik; es zielte auf eine Grundaussage zur Menschenwürde und ersetzte damit die bisherigen bruchstückhaften, sporadischen und punktuellen Umweltschutzmaßnahmen vieler verschiedener Fachbehörden – von der Gewerbeaufsicht bis zu Naturschutzbehörden – durch eine bewußt geplante Umweltpolitik. Aus einem Konglomerat einzelner Fachprobleme und -behörden mit sehr unterschiedlichem Selbstverständnis und Unterordnung unter die unterschiedlichsten anderen Staatsziele (Wirtschafts-, Agrar-, Gesundheits-, Verkehrs-, Strukturpolitik usw.) sollte eine durchgängige Umweltorientierung aller Fachpolitiken zur Sicherung einer menschenwürdigen Umwelt für künftige Generationen werden. Gerhart Baum setzt die Verwirklichung dieser Zielsetzung konsequent fort.

Dieses als verfassungspolitische Leitlinie verstandene *Vorsorgeprinzip* war der „harte ökologische Kern“ der Forderungen des Umweltprogramms. Es ist bis heute noch nicht überall akzeptiert, wird sehr oft mißverständlich als bloße unverbindliche Ziel-Abwägung zwischen unterschiedlichen Staatsaufgaben verstanden – und eben nicht als notwendige ständige breite „ökologische Orientierung“ oder „Tönung“ der Planungstätigkeiten in Staat und Wirtschaft. Im Umweltbericht der Bundesregierung vom 14. Juli 1976 wird daher mit Nachdruck darauf hingewiesen, daß Umweltpolitik sich nicht erschöpft in der Abwehr drohender Gefahren und der Beseitigung eingetretener Schäden. Vorsorgende Umweltpolitik verlangt darüber hinaus, „daß die Naturgrundlagen geschützt und schonend in Anspruch genommen werden". Die Leistungsfähigkeit des Naturhaushalts, Vielfalt von Landschaft, Pflanzen- und Tierwelt muß bewahrt und auch für die Zukunft nachhaltig gesichert werden, soll volkswirtschaftliche Produktivität langfristig gewährleistet bleiben. Umweltpolitik ist Langfristökonomie, ermöglicht es, auch in Zukunft noch Industriestandorte zu finden, menschenwürdig leben und damit die Forderungen unserer Verfassung nach einer sozial eingebundenen Rechts- und Wirtschaftsordnung erfüllen zu können. Gerade die über 100-jährige Tradition des Umweltschutzes im Ruhrgebiet, im „Revier", ist beredtes Zeugnis für diesen engen Zusammenhang zwischen Wirtschafts- und Umweltpolitik. Hochbelastete Industriegebiete müssen strenge Umweltauflagen für Gewässernutzung, Luftverschmutzung, Abfallbeseitigung, Eingriffe in Natur- und Landschaft haben. Die Wasserverbände etwa für Ruhr und Emscher, Rekultivierung der durch Bergbau geschädigten Landschaft, detaillierte Luftmeß- und Reinhalteprogramme sind vorbildliche umweltpolitische Leistungen, die erst die stürmische industrielle Entwicklung an Rhein und Ruhr ermöglicht haben. Die heutigen Umweltgesetze haben sich aus privatrechtlichem Nachbarschutz, der preußischen Gewerbeordnung von 1845, Naturschutz- und Landespflegegesetzen heraus entwickelt, stehen in einer langen und guten Rechtstradition.

Umweltschutz braucht das Recht, schon um – oft schwer einsichtige – ökologische Ziele gegenüber gesellschaftlichen Gewohnheiten, starken wirtschaftlichen Interessen oder sogenannten Sachzwängen (meist unreflektierte Vorurteile) durchzusetzen. Das Recht ist aber auch das wohl wichtigste Instrument, um umweltpolitische Ziele in andere Fachpolitiken zu integrieren und verschiedene Bereiche und Aufgaben der Umweltpolitik zu koordinieren. Von allein – mit bloßem Appell an das Umweltbewußtsein – ist die Umweltverträglichkeit von Planungen in Staat und Wirtschaft nicht zu erreichen; durch Umweltgesetze, aber auch durch die Verwaltungsgerichtsjudikatur der letzten Jahre aufgestellte „Leitplanken" waren für einen Umdenk-Prozeß in den Planungen der öffentlichen Hand und Industrie unerläßliche Voraussetzung. Der jetzt etwa im Fall des Abwasser-Abgabengesetzes erhobene Vorwurf einer durch diese Rechtsentwicklung verursachten „Überbürokratisierung" oder „Gängelungswirtschaft" muß ins Leere gehen. Abschaffen der Polizei wäre kein ernst zu nehmender Beitrag zur Senkung der Kriminalitätsrate; ebensowenig wäre es Verzicht auf Umweltgesetzes-Vollzug, Verzicht auf Kontrolle der festgelegten Grenz- und Richtwerte.

Recht braucht Vollzugsgarantien, braucht Sanktionen. Umweltvergehen sind keine Kavaliersdelikte, sondern kriminelles Unrecht. Konsequenterweise ist daher auch mit dem von der Bundesregierung 1978 eingebrachten 16. Strafrechts-Änderungsgesetz ein neuer Abschnitt – Straftaten gegen die Umwelt – in unser Strafgesetzbuch aufgenommen worden, der die bisher verstreut in einzelnen Umweltverwaltungsgesetzen enthaltenen Tatbestände zusammenfaßt in vier Grundtatbestände: Verschmutzung der Gewässer, Verschmutzung der Luft bzw. Lärmerzeugung (hier mit Einschränkungen), ungeordnete Beseitigung gefährlicher Abfälle, unerlaubter Umgang mit Kernbrennstoffen. Die Strafdrohung ist Freiheitsentzug bis zu fünf Jahren. Von besonderer Bedeutung ist die Erfüllung der seit dem Alternativ-Entwurf von 1971 immer wieder erhobenen Forderung, Umwelt-Grund-Straftatbestände von konkreten in abstrakte Gefährdungsdelikte umzuwandeln. Die tatsächliche Gefährdung im Einzelfall braucht nach dem Gesetzentwurf nicht mehr nachgewiesen zu werden, weil vorsätzliche Umwelttaten typischerweise zu Schaden führen.

Umweltsicherung als Verfassungsauftrag

Vor allem die Freiburger Thesen der Liberalen von 1972 betonen den gesellschaftspolitischen Auftrag der Umweltpolitik, fordern eine neue Staatsaufgabe. In ihren Freiburger Thesen verlangt die F.D.P., Artikel 2 des Grundgesetzes soll wie folgt ergänzt werden: „Jeder hat ein Recht auf eine menschenwürdige Umwelt. Die Naturgrundlagen stehen unter dem besonderen Schutz der staatlichen Ordnung. Die Grenze der im Allgemeininteresse zulässigen Umweltbelastung wird durch Gesetz bestimmt." Für die Liberalen wird Menschenwürde zunehmend auch durch Zerstörung der Umwelt bedroht; freie Persönlichkeitsentfaltung wird durch Lärm, Verschmutzung, Nichtverfügbarkeit von Grün- und Erholungsfläche, akute Gesundheitsgefährdungen behindert. Der Schutz der Freiheit der Person soll nach liberaler Auffassung „zu einem sozialen Gestaltungsrecht weiterentwickelt werden". Der bisherige Fortschritts-Begriff mit seiner Tendenz zum technischen Gigantismus, zur unbeschränkten Machbarkeit ohne Rücksicht auf die Umweltfolgen wird hier in seiner Gültigkeit angezweifelt. Der Mensch soll nicht zu funktionierendem Zubehör und Anhängsel bürokratisch-technischer Großplanungen werden, gleichsam „Versuchs-Karnickel" für Huxleys oder Orwells neue verplante Welt.

Weil ein Umweltgrundrecht, formuliert als soziales Gestaltungsrecht offensichtlich – zur Zeit jedenfalls noch – das System unserer Grundrechtssystematik sprengt und daher auch keine Mehrheiten im Bundestag finden dürfte, sollte – wie es die Bundesregierung mehrfach getan hat – eine andere Lösung für das Problem einer notwendigen ökologischen Grundorientierung aller Fachplanungen gefunden werden. Der Rat von Sachverständigen für Umweltfragen empfiehlt in seinem Umweltgutachten 1978 ebenso wie schon der Umweltbericht 1976 der Bundesregierung Aufnahme einer Staatszielbestimmung in das Grundgesetz, die als Verfassungsauftrag für die Legislative die Verpflichtung zu einem „wirksamen und möglichst umfassenden Umweltschutz" enthalten sollte, das heißt eben Prüfung ökologischer Alternativen, vor allem unter Berücksichtigung langfristig zu erwartender Umweltschäden den Planern zur Pflicht macht. Nur auf diese Weise kann die jetzt noch vorherrschende, mehr auf Reparatur als auf kontinuierliche Wiederertüchtigung des Naturhaushalts gerichtete Umweltpolitik die „Ökologische Tönung" erhalten, die mit dem Vorsorgegedanken im Umweltprogramm von 1971 gefordert wird. Eine solche ökologische Staatszielbestimmung, die die natürlichen Lebensgrundlagen des Menschen, also Boden, Luft, Wasser, Pflanzen- und Tierwelt unter den besonderen Schutz der staatlichen Ordnung stellt, würde Auslegungsmaßstab für alle Rechtsbereiche, für Gerichte wie für das Verwaltungshandeln sein und damit eine große Ausstrahlungswirkung bis in den privaten Bereich und in alle gesellschaftspolitischen Gruppen hinein haben. Der Gesamtcharakter des Staates Bundesrepublik würde sich mit einer solchen Verfassungsänderung wandeln, Umweltpolitik würde viel energischer als bisher in ihrer Bedeutung als Querschnittsaufgabe bestätigt, die „Patt-Situation" zwischen Bürgerprotest und Regierungsplanung würde aufgehoben (jedenfalls in vielen Bereichen, etwa in der Verkehrswegeplanung und Luftreinhalteplanung) und last not least würde die ganze Kraft staatlicher Aktion auf langfristige Sicherung unserer natürlichen Lebensgrundlagen gerichtet. Die im Raumordnungsprogramm propagierten Siedlungsformen im Schwerpunkt-Achsensystem müßten ebenso auf ihre ökologischen Folgen untersucht werden, wie die bisherigen Formen der Agrar-Flur-Bereinigung, die jetzt kaum Möglichkeiten eines Biotopenschutzes oder Schaffens neuer Landschaftsvielfalt läßt.

Zu der von den Liberalen 1972 geforderten verfassungspolitischen Fortentwicklung unseres Grundrechts- und Grundwerteverständnisses gehört das Kooperationsprinzip. Nach Friedrich Naumann ist in einer Demokratie „jeder Bürger ein Stück Staat"; jeder einzelne ist mitverantwortlich für das Gemeinwesen, daher auch – über Wahlen und Abstimmungen hinaus – verpflichtet, in Kritik, Warnung, Anteilnahme an der Lösung wichtiger Staatsaufgaben teilzunehmen, sie mit zu gestalten – natürlich auch organisiert in Umwelt-Verbänden, Wählervereinigungen, Protestgruppen und Bürgerinitiativen. Politische Parteien haben kein Monopol auf politische Artikulation des Willens des Staatsvolkes, sind nicht allein der Bürgerwille; Parteien wirken nach unserer Verfassung an der Willensbildung mit, sind aber nicht die politische Willensbildung. „Nur aus Mitverantwortlichkeit und der Mitwirkung der Betroffenen kann sich ein ausgewogenes Verhältnis zwischen individuellen Freiheiten und gesellschaftlichen Bedürfnissen entwickeln", so steht es mit liberaler Handschrift in dem von Werner Maihofer 1976 vorgelegten Umweltbericht, der das Regierungsprogramm von 1971 fortschreibt und in diesem wichtigen Punkt der notwendigen Bürgermitsprache bestätigt. Mit ihren detaillierten Beschlüssen zur Einführung der Verbandsklage im Naturschutz und zur Bürgerbeteiligung an Planungs- und Verwaltungsverfahren hat die F.D.P. auf ihrem Bremer Parteitag im Juni 1979 hieraus längst fällige Konsequenzen gezogen.

Gegen die Einführung einer Verbandsklage sind immer wieder juristische Gegenargumente vorgetragen worden, zuletzt auf dem 52. Juristentag im September 1978. Verfassungsrechtliche Gründe stehen der Einführung der altruistischen Verbandsklage jedenfalls nicht entgegen. Aus Artikel 19 Absatz 4 Satz 1 kann insbesondere nur gefolgert werden, daß *mindestens* der individuelle Rechtsschutz gewährleistet sein muß, keinesfalls aber, daß weitergehende Regelungen, insbesondere die Einführung einer Klagebefugnis, die die Verletzung individueller Rechte nicht voraussetzt, ausgeschlossen ist. Auch der oft erhobene Einwand, die Verbandsklage beeinträchtige den Grundsatz der Gewaltenteilung, ist nicht stichhaltig. Eine Verbandsklage im Naturschutz wird nichts an der in Artikel 20 Absatz 2 Grundgesetz festgelegten Zuständigkeit der drei Gewalten für die Ausübung und Kontrolle staatlicher Gewalt ändern, daß die Verbandsklage nur einen Auslösemechanismus für die verwaltungsgerichtliche Nachprüfung nach Maßgabe objektiven Rechts darstellt. Die Umweltverbände erhalten also nicht selbständige Kontrollbefugnisse, Gerichte keine zusätzlichen Kompetenzen, als sie sie nach unserer Verfassungsordnung ohnehin haben. Im übrigen durchbricht die jetzige Fassung des § 29 Bundesnaturschutzgesetz bereits das bisherige auf Individualklagerechten beruhende Rechtssystem (im Verwaltungsverfahrensrecht haben Verbände Teilnahmerechte erhalten, obwohl sie individualrechtlich nicht Rechtsbetroffene sind). Einwände gegen eine befürchtete (nicht als sicher nachgewiesene) Praxis sind aus den Erfahrungen anderer Länder (Frankreich, USA) leicht zu widerlegen; außerdem lassen sich erwartete Klageflut und Überlastung der Gerichte durch eine überlegte Ausgestaltung der Verbandsklage vermeiden (ein Beispiel dafür ist der Entwurf der F.D.P.-Landtagsfraktion von Baden-Württemberg vom 7.10.1977 – Landtagsdrucksache 7/2283).

Die umweltpolitisch sehr wichtige Vervollständigung der Rechtsgrundlagen durch den Bundesgesetzgeber war allerdings erst möglich, nachdem aufgrund einer Initiative der Bundesregierung das dreißigste Gesetz zur Änderung des Grundgesetzes (Art. 74 Grundgesetz–Umweltschutz) vom 12. April 1972 die konkurrierende Gesetzgebungskompetenz des Bundes auf die Gebiete Abfallbeseitigung, Luftreinhaltung und Lärmbekämpfung ausgedehnt hatte (Art. 74 Nr. 24 Grundgesetz) – unter wesentlicher Mitwirkung des damaligen Vorsitzenden des Bundestags-Innenausschusses, *Prof. Schäfer* (SPD). Für den Wasserhaushalt (Art. 75 Nr. 4 Grundgesetz) und für Naturschutz und Landschaftspflege hat sich die ebenfalls erstrebte Erweiterung der Gesetzgebungsbefugnisse nicht erreichen lassen. Die Opposition war nicht zu überzeugen, daß hierfür eine Notwendigkeit besteht, insbesondere, daß der Bund seine Befugnisse zum Erlaß von Rahmenvorschriften ausgeschöpft habe. In der „Wasserschlacht" haben sich die Länder behauptet – mit der Folge einer Verlangsamung der seit langem erforderlichen wissenschaftlich-technischen Nachrüstung des Gewässer-Schutzinstrumentariums von der Grundwasser-Sicherung bis zur Meßmethodik. Alle diese Vollzugs-Defizite werden jetzt akut – weil organisatorische Voraussetzungen für Inkrafttreten des Abwasser-Abgaben-Gesetzes zum 1.1.1981 in vielen Ländern zu spät geschaffen worden sind. Immer noch fehlt ein abwassertechnisches Forschungszentrum (wie es die Engländer seit langem im Water Research Center Stevenage besitzen).

In voller Ausschöpfung der dem Bund zustehenden Kompetenzen ist 1975/76 dann das wasserrechtliche Instrumentarium ergänzt worden, besonders durch das Vierte Gesetz zur Änderung des Wasserhaushaltsgesetzes vom 26.4.1976, durch das Waschmittelgesetz vom 20.8.1975 und durch das Abwasserabgabengesetz vom 20.5.1976. Von seiner Rahmenkompetenz hat der Bund auch auf dem Gebiet des Naturschutzes und der Landschaftspflege Gebrauch gemacht. Zur Vereinheitlichung des Schutzes der Pflege und der Entwicklung von Natur und Landschaft in den besiedelten und unbesiedelten Räumen des Bundesgebietes ist das Gesetz über Naturhaushalt und Landschaftspflege – Bundesnaturschutzgesetz – am 3.6.1976 vom Deutschen Bundestag beschlossen worden. Mit diesem Gesetz hat Josef Ertl eine wichtige Forderung des Umweltprogramms von 1971 erfüllt, von bloßer Erhaltung einzelner Landschaftsteile (also gelegentlichen Reparaturen) zu einer umfassenden planmäßigen Natur- und Landschaftsgestaltung – auch mit Auf- und Ausbau neuer ökologischer Schutzräume – zu kommen. Das Bundeswaldgesetz vom 2. Mai 1975 ging dem Bundes-Naturschutzgesetz voran mit der Aufgabe, vorsorgend wesentliche Teile der natürlichen Umwelt wie den Wald zu erhalten und zu vermehren. Zahlreiche im Bundesnaturschutzgesetz verwendete unbestimmte Rechtsbegriffe wie „Naturhaushalt", „Selbstreinigungskraft" der Gewässer, „biologische Wasserbaumaßnahmen" müssen noch durch Erfahrungssätze, wissenschaftliche Analysen und Bestimmungsmethoden genauer ausgefüllt werden. Standardwerke und Handbücher der Ökologie können hier nur teilweise helfen. An einfachen Verfahren der verläßlichen Umweltverträglichkeitsprüfung mit jederzeit von der Öffentlichkeit und den Verwaltungsgerichten nachvollziehbaren und nachprüfbaren methodischen Arbeitsschritten fehlt es noch. Aus abstrakten Zielen muß ständig gehandhabte Verwaltungspraxis einer Suche nach ökologisch vernünftigen Planungsalternativen werden.

Umweltgesetzgebung

Weitere Beispiele für wichtige Umweltgesetze des Bundes sind das Fluglärmgesetz vom 30.3.1971, das Benzin-Blei-Gesetz vom 5.8.1971, das Abfall-Beseitigungs-Gesetz vom 7.6.1972, das Gesetz über Umweltstatistiken vom 15.8.1974 und das Gesetz über Errichtung eines Umweltbundesamtes vom 22.7.1974. Der wohl entscheidende Durchbruch auf dem Gebiet der Luftreinhaltung und Lärmbekämpfung ist das Bundesimmissionsschutzgesetz vom 15.3.1974. Prof. *Schäfer* hat im Deutschen Bundestag die Entwicklung des Immissionsschutzrechts am 18.1.1974 in einer alle künftigen Umweltdebatten prägenden Weise dargestellt. Nach Professor *Schäfer* heißt Umweltschutz, „alle Vorgänge unseres Wirtschafts- und Verwaltungslebens so zu planen und zu gestalten, daß der Gemeinschaft bestmögliche Umweltbedingungen erhalten bleiben können oder wieder verschafft werden." (Protokolle des 7. Deutschen Bundestages, Seite 4688) Das Bundesimmissionsschutzgesetz enthält eine rechtliche Verpflichtung zur Umwelt-Vorsorge (in § 1 heißt es: ... „dem Entstehen schädlicher Umwelteinwirkungen vorzubeugen"), angestrebt wird eine nachhaltige planmäßige Verbesserung der Umweltverhältnisse unter Einbeziehen der Quellen schädlicher Einwirkungen. Der „Stand der Technik" wird neu definiert. Neue fortschrittliche Verfahren können schon dann vorgeschrieben werden, wenn sie in einem Betrieb erprobt – langjährige praktische Anwendung wie bei den allgemein anerkannten Regeln der Technik (wie sie etwa für die Abwassertechnik gelten) ist nicht mehr erforderlich. Zusammen mit der auch 1974 verabschiedeten Technischen Anleitung Luft liegt jetzt ein sehr präzises Planungs- und Kontrollinstrument zur ständigen Verbesserung der Luftverhältnisse vor mit etwa 200 Emissionsgrenzwerten, zahlreichen Immissionsgrenzwerten, genauen Meß- und Analysebestimmungen, gleichsam eine „Magna Charta" der Luftreinhaltung. Zur Zeit wird eine Novellierung von Bundesimmissionsschutzgesetz und TA Luft im Bundestag beraten; Teile der TA Luft sollen zur Straffung von Verwaltungsgerichtsprozessen in das BImSchG übernommen, also „verrechtlicht" werden. Eine solche „Vermutungsklausel" ist eigentlich seit der Entscheidung des Bundesverwaltungsgerichts im Voerde-Fall nicht mehr erforderlich, da das Gericht in dieser Entscheidung festgestellt hatte, die TA Luft sei der „antizipierte Sachverstand" von über 1000 Sachverständigen, bedürfe also keiner weiteren Oberbegutachtung.

Immissionsschutzrechtliche Vorschriften der Gewerbeordnung und des Baulärmgesetzes gehen in dem neuen Luftreinhaltegesetz auf. Sonderregelungen in verschiedenen verkehrsrechtlichen Vorschriften gelten weiter für die Immissionsnormen für Straße, Schiene, Schiffs- und Luftverkehr. Ein Regierungsentwurf eines Verkehrslärmschutzgesetzes wird zur Zeit im Bundestag beraten. Viele weitere bundesrechtlichen Umweltvorschriften finden sich in Gesundheitswesen, Baurecht, im Recht der Schädlingsbekämpfung, Düngemittel, Vieh-Seuchenbekämpfung, Tierkörperbeseitigung, Verkehrswesen, Siedlungswirtschaft, Städtebauförderung und Raumordnung. Hinzu kommen zahlreiche landesrechtliche Vorschriften, vor allem die Landeswasser- und Naturschutzgesetze, Länderimmissionsschutzgesetze und Durchführungsvorschriften der Länder zum Bundesimmissionsschutzgesetz. Umweltrecht ist längst zu einer etablierten Sonderdisziplin mit einer geeigneten wissenschaftlichen Gesellschaft für Umweltrecht geworden.

Mit etwa drei Dutzend neuen Umweltgesetzen des Bundes und der Länder und weit über hundert Rechtsverordnungen und Verwaltungsvorschriften ist eine solide rechtliche Grundlage für die Umweltpolitik gelegt. Was noch an Rechtsinstrumenten aussteht, sind im wesentlichen das Umweltchemikaliengesetz, die Störfall-Verordnung nach dem Bundesimmissionsschutzgesetz und das Verkehrslärmschutzgesetz, was hoffentlich eine von der Bevölkerung immer ärgerlicher empfundene Umweltbelastung deutlich mindert – zumindest sofort für neu gebaute Straßen. Die Lärmsanierung von Altstraßen sollte zumindest in Modellprojekten begonnen und aus gesparten Straßenbaumitteln finanziert werden.

Das Umweltbundesamt zählt in seinem Behördenverzeichnis rund 800 verschiedene staatliche Umweltbehörden von Bund, Ländern und Gemeinden auf.

Bei dieser Situation einer fast nicht mehr übersehbaren Fülle von neuen Vorschriften, Behörden, Institutionen, ergänzt durch kommunale Regelungen und Bußgeld-Kataloge, ist es kein Wunder, daß sich Unbehagen in der Wirtschaft einstellt, über Paragraphenflut und Behördenwirrwarr geklagt wird. Im August 1979 wurden zum Beispiel aus diesem Grund in Hamburg und Bremen die Umweltzuständigkeiten neu geregelt. In Bremen ist jetzt einer Forderung der Umweltverbände entsprochen worden, die Sicherung vor nuklearen Risiken von energiewirtschaftlichen Überlegungen zu trennen: der Senator für Wirtschaft und Außenhandel tritt seine Zuständigkeit für das atomrechtliche Genehmigungsverfahren an das Umweltressort ab; ebenso werden Aufgaben der Gewässerreinhaltung nach dem Bremischen Wassergesetz und dem Wasserhaushaltsgesetz aus dem Geschäftsbereich des Bausenators ausgegliedert.

Umwelt-Planung

Die Organisationsordnung und Koordinierung schaffende Funktion des Umweltrechts ist aus den verschiedensten Gründen bisher nicht deutlich geworden. Dies hängt nicht nur mit der ungewohnten neuen Aufgabe, einer vorsorgenden Planung quer durch alle Fachpolitiken zusammen, sondern auch mit der im Verfassungsrecht nicht geklärten Rolle der Planung selbst. Die Stellungnahmen zur Planung in der Literatur schwanken zwischen Berührungsangst und Planungseuphorie. Anfang der 70er Jahre erlebten wir eine Phase der Planungs-Begeisterung. Überall entstanden Planungsabteilungen und -stäbe, sehr stark auch unter amerikanischem Einfluß (Übernahme des PPBS, des Planungs-Programmierungs- und Budgetierungssystems von Hitch und McNamara). Unter dem Einfluß der Rezession 1966/67 wurde das Gesetz zur Förderung der Stabilität und des Wachstums der Wirtschaft am 8.6.1967 verabschiedet, Grundlage auch für die mittelfristige Finanzplanung und Planungspflichten für Bund und Länder, vor allem bei ihren finanz- und wirtschaftspolitischen Maßnahmen die Erfordernisse des gesamtwirtschaftlichen Gleichgewichts zu beachten. Eine ähnliche umfassende Planungspflicht wie im Stabilitätsgesetz für ausgewogenes Wachstum gibt es zur Schonung von Naturhaushalt und Ressourcen bei allen Planungsmaßnahmen bei uns nicht. Allerdings gibt es Umwelt-Fachplanungen, zum Teil mit langer Tradition wie Grünpläne in einzelnen Großstädten oder Rekultivierungs- und Landschaftspläne in einzelnen Regionen. Oft sind Umwelt-Zielvorgaben auch in Rechtsverordnungen und Allgemeinen Verwaltungsvorschriften enthalten. Beispiele für Umwelt-Fachpläne sind u. a. die nach § 6 Abfallbeseitigungsgesetz durch die Länder nach überörtlichen Gesichtspunkten aufzustellenden Abfallbeseitigungspläne; Abwasserbeseitigungspläne nach § 18 a Wasserhaushaltsgesetz; Luftreinhaltepläne nach § 47 Bundesimmissionsschutzgesetz, die eine Analyse über Art und Umfang der Luftverschmutzung, Feststellungen über die Ursachen und Maßnahmen zur Verminderung und Vorsorge enthalten müssen; ferner die nach dem Bundesnaturschutzgesetz aufzustellenden Landschafts- und Artenschutzprogramme, Landschaftspläne, landpflegerischen Begleitpläne und Grünordnungspläne. In einigen Planungsbereichen sind verschiedene Formen einer Umweltverträglichkeitsprüfung im Stadium der Fachplanung vorgesehen, z. B. enthalten Flurbereinigungsgesetz, Bundeswaldgesetz, Bundeswasserstraßengesetz und Landesstraßengesetze die Verpflichtung, bei Straßenplanungen den Zielen und Erfordernissen der Raumordnung und Landesplanung Rechnung zu tragen (zu den vielen Zielen der Raumordnung gehört u. a. auch der Umweltschutz). Flurbereinigungsbehörden haben nach § 41 Flurbereinigungsgesetz die Pflicht, Wege- und Gewässerpläne aufzustellen. Nach landesrechtlichen Vorschriften muß die Bergaufsicht für Sicherung und Ordnung der Oberflächennutzung und Gestaltung der Landschaft nach dem Abbau sorgen. Ein international bekanntes Beispiel für Umwelterfolge dieser Vorschriften ist die Rekultivierung im Rheinischen Braunkohlengebiet Ville bei Köln.

Bei allen diesen Umweltfachplanungen, Begleitplänen und Teilhaberechten an anderen Fachplanungen handelt es sich immer um Teilpläne, meist den unterschiedlichsten Behörden und Instanzenwegen zugeordnet. Für ökologische Gesamtgutachten mit Berücksichtigung aller Zusammenhänge und Vernetzungen innerhalb einer Region oder eines Öko-Systems fehlen in der Regel Behörden, Zuständigkeiten und Auftraggeber. Umweltbundesamt und Landesämter für Umweltschutz haben das Fünf- bis Zehnfache an Technikern und Juristen im Vergleich zu Personal mit ökologischer Vorbildung. Auch deshalb ist nach dem Urteil des Sachverständigenrates für Umweltfragen nach dem jetzigen Stande unseres Wissens eine formalisierte ökologische Gesamt-Bilanz noch nicht möglich, jedoch gibt der Umwelt-Rat in seinem Gesamtgutachten von 1978 eine sehr genaue Analyse der wichtigsten Umweltbereiche, eine Prognose künftiger Gefährdungen und Probleme (vor allem im Bereich der Umweltchemikalien und ökologisch schädlichen Landnutzung). Das nur sehr langsame Vordringen ökologischen Denkens wird ebenso wie ein ökologisches „Wissens-Defizit" bei Planern und Entscheidern von Umwelt-Rat beklagt (Umweltgutachten 1978, Randziffer 1880).

Der Sachverständigenrat für Umweltfragen hat nicht das gleiche Gewicht, das gleiche Prestige – quer durch alle gesellschaftlichen Gruppen und staatliche Instanzen – wie es der Sachverständigenrat zur Begutachtung der gesamtwirtschaftlichen Entwicklung hat. Es gibt auch nicht wie in vielen anderen Ländern (etwa in Japan, USA, Schweden, Dänemark) ein umfassendes allgemeines Umweltgesetz mit ökologischen Planungspflichten und für alle Behörden verbindlichen Verfahren der Umweltverträglichkeitsprüfung (z.B. auf Ressourcenschonung, Abwärmenutzung, Erhalten des Natur-Potentials mit Artenreichtum, funktionierenden Fließgleichgewichten usw.).

In der Klärung dieser Diskrepanz zwischen Planungspflichten zum Erhalten eines gleichmäßigen Wachstumspfades der Wirtschaft und ungeklärten Planungserfordernissen im Umweltbereich liegt eine der wichtigsten verfassungspolitischen Aufgaben der nächsten Jahre. Die Staatsrechtslehrer-Tagung 1979 hat sich mit dieser Problematik befaßt (Berichterstatter Prof. Hoppe, Münster). Umweltverbände und Bürgerinitiativen werden nicht müde, auf diesen Unterschied zwischen rechtlich fixierten wirtschafts- und stabilitätspolitischen Pflichten und einem noch nicht vorhandenen verbindlichen vollständigen Pflichten-Katalog für die langfristige Umweltplanung hinzuweisen. Die Forderung der Liberalen in Freiburg 1972, der Umweltpolitik einen klaren Verfassungsauftrag, also einen grundsätzlichen verfassungsrechtlichen Rahmen zu geben, ist noch nicht erfüllt, das Problem des gesellschaftspolitischen Stellenwertes der Umweltpolitik ist nach wie vor aktuell.

Raumordnung wie Landesplanung kennen in ihren Zielkatalogen seit einiger Zeit auch das generelle Planungsziel „menschenwürdige Umwelt" (etwa in § 1 Absatz 6 S. 1 Bundes-Bau-Gesetz), aber dieses Ziel muß sich in schwierigen Abwägungsprozessen behaupten gegenüber anderen generellen Planungszielen wie Gewährleistung einer dem Wohl der Allgemeinheit entsprechenden sozialgerechten Bodennutzung oder Garantie geordneter städtebaulicher Entwicklung oder Sicherung von Arbeitsplätzen oder verschiedene Wirtschaftsförderungsziele oder gesicherter Energieversorgung usw. Das Bundesverwaltungsgericht wertet alle diese generellen Planungsziele als unbestimmte Rechtsbegriffe, die bei gerichtlicher Überprüfung des Abwägungsvorgangs – etwa nach § 1 Abs. 7 Bundes-Bau-Gesetz oder

§ 1 Absatz 1 und § 2 Bundesnaturschutzgesetz – in Auslegung und Anwendung gerichtlicher Kontrolle unterliegen.

Auch die Umweltplanung erfordert wie jede Planung eine Auseinandersetzung mit einer Fülle von Gesichtspunkten: Bedürfnisse, private und öffentliche Interessen, verfügbare Mittel, technische Durchführbarkeit, politische Kräfteverhältnisse, zur Verfügung stehende Zeit usw. Planung ist danach ein höchst komplizierter argumentativer Prozeß, der nicht in einfache Subsumtions-Schemata paßt und schon daher nicht mit bloßer Gesetzesanwendung verglichen werden kann. Ohne politischen Grundkonsens (d.h. Mehrheitsfähigkeit und Akzeptanz in der Bevölkerung) sind wichtige Planungsentscheidungen oft nicht mehr durchzusetzen – auch wenn sie auf unbestrittenen Rechtsgrundlagen beruhen. Wichtiger noch als das Durchexerzieren einer formalen Planungssystematik ist daher Auseinandersetzung und ehrliches Argumentieren mit den Planungsbetroffenen, also dem Bürger, Anwohner, künftigen Benutzer der geplanten Städte, neuen Behörden, City-Zentren, Erholungseinrichtungen. Die sogenannte „Akzeptanz" von Planungsentscheidungen ist wichtiger geworden als das korrekte Absolvieren vorgeschriebener formaler Planungsschritte.

Ein Beispiel für Plan-Korrekturen, die einen Sinneswandel im Abwägungsprozeß zwischen den Zielen Wachstum und Umweltschutz zeigen, sind der Verzicht von Bundes- und Landespolitikern auf Straßenneubauten. Der Bundesverkehrsminister will auf 3000 Streckenkilometer ganz oder wenigstens teilweise verzichten, der Wirtschafts- und Verkehrsminister von Nordrhein-Westfalen auf 700 km.

Technischer Gigantismus, planerische Perfektion sind keine anerkannten politischen Ziele mehr. Noch vor wenigen Jahren war verkündetes Ziel der Verkehrswegeplanung: Jeder Deutsche soll nicht mehr als 30 km fahren, um auf eine Autobahn zu kommen. Querspangen, Ost-West- und Nord-Süd-Achsen, riesige Verkehrskleeblätter und Zufahrtsstraßen wurden geplant und oft verwirklicht – gegen Bürgerproteste. Vieles davon ist inzwischen aufgegeben worden, wie die vierspurige B 37, die das Heidelberger Neckarufer zerstört hätte, oder die Straße am Rheinufer bei Eltville (12 Jahre hat eine Bürgerinitiative gebraucht, um solche Zerstörung einer Kulturlandschaft zu verhindern). Doch das umstrittene Projekt einer Bodensee-Autobahn ist noch nicht vom Tisch; auch der sogenannte „Friesen-Spieß" wird weiter geplant, der eine Autobahn von der Nordseeküste bis ins Ruhrgebiet schaffen soll. Doch ein Umdenken und Umplanen ist im Gange. Noch vor wenigen Jahren hätte die These des Bundesverkehrsministers scharfen Widerspruch gefunden: Lärmschutz geht vor Straßenkilometer. Heute widerspricht niemand mehr. Gigantomanie ist nicht mehr konsensfähig – auch nach den Erfahrungen mit Steglitzer Kreisel, Aachener Großklinikum oder der Kunststadt Lahn mit ihren großen Investitions- und Verwaltungs-Kosten. Die Verfassungswirklichkeit von 1979 ist eine andere als die von 1969.

Die vielfach noch bestehende „Patt-Situation" allerdings zwischen offizieller Planung und Bürgerprotest, offenkundig vor allem in der Frage des weiteren Ausbaues der Kernenergie, stellt alle politischen Parteien, ja im Grunde genommen die Regierungsfähigkeit unserer jungen Demokratie Bundesrepublik – und damit die

Verfassungsordnung selbst – vor eine schwere Bewährungsprobe. Fachleuten und Regierungskommissionen wird nicht mehr geglaubt, Umweltbewußtsein mit der Bereitschaft auch zum Verzicht auf gewohnte Annehmlichkeiten ist in weiten Kreisen der Bevölkerung oft größer als die Bereitschaft zum „Umdenken und Umschwenken“ in der Politik, es fehlt häufig der kontinuierliche ruhige und ehrliche Dialog zwischen Planern und Planungsbetroffenen, es fehlt das Übersetzen wissenschaftlicher Erkenntnisse in verständliches Deutsch und erlebbare Tageserfahrung.

Der Gedanke einer langfristigen Sicherung unserer natürlichen Lebensgrundlagen wird nur dann eine breite Wirkung haben und wirklich konsensfähig werden (auch bei Gewerkschaften und Arbeitgebern), wenn es gelingt, die wirtschaftlichen und sozialen Folgen für den Einzelnen präzis darzustellen, das heißt ständig transparent zu machen. Hier liegt noch eine große Aufgabe auch für die Umweltbewegung, für Verbände, Bildungseinrichtungen, die Parteien. Die jetzt bei zwei Dritteln der Bevölkerung vorhandene verbale Bereitschaft Konsum- und Wachstumsverzichte zu akzeptieren, setzt voraus, daß deren genauer Umfang deutlich gemacht wird (teilweiser Auto-Verzicht, ernsthaftes Energiesparen, Altstoffverwertung, Kauf umweltfreundlicher Produkte usw.).

Auch die im Sinne des Umweltschutzes beste Verfassung kann immer nur Voraussetzungen einer gesunden funktionstüchtigen Umwelt garantieren, aber nicht intakte Umwelt schaffen. Auch das Grundgesetz kann sich nur an handelnde Menschen wenden, ihnen Gebote und Pflichten auferlegen, Organisationsregelungen treffen, aber nicht Naturgesetze beeinflussen, Eutrophierung der Gewässer anhalten, Ausstoß von Schadstoffen verhindern. So weit, so gut. Doch Orientierung und Inpflichtnahme der Amtsträger, Planer, Entscheider ist das wohl einzig effektive Mittel, um dem ökologischen Vorsorgeprinzip, also den Zielen des Erhaltens, der Stärkung und Kräftigung des Naturhaushalts, Ressourcenschonung, Umsteigen auf umweltfreundliche Technik wirklich Nachdruck zu verleihen. Diese ganz entscheidende politische Aufgabe kann nicht allein den Gerichten, der Umweltwissenschaft und unentwegten Umweltverbänden und Bürgerinitiativen überlassen bleiben. Auch Hinweise auf Artikel 2 Absatz 2 Satz 3 Grundgesetz und Artikel 14 Grundgesetz sind nicht ausreichend. Es geht nicht allein um gesundheitsbezogene Umwelteinschränkungen oder eigentumsgefährdende Umwelteingriffe, sondern um den Gesamtzusammenhang zwischen menschlichen Nutzungsansprüchen sowie Umwelteingriffen und dem Naturhaushalt selbst, der eigentliches Planungsthema werden muß. Warum soll nicht eine „ökologische Buchhaltung“ aufgebaut werden können, die die gleiche Genauigkeit erreicht, wie die Haushaltskontrolle? Beim Finanz-Haushalt wie beim Natur-Haushalt darf das Schulden-Machen auf die Zukunft nicht zu groß werden.

EG-Probleme

Verfassungsrechtliche Sonderprobleme ergeben sich aus der Mitgliedschaft unseres Landes in den Europäischen Gemeinschaften.

Die Bundesrepublik Deutschland ist das einzige Mitgliedsland der EG mit bundesstaatlicher Struktur. Unsere Verfassung ermächtigt den Bundestag, nicht nur eigene Hoheitsrechte, sondern auch solche der Länder auf zwischenstaatliche Einrichtungen zu übertragen. Einer Zustimmung des Bundesrates bedarf er dazu nicht. Die Bundesländer sind weder über den Bundesrat noch als einzelne Länder an der Willensbildung in der Gemeinschaft beteiligt. Diese besondere Situation kann überall dort zu Problemen führen, wo Rechtsakte der Gemeinschaft, vom Rat beschlossene Direktiven innerstaatlich den Hoheitsbereich einzelner Bundesländer berühren, wie dies in der Regel etwa in der Wasserwirtschaft der Fall ist.

Im Wasserbereich liegt – abgesehen von der Bundeswasserstraßenverwaltung – nicht nur die Verwaltungskompetenz, sondern ein erheblicher Teil der Gesetzgebungszuständigkeiten bei den Bundesländern. Immer wieder muß daher bei Beratung von Gewässerschutz-Richtlinien auf diese besondere deutsche Situation in Brüssel hingewiesen werden.

Für die Bundesrepublik Deutschland ist das Erfordernis einer ständigen Harmonisierung und Abstimmung ihrer Umweltpolitik mit der Umweltpolitik der Europäischen Gemeinschaft immer dringender geworden in den letzten Jahren. Grenzüberschreitende Umweltprobleme treten nicht nur bei der Standortplanung von Kernkraftwerken in Grenznähe immer stärker in das öffentliche Bewußtsein; derartige Probleme steigen auch in Umfang und Auswirkungen. Seit langem verlangt die Verschmutzung grenzüberschreitender Gewässer eine vorausschauende Gewässergütepolitik mit Abstimmung unter den betroffenen Partnern. 1976 ist die EG mit der Unterzeichnung einer Zusatzvereinbarung zur Berner Vereinbarung von 1963 Mitglied der Internationalen Rheinschutzkommission geworden, die bereits 1950 mit der Entwicklung von Internationalen Meßprogrammen ihre Arbeit aufgenommen hatte.

Eines der Hauptziele der EG liegt in der Herstellung eines gemeinsamen Marktes, auch dann, wenn sich explizit keine Bestimmung in den Römischen Verträgen findet, die der Gemeinschaft eine Kompetenz in der Umweltpolitik gibt. Nach anfänglichem Zögern einzelner juristischer Experten folgen jetzt alle Mitgliedsstaaten dieser extensiven Auslegung der Gründungsverträge.

Die Bundesrepublik zählt innerhalb der Gemeinschaft zu den Ländern mit der höchsten Umweltbelastung, in einigen Regionen ist die Gewässerbelastung bei uns die wohl höchste in der Welt. Schon wegen des Fehlens langer Küsten, die praktisch allen anderen EG-Ländern Einleiten von Abfällen in das Meer erlauben, ist die Bundesrepublik gezwungen, eine sehr strenge Umweltpolitik zu verfolgen, auf Emissionsstandards und Verstopfen der Schmutzquellen nach Stand der Technik zu bestehen. Andere EG-Länder können sich eine größere Flexibilität in der Durchsetzung von Umweltqualitätszielen leisten. Der deutschen Industrieproduktion werden damit seit Jahren hohe Kosten auferlegt mit der Gefahr wettbewerbspolitischer

Benachteiligung im Handel mit den EG-Partnern (zur Zeit geht die Hälfte unseres Exports in die EG). Sehr oft wurde die Bundesrepublik bei Vorpreschen in der Umweltpolitik (etwa Herabsetzung des Bleigehalts im Benzin) von anderen EG-Partnern im Stich gelassen oder behindert. In den Worten des 1. Umwelt-Aktionsprogramms der EG „müssen umweltpolitische Fortschritte auf nationaler Ebene in einer Form verwirklicht werden, die das gute Funktionieren des Gemeinsamen Marktes nicht gefährden" (Amtsblatt der EG, Nr. C 112 vom 20.12.1973, S. 7). Auf jeden Fall können national strengere Produktionsnormen als Verstoß gegen die Bestimmungen des Gemeinsamen Marktes von der Kommission behandelt werden. Aus diesem Sachverhalt folgt ein Grundkonflikt der Harmonisierung der Umweltpolitik in der EG: national strengere Umweltmaßnahmen werden zugelassen, wenn sie wettbewerbspolitisch zu Lasten der deutschen Seite gehen, aber abgelehnt, wenn darauf Handelshemmnisse für die Produkte anderer EG-Mitgliedsländer entstehen. Das gleiche Problem haben auch andere Länder in Einzelfällen, z. B. im Falle der Titandioxidproduktion. Frankreich und Italien fordern hier strengere Produktionsstandards, die bisher von Großbritannien und der Bundesrepublik abgelehnt werden. Beide Länder entledigen sich seit Jahren dieser Abfälle durch Verklappung in die Nordsee.

In dem Zielkonflikt zwischen Anforderungen der Wettbewerbspolitik und Umweltpolitik versucht die deutsche EG-Politik zunehmend umweltpolitisch unvermeidliche Kostenerhöhungen überall gleichmäßig wirken zu lassen, d. h. auch Entscheidungen – etwa über die Festsetzung von schärferen Schwefel-Standards in der Luftreinhaltung – aufzuhalten oder wenigstens hinaus zu zögern. Deutlicher als zu Anfang der 70er Jahre schlagen gewichtige wirtschaftspolitische Interessen auch in der europäischen Umweltpolitik durch.

Ausblick

Auf keinem anderen Gebiet (schon gar nicht im Bildungswesen) ist unsere Bevölkerung der Bundesregierung so bereitwillig gefolgt wie bei Ausbau, Verschärfung und Neuordnung des Umweltschutzes. Auf keinem anderen Gebiet ist so viel, so intensiv mit Bürgergruppen zusammen gearbeitet, gemeinsam geplant, gestritten, um realistische und partnerschaftliche Lösungen gerungen worden. Die Bundesregierung hat in den letzten zehn Jahren den Umweltbürgerinitiativen Infrastruktur und Bühne mitgeschaffen, auf der sie agieren können. Daher besteht Hoffnung, daß in der wohl zerstrittensten Umweltfrage, den ökologischen Folgen eines Ausbaues der Kernenergie auch eine konsensfähige Lösung gefunden wird, die auf die berechtigten Fragen, Ängste, Sorgen vieler Bürger eine ehrliche Antwort gibt.

Die Bundesregierung hat schon in der Zweiten Fortschreibung des Energieprogramms ihre Prioritäten in der Energiepolitik entscheidend geändert, die Mittel für Erforschung alternativer Energien sind in den letzten drei Jahren vervielfacht worden. Energiesparen hat erste Priorität, gefolgt vom Ausbau heimischer Energieträger, vor allem der Steinkohle, Entwicklung neuer umweltfreundlicher Energiequellen (vor allem der Sonnenenergie) – und erst dann, wenn alle diese Anstrengungen den Energiebedarf nicht decken können, muß auf Kernenergie zurückgegriffen werden, immer unter der Voraussetzung, daß alle Reaktorsicherheitsprobleme nach letztem Stand wissenschaftlicher Erkenntnis gelöst, vor allem eine sichere langfristige Entsorgung des Atommülls garantiert ist. Bisherige Ausbauziele für Kernenergie wurden beträchtlich nach unten korrigiert. Es wäre verhängnisvoll, wenn die Kernenergie-Diskussion buchstäblich die gesamte Umweltdiskussion erschlagen und den bisher bestehenden Grundkonsens über Ziele der Umweltpolitik gefährden würde. Zur ökologischen Vorsorge gehört eine sorgfältige Abwägung der Umweltrisiken aller Energieträger, auch der eines vermehrten Baues von Kohlekraftwerken, einschließlich der Erhöhung von Krebsrisiken durch zunehmende Luftverschmutzung und Langfristfolgen der Kohlendioxid-Produktion auf das Weltklima.

Die Erfahrung der letzten Jahrzehnte – auch in anderen Industrieländern – zeigt, daß die industrielle Entwicklung, die viele Umweltprobleme geschaffen hat, auch am ehesten zu ihrer Lösung in der Lage ist, sofern vom Parlament und Regierung wirklich die richtigen ökologischen Rahmenbedingungen gesetzt werden. Umweltschutz wird in Zukunft noch mehr zur Stärkung der innovativen Leistungsfähigkeit unserer Industrie beitragen. Die Umwelt-Messen ENVITEC in Düsseldorf und IFAT in München sind dafür Belege unter vielen. Zu einer Verteufelung der Industrie, zu einer radikalen Abkehr von Marktwirtschaft und Verursacherprinzip mit Hinwendung zu einem starken Verteilungsstaat, der ökologische und Energieverbrauchsminima über eine Zuteilungs- und Bezugsschein-Bürokratie jedem Bürger zuweist, besteht keinerlei Anlaß. Auch die neuen Erfahrungen der „Grenzen des Fortschritts" kann in unserer geltenden Verfassungsordnung mit Zielkorrekturen, vor allem in der Wirtschafts- und Energiepolitik, aufgefangen und verarbeitet werden.

Umweltpolitik wird immer mehr zur ökologischen Orientierung aller Politikbereiche führen müssen. Zielkonflikte und Zieleinbußen müssen in einem längerfristigen Raumordnungs- und Umweltplanungsrahmen aufgefangen werden. Das erfordert geduldiges zähes Durchsetzen ökologischer Ziele und Eckwerte, Aufarbeiten des Wissens-Defizits, zuerst in Modellprojekten und nach Erprobung überall – zusammen mit den planungsbetroffenen Bürgern, wie dies bei der Revitalisierung vieler Innenstädte oder beim Energiesparen in der Wohnung und beim Autofahren bereits geschieht. Die demokratischen Spielregeln unserer Verfassung werden diesen Lernprozeß nicht behindern – im Gegenteil.

Der Gesetzgebungsnotstand – Eine vergessene Verfassungsnorm

Von Prof. Dr. *Klaus Stern*, Köln

Von 1971 bis 1976 war die vom Deutschen Bundestag eingesetzte Enquête-Kommission Verfassungsreform tätig. Ihr Vorsitzender war der Jubilar dieser Festschrift: Der Bundestagsabgeordnete und Staatssekretär a. D. Professor Dr. *Friedrich Schäfer*. Seine in Parlament, Ministerium und Wissenschaft erworbenen Erfahrungen prädestinierten ihn zur Leitung dieses aus Abgeordneten, Ministerialbeamten und Wissenschaftlern zusammengesetzten Gremiums vorzüglich. Sie boten dem Verfasser dieser Zeilen Gelegenheit, die Gedankenwelt und Argumentationsweise Friedrich Schäfers nicht nur aus seinen Beiträgen zur Kommissionsarbeit, sondern auch in unmittelbarem persönlichen Kontakt kennenzulernen. Zugleich vermittelte die gemeinsame Arbeit in der Kommission einen Einblick in den Menschen Friedrich Schäfer. Gern bin ich daher der Bitte der Herausgeber gefolgt, an der Festgabe zum 65. Geburtstag unseres Jubilars mitzuwirken. Es lag nahe, einen Bereich auszuwählen, der die Enquête-Kommission beschäftigt hat und der dem Denken und Handeln Friedrich Schäfers in mannigfacher Weise verbunden ist.

I. Begriff und Entstehungsgeschichte des Gesetzgebungsnotstandes

1. Der Begriff „Gesetzgebungsnotstand“[1] wird vom Verfassungsgeber selbst verwandt: Art. 81 Abs. 1 Satz 1, Abs. 2 Satz 1, Abs. 3 Satz 1, 2 GG. Indessen ist zweifelhaft, ob der Ausdruck sowohl in der Sache zutreffend ist als auch das Gewollte richtig beschreibt. Dies bedarf in zweierlei Hinsicht der Klärung: Zum ersten, ob es sich überhaupt um einen Notstands„fall“ handelt[2], und zum zweiten, ob es ein Notstand der Gesetzgebung oder vielmehr ein solcher der Regierung ist.

a) Es war eine verfassungstheoretisch höchst bedeutsame, aber für die Staatspraxis der Weimarer Republik zu späte Erkenntnis, daß *J. Heckel* 1932 Notstandssituationen von sog. Verfassungsstörungen unterschied[3]. Im Gegensatz zu Notstandslagen des Staates verstand *Heckel* unter Verfassungsstörung „die staatsrechtlich abnorme Lage, die besteht, wenn ein von der Verfassung zur Erfüllung bestimmter staatsrechtlicher Aufgaben verordnetes oberstes Staatsorgan nicht imstande ist, Funktionen im Verfassungsleben auszufüllen“[4].

b) Es ist nicht das außergewöhnliche und unvorhersehbare, den Staat oder den Kernbestand seiner Verfassung bedrohende Ereignis, das die nur mit exzeptionellen Mitteln zu bekämpfende Gefährdungslage schafft, sondern die Funktionsstörung der Normalität, welche aus der Unfähigkeit oder Unwilligkeit oberster

Staatsorgane erwächst, die ihnen nach der Verfassung zugewiesenen Aufgaben zu erfüllen. Verfassungsstörungen sind deshalb, solange die Institutionen mit Menschen besetzt sind, auch im normalen Ablauf des Staatslebens nicht auszuschließen. Die Ursachen solcher Funktionsstörungen im Verfassungsleben können vielfältig sein. Die Weimarer Republik hat zahlreiche Beispiele geliefert:

– Mangel an Bereitschaft zur Verantwortung für notwendige Entscheidungen;
– fehlender Wille der politischen Parteien zur Zusammenarbeit;
– wechselseitige Blockade oder Selbstausschaltung des Parlaments.

Die Beispiele ließen sich um historische[5] und aktuelle Krisenfälle, wie sie sich ansatzweise auch in der Bundesrepublik Deutschland gezeigt haben, vermehren. In diesem Zusammenhang sei an das Auseinanderbrechen der Bundestagskoalition von CDU/CSU und FDP unter der Regierung von Bundeskanzler Professor Erhard 1966, an die Situation der Stimmengleichheit zwischen Regierungskoalition von SPD und FDP einerseits und der Opposition der CDU/CSU andererseits vor dem konstruktiven Mißtrauensvotum von 1972[6] erinnert oder an die Lage, die vor der Bildung von CDU/FDP-Koalitionen in Niedersachsen und im Saarland 1976 bestand[7]. Grundmuster solcher Krisen sind Brüche in der politischen Übereinstimmung, die eine Unfähigkeit oder Unwilligkeit zur Zusammenarbeit im politischen Willensbildungsprozeß nach sich ziehen; nicht selten sind sie mit dem Blick nach neuerlicher Wahlentscheidung verbunden. Vorzugsweise sind solche Verfassungsstörungen dem parlamentarischen oder präsidentiellen Regierungssystem eigen, weil es in in diesen Regierungsformen auf ein permanentes Zusammenwirken mehrerer politischer Kräfte ankommt: Parlament und Regierung oder Präsident, Regierung und Parlament. Verschließen sich die jeweiligen in einen „festen Zusammenhang" (*H. Preuß*) gebrachten Organe der Zusammenarbeit, weigern sie sich, nach dem Gebot zur „Verfassungsorgantreue"[8] zu handeln, so kommt es zu Funktionsstörungen des geordneten Ablaufs der verfassungsrechtlichen Regulationsmechanismen. Zwar ist es zutreffend, gerade in der demokratischen Regierungsweise und ihrer Kompliziertheit die wesentlichen Gründe für Verfassungsstörungen oder, wie man es modern ausdrückt, für eine schwierige Regierbarkeit oder gar "Ungovernability" (*W. Lippmann*) zu sehen, aber es wäre unrichtig, hierin den einzigen Faktor zu erblicken. Nicht minder kann das bundesstaatliche System, seine Antagonismen und Kooperationsinstrumente, Anlaß zu Verfassungsstörungen geben. Vielleicht sind es überhaupt weniger die staatlichen Institutionen als die in ihnen dominierenden Kräfte, die politischen Parteien und deren Repräsentanten, in deren Schoß die Keime für Funktionsstörungen des Verfassungslebens entstehen oder erstickt werden. Sie sind, wie *E. Kaufmann* im Frühstadium parlamentarischer Regierungen in der Weimarer Republik festgestellt hat, „nicht nur die eigentlichen Subjekte und Träger des politischen Wollens und Handelns, sondern auch die eigentlichen Schöpfer und Wandeler des lebendigen Verfassungsrechts"[9]. Das Verfassungsrecht hat dies zwar bemerkt, aber nicht in allen Regeln rezipiert. Wichtiger ist indessen, daß es die politischen Parteien registrieren; denn sie sind es, die in hohem Maße den Schlüssel für Verfassungsstabilität oder -instabilität in der Hand haben.

2. a) Auf dem Hintergrund dieser allgemeinen Erkenntnisse über Verfassungsstörungen stand der Parlamentarische Rat vor der Frage, ob er für den Fall ihres

Eintritts institutionelle Vorkehrungen treffen sollte. Einerseits enthalten solche Aushilfen für die politischen Kräfte den Anreiz, zu rasch zu ihnen Zuflucht zu nehmen und nicht den schwierigen Weg „normaler" politischer Bewältigung der Krise zu wählen. Andererseits bringt ein Verzicht auf sie die Gefahr mit sich, solche Störungen mit möglicherweise nicht-verfassungsmäßigen Mitteln meistern zu wollen. Zwischen diesen Polen stehend hat sich der Verfassungsgeber zu einer höchst zurückhaltenden Regelung entschlossen, nämlich nur für eine besondere Art der Verfassungsstörung ein nur schwerfällig handhabbares Instrument bereitzuhalten: den Fall der anfänglichen oder späteren Minderheitsregierung, der die Chance eröffnet werden soll, Gesetze mit Hilfe von Bundesrat und Bundespräsident gegen den Willen des Bundestages zu erlassen. Alle anderen Verfassungsstörungen hat der Parlamentarische Rat auf den „Normalweg" verwiesen, ohne etwa einen leichter gangbaren Weg zur Parlamentsauflösung freizugeben[10]. Man hat dies teils getadelt[11], mehrheitlich aber doch gelobt und dem Verfassungsgeber bescheinigt, „ ... einen guten Mittelweg zwischen Kabinettskrise, Gesetzgebungsohnmacht und Diktatur" gefunden zu haben[12]. Indem die dem Bundestag genommene Macht unter Wahrung der bundesstaatlichen Belange und der Ausbalancierung der Gewalten auf drei Verfassungsorgane verlagert wird, ist die Diktatur einer Minderheit ausgeschlossen[13]. Auch die Enquête-Kommission Verfassungsreform hat in voller Kenntnis des geringen Anwendungsbereichs des Art. 81 GG diesen Lösungsweg positiv bewertet und die Möglichkeit einer Minderheitsregierung, mit Hilfe des Art. 81 GG Gesetze zu erlassen, sogar ausgebaut, um deren Chance, wieder Mehrheitsregierung zu werden, zu erhöhen[14].

b) In diesem Sinne erfaßt der Gesetzgebungsnotstand des Art. 81 GG nur eine „bestimmte politische Krisenlage"[15], eine besondere Konstellation staatsrechtlich denkbarer Funktionsstörungen, deren Lösungsmechanismen weder in Fällen anderer Verfassungsstörungen zu Hilfe kommen können noch von ihren Erfindern für sie gedacht waren (unten II 1, 2). Insofern taugt der Gesetzgebungsnotstand unter keinen Umständen als Kristallisationspunkt irgendwelcher allgemeiner Regelungen oder Folgerungen. Schließlich ist fraglich, ob die Tatbestandsvoraussetzungen des Art. 81 GG im parlamentarischen Regierungssystem des Grundgesetzes den typischen Fall der Verfassungsstörung darstellen: der Bundeskanzler (die Bundesregierung) ohne Mehrheit im Bundestag. Diese Situation hat in der politischen Praxis der Bundesrepublik Deutschland bislang noch allemal zum Wechsel der Koalitionen oder zum Wechsel der Kanzler durch freiwilligen Entscheid der politischen Parteien geführt, wie die Vorgänge in den Jahren 1966 und 1974 zeigen. Insofern ist die Frage der staatspolitischen Weisheit der gefundenen Lösung nicht über jeden Zweifel erhaben, ganz abgesehen davon, daß der Weg, Gesetze im Gesetzgebungsnotstand zu erlassen, relativ umständlich ist[16]. Dennoch steckt in Art. 81 GG ein richtiger Kern: Der Gesetzgebungsnotstand ist die Konsequenz des das parlamentarische Regierungssystem des Grundgesetzes beherrschenden Grundgedankens, die Stabilität einer einmal ins Amt gelangten Regierung tunlichst abzusichern. „Gouverner" bedeutet heute zu einem guten Stück „légiférer". Weil dem so ist, muß der Regierung ein Mittel in die Hand gegeben werden, notwendige Gesetze gegen den Widerstand des Parlaments durchzusetzen, sofern dieses in Obstruktion verharrt, d.h. weder zu der unerläßlichen gesetzgeberischen Tätigkeit bereit ist noch sich für eine neue Regierung entscheidet. Betrachtet man diesen Zweck der Vorschrift, so ist es nicht, wie bisweilen angenommen, die Regierung, die eine Not-, besser: Krisenlage herbeiführt, sondern die Legislative[17]. Der Bundestag ist es, der sich der Gesetzesarbeit einer Regierung gegenüber verweigert, die von ihm ins Amt gebracht worden ist. Insofern ist der Ausdruck Gesetzgebungsnotstand dem Terminus Regierungsnotstand vorzuziehen.

c) Wer den Ausdruck Gesetzgebungsnotstand geprägt hat, läßt sich nach den mir zugänglichen Unterlagen nicht feststellen. Teils wird er auf den Allgemeinen Redaktionsausschuß des Parlamentarischen Rates[18], teils auf dessen Organisationsausschuß[19] zurückgeführt. Sicher ist indessen, daß die Grundidee, für den Fall des Mehrheitsverlustes eine „Legalitätsreserve" zur Verfügung zu stellen, die nicht das Notverordnungsrecht Weimarer Prägung sein sollte, bereits im Herrenchiemseer Bericht zum Ausdruck gebracht war[20]. Als Reservemacht wurde der Bundesrat in Aussicht genommen (Art. 88 HChE). Erst die Beratungen im Parlamentarischen Rat ließen die notwendige Unterscheidung zwischen letztendlich nicht zustandegekommener allgemeiner Notstandsregelung und Verfassungsstörungen deutlich werden. Der Weg hierzu war indessen verschlungen: Überlegungen, die sich in Begriffen wie „politischer Notstand" oder „technischer Notstand" (wenn der Bundestag aus Gründen höherer Gewalt nicht zusammentreten kann) niederschlugen, führten allmählich zur Verbindung des Gesetzgebungsnotstandes mit dem Fall des abgelehnten Vertrauensvotums oder des obstruierenden Bundestages, d.h. der generell oder partiell nicht von einer Mehrheit im Parlament gestützten Bundesregierung[21]. Dennoch bedurfte es langer Beratungen, um die eher zurückhaltende CDU-Fraktion, vor allem hinsichtlich der ursprünglichen Befristung des Gesetzgebungsnotstandes auf 12 Monate von den vor allem von den SPD-Abgeordneten Dr. Menzel und Dr. Katz formulierten Vorschlägen zu überzeugen. Hierbei mochte auch die Anhörung des Sachverständigen Professor Dr. Thoma eine Rolle gespielt haben, der für den Gesetzgebungsnotstand ausführte, man müsse es für den Fall, daß keine Gefahr für den Bestand des Bundes oder die freiheitliche und demokratische Ordnung bestehe, in Kauf nehmen – der Bundestag sei immerhin das Herzstück der repräsentativen Demokratie –, daß gewisse der Regierung erwünschte Gesetze nicht beschlossen würden, weil eine destruktive Mehrheit dies verhindere. Nur wenn dadurch ernste Gefahren für die Gesamtheit entstünden, müsse man über einen beschlußunfähigen Bundestag hinweggehen können, nachdem der Staatsnotstand verkündet sei. Für diesen Fall sollte das Gesetzgebungsrecht auf den Bundesrat übergehen, ohne daß der Bundestag für eine Frist von 3 bis 6 Monaten das Recht habe, die so erlassenen Gesetze aufzuheben[22]. Schließlich kam es aber dennoch zu einer übereinstimmenden Vorlage von CDU/CSU, SPD und FDP für die vierte Lesung des Hauptausschusses vom 5.5.1949[23].

3. Begriff und Tatbestand des Gesetzgebungsnotstandes sind ohne konstitutionelles Vorbild in früheren Rechtssystemen. Es handelt sich um einen neuartigen Regelungstypus für bestimmte Konfliktsituationen, bei denen man weder auf Notver-

ordnungsgebung noch auf sonstige Notstandsinstrumente zurückgreift. Kern der Regelung ist die Entstehung eines Gesetzes im förmlichen Sinne, das ohne Beschluß des Bundestages zustandekommt. Insofern ist die Regelung des Art. 81 GG eine Durchbrechung des Prinzips des Art. 77 Abs. 1 Satz 1 GG; die systematische Stellung im Abschnitt über die Gesetzgebung ist also richtig gewählt. Das im Gesetzgebungsnotstand zustandegekommene Gesetz ist kein Gesetz minderen Ranges, sondern von gleicher Qualität wie ein vom Bundestag beschlossenes Gesetz[24]. Für das Parlamentsverständnis ist hier freilich ein ungewöhnliches Phänomen zu konstatieren: Es entsteht ein Gesetz, das weder vom Volk noch von einer Volksvertretung, sondern nur von der Exekutive im weiteren Sinne zugehörigen Organen beschlossen wurde: Bundesregierung, Bundespräsident und Bundesrat, um die Reihenfolge der beteiligten obersten Staatsorgane nach Art. 81 GG beizubehalten. Eine exekutive Reservegesetzgebung kann de constitutione lata das Parlament verdrängen – auch dies ein Stück „geistesgeschichtlicher Lage des Parlamentarismus" (*C. Schmitt*) von 1949. All dies ist nur verständlich aus dem Bestreben, die Gefahren einer Diktatur (Art. 48 WRV!) à tout prix zu meiden[25]. Freilich ist die „Legalitätsbrücke" (*H. Schneider*) des Art. 81 GG bis zum heutigen Tage niemals begangen, selten erwogen, in ihrer Tragfähigkeit also noch nicht erprobt worden. Vergessenheit wäre ihr dennoch nicht zu wünschen. Des römischen Senats ständige Mahnung: Videant consules ... ist der Erinnerung wert.

4. a) Art. 81 GG gehört mit Rücksicht auf seine zahlreichen Verfahrensvoraussetzungen zu den nicht gerade einfach gefaßten Vorschriften des Grundgesetzes. Sein Sinn erschließt sich am besten, wenn man ins Auge faßt, daß der Tatbestand des Gesetzgebungsnotstandes eine deutliche Zäsur aufweist: die Erklärung des Gesetzugebungsnotstandes durch den Bundespräsidenten. Die Voraussetzungen bis zu diesem Akt regelt Art. 81 Abs. 1 GG gewissermaßen als erste Stufe (unten II.). Daran schließt sich die zweite Stufe an, das Gesetzgebungsverfahren im erklärten Gesetzgebungsnotstand. Dieses regelt Art. 81 Abs. 2 (unten III.). Art. 81 Abs. 3 GG gewährt die Möglichkeit, in genau festgelegten Grenzen nach erklärtem Gesetzgebungsnotstand weitere Gesetze im Verfahren des Gesetzgebungsnotstandes zu verabschieden. Art. 81 Abs. 4 GG enthält schließlich das Verbot der Grundgesetzänderung für dieses Gesetzgebungsverfahren (unten IV.). Auf beiden Stufen verlangt die Verfassung die Erfüllung zahlreicher inhaltlicher Voraussetzungen, zeitlich aufwendiger Verfahrensabläufe und das Zusammenwirken mehrerer Verfassungsorgane. Nach der von der Enquête-Kommission Verfassungsreform errechneten Dauer von ca. 18 Wochen für die Verabschiedung einer Gesetzesvorlage im Wege des Gesetzgebungsnotstandes seit ihrer Einbringung, wobei 11 bis 12 Wochen bis zur Erklärung des Gesetzgebungsnotstandes zu veranschlagen sind, ist der Schluß auf die mangelnde Praktikabilität der Vorschrift nicht unangebracht, namentlich wenn man bedenkt, daß das weitere Gesetzgebungsnotstandsverfahren für die Amtszeit eines Bundeskanzlers auf die unüberschreitbare Frist von 6 Monaten nach der ersten Erklärung des Gesetzgebungsnotstandes begrenzt ist (Art. 81 Abs. 3 GG)[26]. Dies versucht die Enquête-Kommission mit ihrem Vorschlag zu verbessern. Er lautet:

„1. Wird im Falle des Art. 68 die Wahlperiode des Bundestages nicht vorzeitig beendet, so kann der Bundespräsident auf Antrag der Bundesregierung mit Zustimmung des Bundesrates den Gesetzgebungsnotstand erklären, wenn der Bundestag eine Gesetzesvorlage ablehnt, obwohl die Bundesregierung sie als dringlich bezeichnet hat. Das gleiche gilt, wenn eine Gesetzesvorlage abgelehnt worden ist, obwohl der Bundeskanzler mit ihr den Antrag des Artikels 68 verbunden hatte.
2. Lehnt der Bundestag die Gesetzesvorlage nach Erklärung des Gesetzbungsnotstandes erneut ab oder nimmt er sie in einer für die Bundesregierung als unannehmbar bezeichneten Fassung an, so gilt das Gesetz als zustande gekommen, soweit der Bundesrat ihm zustimmt. Das gleiche gilt, wenn die Vorlage vom Bundestage nicht innerhalb von vier Wochen nach der erneuten Einbringung verabschiedet wird.
3. Während der Amtszeit eines Bundeskanzlers kann auch jede andere Gesetzesvorlage, die die Bundesregierung innerhalb einer Frist von neun Monaten nach der Erklärung des Gesetzgebungsnotstandes im Bundestag eingebracht und ihm gegenüber als dringlich bezeichnet hat, in entsprechender Anwendung der Vorschriften des Absatzes 2 verabschiedet werden. In diesem Falle beträgt die Frist des Absatzes 2 Satz 2 sechs Wochen von der Dringlichkeitserklärung an. Eine weitere Erklärung des Gesetzgebungsnotstandes ist während der Amtszeit desselben Bundeskanzlers unzulässig.

b) § 102 GO-BTag und § 56 GGO II ergänzen Art. 81 GG, enthalten jedoch nur verfahrenstechnische Regelungen für Bundestag und Bundesregierung.

II. Die Voraussetzungen für die Erklärung des Gesetzgebungsnotstandes

1. Art. 81 Abs. 1 GG sieht zwei Fälle vor, in denen der Gesetzgebungsnotstand erklärt werden darf: Beide nehmen Bezug auf den Vertrauensantrag des Bundeskanzlers nach Art. 68 GG; beide haben dieselben tatbestandlichen Voraussetzungen, mit einer Ausnahme: Nach Art. 81 Abs. 1 Satz 1 GG (unten 2.) hat der Bundeskanzler den Antrag nach Art. 68 GG bereits (erfolglos) gestellt, der Bundestag ist nicht (binnen 21 Tagen) vom Bundespräsidenten aufgelöst worden und alsdann wird vom Bundestag eine als dringlich bezeichnete Gesetzesvorlage abgelehnt. Nach Art. 81 Abs. 1 Satz 2 GG (unten 3.) verbindet hingegen der Bundeskanzler die Vertrauensfrage mit der Gesetzesvorlage. Andere Fälle, die zu einem Gesetzgebungsnotstand führen können, gibt es nicht. Art. 81 Abs. 1 GG ist nicht analogiefähig[27]. Die unerläßliche Verbindung des Art. 81 GG mit der Vertrauensfrage des Bundeskanzlers an das Parlament zeigt seinen Grundgedanken deutlich: der Gesetzgebung – und nur dieser – auch bei Vertrauenskrisen zwischen Bundestag und Bundesregierung die Möglichkeit eines Fortgangs zu gewähren. Auch eine parlamentarische Minderheitsregierung soll nicht zu legislativer Ohnmacht verdammt sein; sie soll wenigstens für einen begrenzten Zeitraum auch Gesetze verabschieden können, sofern sie dafür Unterstützung beim Bundespräsidenten und beim Bundesrat gewinnt.

2. Nach Art. 81 Abs. 1 Satz 1 GG darf die Vertrauensfrage des Bundeskanzlers gemäß Art. 68 GG nicht die Mehrheit der gesetzlichen abstimmungsberechtigten Mitgliederzahl gefunden, der Bundeskanzler muß sich zum Verbleiben im Amt entschlossen haben und der Bundestag darf vom Bundespräsidenten – mangels

Vorschlags des Bundeskanzlers oder infolge Ablehnung durch den Bundespräsidenten – nicht aufgelöst worden sein. Trotz des verfassungssystematischen Zusammenhangs zwischen Art. 67 GG einerseits und Art. 68, 81 GG andererseits ist im Falle eines mit Stimmengleichheit gescheiterten (konstruktiven) Mißtrauensvotums nach Art. 67 GG, das ebenfalls dem Bundeskanzler keine Mehrheit sichert, kein Raum für die Anwendung des Art. 81 GG[28]. Bei einer durch die Abstimmung nach Art. 68 GG indizierten Vertrauenskrise zwischen Parlament und Regierung, die gewissermaßen die Ausgangsbasis für die Erklärung des Gesetzgebungsnotstandes ist, kann ein besonderes Verfahren zum Zustandekommen von Gesetzen eingeschlagen werden. Es setzt voraus, daß

– der Bundestag eine Gesetzgebungsvorlage, die die Bundesregierung als dringlich bezeichnet hat, abgelehnt hat (a),

– die Bundesregierung mit Zustimmung des Bundesrates für diese Gesetzesvorlage beim Bundespräsidenten den Antrag auf Erklärung des Gesetzgebungsnotstandes gestellt hat (b),

– der Bundespräsident diesem Antrag entsprochen hat (c).

a) Abgelehnt ist eine Gesetzesvorlage, die im Bundestag keine Mehrheit nach Art. 77 Abs. 1 Satz 1, 42 Abs. 2 GG gefunden hat. Der Ablehnung steht gleich, wenn die Vorlage substantiell umgestaltet, nicht behandelt oder über sie wegen Beschlußunfähigkeit ergebnislos abgestimmt (§ 102 Abs. 2 GO-BTag) worden ist. In allen Fällen ist das gesetzespolitische Ziel der Regierung nicht erreicht; der Begriff Ablehnung ist daher, wie auch die Fassung des Art. 81 Abs. 2 GG („unannehmbar") ergibt, extensiv zu interpretieren[29]. Die Gesetzesvorlage muß kein Entwurf gerade der Bundesregierung – sog. Regierungsvorlage – sein; der Begriff wird in Art. 76 GG auch für Vorlagen aus der Mitte des Bundestages oder des Bundesrates verwandt[30]. Entscheidend ist nur, daß die Bundesregierung, d. h. das Kollegium, sie als dringlich bezeichnet. Diese Erklärung, die einen auf der Grundlage der Verfassung getroffenen Akt der politischen Führung enthält, ist in das gerichtlich unüberprüfbare politische Ermessen der Regierung gestellt[31]. Sie muß nur im Bundestag ausdrücklich kundgetan sein; dies kann die Bundesregierung von der Einbringung der Vorlage beim Bundestag bis zur Schlußabstimmung tun[32].

b) Während die Vertrauensfrage und den Bundestags-Auflösungsantrag nach Art. 68 Abs. 1 GG allein der Bundeskanzler zu stellen befugt ist, muß der Antrag auf Erklärung des Gesetzgebungsnotstandes beim Bundespräsidenten wiederum durch das Kollegium Bundesregierung gestellt werden. *H. Schneider* sieht darin zu Recht die für den Bundespräsidenten zur politischen Einschätzung der Lage wesentliche Voraussetzung, daß die Bundesminister noch hinter dem Bundeskanzler stehen[33]. Die Zustimmungserklärung des Bundesrates, die mit der Mehrheit des Art. 52 Abs. 3 Satz 1 GG zu erfolgen hat, wird nicht zur Erklärung des Gesetzgebungsnotstandes durch den Bundespräsidenten gegeben, sondern zum Antrag der Regierung. Dies ergibt sich aus der Wortstellung in Art. 81 Abs. 1 Satz 1 GG, aber auch daraus, daß für den Fortgang des Verfahrens sichergestellt werden soll, daß die „Legalitätsreserve" Bundesrat, die ja in der zweiten Stufe noch eine entscheidende Rolle spielt, die Bundesregierung von Anfang an unterstützt[34].

c) Die dem Bundespräsidenten übertragene Erklärung des Gesetzgebungsnotstandes ist eine der wenigen Fälle, in denen die Verfassung dem Staatsoberhaupt politischen Gestaltungsspielraum einräumt; denn es steht in seinem politischen Ermessen („kann"), nach Prüfung der verfassungsrechtlichen Voraussetzungen gemäß Art. 81 GG den Gesetzgebungsnotstand zu erklären, zu verweigern oder zuzuwarten, bzw. im Falle von mehreren Gesetzesvorlagen teils in der einen, teils in der anderen Richtung tätig zu werden[35]. Die Erklärung ist nicht begrenzt auf *eine* Gesetzesvorlage, muß sich jedoch stets auf individualisierbare Vorlagen beziehen, kann also nicht generell erfolgen. Auch bei dieser Erklärung handelt es sich um einen Akt politischer Führung, für den verfassungsrechtliche Schranken nur in der Pflicht zur Wahrung des Staatswohls bei der Beseitigung einer Funktionsstörung im Verhalten der Hauptorgane des parlamentarischen Regierungssystems liegen. Eine Verzögerung der Entscheidung darf nicht mißbräuchlich sein, sie muß in angemessener Frist erfolgen. Die Erklärung bedarf der Kundgabe; die Verkündung im Bundesgesetzblatt erscheint nicht geboten. Sie, nicht jedoch ein Unterlassen[36], ist gemäß Art. 58 GG gegenzeichnungsbedürftig, da keiner der Ausnahmefälle des Satz 2 dieser Vorschrift vorliegt und der nach Art. 81 GG erforderliche Kollegialbeschluß nicht die Gegenzeichnung durch den Bundeskanzler bzw. den zuständigen Bundesminister ersetzen kann[37].

3. a) Im Falle des Art. 81 Abs. 1 Satz 2 GG ist die Vertrauensfrage nach Art. 68 GG mit einer Gesetzesvorlage zwingend zu verbinden. Die Vertrauensfrage ist also nicht isoliert gestellt, wie es Art. 68 GG als Regel vorsieht. Art. 81 Abs. 1 Satz 2 GG ist die einzige Regelung über die Verbindung einer Vertrauensfrage mit Sachvorlagen. Soweit Art. 81 Abs. 4 GG für die Gesetzgebung im Rahmen des Gesetzgebungsnotstandes Grenzen setzt, darf eine Verbindung nicht erfolgen. Außerhalb des Verfahrens des Art. 81 Abs. 1 Satz 2 GG ist eine derartige Verknüpfung unzulässig. Es liegt in der Natur der Verbindung, daß über Vertrauensfrage und Gesetzesvorlage nicht getrennt abgestimmt werden darf[38]. Angesichts unterschiedlicher Mehrheitsvoraussetzungen – Art. 68 GG i. V. m. Art. 121 GG einerseits, Art. 42 Abs. 2 GG andererseits – kann im Ergebnis die Vertrauensfrage abgelehnt, die Gesetzesvorlage aber angenommen sein. In einem solchen Fall ist der Weg des Art. 81 GG verschlossen und nur der des Art. 68 GG eröffnet[39]. Scheitern beide Anträge, so sind die Rechtsfolgen beider Vorschriften – Bundestagsauflösung bzw. Neuwahl des Bundeskanzlers oder Erklärung des Gesetzgebungsnotstandes – möglich[40].

b) Zweifelhaft ist, ob es auf Grund der unklaren Bezugnahme – „Das gleiche gilt" – auch im Falle des Art. 68 Abs. 1 Satz 2 GG einer Dringlichkeitserklärung der Gesetzesvorlage bedarf, wie *W. Jellinek* meint[41], die anders als die Vertrauensfrage vom Kabinett abzugeben wäre, oder ob die Dringlichkeit nicht bereits in der Verbindung der Gesetzesvorlage mit der Vertrauensfrage liegt. Das letztere dürfte zu bejahen sein; denn die Verbindung indiziert die Bedeutung der Gesetzesvorlage für die Bundesregierung. Die Formulierung „Das gleiche gilt" bezieht sich nur auf die übrigen Tatbestandsteile des Art. 81 Abs. 1 Satz 1 GG[42]. Freilich bleibt der Einwand bestehen, daß dann die Kollegialentscheidung der Bundesregierung durch den Vertrauensantrag des Bundeskanzlers ersetzt ist. Dies ist aber durch die notwendige Kabinettsentscheidung für den Antrag an den Bundespräsidenten auf Erklärung des Gesetzgebungsnotstandes kompensiert.

III. Das Gesetzgebungsverfahren nach erklärtem Gesetzgebungsnotstand

1. Wenn vom Bundespräsidenten unter den Voraussetzungen des Art. 81 Abs. 1 Satz 1 oder Satz 2 GG der Gesetzgebungsnotstand erklärt worden ist, so muß die Gesetzesvorlage im Bundestag „erneut" (Art. 81 Abs. 2 Satz 1 GG) zur Beratung und Abstimmung gebracht werden. Es beginnt also ein neuerliches Gesetzgebungsverfahren – Einbringung, Beratung, Beschlußfassung – im Bundestag, in dem die Chance besteht, daß der Bundestag die Vorlage doch noch beschließt. Erst wenn dies nicht zu erreichen ist, kommt das „außerordentliche" Gesetzgebungsverfahren des Art. 81 Abs. 2 GG, die „Legalitätsreserve" des Bundesrates zum Tragen: das Gesetz „gilt als zustandegekommen, soweit der Bundesrat ihm zustimmt". Dieser Rechtsfolge muß vorausgehen:

– eine Ablehnung der Vorlage durch den Bundestag (Art. 81 Abs. 2 Satz 1, 1. Alt. GG) oder

– eine Annahme der Vorlage, die die Bundesregierung als unannehmbar bezeichnet (Art. 81 Abs. 2 Satz 1, 2. Alt. GG)[43] oder

– eine unterlassene Verabschiedung der Vorlage innerhalb von 4 Wochen nach erneuter Einbringung (Art. 81 Abs. 2 Satz 2 GG)[44] oder

– der Fall, daß wegen Beschlußunfähigkeit in der zweiten oder dritten Beratung ergebnislos abgestimmt worden ist (§ 102 Abs. 2 GO-BTag); dieser von der Geschäftsordnung hinzugefügte Fall dürfte im Grunde Art. 81 Abs. 2 Satz 2 GG zu subsumieren sein[45].

2. Nach dem Scheitern im Bundestag gilt das Gesetz nur dann als zustandegekommen, wenn Bundesregierung und Bundesrat zusammenwirken. Der Bundesrat muß mit der Mehrheit des Art. 52 Abs. 3 Satz 1 GG zustimmen. Diese Zustimmung ist ihrer formalen Rechtsnatur nach von gleicher Art wie die bei Zustimmungsgesetzen gemäß Art. 78, 77 Abs. 2 GG. Stimmt der Bundesrat daher im Verfahren nach Art. 81 Abs. 2 GG der Vorlage zu, so schließt diese zugleich die „föderative" Zustimmungserklärung ein. Eine doppelte Zustimmungserklärung ist überflüssig, da beide Erklärungen das gleiche Ziel haben: das Zustandebringen des Gesetzes. Damit sind freilich die Probleme um die „Legalitätsreserve" Bundesrat noch nicht ausgeräumt.

a) Nach Art. 81 Abs. 2 GG kommt das Gesetz nur zustande, „soweit" der Bundesrat zustimmt. Damit stellt sich die Frage, welche inhaltliche Einwirkung dem Bundesrat auf die Vorlage gestattet ist. Versteht man, wie bisweilen angenommen wird, den Ausdruck „soweit" im Sinne von „insoweit", so ist dem Bundesrat jede Möglichkeit zur Veränderung der Gesetzesvorlage gegeben[46]. Dieser Auslegung kann jedoch nicht gefolgt werden, da der Zweck des Art. 81 GG, ein von der Bundesregierung in einer bestimmten Fassung für unerläßlich gehaltenes Gesetz durchzusetzen, vereitelt wurde. Es spricht alles dafür, daß der Ausdruck „soweit" im Sinne von „wenn", „falls" oder „sobald" zu verstehen ist[47]. „Sobald" war auch die Fassung des Hauptausschusses in der zweiten und dritten Lesung[48]. Erst in der vierten Lesung erschien auf Grund anders intendierender Änderungsvorschläge stattdessen „soweit"[49]. Die Annahme eines redaktionellen Versehens in den Texten liegt daher sehr nahe. Dementsprechend formuliert § 56 Abs. 2 Satz 1 GGO II: „wenn". Dennoch sind Einwirkungsmöglichkeiten auf die Vorlage dem Bundesrat nicht gänzlich verschlossen. Man wird sie in gleicher Weise zulassen können, wie sie dem Vermittlungsausschuß nach Art. 77 Abs. 2 GG i. V. mit der GO-VA eingeräumt sind; denn nichts spricht dagegen, daß ein von Bundesregierung und Bundesrat bei Anwendung des Art. 81 GG ad hoc gebildeter, zwar nicht verfassungsrechtlich vorgesehener, aber auch nicht verbotener besonderer Ausschuß zusammentritt, der die endgültige Fassung des Gesetzes abspricht[50]. Im Falle solcher Änderungen nach Beendigung der Beratung im Bundestag muß allerdings der Bundestag erneut eingeschaltet werden; denn es handelt sich ja um eine andere Vorlage[51]. Er kann allerdings dieser nur zustimmen oder sie ablehnen; insoweit muß § 92 GO-BTag entsprechend angewendet werden. Andernfalls würde das Gesetzgebungsnotstandsverfahren unerträglich verlängert werden. In der Staatspraxis wird sich freilich die Bundesregierung in der Regel schon vorher der Zustimmung des Bundesrates versichern.

b) Wenn der Bundesrat der Vorlage zustimmt, so „gilt" das Gesetz als zustandegekommen. Es handelt sich also um eine Fiktion. Art. 81 Abs. 2 GG behandelt das im außerordentlichen Gesetzgebungsverfahren nach der Zustimmung des Bundesrates zustandegekommene Gesetz so, als ob es wie im normalen Verfahren nach Beschluß des Bundestages zustandegekommen wäre. Für Ausfertigung und Verkündung des Gesetzes gelten keine besonderen Vorschriften (§ 56 Abs. 2 Satz 6 GGO II). Jedoch wird in der Eingangsformel auf das Zustandekommen des Gesetzes gemäß Art. 81 GG hinzuweisen sein.

3. Die nach Art. 81 GG zustandegekommenen Gesetze sind „in jeder Hinsicht Gesetze im formellen Sinne, vollgültige, nicht befristete Bundesgesetze mit dem gleichen Rang und der gleichen Geltungskraft wie die im ordentlichen Gesetzgebungsverfahren erlassenen Bundesgesetze"[52]. Sie können materielle Regelungen enthalten oder auch nur Gesetze im rein formellen Sinne sein, z. B. solche nach Art. 59 Abs. 2 GG oder nach Art. 110 Abs. 2 Satz 1 GG (unten IV 3 c). Sie unterscheiden sich nur im Hinblick auf das Verfahren des Zustandekommens. Für sie gilt selbstverständlich der Vorrang der Verfassung; zusätzlich müssen sie die besonderen Grenzen des Art. 81 GG beachten. Im Falle ihrer Verfassungswidrigkeit besteht Vorlagepflicht nach Art. 100 Abs. 1 GG[53].

4. Nach der Erklärung des Gesetzgebungsnotstandes ist der Bundestag von der Gesetzgebung nicht ausgeschlossen. Er kann im ordentlichen Gesetzgebungsverfahren Gesetze beschließen. Jedoch wird man ihm während der Dauer des Gesetzgebungsnotstandes, der Sechs-Monatsfrist nach Art. 81 Abs. 3 GG, nicht zugestehen können, die im außerordentlichen Gesetzgebungsverfahren zustandege-

kommenen Gesetze aufzuheben oder zu ändern; denn dadurch würden Ziel und Zweck des Art. 81 GG ad absurdum geführt. In dieser Frage herrscht Einigkeit[54]. Zweifel bestehen nur darüber, wie innerhalb der vorgenannten Frist die nach Art. 81 GG verabschiedeten Gesetze aufgehoben oder geändert werden können. Teilweise wird verlangt, der Bundestag bedürfe der Zustimmung des Bundesrates und der Bundesregierung[55]. Als Parallele für diese Annahme könnte an den Fall des Art. 113 GG gedacht werden. Nur fehlt es an einer Festlegung dieser Auffassung im Text des Grundgesetzes. Zutreffender dürfte die Meinung sein, die die Aufhebung oder Abänderung an eine Initiative der Bundesregierung bindet[56], wobei nicht notwendig ist, daß wiederum das außerordentliche Verfahren nach Art. 81 GG Platz greift, wie *H. C. F. Liesegang* meint[57]. Dieses begrenzt die Möglichkeiten des Bundestages zu sehr. Es ist die Bundesregierung, die im Zusammenwirken mit Bundesrat und Bundespräsident politisch der Gestalter des Gesetzgebungsnotstandes ist; es sind die von ihr für unerläßlich gehaltenen Gesetze, die zustandegekommen sind. Dieser Sinn des Art. 81 GG gebietet es, solange der Gesetzgebungsnotstand besteht oder zulässig ist, die Gesetze des Gesetzgebungsnotstandes auch nur dann zu beseitigen, wenn die Bundesregierung es für annehmbar erachtet. Hierbei bedarf sie der Zustimmung des Bundesrates; denn dieser ist die legislatorische Reservemacht, die das Gesetz erst durch ihre Zustimmung zustandebringt. Er verantwortet im Gesetzgebungsnotstand das Gesetz wirklich mit; denn die Zustimmung des Art. 81 Abs. 2 GG ist von anderer Qualität als die föderative Zustimmung der Art. 77, 78 GG (oben 2). Dem Zustimmungsakt muß deshalb für den Aufhebungsakt als actus contrarius logisch eine Einverständniserklärung entsprechen.

IV. Die Grenzen des Gesetzgebungsnotstandes

1. Angesichts der Vorbehalte und der Zurückhaltung, insbesondere im Hinblick auf (nicht gegebene) Analogien zu Art. 48 WRV, die man der Regelung des Gesetzgebungsnotstandes bereits bei seiner Entstehung entgegengebracht hat, ist es verständlich, daß man diesem Instrument der Regierung, ohne Parlament Gesetze durchsetzen zu können, erhebliche Grenzen ziehen wollte. Man war bestrebt, jede Gefahr einer „Diktatur der Minderheit im Parlament"[58] auszuschalten. Andererseits aber war auch die Erkenntnis unabweisbar, „das Bestehen einer arbeitsfähigen Regierung in Krisenzeiten zu sichern"[59]. Aus der Furcht vor dem Risiko und der Mißbrauchsmöglichkeit[60] hielt man es allerdings für erforderlich, „Sicherheitsmaßnahmen"[61] zur instrumentalen (unten 2), gegenständlichen (unten 3) und zeitlichen (unten 4) Begrenzung einzubauen. Sie wurden im Laufe der Beratungen im Parlamentarischen Rat verstärkt. Im Endeffekt hielt man sie dann für geeignet, jede Willkür auszuschließen und sicherzustellen, „daß die parlamentarischen Spielregeln jederzeit wieder eingreifen können"[62]

2. a) Nach Art. 81 Abs. 1 und 2 GG haben sich die Erklärung des Gesetzgebungsnotstandes und die Verabschiedung der Gesetzesvorlage im außerordentlichen Verfahren auf eine oder mehrere individualisierbare Gesetzesvorlagen zu erstrecken

(oben II 2, 3). Eine allgemeine Erklärung des Gesetzgebungsnotstandes für jede weitere Gesetzgebung ist von Art. 81 Abs. 1 GG nicht gedeckt. Allerdings eröffnet Art. 81 Abs. 3 GG die Möglichkeit, den Gesetzgebungsnotstand unter bestimmten Umständen auf weitere Gesetzesvorlagen auszudehnen. Der Sinn dieses Absatzes liegt in folgendem: Wenn der Gesetzgebungsnotstand einmal erklärt worden ist, so kann innerhalb der Sechs-Monatsfrist eine unbegrenzte Zahl von Gesetzesvorlagen im außerordentlichen Gesetzgebungsverfahren beschlossen werden. Zweifelhaft ist allerdings angesichts der unklaren Verweisung auf Absatz 1 und 2, welche Voraussetzungen für diese Vorlagen erfüllt sein müssen. Soll das Verfahren der außerordentlichen Gesetzgebung ein wirksames Instrument sein, so kann für die weiteren Vorlagen nur sinnvoll sein, daß nicht die gesamte Prozedur des Art. 81 Abs. 1 GG wiederholt werden muß. Zu Recht geht die h.M. dahin, daß es der erneuten Stellung der Vertrauensfrage nach Art. 68 GG und der Dringlicherklärung der Gesetzesvorlage nicht bedarf[63]. Dem Bundeskanzler ist einmal das Vertrauen verweigert worden; er ist „Minderheitskanzler", und dies muß als ausreichend für weitere Gesetzgebungsakte nach Art. 81 Abs. 3 GG gelten. Nicht aber kann auf die übrigen Voraussetzungen der Absätze 1 und 2 verzichtet werden; denn sie sind Teil des Sicherungskonzepts für die „erleichterte" Gesetzgebung der Minderheitsregierung. Das bedeutet:

– Der Bundestag muß die Gesetzesvorlage abgelehnt haben;

– die Bundesregierung muß mit Zustimmung des Bundesrates für sie beim Bundespräsidenten den Antrag auf Erklärung des Gesetzgebungsnotstandes stellen;

– der Bundespräsident muß den Gesetzgebungsnotstand erklären;

– der Bundestag muß die Vorlage erneut ablehnen (Art. 81 Abs. 2 GG);

– der Bundesrat muß der Gesetzesvorlage zustimmen.

Sind diese Voraussetzungen erfüllt, so gelten auch die weiteren Vorlagen als zustandegekommen[64].

b) Die Schwerfälligkeit dieses Verfahrens liegt auf der Hand. Nach dem Vorschlag der Enquête-Kommission Verfassungsreform soll auf die erneute Erklärung des Gesetzgebungsnotstandes und die zweimalige Beratung und negative Beschlußfassung im Bundestag verzichtet werden, um der Minderheitsregierung größere Chancen zur Verwirklichung ihres Gesetzesprogramms zu geben, durch das sie vielleicht wieder Mehrheitsregierung werden kann[65].

3. a) Bereits in der zweiten Lesung des Parlamentarischen Rates zum späteren Art. 81 GG wurde der Vorschlag unterbreitet, das außerordentliche Gesetzgebungsverfahren für verfassungsändernde Gesetze auszuschließen[66]. Diese Absicht wurde durch Art. 81 Abs. 4 GG verwirklicht. Auffällig ist hierbei die im Vergleich zur Unantastbarkeitsklausel des Art. 79 Abs. 3 GG beinahe tautologische Sprachweise: weder „geändert", noch ganz oder teilweise „außer Kraft" oder „außer Anwendung gesetzt" werden. Die Nachwirkungen der Verfassungsdurchbrechungen und -suspensionen der Vergangenheit[67] waren noch in zu frischer Erinnerung. Der Sinn der Regelung ist eindeutig: Das Grundgesetz soll für Gesetze im außerordentlichen Gesetzgebungsverfahren schlechthin unantastbar sein; es soll keine Änderung, keine Aufhebung, keine (befristete) Suspendierung geben[68]. Insofern sind bereits Anträge nach Art. 81 Abs. 1 GG, die darauf hinzielen, verfassungswidrig.

b) Das Unantastbarkeitsgebot des Art. 81 Abs. 4 GG bezieht sich nur auf das Grundgesetz, die Verfassung im formellen Sinne. Ausführungsgesetze zur Verfassung, mögen sie auch zur Verfassung im materiellen Sinne gehören, wie etwa das BVerfGG, das BWahlG usw., sind davon nicht erfaßt. Das ist zwar mißlich, aber nach dem klaren Wortlaut des Abs. 4 nicht hinwegzudeuten[69]. Das weitergehende entstehungsgeschichtliche Argument, die Gesetze des Art. 81 GG sollten sich nur auf „die laufenden Dinge" beziehen[70], hat im Grundgesetz selbst nicht hinreichend Ausdruck gefunden. Wo sollte hierfür eine rechtlich faßbare Grenze gefunden werden?

c) Darüber hinaus enthält Art. 81 Abs. 4 GG kein weiteres Verbot für den Erlaß von Gesetzen im Gesetzgebungsnotstandsverfahren. Es ist daher zulässig, jedwedes Gesetz im außerordentlichen Gesetzgebungsverfahren des Art. 81 GG zustandekommen zu lassen. Das gilt auch für Gesetze im nur formellen Sinne oder Mitwirkungsakte des Bundestages, für die vom Grundgesetz die Form eines Gesetzes vorgeschrieben ist. In Frage kommen insbesondere:

- Gesetze nach Art. 24 Abs. 1 GG,
- die Zustimmung zu politischen Verträgen nach Art. 59 Abs. 2 GG,
- der Haushaltsplan nach Art. 110 Abs. 2 GG,
- Kreditermächtigungsgesetze nach Art. 115 Abs. 1 GG,
- der Friedensschluß nach Art. 115 Abs. 3 GG,
- Organgesetze, z. B. nach Art. 109 Abs. 3 und 4 GG.

Nicht darunter fallen verfassungsrechtlich vorgesehene sonstige Mitwirkungsakte des Bundestages, wie z. B.: die Feststellung des Verteidigungsfalles nach Art. 115a Abs. 1 GG, die anderweitig ersetzbar ist. Insofern ist es richtig, Art. 81 GG nicht als eine generelle „Gebrechlichkeitspflegschaft für den Bundestag" anzusehen[71]. Für einen Teil der Gesetze wird die Anwendung des Art. 81 GG zwar bisweilen bestritten[72], wofür sich jedoch weder im Wortlaut noch in der Entstehungsgeschichte oder im Zweck der Vorschrift Anhaltspunkte finden. Auch die Einordnung des Art. 81 GG in den Abschnitt über die Gesetzgebung spricht dafür, ihn für alle Gesetzgebungsakte verfügbar zu halten. Gerade die vorgenannten Gesetze sind häufig solche, auf deren Erlaß eine Regierung dringend angewiesen ist. Diese Gesetze enthalten zudem besondere Mitwirkungsrechte des Bundestages, die der Sache nach zumindest dem allgemeinen Gesetzgebungsrecht vergleichbar sind. In diesen Fällen das Gesetzgebungsnotstandsverfahren zu verwehren, würde die Zielsetzung des Art. 81 GG im Kern treffen.

4. a) Die in Art. 81 Abs. 3 GG verankerte zeitliche Begrenzung war im Parlamentarischen Rat lebhaft umstritten. Zwischen der Befristung auf entweder sechs oder zwölf Monate gab es erhebliche Kontroversen, die die ganze Regelung in Frage zu stellen drohten[73]. So erklärte der Abg. Dr. Lehr (CDU) im Hauptausschuß: „Eine Zustimmung [seiner Fraktion zu Art. 81 GG] ist nur dadurch erreicht worden, daß wir die Fristen auf sechs Monate kürzten"[74]. Indessen ist fraglich, ob angesichts der langwierigen Prozedur, die durchlaufen werden muß, um eine Vorlage im Wege des Art. 81 GG Gesetz werden zu lassen, der Sechs-Monatszeitraum ein ausreichender Spielraum ist, um einer Minderheitsregierung zu gestatten, mehr als ein

oder zwei Vorlagen „durchzubringen". Insofern ist die Zeitfrage keine quantité négligeable für die Zwecktauglichkeit der Vorschrift. Offenbar war im Parlamentarischen Rat die Furcht vor Mißbrauch größer als die positive Einschätzung des Sinns der Vorschrift. Die Enquête-Kommission Verfassungsreform hat die Akzente wiederum stärker in Richtung auf ein notwendiges Instrument zur Lösung von Krisensituationen verlagert und vorgeschlagen, die Frist auf neun Monate zu verlängern. Auch bei ihr war die Zeitdauer nicht unumstritten[75].

α) Die Sechs-Monatsfrist des Art. 81 Abs. 3 GG beginnt von der ersten Erklärung des Gesetzgebungsnotstandes an zu laufen. Das ist nach dem Verfassungstext unzweifelhaft.

β) Problematisch ist indessen die Frage, wann die Frist abläuft. Angesichts der Formulierung, daß die Vorlage „gemäß Absatz 1 und 2 verabschiedet werden" muß, ist zu folgern, daß das gesamte Verfahren nach diesen Vorschriften innerhalb der Sechs-Monats-Frist abgewickelt sein muß: D.h. der letzte Akt, die Zustimmung des Bundesrates, muß noch in dieser Frist erfolgt sein. Ausfertigung und Verkündung nach Art. 82 GG können später erfolgen[76]. In Anbetracht der langwierigen Prozedur und denkbarer Verzögerungsmöglichkeiten wird auch vertreten, daß nur die Erklärung des Gesetzgebungsnotstandes innerhalb der Frist liegen, die Durchführung des Verfahrens auch nach der Frist möglich sein muß[77]. Dieser Ansicht kann in Anbetracht des Wortlauts („verabschiedet") indes nicht gefolgt werden.

b) Eine Begrenzung bedeutet auch die Beschränkung auf eine einmalige Anwendung des Art. 81 GG im Rahmen der Amtszeit desselben[78] Bundeskanzlers (Art. 81 Abs. 3 Satz 2 GG). Unter ein- und demselben Bundeskanzler ist also eine nochmalige Ingangsetzung des Gesetzgebungsnotstandes über den einmal gewährten Zeitraum von sechs Monaten hinaus unzulässig. Das außerordentliche Gesetzgebungsverfahren soll nicht zur Regel werden; es soll so begrenzt wie möglich bleiben. Tritt ein Bundeskanzler zurück und wird er wiedergewählt, so ist er nach wie vor derselbe Bundeskanzler. Erst wenn zwischenzeitlich ein anderer Bundeskanzler amtiert hat, ist die Sperre des Art. 81 Abs. 3 Satz 2 GG aufgehoben[79].

5. Über die normalen Beendigungsgründe des Gesetzgebungsnostandes gem. Art. 81 Abs. 3 GG hinaus enden die Möglichkeiten, nach Art. 81 GG zu verfahren, auch:

– im Falle des Zusammentritts eines neuen Bundestages,
– im Falle einer Vertrauenserklärung für den Bundeskanzler,
– im Falle der Amtsbeendigung des Bundeskanzlers,
– im Falle der Wahl eines neuen Bundeskanzlers.

In all diesen Fällen ist die Grundlage für die Anwendung des Art. 81 GG, die Vertrauenskrise zwischen Bundestag und Bundeskanzler, entfallen. Es amtiert kein Minderheitskanzler, für den allein das Instrument des Art. 81 GG gedacht ist[80].

1 *F. A. Frhr. v. d. Heydte* unterscheidet zwischen echtem und unechtem Gesetzgebungsnotstand; der erstere liegt nach ihm vor, wenn die Gesetzgebungsarbeit tatsächlich oder rechtlicht behindert wird; Art. 81 GG ist für ihn nur ein unechter Gesetzgebungsnotstand (Festschrift W. Laforet, 1952, S. 62 f.,)

2 Zur Entstehungsgeschichte vgl. Abg. *Dr. Lehr* (CDU), Hauptausschuß-Protokoll, S. 223; *Dr. Katz* (SPD), ebda., S. 417; ferner *R. W. Füßlein*, AöR Bd. 75 (1949), S. 353 ff.

3 AöR n. F. Bd. 22 (1932), S. 257 ff., 276 m. w. N. Im Hinblick auf Art. 81 GG hat darauf wieder besonders Bezug genommen *H. Schneider*, VVDStRL Heft 8 (1950), S. 34. Weitgehend ist ihm das staatsrechtliche Schrifttum gefolgt (vgl. *K. Hesse*, Grundzüge des Verfassungsrechts der Bundesrepublik Deutschland, 11. Aufl. 1978, § 23 I 1, S. 285; *Th. Maunz*, in: Maunz-Dürig-Herzog-Scholz, Art. 81 Rdnr. 3. Abw. *O. Koellreutter*, Deutsches Staatsrecht, 1953, S. 208 ff.; *F. K. Fromme*, DÖV 1960, 735.

4 A.a.O., S. 275.

5 Vgl. *Th. Schieder*, Einmaligkeit oder Wiederkehr – Historische Dimension der heutigen Krise, in: Regierbarkeit, hrsg. von W. Hennis, P. Graf Kielmansegg, U. Matz, Bd. 1, 1977, S. 22 ff.

6 Vgl. *N.-P. Kleiner*, ZRP 1974, 130.

7 Diese Fälle sind anschaulich beschrieben im Archiv der Gegenwart, XXXVI. Jahrg. 1966, 12776 D/3, 12799 E; 42. Jahrg. 1972, 17044 D, 1/351 A; 46. Jahrg. 1976, 20004 F, 20516 A, 20664 A; 47. Jahrg. 1977, 21422 G; siehe ferner *U. Bermbach*, ZParl 1977, 167 ff., 173 ff.; *W. Blischke*, der Staat Bd. 12 (1973), S. 65 ff.; *J. Domes*, Festschrift D. Sternberger, 1977, S. 53 ff.

8 Eingehend *W. R. Schenke*, Die Verfassungsorgantreue, 1977.

9 Gesammelte Schriften, Bd. I, 1960, S. 376 f.

10 Die Enquête-Kommission Verfassungsreform hat hier unter dem Eindruck des 1972 „künstlich" beschrittenen Wegs des Art. 68 GG Abhilfe vorgeschlagen und eine Auflösung des Bundestags mit Zweidrittelmehrheit eröffnet (Art. 39 Abs. 2 bis 4 GG neu); siehe Zur Sache 3/76, Beratungen und Empfehlungen zur Verfassungsreform (I), Kap. 3, Nr. 1.2.1, S. 92 f.

11 Vgl. *F. Münch*, Die Bundesregierung, 1954, S. 180; *O. Koellreutter*, Staatsrecht, 1953, S. 208: „Verfassungstrick".

12 So *W. Jellinek*, VVDStRL Heft 8 (1950), S. 19; ebenso positiv *H. Schneider*, ebda, S. 42; *Th. Maunz*, in: Maunz-Dürig-Herzog-Scholz, Art. 81 Rdnr. 28; *F. A. Frhr. v. d. Heydte*, Festschrift W. Laforet, 1952, S. 76.

13 Siehe *B. Börner*, DÖV 1950, S. 239 f.

14 Vgl. Zur Sache 3/76, Beratungen und Empfehlungen zur Verfassungsreform (I), Kap. 3 Nr. 4.3, S. 113.

15 Vgl. *v. Mangoldt-Klein*, Art. 81 Anm. II 2 b.

16 Vgl. *H. C. F. Liesegang*, in: v. Münch, Art. 81 Rdnrn. 26 ff.; *Th. Maunz*, in: Maunz-Dürig-Herzog-Scholz, Art. 81 Rdnrn. 12, 29; *v. Mangoldt-Klein*, Art. 81 Anm. II 6. a–c, S. 1989 f. m. w. Nachw. – Sehr weitgehend *K. Hesse*, Grundzüge, 11. Aufl., § 23 II, S. 288: „Das einzige, was sich mit Art. 81 GG erreichen läßt, ist also eine Verlängerung der politischen Krise, gegen deren Folgen er sichern soll. Mittel einer wirksamen Abhilfe enthält er nicht." Siehe ferner *F. Münch*, Die Bundesregierung, 1954, S. 180: „... die Notgesetzgebung über Art. 68 und 81 GG ist ein Behelf von unsicherem Wert."

17 Zu dieser Streitfrage *v. Mangoldt-Klein*, Art. 81 Anm. II 2 m. w. N. Eine ähnliche Konstellation besteht bei Art. 113 GG.

18 So *H. v. Mangoldt*, Das Bonner Grundgesetz, 1. Aufl. 1953, Art. 81 Anm. 1, und JöR Bd. 1 (1951), S. 593.

19 So *H. Schneider*, VVDStRL Heft 8 (1950), S. 32.

20 Darstellender Teil, S. 41, 44.

21 Vgl. hierzu *H. Herrfahrdt*, Bonner Kommentar, Art. 81 (Erstbearbeitung) Anm. I, S. 2 ff.; *H. v. Mangoldt*, a.a.O.; JöR Bd. 1 (1951), S. 593 ff.

22 JöR Bd. 1 (1951), S. 596.

23 Hauptausschuß, S. 753.

24 Allg. Auffassung; siehe *H. Schneider*, VVDStRL Heft 8 (1950), S. 47 f.; *H. C. F. Liesegang*, in: v. Münch, Art. 81 Rdnr. 19.

25 So arbeitet *H. Schneider*, den Unterschied von Art. 48 WRV und Art. 81 GG deutlich heraus (VVDStRL Heft 8 [1950], S. 34 ff.).

26 Vgl. Kap. 3 Nr. 4.3.2.1. (Zur Sache 3/76, S. 113). Der Vorschlag hat keine Kritik in der politischen Diskussion gefunden; die Staatsrechtswissenschaft hat ihn (leider) bisher nicht beachtet (vgl. zuletzt die Gesamtwürdigung von *R. Wahl*, AöR Bd. 103 [1978], S. 479 ff. – ohne Stellungnahme).

27 H. M., siehe *v. Mangoldt-Klein*, Art. 81 Anm. III, 1a; *H. C. F. Liesegang*, in: v. Münch, Art. 81 Rdnr. 1; *Th. Maunz*, in: Maunz-Dürig-Herzog-Scholz, Art. 81 Rdnr. 4; *H. Schneider*, VVDStRL Heft 8 (1950), S. 41 f.

28 Siehe *v. Mangoldt-Klein*, Art. 67 Anm. II 5, S. 1294 f., Art. 81 Anm. III 1a, S. 1991 m. FN 44.

29 Vgl. *H. Trossmann*, Parlamentsrecht des Deutschen Bundestages, Kommentar 1977, § 102 GO-BTag, Rdnrn. 4–6; *H. C. F. Liesegang*, in: v. Münch, Art. 81 Rdnr. 8; *v. Mangoldt-Klein*, Art. 81 Anm. III 2b, S. 1993.

30 *H. Trossmann*, a.a.O., § 102 GO-BTag, Rdnr. 31; *B. Börner*, DÖV 1950, 237; *v. Mangoldt-Klein*, Art. 81 Anm. III 2a aa), S. 1992; *Th. Maunz*, in: Maunz-Dürig-Herzog-Scholz, Art. 81 Rdnr. 6 m. FN 2.

31 Vgl. *K. Stern*, Verwaltungsprozessuale Probleme in der öffentlich-rechtlichen Arbeit, 4. Aufl. 1978, S. 27. *H. C. F. Liesegang*, in: v. Münch, Art. 81 Rdnr. 9, zieht nur die allgemeine Mißbrauchsgrenze.

32 *H. Trossmann*, a.a.O., § 102 GO-BTag, Rdnr. 7; *v. Mangoldt-Klein*, Art. 81 Anm. III 3c.

33 VVDStRL Heft 8 (1950), S. 45.

34 Ebenso die h. M. (vgl. *H. Schneider*, a.a.O.; *H. C. F. Liesegang*, in: v. Münch, Art. 81 Rdnr. 11).

35 H. M.; vgl. *F. Glum*, Festgabe E. Kaufmann, 1950, S. 60; *H. Schneider*, VVDStRL Heft 8 (1950), S. 44; *ders.*, ebenda, Heft 16 (1958), S. 139; *H. C. F. Liesegang*, in: v. Münch, Art. 81 Rdnr. 12; *M. Nierhaus*, Entscheidung, Präsidialakt und Gegenzeichnung, 1973, S. 52 m. w. Nachw.; a.A. *E. Friesenhahn*, VVDStRL Heft 16 (1958), S. 151; *W. Kaltefleiter*, Die Funktionen des Staatsoberhauptes in der parlamentarischen Demokratie, 1970, S. 245.

36 *W.-R. Schenke*, BK, Art. 58 (Zweitbearbeitung) Rdnrn. 55 ff. m. Nachw. zum Streitstand Rdnr. 55.

37 *W.-R. Schenke*, BK, Art. 58 Rdnr. 40 m. w. Nachw.; a.A.: *Giese-Schunck*, GG, Art. 81 Anm. II 2; *H. Herrfahrdt*, BK, Art. 81 Anm. II 2; *B. Börner*, DÖV 1950, 237. Zum Bedeutungswandel der Gegenzeichnung in den Fällen der Art. 68 und 81 GG siehe *R. Herzog*, Festschrift G. Müller, 1970, S. 126; *M. Nierhaus*, a.a.O., S. 50 ff. m. w. Nachw.

38 Vgl. *v. Mangoldt-Klein*, Art. 81 Anm. III 5a m. w. Nachw.; *H. Trossmann*, a.a.O., § 103 Rdnr. 11; *J. Henkel*, DÖV 1973, 74 m. w. Nachw. Er läßt auch ein „formloses Junktim" zu, d. h. die Erklärung, der Bundeskanzler werde die Vertrauensfrage stellen, wenn der Bundestag die Gesetzesvorlage ablehne.

39 *Th. Maunz*, in: Maunz-Dürig-Herzog-Scholz, Art. 81 Rdnr. 15; *H. C. F. Liesegang*, in: v. Münch, Art. 81 Rdnr. 14.

40 Vgl. *H. Trossmann*, a.a.O., § 103 Rdnr. 12; teilweise abw. *J. Bücker*, ZParl 1972, 292.

41 VVDStRL Heft 8 (1950), S. 14.

42 Ebenso *J. Henkel*, a.a.O., *H. Trossmann*, a.a.O., § 102 Rdnr. 7; *v. Mangoldt-Klein*, Art. 81 Anm. III 5b, S. 2002; *Th. Maunz*, in: Maunz-Dürig-Herzog-Scholz, Art. 81 Rdnr. 15 m. FN 1; *B. Börner*, DÖV 1950, 237 f.

43 Es liegt auch hier ausschließlich (in den Grenzen der allgemeinen Mißbrauchsschranken) im politischen Ermessen der Bundesregierung, ob sie die Gesetzesfassung als unannehmbar ablehnt (vgl. *H. Trossmann*, a.a.O., § 102 Rdnr. 16.2, *H. C. F. Liesegang*, in: v. Münch, Art. 81 Rdnr. 17).

44 § 102 Abs. 1 GO-BTag gibt solchen Vorlagen Vorrang für die Tagesordnung.

45 *H. Trossmann*, a.a.O., § 102 Rdnr. 16.2., nimmt daher zu Unrecht Verfassungswidrigkeit an.

46 So etwa *B. Börner*, DÖV 1950, 238; *H. Schäfer*, Der Bundesrat, 1955, S. 99; wohl auch *Schmidt/Bleibtreu-Klein*, Kommentar zum GG, 4. Aufl. 1977, Art. 81 Rdnr. 4.

47 So die h. M., vgl. *W. Jellinek*, VVDStRL Heft 8 (1950), S. 15; *H. Schneider*, ebda, S. 32; *v. Mangoldt-Klein*, Art. 81 Anm. IV 3a m. w. N.; *H. Trossmann*, a.a.O., § 102 Rdnr. 17; *R. Simon*, Gesetzgebungsnotstand und Notstandsgesetze, Diss. Münster 1963, S. 84 ff. m. w. N.; *K. Wöhler*, Aufgaben und staatsrechtliche Stellung des Deutschen Bundesrates nach dem Grundgesetz vom 23. Mai 1949, Diss. Münster 1953, S. 109.

48 JöR Bd. 1 (1951), S. 600, 602.

49 JöR Bd. 1 (1951), S. 604.

50 Ebenso *H. C. F. Liesegang*, in: v. Münch, Art. 81 Rdnr. 18; *Th. Maunz*, in: Maunz-Dürig-Herzog-Scholz, Art. 81 Rdnr. 17; *v. Mangoldt-Klein*, Art. 81 Anm. IV 3b.

51 De constitutione ferenda wäre allerdings zu erwägen, ob nicht die Hilfe des Vermittlungsausschusses zwischen Bundestag und Bundesregierung in Anspruch genommen werden kann, um im Falle der Ablehnung oder Modifikation (Frage der Annehmbarkeit) durch Lösung der Konfliktsituation die Gesetzesvorlage doch noch auf dem parlamentarischen Weg zu verabschieden (so wohl auch *H. Schneider*, VVDStRL Heft 8 [1950], S. 45/46).

52 *v. Mangoldt-Klein*, Art. 81 Anm. VII 1b m. w. N.

53 Vgl. BVerfGE 1, 184 (201).

54 Vgl. *v. Mangoldt-Klein*, Art. 81 Anm. VII 5 m. w. N., *H. C. F. Liesegang*, in: v. Münch, Art. 81 Rdnr. 20; a.A. nur *A. Hamann–H. Lenz*, Das Grundgesetz, Kommentar, 3. Aufl. 1970, Art. 81 Anm. 7.

55 So *H. Schneider*, VVDStRL Heft 8 (1950), S. 47; *H. Herrfahrdt*, Bonner Kommentar, Art. 81 (Erstbearbeitung), Erl. II 4: nur Zustimmung des Bundesrates.

56 So *H. Trossmann*, a.a.O., § 102 Rdnr. 18.

57 In: *v. Münch*, Art. 81 Rdnr. 20.

58 Vgl. dieses Zitat bei *H. v. Mangoldt*, Das Bonner Grundgesetz, 1. Aufl., Art. 81 Anm. 1.

59 So der Abg. Dr. *Katz* (SPD) in Hauptausschuß (Prot. S. 417). Diesen Aspekt will die Enquête-Kommission Verfassungsreform mit ihrem Änderungsvorschlag verstärken.

60 Vgl. JöR Bd. 1 (1951), S. 596 ff. über die Entstehung der begrenzenden Vorschrift.

61 So der Abg. *Dr. Lehr* (CDU) im Hauptausschuß (Prot. S. 223).

62 Abg. *Dr. Lehr* (CDU), a.a.O.

63 Vgl. *H. Trossmann*, a.a.O., § 102 Rdnr. 10; *v. Mangoldt-Klein*, Art. 81 Anm. V 1a m.w. N.; *H. C. F. Liesegang*, in: v. Münch, Art. 81 Rdnr. 21.

64 Dies ist im wesentlichen unbestritten (vgl. die Nachweise bei *v. Mangoldt-Klein*, Art. 81 Anm. V 1a).

65 Zur Sache 3/76, Kap. 3 Nr. 4.3.3.2., S. 115.

66 Abg. *Dr. Seebohm* (DP), Hauptausschuß-Prot. S. 224; die Abg. *Dr. v. Brentano* (CDU) und *Dr. C. Schmid* (SPD) griffen den Vorschlag auf.

67 Zur Problematik unter der Geltung der WRV vgl. *K. Stern*, Staatsrecht der Bundesrepublik Deutschland, 1977, Bd. I, § 5 II 3.

68 Vgl. *v. Mangoldt-Klein*, Art. 81 Anm. VII 2; *Th. Maunz*, in: Maunz-Dürig-Herzog-Scholz, Art. 81 Rdnr. 22.

69 Vgl. *v. Mangoldt-Klein*, Art. 81 Anm. VII 2e; *Th. Maunz*, in: Maunz-Dürig-Herzog-Scholz, Art. 81 Rdnr. 23; a.A. *H. Schneider*, VVDStL Heft 8 (1950), S. 49.

70 *C. Schmid* (SPD) im Hauptausschuß (Prot. S. 224).

71 *H. Schneider*, VVDStRL Heft 8 (1950), S. 49.

72 So z.B. *H. Schneider*, VVDStRL Heft 8 (1950), S. 49 f.; *Th. Maunz*, in: Maunz-Dürig-Herzog-Scholz, Art. 81 Rdnr. 23; *Schmidt/Bleibtreu-Klein*, Komm., 4. Aufl. 1977; Art. 81 Rdnr. 5; wie im Text: *v. Mangoldt-Klein*, Art. 81 Anm. VII 3; *H. C. F. Liesegang*, in: v. Münch, Art. 81 Rdnr. 24; *H. Trossmann*, a.a.O., § 102 Rdnr. 2.

73 Vgl. namentlich die 2. Lesung im Hauptausschuß (Prot. S. 417 ff.).

74 Prot. S. 418.

75 Vgl. Zur Sache 3/76, Kap. 4.3., S. 113 ff.

76 Vgl. *Th. Maunz*, in: Maunz-Dürig-Herzog-Scholz, Art. 81 Rdnr. 13; *H. Trossmann*, a.a.O., § 102 Rdnr. 11; *H. Schneider*, VVDStRL Heft 8 (1950), S. 46 FN 54.

77 So *W. Jellinek*, VVDStRL Heft 8 (1950), S. 15; *v. Mangoldt-Klein*, Art. 81 Anm. V 2b.

78 Sprachlich ungenau im Grundgesetz: „des gleichen".

79 Vgl. *Th. Maunz*, in: Maunz-Dürig-Herzog-Scholz, Art. 81 Rdnr. 14; *v. Mangold-Klein*, Art. 81 Anm. V 2a; *H. C. F. Liesegang*, in: v. Münch, Art. 81 Rdnr. 22; *Schmidt/Bleibtreu-Klein*, Art. 81, Rdnr. 2. – Eine neue Amtszeit i. S. d. Art. 81 Abs. 3 Satz 2 GG ist allerdings dann anzunehmen, wenn derselbe Bundeskanzler von einem *neuen* Bundestag gewählt wird: Das positive Votum schafft eine neue Ausgangslage – die Perpetuierung der vorherigen Minderheitsregierung ist damit gegenstandslos und zugleich die in Art. 81 Abs. 3 Satz 2 GG vorausgesetzte Gefährdungslage.

80 Vgl. *v. Mangoldt-Klein*, Art. 81 Anm. VII m. w. Nachw.; *H. C. F. Liesegang*, in: v. Münch, Art. 81 Rdnr. 23.

Rechtsprobleme der Post- und Fernmeldekontrolle

Von Dr. *Claus Arndt*, Hamburg

I. *Geschichtliche Entwicklung*

Bis zum Herbst 1968 hatte Art. 10 GG in der damals geltenden Fassung in der Praxis nur eine sehr beschränkte Bedeutung, weil die USA, Frankreich und Großbritannien es sich in Art. 5 Abs. 2 Satz 1 des sogenannten Generalvertrages[1] kraft Besatzungsrechts vorbehalten hatten, „zum Schutz der Sicherheit von in der Bundesrepublik stationierten Streitkräften“ in der Bundesrepublik Telephone abzuhören, Post zu kontrollieren und den Telegramm- und Fernschreibverkehr mitzulesen. Dies geschah in den einzelnen Besatzungszonen mit unterschiedlicher Intensität. Am stärksten war die amerikanische Armee hier engagiert, am geringsten die französische. Amerikanische Dienststellen gingen zeitweilig bis zur totalen Überwachung des gesamten Post- und Fernmeldeverkehrs zwischen der Bundesrepublik und einzelnen auswärtigen Staaten. Entsprechend umfangreich waren die hierfür eingerichteten Stellen und entsprechend zahlreich das Personal. Zudem gab es zahlreiche konkrete Anhaltspunkte dafür, daß die Überwachungsmaßnahmen keineswegs nur dem vertraglich zugesicherten Zweck des Schutzes der in der Bundesrepublik stationierten Streitkräfte dienten und daß wirtschaftliche Konkurrenzgesichtspunkte vielfach nicht mit der erforderlichen Sicherheit ausgeschaltet waren. Da andererseits der Generalvertrag das Erlöschen der alliierten Rechte für den Fall vorsah, daß die deutschen Behörden entsprechende Vollmachten durch die deutsche Gesetzgebung erhalten haben und dadurch in den Stand gesetzt werden, wirksame Maßnahmen zum Schutz der Sicherheit der alliierten Streitkräfte einschließlich der Fähigkeit zu treffen, ernstliche Störungen der öffentlichen Sicherheit und Ordnung zu begegnen, gehörte es zu den wichtigsten Aufgaben der deutschen Gesetzgebung, durch den Erlaß geeigneter Rechtsnormen auch auf dem Gebiete des Post- und Fernmeldegeheimnisses endlich Herr im eigenen Hause zu werden. Da dies nicht ohne Änderung der damals geltenden Fassung des Art. 10 GG möglich war, lag es als dringendste Aufgabe im deutschen Interesse, eine solche Änderung vorzunehmen, als die Große Koalition 1967 daran ging, das bereits jahrelang politisch schwärende Problem der sogenannten Notstandsverfassung zu lösen. Neben den Änderungen der Art. 35 und 91, die die verfassungsrechtlichen Konsequenzen aus den Erfahrungen der Hamburger Flutkatastrophe im Februar 1962 zogen[2], war allein die Problematik des Art. 10 GG durch die alliierte Praxis von bedrängender Aktualität. Alle anderen Gegenstände der Notstandsverfassung besaßen nur mehr oder weniger theoretische Bedeutung, weil niemand wußte und bis heute weiß, ob sie jemals praktisch angewendet werden (müssen). So entschlossen sich Bundestag, Bundesrat und Bundesregierung, im Rahmen des 17. Gesetzes zur Änderung des Grundgesetzes auch den Art. 10 GG zu ändern, dessen Abs. 2 eine Fassung erhielt, die Beschränkungen des Grundrechts des Post- und Fernmeldegeheimnisses zum Schutz der freiheitlichen demokratischen Grundordnung, des Bestandes oder der Sicherung des Bundes oder eines Landes aufgrund eines Gesetzes zuließ, die dem Betroffenen nicht mitgeteilt zu werden brauchten und an Stelle des Rechtswegs einer Nachprüfung durch von den Volksvertretungen bestellte Organe und Hilfsorgane unterworfen werden konnten[3]. Gestützt auf diese verfassungsrechtliche Ermächtigung erließen der Bund und alle Bundesländer[4] Ausführungsgesetze zu Art. 10 GG. Die Grundgesetz-Änderung selbst und das auf diese gestützte Bundesgesetz[5] mußten mehrfach die Feuerprobe höchstrichterlicher Überprüfung bestehen. So entschied zunächst das Bundesverfassungsgericht (BVerfG)[6] auf Antrag des Landes Hessen und einiger Verfassungsbeschwerdeführer, daß die Neufassung der Art. 10 Abs. 2 und 19 Abs. 4 S. 3 GG durch das 17. Gesetz zur Änderung des Grundgesetzes in der sich aus den Entscheidungsgründen ergebenden Auslegung verfassungsmäßig ist. Auch das Ausführungsgesetz des Bundes wurde vom BVerfG mit einer Ausnahme als verfassungskonform bestätigt: das Gericht erklärte lediglich § 5 Abs. 5 insoweit für nichtig, als er die Unterrichtung eines Betroffenen über eine gegen ihn getroffene Beschränkungsmaßnahme auch dann ausschloß, wenn sie ohne Gefährdung des Zwecks der Beschränkung erfolgen kann. Die Verfassungsbeschwerdeführer haben gegen diese Entscheidung des BVerfG den Europäischen Gerichtshof für Menschenrechte angerufen und die Verletzung der Art. 8 (Briefgeheimnis), 6 (rechtliches Gehör und faires Verfahren) und 13 (Rechtsweggarantie) der Konvention zum Schutze der Menschenrechte und Grundfreiheiten[7] gerügt. In einem umfangreichen und auf sorgfältigen Untersuchungen basierenden Urteil[8] hat der Gerichtshof einstimmig festgestellt, daß das deutsche Recht in der Auslegung des BVerfG die Europäische Menschenrechtskonvention nicht verletzt[9]. Beide Gerichte haben sich bei der Prüfung der Zulässigkeit der Beschwerden in erfreulicher Weise große Verdienste um die Gewährung eines auch tatsächlich wirksamen Rechtsschutzes für den Bürger bei geheimen Eingriffen der Staatsgewalt in seine Rechte erworben: Während das BVerfG die Verfassungsbeschwerde unmittelbar gegen das Gesetz wie in den Fällen zuließ, in denen aus anderen Gründen eine Verfassungsbeschwerde gegen einen Vollzugsakt nicht möglich ist, sah es der Europäische Gerichtshof für Menschenrechte in ausweitender Auslegung des Art. 25 Abs. 1 MRK bereits als eine Beschwer an, wenn eine Person geltend machen kann, sie sei durch die bloße Existenz geheime Maßnahmen gestattender Gesetze Opfer einer Verletzung der MRK. Die Behauptung, eine solche Maßnahme sei tatsächlich gegen sie getroffen, erachtete das Gericht in diesem Fall nicht mehr als notwendig.

Soweit das BVerfG § 5 Abs. 5 für verfassungswidrig und nichtig erklärt hatte, hat die nach § 9 Abs. 4 gebildete Kommission der Bundesregierung auferlegt, alle seit 1968 von Beschränkungsmaßnahmen nach dem G 10 Betroffenen nach Abschluß der Überwachung zu benachrichtigen, sofern dies ohne Gefährdung des Zwecks der Beschränkung erfolgen kann. Dies ist in der Zwischenzeit abschließend geschehen. Erstaunlicherweise hat bis heute erst ein[10] Betroffener von der Möglichkeit Gebrauch gemacht, den Rechtsweg zu beschreiten, obwohl inzwischen eine dreistellige Zahl von Betroffenen benachrichtigt worden ist. Will die Bundesregierung im Einzelfall keine Benachrichtigung vornehmen, so darf sie dies nur tun, wenn die Kommission nach § 9 Abs. 4 diese Unterlassung ausdrücklich durch Beschluß genehmigt. Verweigert die Kommission die Genehmigung, so muß die Bundesregierung unverzüglich benachrichtigen.

Diese verfassungsrechtlich vorgeschriebene Benachrichtigungspflicht ist dann auch zusammen mit der förmlichen Eröffnung des Rechtswegs einer der beiden Schwerpunkte der 1978 verkündeten Novelle zum G 10. So schreiben jetzt die §§ 5 Abs. 5 und 9 Abs. 3 nF. die oben geschilderte Benachrichtigungspraxis und die hierbei erforderliche Mitwirkung der Kommission nach § 9 Abs. 4 von Gesetzes wegen vor[11]. Dabei bedarf es des besonderen Hinweises, daß nach § 5 Abs. 5 S. 3 der Rechtsweg an die Gerichte erst eröffnet ist, wenn der Betroffene benachrichtigt ist. Das hat das OLG Köln verkannt, als es in dem Beschluß über die Eröffnung der Hauptverhandlung in einem Strafverfahren schlicht festgestellt hat, die Überwachung des Angeschuldigten nach G 10 sei nicht zulässig gewesen[12]. Der Beschluß ist nämlich vor der Benachrichtigung des betroffenen Angeschuldigten, also in einem Zeitpunkt ergangen, als infolge der Rechtswegsperre in § 9 Abs. 6 die Anordnung einer Überwachungsmaßnahme nach dem G 10 für alle Gerichte unüberprüfbare Tatbestandswirkung hatte. Der Beschluß ist somit insoweit rechtswidrig, als er einen Vorgang rechtlich würdigt, der der Beurteilung des OLG von Gesetzes wegen entzogen war.

Auch der andere Schwerpunkt der G 10-Novelle von 1978 hat lediglich eine bereits seit mehreren Jahren geübte Praxis positiv in das Gesetz aufgenommen: § 9 Abs. 2 wurde insoweit geändert, als der zuständige Bundesminister nunmehr verpflichtet ist, die Kommission nach § 9 Abs. 4 über die von ihm angeordneten Beschränkungsmaßnahmen vor deren Vollzug zu unterrichten. Dies bedeutet eine stärkere Sicherung des betroffenen Bürgers, weil in den Fällen, in denen die Kommission die Zulässigkeit oder Notwendigkeit einer Maßnahme verneint, eine Überwachung gar nicht erst stattfindet. Diese jetzt in § 9 Abs. 2 positivrechtlich getroffene Regelung entsprach bereits der nach § 9 Abs. 2 aF. zwar zulässigen, aber nicht vorgeschriebenen Praxis. Diese war 1969 eingeführt worden, als Hans-Dietrich Genscher Bundesminister des Innern und damit Hauptverantwortlicher für die Durchführung des G 10 geworden war. Er hatte nämlich in der vorangegangenen 5. Wahlperiode des Bundestages die Änderung des Art. 10 GG und die Verabschiedung des G 10 als Oppositionsabgeordneter erbittert bekämpft. Nachdem vorher sichergestellt war, daß durch die Umstellung der Reihenfolge zwischen der Anordnung des Ministers, der Durchführung der Maßnahme und der Entscheidung der Kommission nach § 9 Abs. 4 die politische und parlamentarische Verantwortlichkeit des anordnenden Ministers nicht berührt wird, wurde damals die Beteiligung der Kommission mit ihrer Zustimmung zeitlich zwischen Anordnung und Durchführung gelegt und damit dem neuen Minister und seiner Fraktion psychologisch die Anwendung des vorher von ihnen abgelehnten Gesetzes erleichtert.

Verfassungsrechtliche Bedenken gegen diese Regelung bestehen nicht, da die poltische und parlamentarische Verantwortung der Bundesregierung für die Beschränkungsmaßnahmen durch diese grundsätzlich festgelegte Reihenfolge nicht beeinträchtigt oder gar beseitigt wird. Die Kommission entscheidet stets unabhängig davon, ob eine Maßnahme in der Vergangenheit vollzogen wurde, im Zeitpunkt ihrer Entscheidung vollzogen wird oder erst in Zukunft vollzogen werden soll, über die Zulässigkeit und Notwendigkeit zur Abwehr der in § 1 Abs. 1 genannten Ziele. Der Vollzug ist hingegen eine Frage der Zweckmäßigkeit (Taktik), die der Minister unabhängig davon politisch und parlamentarisch ebenso wie seine Anordnung der Maßnahme zu vertreten hat. Hier kann das Gesetz ihn daher ohne Verstoß gegen das Prinzip der Gewaltenteilung auf eine bestimmte Reihenfolge festlegen[13].

Diese Neuregelung erforderte andererseits im Gesetz eine Sonderregelung für eilige Fälle, denn es kommt in der Praxis vor, daß der Minister binnen Stunden oder sogar in noch kürzerer Frist reagieren muß. § 9 Abs. 2 S. 2 löst dieses Problem jetzt so wie es bis 1978 nur das Hessische Ausführungsgesetz zu Art. 10 GG[14] getan hatte. Solche Eilanordnungen darf der Minister auch in Zukunft der Kommission nachträglich vorlegen, wenn er sie schon vorher hat durchführen lassen. Es bedarf jedoch des Hinweises, daß § 9 Abs. 2 den Minister verpflichtet, alle von ihm angeordneten Beschränkungsmaßnahmen unabhängig davon, ob und gegebenenfalls wie lange sie durchgeführt worden sind, der Kommission zur Beschlußfassung vorzulegen. Selbst wenn nur eine einzige Postsendung Gegenstand der Anordnung war, so ist bereits in das Postgeheimnis eingegriffen worden. Deshalb unterwirft § 9 Abs. 2 S. 1 „die ... angeordneten Beschränkungsmaßnahmen" – d.h. alle – dem dort vorgesehenen Verfahren. Es kommt mithin nicht darauf an, ob etwa im Zeitpunkt der nächsten Kommissionssitzung eine Maßnahme vom Minister selbst wieder aufgehoben ist; auch sie muß der Kommission von Amts wegen mitgeteilt werden, damit sie über sie entscheiden kann. Selbst die bloße Anschaltung eines Telephonanschlusses an eine Kontrollstelle, über den während dieser technischen Maßnahme kein Gespräch geführt worden ist, stellt einen genehmigungspflichtigen Eingriff in das Fernmeldegeheimnis dar, da Art. 10 GG jedem Bürger das Recht gibt, darauf zu vertrauen, daß er, wenn er den Hörer abnimmt, eine Verbindung nur zu dem Partner herstellt, den er wünscht.

II. Rechtsprobleme der gegenwärtigen Regelung

1. Betroffene Kommunikationsformen

Nach § 1 Abs. 1 sind die dort aufgeführten Nachrichtendienste des Bundes und der Länder befugt, dem Brief-, Post- und Fernmeldegeheimnis unterliegende Sendungen zu öffnen und einzusehen, den Fernschreibverkehr mitzulesen, sowie den Fernmeldeverkehr abzuhören und auf Tonträger aufzunehmen. Hierzu ist die Deutsche Bundespost nach § 1 Abs. verpflichtet, an den zulässigen Eingriffen in das Grundrecht aus Art. 10 GG dadurch mitzuwirken, daß sie den berechtigten

Stellen – d. h. den in § 4 Abs. 2 aufgeführten Behörden des Bundes und der Länder – auf Anordnung Auskunft über den Post- und Fernmeldeverkehr erteilt, Sendungen, die ihr zur Übermittlung anvertraut sind, aushändigt und das Abhören des Fernsprechverkehrs und das Mitlesen des Fernschreibverkehrs ermöglicht. Allerdings kann aus § 1 Abs. 2 weder der Schluß gezogen werden, die Befugnis der Dienste aus § 1 G 10 beziehe sich nur auf den Post- und Fernmeldeverkehr im Bereich der Bundespost[15] und auf Sendungen, die dieser anvertraut sind, noch der Schluß, daß dem Brief-, Post- und Fernmeldegeheimnis unterliegende Sendungen oder Mitteilungen außerhalb der Verfügungsgewalt der Bundespost entweder dem Zugriff der Dienste entzogen oder daß diese insoweit dem G 10 nicht unterworfen wären. Das Brief-, Post- und Fernmeldegeheimnis richtet sich nämlich nicht nur gegen die Bundespost, es entfaltet als unmittelbar geltendes Grundrecht (Art. 1 Abs. 3 GG) vielmehr seine Wirkung direkt gegen jede öffentliche Gewalt[16]. Andererseits ermächtigt § 1 Abs. 1 G 10 die dort genannten Behörden schlechthin zu Eingriffen in das Grundrecht aus Art. 10 GG, während die §§ 2 Abs. 1 und 4 Abs. 1 ihrerseits wiederum auf § 1 verweisen. Soweit es den in § 1 genannten Behörden in rechtlich einwandfreier Weise (d. h. z. B. ohne Verstoß gegen andere Grundrechte – etwa Art. 13 GG – oder sonstiges Recht) technisch und praktisch möglich ist, Sendungen und Mitteilungen außerhalb der Verfügungsgewalt der Bundespost zu öffnen und einzusehen, den Fernschreibverkehr mitzulesen oder den Fernmeldeverkehr abzuhören, gibt ihnen § 1 Abs. 1 das Recht, dies zu tun, da die Vorschrift nur darauf abstellt, ob Sendungen oder Mitteilungen dem Art. 10 GG unterliegen, nicht aber darauf, ob sie sich im Bereiche der Bundespost befinden. Allerdings folgt aus Art. 10 GG i. V. m. dem G 10, daß die öffentliche Gewalt auch außerhalb des Zuständigkeitsbereichs der Bundespost nur nach Maßgabe dieses Gesetzes – d. h. nur mit Genehmigung der Kommission und unter Beachtung der Formen und Fristen des G 10 – in diesen Grundrechtsbereich eingreifen darf. Dies kann praktische Bedeutung überall dort erlangen, wo Kommunikationseinrichtungen der öffentlichen Hand (Bund, Länder, Gemeinden, öffentlich-rechtliche Institutionen aller Art) zulässigerweise auch für den (in der Regel privaten) Verkehr von Grundrechtsinhabern benutzt werden können (z. B. bei Haus- und Dienstanschlüssen in Wohnungen, die an behördeninterne Fernsprechnetze angeschlossen und zur Benutzung auch zu Gesprächen zugelassen sind, die nicht der Ausübung öffentlicher Gewalt durch die betreffende Behörde oder Institution dienen; nichtamtliche Briefe usw., die im innerbehördlichen Postaustausch, im Kurierverkehr der Bundeswehr oder des Auswärtigen Dienstes usw. befördert werden). Es sind aber auch Fallgestaltungen vorstellbar, bei denen die nach § 1 Abs. 1 befugten Dienste in sonst rechtlich zulässiger Weise (z. B. unter Anwendung nachrichtendienstlicher Mittel im Sinne von § 3 Abs. 3 S. 2 des Gesetzes über die Zusammenarbeit des Bundes und der Länder in Angelegenheiten des Verfassungsschutzes)[17] in das Grundrecht aus Art. 10 GG eingreifen. In allen diesen Fällen sind solche Eingriffe in dieses Grundrecht nur zulässig, wenn der im G 10 vorgeschriebene Weg eingehalten wird. Für andere Behörden, in deren Gewahrsam sich die betreffenden Sendungen oder in deren Bereich sich entsprechende Kommunikationseinrichtungen befinden (z. B. Fernsprech- und Fernschreibvermittlungen für die internen Behördennetze bei Polizei, Bundeswehr, Bundesbahn oder anderen Verwaltungen), wäre eine besondere, § 1 Abs. 1 entsprechende, Vorschrift zwar erwünscht. Sie ist jedoch nicht unumgänglich erforderlich, da nach Art. 35 Abs. 1 GG i. V. m. § 4 VwVfG[18] alle Behörden des Bundes und der Länder einander Amtshilfe zu leisten haben.

2. *Die Kontrolle der Überwachungsmaßnahmen nach Art. 10 GG*

a) Mitglieder und Rechtsstellung von Gremium und Kommission nach dem G 10

Es liegt auf der Hand, daß die nach Art. 10 Abs. 2 GG zulässigen Eingriffe in das in Art. 10 Abs. 1 GG normierte Grundrecht der Kontrolle unterliegen müssen. Allgemein läßt Art. 10 Abs. 2 S. 1 GG Beschränkungen dieses Grundrechts nur aufgrund eines Gesetzes zu (z. B. § 100a, StPO, § 196 Strafvollzugsgesetz[19]). Für Gesetze, die Beschränkungen des Grundrechts zum Schutze der freiheitlichen demokratischen Grundordnung oder des Bestandes oder der Sicherung des Bundes oder eines Landes gestatten, ist in Art. 10 Abs. 2 S. 2 GG jedoch eine Regelung zulässig, die Bestimmungen enthält, nach denen dem Betroffenen die Beschränkung nicht mitgeteilt wird und die den Rechtsweg an Stelle einer Nachprüfung durch von der Volksvertretung bestellte Organe und Hilfsorgane ausschließen dürfen.

Obwohl es 1968 bei der Beratung des G 10 Überlegungen gegeben hat, den Rechtsweg an die Gerichte neben einer Regelung, die sich auf Art. 10 Abs. 2 GG stützt, bestehen zu lassen, hat man diesen Gedanken aus Gründen der Ehrlichkeit gegenüber dem Staatsbürger wieder fallen lassen, um nicht Illusionen über die tatsächlichen Möglichkeiten gerichtlicher Nachprüfung Vorschub zu leisten[20]. So hat das G 10 für den Bereich des Bundes zwei Institutionen geschaffen, die unter Ausschluß des Rechtsweges an die Gerichte Eingriffe in das Grundrecht aus Art. 10 Abs. 1 GG kontrollieren sollen: Das ausschließlich aus Mitgliedern des Bundestages bestehende Gremium nach § 9 Abs. 1 und die Kommission nach § 9 Abs. 4.

Während das Gremium nur mindestens alle sechs Monate einen allgemeinen – d. h. nicht auf einzelne Beschränkungsmaßnahmen abgestellten – Bericht des zuständigen Bundesministers entgegenzunehmen und einige andere Aufgaben (z. B. Zustimmung zum Erlaß einer Bestimmung nach § 3 Abs. 1 S. 1 oder nach § 9 Abs. 4 S. 4 zur Geschäftsordnung der Kommission nach § 9 Abs. 4, sowie die Bestellung der Mitglieder dieser Kommission nach § 9 Abs. 4 S.) wahrzunehmen hat, ist das eigentliche Kontrollorgan für die gegenüber dem einzelnen Bürger vorzunehmenden Grundrechtseingriffe die Kommission nach § 9 Abs. 4. Ihre Mitglieder sind nach Satz 2 in ihrer Amtsführung unabhängig und Weisungen nicht unterworfen. Diese – wenngleich auf ihre Amtsdauer von einer Legislaturperiode jeweils beschränkte – volle persönliche und sachliche (= richterliche) Unabhängigkeit ist zwar nur im einfachen Bundesgesetz (G 10) festgelegt. Nach der insoweit überzeugend begründeten Entscheidung des BVerfG[21] sind aber die im G 10 niedergelegten Befugnisse der Kommission und die Rechtsstellung ihrer Mitglieder zugleich von der Verfassung her erforderliche Regelungen, die erst den Ausschluß des Rechtsweges ermöglichen, weil und soweit sie ein zumindest „materiell und verfahrensmäßig gleichwertig" ausgestaltetes Ersatzverfahren gestatten.

Dies gilt nicht nur für die Kommission, die für die Überwachung und Kontrolle von Beschränkungsmaßnahmen durch Bundesbehörden einzurichten ist. Nach § 9 Abs. 5 haben die für die Gesetzgebung in den Ländern zuständige Landesverfassungsorgane die Überprüfung der entsprechenden Maßnahmen oberster Landesbehörden zu regeln. Für diese Landesgesetze gelten naturgemäß die gleichen verfassungsrechtlichen Anforderungen aus Art. 10 Abs. 2 S. 2 GG – also auch die an die richterliche Unabhängigkeit der Mitglieder der Länderkommission. Infolgedessen bestehen gegen § 2 Abs. 1 Satz 6 des Hamburgischen Ausführungsgesetzes zu Art. 10 GG[22] erhebliche verfassungsrechtliche Bedenken, weil diese Vorschrift bestimmt, daß die Bürgerschaft (der Landtag) die Mitglieder der Kommission jederzeit abzuberufen befugt ist. Das Kontrollorgan (die Kommission) ist nach richtiger Auffassung des BVerfG aber nur gleichwertig mit dem Rechtsweg an die Gerichte, wenn „seine Mitglieder auf bestimmte Zeit fest berufen werden". Mit dieser Rechtsstellung ist mithin ein jederzeit ausübbares Abberufungsrecht des Landesparlaments von Grundgesetzes wegen unvereinbar. Solange jedoch das Abberufungsrecht des § 2 Abs. 1 S. 6 des hamburgischen Gesetzes nicht formal aufgehoben ist, ist die Rechtsmeinung zumindest vertretbar, nach der der Rechtsweg an die Gerichte hinsichtlich von Beschränkungsmaßnahmen, die das Hamburger Landesamt für Verfassungsschutz aufgrund von Anordnungen des Hamburger Senats durchführt, nicht wirksam ausgeschlossen – also gegeben – ist, weil das Organ, das allein durch seine Befugnisse und Zusammensetzung den Ausschluß des Rechtsweges von Verfassungs wegen rechtfertigt, nicht den vom BVerfG aus dem Grundgesetz abgeleiteten Anforderungen genügt. Andererseits dürfte jedoch die Auslegung, nach der § 2 Abs. 1 S. 6 des Gesetzes nichtig ist, nach der die Hamburgische Bürgerschaft also das dort bezeichnete Recht trotz des anders lautenden Wortlauts nicht besitzt, vorzuziehen sein, weil sie dem Sinn des Gesamtgesetzes besser gerecht wird.

Als 1972 zum erstenmal in der Verfassungsgeschichte des Grundgesetzes der Bundestag vor dem regulären Ablauf seiner Wahlperiode aufgelöst wurde, warf dieser Vorgang auf zahlreichen Rechtsgebieten besondere Probleme auf[23]. Friedrich Schäfer hat damals in einem Vorschlag angeregt, den er der von ihm geleiteten Enquetekommission des Bundestages für Fragen der Verfassungsreform unterbreitete, das Verfassungsinstitut der Bundestagsauflösung (Art. 63 Abs. 4 und 68 GG) abzuschaffen und das Ende einer Wahlperiode jeweils durch den Zusammentritt des neuen Bundestages zu bestimmen[24]. Eine solche Regelung beseitigte auch die parlamentslose Zeit, die im Normalfall entweder zwischen dem Ende der Legislaturperiode oder zwischen der Auflösung und dem Zusammentritt des neuen Bundestages entsteht. Wenngleich die an der Verabschiedung des 33. Gesetzes zur Änderung des Grundgesetzes[25] beteiligten Verfassungsorgane dem Vorschlag Friedrich Schäfers nicht im vollen Umfang gefolgt sind, so hat er doch Verfassungsgeschichte gemacht: Zwar ist das Institut der Bundestagsauflösung nicht aus dem

Grundgesetz eliminiert worden. Eine parlamentslose Zeit gibt es dennoch nicht mehr, da die Wahlperiode des Parlaments durch Änderung des Art. 39 GG nunmehr nicht mehr durch Zeitablauf, sondern mit dem Zusammentritt seines neugewählten Nachfolgers endet. Diese Verfassungsänderung hat unmittelbaren Einfluß zumindest auf eines der beiden im G 10 vorgesehenen Organe: Das Abgeordnetengremium nach § 9 Abs. 1. Seine Mitglieder haben ihr Amt nunmehr bis zum Zusammentritt des neuen Bundestages inne. Nach diesem Zeitpunkt tritt allerdings eine Vakanz so lange ein, bis das neugewählte Parlament wieder Abgeordnete zu Gremiumsmitgliedern bestimmt hat. Dies ist jedoch vertretbar, da das Gremium kraft Gesetzes nur in Abständen von höchstens sechs Monaten zusammentreten muß – jedenfalls um den in § 9 Abs. 1 vorgesehenen Bericht entgegenzunehmen. Zwar können andere Aufgaben ein früheres Zusammentreten erfordern. Dennoch entstehen keine besonderen Probleme, wenn das Gremium eine gewisse Zeit nicht vorhanden ist.

Anders liegen die Dinge jedoch hinsichtlich der Kommission nach § 9 Abs. 4. Ohne ihre Mitwirkung ist die praktische Durchführung des G 10 nicht möglich, weil erst ihre Entscheidungen Überwachungsmaßnahmen zulässig machen. Zwar gab es schon immer gute Gründe für die Annahme, daß die nach § 9 Abs. nF. „für die Dauer einer Wahlperiode des Bundestages" bestellten Mitglieder dieser Kommission ihr Amt bis zur Wahl ihrer Nachfolger auszuüben berechtigt und verpflichtet sind, weil die Institution, der sie angehören, mit dem Ende der Wahlperiode nicht zu bestehen aufhört[26]. Die Kommission ist nämlich verfassungsrechtlich mit dem Bundestag nicht so eng verknüpft, daß sie von Verfassungs wegen dessen Schicksal teilen muß. Sie ist kein Parlamentsorgan im Rechtssinne[27]. Dies wird u.a. daran deutlich, daß sie auch (sogar ausschließlich) aus Mitgliedern gebildet werden kann, die dem Bundestag nicht anzugehören brauchen. In den letzten Legislaturperioden war in der Praxis auch jeweils nur ein Kommissionsmitglied von insgesamt sechs Mitgliedern und Stellvertretern Bundestagsabgeordneter. So konnte und durfte § 9 Abs. 4 in der 1978 erfolgten Neufassung klarstellen, daß das Amt der Kommissionsmitglieder erst mit der Bestellung ihrer Nachfolger, spätestens jedoch drei Monate nach Ablauf der Legislaturperiode endet. Erfahrungsgemäß dauert es nach der Neukonstituierung des Bundestages nämlich mehrere Wochen, bis das Parlament alle von ihm zu berufenden Gremien besetzt hat. Es kommt hinzu, daß die Mitglieder der Kommission einer eingehenden Sicherheitsüberprüfung im Hinblick auf den Umfang der geheimhaltungsbedürftigen Tatsachen unterzogen werden müssen, die sie im Rahmen ihrer Tätigkeit erfahren. Auch dies erfordert eine gewisse Zeit und ist zudem der Grund, warum sie erst nach Anhörung der Bundesregierung berufen werden dürfen. Daher ist die Verlängerung des Amtes der Kommissionsmitglieder über das Ende der Bundestagswahlperiode hinaus sogar unverzichtbar.

b) Befugnisse von Gremium und Kommission

Mit Recht hat das BVerfG jedoch weiter auch festgestellt, daß die Entscheidungs- und Kontrolltätigkeit der Kommission, die in § 9 Abs. 2 und 3 normiert ist, von Verfassungs wegen erfordert, daß der Kommission das Recht zusteht, alle Organe, die mit der Vorbereitung, Entscheidung, Durchführung und Überwachung eines Eingriffs in das Grundrecht aus Art. 10 GG befaßt sind, und alle Maßnahmen dieser Organe laufend zu überwachen. Hierzu müssen der Kommission alle für die Entscheidung erheblichen Unterlagen (Akten, Dossiers, Tonbänder, Tonbandnachschriften, Photokopien usw.) zugänglich gemacht werden. Weiter ist erforderlich, daß die Kommission ungehinderten Zugang zu allen Dienststellen, Einrichtungen und Anlagen besitzt, die entweder der durch Art. 10 GG geschützten Kommunikation oder deren Überwachung nach dem G 10 dienen. Die Kontrolle jeden Einzelfalles muß Rechtskontrolle sein, kann sich aber auch auf die Opportunität rechtlich ansich zulässiger Maßnahmen beziehen[28]. Dies gilt von Grundgesetzes wegen naturgemäß gleichermaßen für die nach § 9 Abs. 5 einzurichtenten Kommissionen der Bundesländer.

Da auch diese Kontrollbefugnisse ebenso wie die richterliche Unabhängigkeit der Kommissionsmitglieder Voraussetzung für die Gleichwertigkeit der Überprüfung mit einer Kontrolle auf dem (gerichtlichen) Rechtsweg sind, kann dieser Rechtsweg wirksam nur dann ausgeschlossen werden, wenn das einfache Gesetz die erforderlichen Vollmachten und Befugnisse in der Weise enthält, wie dies beim G 10 der Fall ist.

Konkret hat im Rahmen der geschilderten verfassungsrechtlichen Erfordernisse § 9 Abs. 2 festgelegt, daß die Kommission nach § 9 Abs. 4 in den folgenden Fällen zum Schutze des Grundrechts der Bürger aus Art. 10 GG tätig zu werden hat:

a) Wenn ein zuständiger Minister eine Beschränkungsmaßnahme anordnet, aufhebt oder auslaufen läßt, zur Genehmigung entweder der Maßnahme oder der Entscheidung über die Benachrichtigung des Betroffenen;

b) wenn ein Bürger sich beschwert, weil er sein Grundrecht aus Art. 10 GG verletzt glaubt, und

c) von Amts wegen, wenn die Kommission Tatsachen erfährt, die eine Verletzung dieses Grundrechts befürchten lassen, oder aus Gründen der vorbeugenden Kontrolle zur Verhinderung von Verletzungen des Art. 10 GG.

Auf die Wörter „von Amts wegen" stützt die Kommission z. B. Kontrollbesuche bei Fernsprechvermittlungsstellen, Zustellpostämtern und anderen Einrichtungen der Bundespost sowie bei nachrichtendienstlichen Dienststellen. Die Kommission besitzt daher de constitutione et de lege lata das von Bernhard Schlink[29] vermißte Recht, von der Post selbständig Auskunft über laufende Beschränkungsmaßnahmen zu verlangen und übt dieses Recht in der Praxis auch tatsächlich aus.

c) Rechtsdogmatische Einordnung von Gremium und Kommission

Art. 10 Abs. 2 GG legt nicht fest, welcher der drei klassischen Gewalten[30] die Organe und Hilfsorgane zuzuordnen sind, deren Nachprüfung an die Stelle des Rechtsweges treten darf. Während Art. 45b GG den Wehrbeauftragten als „Hilfsorgan des Bundestages" bezeichnet und so unzweideutig dem Parlament zuordnet, fehlt in Art. 10 Abs. 2 GG eine solche Festlegung. Andererseits wurde Art. 45b GG durch das 7. Gesetz zur Änderung des Grundgesetzes 1956[31] in die Verfassung eingefügt, so daß man davon ausgehen kann, daß die 12 Jahre später erfolgte Änderung des Art. 10 Abs. 2 GG das einfache Gesetz nicht festlegen wollte, welcher Gewalt die zu errichtenden Organe und Hilfsorgane zugeordnet werden sollten. Sonst hätte sich der Wortlaut sicher enger an Art. 45b GG angelehnt. Zwar spricht eine Reihe von Äußerungen, die an der Gesetzesformulierung maßgeblich beteiligte Personen getan haben, für die Annahme, daß die Organe der verfassungsändernden Gewalt 1968 in erster Linie an spezifisch parlamentarische Organe gedacht haben, deren Nachprüfung den Rechtsweg sollte ersetzen können. Dies wird vor allem bei Jürgen Glückert deutlich, der darauf hinweist, daß man im parlamentarischen Gesetzugebungsverfahren damals wegen der Einbeziehung der jeweiligen Opposition in einer „politisch-parlamentarischen Kontrolle" einen erheblichen Vorteil gegenüber jeder gerichtlichen Überprüfung sah[32]. Darüber hinaus erblickte man in dem Institut der Abgeordneten-Indemnität[33] eine weitere Sicherung gegen die Verletzung des Grundrechts aus Art. 10 GG, da es jedem Abgeordneten, der Mitglied des Kontrollorgans ist, auf diese Weise möglich wäre, ohne Furcht vor Strafverfolgung im Parlament über etwaige gesetz- und verfassungswidrige Praktiken zu berichten. Demgegenüber wurde darauf verwiesen, daß insbesondere die langjährige Spruchpraxis der Gerichte in Staatsschutzsachen durchaus kein Anlaß sei, den gerichtlichen Rechtsschutz im Sinne besseren Freiheitsschutzes für den Bürger überzubewerten[34]. Dennoch kann – abgesehen von der Tatsache, daß leges sua fata habent und Recht sich stets vom Willen und den Absichten seiner Schöpfer emanzipiert – Walter Seuffert[35] nicht widersprochen werden, wenn er feststellt, daß Art. 10 Abs. 2 GG in der Fassung, die er schließlich am Ende des verfassungsändernden Gesetzgebungsverfahrens erhalten hat, von Verfassungs wegen nicht gestattet, ein Parlamentsorgan mit der Nachprüfung von Überwachungsmaßnahmen zu betrauen, das als solches begrifflich jederzeit zur Disposition der Parlamentsmehrheit stünde. Aber auch Walter Seuffert, selbst Vorsitzender des Senats, der das Urteil zu Art. 10 GG gefällt hat, warnt mit geschichtlichen Beispielen vor der Annahme, Freiheit und Schutz des Staatsbürgers seien a priori bei den Gerichten besser als bei den Parlamenten aufgehoben.

Untersucht man die konkrete Ausformung der Kommission durch § 9 anhand der in der Wissenschaft vertretenen Theorien über das Wesen des Gerichts – konkreter: des Richterlichen –, so kommt man je nach Ausgangspunkt der einzelnen Auffassungen zu unterschiedlichen Ergebnissen (vom Fehlen des rechtlichen Gehörs einmal abgesehen). Ernst Friesenhahns ebenso berühmte wie einfache Formel, nach der Richter sei, wer als von zwei Parteien Unabhängiger deren Streit schlichte[36], führte die Kommission näher an ein Gericht heran, während etwa die prozeßrechtliche Schule James Goldschmidts, die im Richten den Vorgang sieht, der den Rechten Rechtskraft verleiht[37], die Kommission mehr in den Bereich der Exekutive rückte, da ihre Entscheidungen nicht in Rechtskraft erwachsen, sondern unter Umständen bei Eröffnung des Rechtsweges nach § 5 Abs. 5 zumindest incidenter ebenfalls gerichtlicher Kontrolle unterliegen: Andererseits fehlt aber bei der Kommission wiederum das klassische Merkmal aller Exekutive im demokratischen Rechtsstaat: die Weisungsgebundenheit, die allein die parlamentarische Verantwortlichkeit sicherstellen kann.

Das BVerfG scheint die Kommission dennoch als ein Exekutivorgan anzusehen[38]. Zwar setzt es sich mit dieser Frage nur in dem Teil seines Urteils auseinander, der sich nicht mit dem G 10 als dem einfachen Gesetz befaßt (S. 31). Andererseits legt es bei der Untersuchung, ob die Änderung des Art. 10 Abs. 2 GG mit Art. 79 Abs. 3 GG vereinbar ist, den Begriff „Organ" in so nachdrücklicher Weise dahin aus, daß es sich hier um eine Institution „innerhalb des Funktionsbereichs der Exekutive" (S. 28 oben) oder „im Felde der Exekutive" (S. 28 Mitte) (was immer diese Begriffe auch konkret bedeuten mögen) handele, daß man wegen der bei der Prüfung des G 10 im späteren Teil des Urteils weitgehend und unter Verwendung der gleichen Worte und Formeln erfolgten Verweisung wohl nicht fehlgeht in der Annahme, das Gericht habe die konkret nach § 9 ausgestaltete Kommission der Exekutive zuordnen wollen. Dieses Ergebnis wird noch dadurch unterstrichen, daß das Gericht feststellt, eine so umschriebene und mit solchen Vollmachten ausgestattete Institution verletze den Kern, der der rechtsprechenden Gewalt vorbehalten sei, jedenfalls bei Erfüllung bestimmter Kriterien nicht und könne dann die nach Art. 19 GG sonst durchgängig vorgeschriebene gerichtliche Kontrolle ersetzen und sei insoweit auch mit dem nach Art. 79 Abs. GG in Art. 20 GG unantastbaren Prinzip der Gewaltentrennung vereinbar. Logischerweise muß das BVerfG die Kommission daher außerhalb der rechtsprechenden Gewalt angesiedelt sehen. Und dafür, daß das BVerfG das Organ in Art. 10 Abs. 2 GG dem Parlament zurechnete, gibt das Urteil erst recht nichts her.

Die Tatsache, daß jede dieser Auffassungen über die Zuordnung der Kommission gute Gründe für und gegen sich hat, erweist sich als Hinweis darauf, daß es wenig sinnvoll erscheint, die Kommission generell der einen oder anderen klassischen Gewalt zuzurechnen. Untersucht man hingegen ihre konkreten Tätigkeiten und Aufgaben, so wird man feststellen, daß jeweils einzelne – wenngleich oft entscheidend wichtige – Elemente fehlen, die für ein Gericht, ein Parlamentsorgan oder eine Exekutivbehörde charakteristisch sind. So wird die Kommission nach Praxis und Selbstverständnis wie ein Verwaltungsgericht tätig, wenn sie über die Entscheidungen eines Ministers befindet, eine Beschränkungsmaßnahme anzuordnen, aufzuheben oder auslaufen zu lassen oder den Betroffenen einer solchen Maßnahme nach ihrer Beendigung nicht zu benachrichtigen. Das Gleiche gilt für die Entscheidung über die Beschwerde eines Bürgers, der sein Grundrecht aus Art. 10 GG verletzt glaubt. Von einem Verwaltungsgericht unterscheidet sich die Kommission in diesen Fällen praktisch aber (jedoch auch: fast nur) dadurch, daß sie dem Betroffenen rechtliches Gehör nicht gewährt und nicht gewähren kann. Ihre Rechte gehen einem Gericht gegenüber andererseits aber insoweit weiter, als sie selbst rechtlich einwandfreie Maßnahmen aus Gründen der Zweckmäßigkeit aufheben kann (§ 9 Abs. 2 S. 3). Soweit die Kommission von Amts wegen – also mehr wie ein parlamentarisches Hilfsorgan – tätig wird, fehlt ihr wiederum die für ein solches

Organ typische Abhängigkeit und Berichtspflicht gegenüber dem Parlament. Die Kommission wertet vielmehr die Erkenntnisse, die sie bei ihren Kontrollen erlangt, selbst anschließend wie ein Gericht aus und wird daher insoweit – weil ohne Anstoß von außen – tätig, wie es bei einem Inquisitionsgericht üblich war.

Die gesetzgebenden Bundesorgane waren sich bei der Schaffung des G 10 über diese Zwitterstellung der Kommission durchaus klar; auch das BVerfG hat die Zuständigkeit der Kommission für Zweckmäßigkeitsprüfungen ausdrücklich gebilligt und es nicht beanstandet, daß sie auch von Amts wegen tätig werden kann[39].

Wie schon das BVerfG mit Recht darauf hingewiesen hat, wieviel wichtiger es ist, daß die Kontrolle durch ein auf der Basis von Art. 10 Abs. 2 GG konstituiertes Organ der gleichwertig sein muß, die auf dem (gerichtlichen) Rechtsweg erfolgen könnte, so daß es nicht darauf ankomme, ob ein solches Organ innerhalb oder außerhalb des Parlaments etabliert wird, so erscheint es sinnvoll, im Wege einer differenzierenden Betrachtungsweise die Kommission je nach ihrer konkreten Tätigkeit einmal mehr als ein Organ anzusehen, das sich dem Charakter eines besonderen Verwaltungsgerichts stark annähert, zugleich aber in anderen Fällen ähnlich wie ein parlamentarisches Hilfsorgan tätig wird.

d) Konkurrenz zu anderen Kontrollarten, die für Nachrichtendienste bestehen

Die Tätigkeit der in Bund und Ländern eingerichteten Kommissionen nach § 9 Abs. 4 stellt sich in der Sache als eine Kontrolle von Nachrichtendiensten[40] dar. Da der Bund[41] und einzelne Bundesländer[42] zur Kontrolle der Nachrichtendienste eigene (besondere) Kontrollgremien errichtet haben, ergibt sich mithin das Problem der Konkurrenz dieser Vorschriften mit dem G 10[43]. Während z. B. Hamburg diese Konkurrenz nicht positivrechtlich geregelt, sondern in der Praxis dadurch aufgelöst hat, daß die G 10-Kommission und das bürgerschaftliche Kontrollorgan tatsächlich personenidentisch sind, schließt § 2 Abs. 3 des Bundesgesetzes die Parlamentarische Kontrollkommission von der Kontrolle der Durchführung des G 10 ausdrücklich aus. Überschneidungen sind in der Praxis beim Bund trotz dieser formal völlig klaren Trennung unvermeidlich, da die Nachrichtenbeschaffung unter Anwendung des G 10 vielfach von anderen Tätigkeiten der Nachrichtendienste im gleichen konkreten Fall nicht zu unterscheiden ist. Solange die erforderliche Geheimhaltung und insbesondere der Quellenschutz sichergestellt sind, ist unter dem Gesichtspunkt der Sicherung der Freiheit der Bürger gegen solche Kontrollüberschneidungen sicherlich nichts einzuwenden, da durch sie die Effektivität der Überwachung normalerweise eher gesteigert werden dürfte – jedenfalls so lange jedes Gremium seine Aufgabe intensiv wahrnimmt.

Anmerkungen

Hinweis: Alle nicht näher bezeichneten §§ sind solche des G 10

1 Vertrag über die Beziehungen zwischen der Bundesrepublik Deutschland und den Drei Mächten vom 26.5.1952 in der Fassung vom 30.3.1955 (BGBl. II S. 301, 305).

2 Vgl. hierzu Claus Arndt, Bundeswehr und Polizei im Notstand, DVBl. 1968, S. 729 ff.

3 Die grundsätzliche Diskussion um die Einschränkung des Art. 10 GG, seine Änderung durch das 17. Gesetz zur Änderung des Grundgesetzes vom 24.3.1968 (BGBl. I S. 709) („Notstandsverfassung") und die hierzu ergangene Entscheidung des BVerfG (BVerfG 30, 1) kann an dieser Stelle nicht vertieft werden.

4 Außer Berlin. Dort wird die Überwachung des Post- und Fernmeldeverkehrs noch heute von den Stationierungsstreitkräften kraft Besatzungsrecht ausgeübt.

5 Gesetz zur Beschränkung des Brief-, Post- und Fernmeldegeheimnisses (Gesetz zu Artikel 10 GG) vom 13.6.1968 (BGBl. I S. 949), geändert durch das Gesetz vom 13.9.1978 (BGBl. I S. 1546) (G 10).

6 BVerfG 30, 1.

7 vom 7.8.1952 (BGBl. II S. 685) (MRK)

8 vom 6.9.1978, Fall Klass und andere (NJW 1979 S. 1755 mit Anmerkung von Claus Arndt).

9 Die besondere Bedeutung dieses Urteils des Europäischen Gerichtshofs für Menschenrechte besteht allerdings weniger darin, daß die Bundesrepublik Deutschland eine so ausgiebige Bestätigung ihrer Rechtsstaatlichkeit auch auf diesem heiklen Gebiet erhalten hat, als darin, daß nunmehr auch die übrigen Staaten, die die MRK ratifiziert haben, hinsichtlich der von ihnen praktizierten Post- und Telephonüberwachung von dem Gerichtshof in Zukunft mit dem gleichen strengen Maßstab gemessen werden dürften. Bisher kennt jedoch kein Staat eine so detaillierte und rechtsstaatliche Regelung dieser Materie durch Gesetz wie die Bundesrepublik. Vgl. jedoch den Bericht der Kommission des (schweizerischen) Nationalsrats zur Parlamentarischen Initiative zu einem Bundesgesetz über den Schutz der persönlichen Geheimsphäre vom 31.10.1975.

10 Der Schriftsteller Wallraff im Juli 1979 nach der Eröffnung, daß er 1974 abgehört worden sei (1 K 3154/79 VG Köln).

11 Vgl. Claus Arndt, Gesetzliche Neuregelungen auf dem Gebiete der Nachrichtendienste, DVBl. 1978, S. 385 ff.; Berichtigung DVBl. 1978, S. 552.

12 3 Ws 234/78 vom 15.12.1978. Ebenso rechtsirrig schon der Beschluß 13 D 1/78 III des LG Bonn vom 24.11.1978, soweit er sich mit der Zulässigkeit der Überwachungsmaßnahmen nach § 1 G 10 befaßt. Nicht zu beanstanden ist hingegen, wenn das LG im gleichen Beschluß das Beweisverwertungsverbot in § 7 Abs. 3 G 10 auch schon vor der Benachrichtigung des betroffenen Angeschuldigten nach § 5 Abs. 5 G 10 in einem Strafverfahren anwendet, das der Ahndung eines Vergehens nach den §§ 353b und 353c StGB dient. Für Überwachungsmaßnahmen nach § 100a StPO vgl. die Auseinandersetzung zwischen dem OLG Hamburg (Beschluß 2 Ws 386/72 vom 11.10.1972; NJW 1973 S. 157) und Gustav Weber (NJW 1973, S. 1056): die StPO enthält keine § 7 G 10 entsprechende Vorschrift. Zur Verwertbarkeit derartiger „Zufallsfunde" bei der Fernmeldeüberwachung ferner Urteil (1) 5 EVY 1/75 des EGH Hamm vom 16.4.1975 (AnwBl. 1975, S. 411), das das Urteil 3 EV 54/72 des EG Düsseldorf vom 10.7.1974 aufgehoben hat.

13 Umgekehrt bestehen verfassungsrechtliche Bedenken gegen § 3 Abs. 1 S. 1 des Bremischen Ausführungsgesetzes zu Art. 10 GG vom 22.10.1969 (GBl. S. 131), der den Senator für Inneres ermächtigt, die Kommission vor einer Anordnung unverbindlich zu hören, die Kommission also in die allein ihm obliegende Willensbildung einzuschalten. Diese Regelung beschwört die Gefahr herauf, daß die Verantwortlichkeiten verwischt werden und daß damit gegen das Prinzip der Gewaltenteilung verstoßen wird.

14 Vom 16.12.1969 (GVBl. I S. 303).

15 aA. Otto Kunze, Sicherungen bei der Post- und Telephonkontrolle, Das Parlament Nr. 3 vom 17.1.1976, S. 13.

16 So auch zutreffend Peter Badura, Bonner Kommentar zum GG, Zweitbearbeitung 1965, Rdnr. 21 zu Art. 10 GG, der auch darauf hinweist, daß anknüpfend an § 142 der Paulskirchenverfassung schon durch Art. 117 der Weimarer Reichsverfassung ausweislich ihrer Entstehungsgeschichte Briefe und andere Sendungen auch außerhalb der Post gegen jeden Zugriff der öffentlichen Gewalt geschützt werden sollten. So auch Ernst Pappermann, Anm. 6, 11 und 14 zu Art. 10 GG, GG-Kommentar v. Münch 1975; v. Münch JZ 1958, S. 75; BVerfGE 6, 301 u. a.

17 Vom 27.9.1950 (BGBl. S. 682), geändert durch Gesetz vom 7.8.1972 (BGBl. I S. 1382).

18 Verwaltungsverfahrensgesetz vom 25.5.1976 (BGBl. I S. 1253).

19 Vom 16.3.1976 (BGBl. I S. 581).

20 Jürgen Glückert, Orwell und die deutschen Staatsrechtslehrer, ZRP 1969, S. 176 (177).

21 BVerfGE 30, 1 (23).

22 Vom 17.1.1969 (HGVBl. I S. 5).

23 Vgl. Klemens Kremer (Hrg.), Parlamentsauflösung, 1974.

24 Drucksache 052 vom 31.7.1972 und Schlußbericht der Enquetekommission für Fragen der Verfassungsreform vom 9.12.1976 (BT-Drs. 7/5924, S. 32 ff.) (= Zur Sache 3/76, S. 91 ff.).

25 Vom 23.8.1976 (BGBl. I S. 2381).

26 Kremer a.a.O. (Anm. 23), S. 47 (51) und Reiter edb. S. 89 (102).

27 Walter Seuffert, Wie wandelbar muß eine Verfassung sein?, Frankfurter Allgemeine Zeitung vom 9.3.1971, S. 10.

28 BVerfGE 30, 1 (23/24).

29 Das Abhörurteil des BVerfG, Der Staat, 1973, S. 85 (107).

30 Die „Dreiteilung" der Gewalten gehört zwar zu den klassischen Lehren des Rechts. Dennoch darf im modernen demokratischen Staat der Volkssouveränität keine Gewalt aus der einheitlichen Staatsgewalt herausgelöst und isoliert werden. Der Staat des GG ist vielmehr gekennzeichnet durch das Prinzip der auf einzelne Organe delegierten einheitlichen Staatsgewalt, die mit Hilfe des institutionellen Mittels der Organtrennung ein System der Checks and balances bilden. Alle „Gewalten" bleiben desungeachtet lediglich verschiedene Erscheinungsformen der gleichen vom Volke hergeleiteten einheitlichen Staatsgewalt. Die Frage der Zuordnung des einzelnen Organs zu einer der drei „klassischen" Gewalten erscheint unter diesem Gesichtspunkt von relativer Bedeutung.

31 Vom 19.3.1956, S. 111.

32 a.a.O. (Anm. 20) S. 176.

33 Art. 46 Abs. 1 GG, § 36 StGB.

34 Jürgen Glückert a.a.O. (Anm. 20).

35 A.a.O. (Anm. 27).

36 Handbuch des Deutschen Staatsrechts, Bd. II, S. 523 (524).

37 Der Prozeß als Rechtslage, Berlin 1925, S. 151, 496 ff. Vgl. auch Adolf Arndt jun., Richter, Gericht, Rechtsweg in der Reichsverfassung, AöR Bd. 60 (= Bd. 21 NF), S. 183 (216) und Das Bild des Richters, Gesammelte juristische Schriften, München 1976, S. 325 ff.

38 BVerfGE 30, 1 (28).

39 BVerfGE 30, 1 (23/24).

40 Hermann Borgs-Maciejewski, Parlament und Nachrichtendienste, Beilage zur Wochenzeitung Das Parlament, B 6/77, S. 12 (15/16).

41 Gesetz über die parlamentarische Kontrolle nachrichtendienstlicher Tätigkeit des Bundes vom 11.4.1978 (BGBl. I S. 453); vgl. hierzu Hans-Ulrich Evers, Parlamentarische Kontrolle der Nachrichtendienste, NJW 1978, S. 1144 sowie Claus Arndt a.a.O. (Anm. 11). Zur Vorgeschichte: Kapitel 4 (Parlamentarische Kontrollrechte) des Schlußberichts der Enquetekommission für Fragen der Verfassungsreform a.a.O. (Anm. 24), S. 49 (60) mit Sondervotum des Abg. Dr. Arndt (Hamburg) S. 76 ff.

42 Z. B. §§ 7 bis 10 des Gesetzes über den Verfassungsschutz in der Freien und Hansestadt Hamburg vom 13.2.1978 (HGVBl. I S. 51).

43 Wegen sonstiger Kontrollarten für die Nachrichtendienste (politisch-parlamentarische Kontrolle, innerexekutive Dienstaufsicht, Kontrolle durch den Rechnungshof usw.) vgl. Hermann Borgs-Maciejewski a.a.O. (Anm. 40).

Die Mitwirkung der kommunalen Spitzenverbände an der Gesetzgebung im Bund und in den Ländern

Von *Adalbert Leidinger*, Direktor des Landkreistages Nordrhein-Westfalen, Düsseldorf

I. *Der Standort der kommunalen Selbstverwaltung zwischen Staat und Gesellschaft und im Verhältnis zu Bund und Ländern*

Die Forderungen, die kommunale Mitwirkung an gesetzgeberischen Entscheidungsprozessen auf Bundes- und Landesebene zu intensivieren und formell abzusichern, sind im Schnittpunkt dreier verfassungspolitisch wichtiger Problemkreise zu sehen:

1. Die unterschiedlichen Formen kommunaler Beteiligung erweitern sicherlich das Spektrum derjenigen Maßnahmen und Möglichkeiten, deren sich der Bundestag und die Landtage zur Verbesserung ihrer parlamentarischen Arbeit in immer stärkerem Maße bedienen. Die Politik ist angesichts der Kompliziertheit der Lebensverhältnisse und der Komplexität der Probleme auf ein hohes Maß von Fachwissen auf den Gebieten der Technik, der Wirtschaft, des sozialen Lebens, des Bildungswesens und der Kultur und nicht zuletzt auch im Bereich des Administrativ-Organisatorischen angewiesen[1].

Die Heranziehung „externen Sachverstandes" durch den Ausbau der „Hearings", durch die Bildung von Beiräten, Ausschüssen und anderen Beratungsgremien sowie die Beteiligung von Wissenschaftlern und Forschungsinstituten, von Organen der Wirtschafts- und berufsständischen Kammern und der vielfältigen Interessenverbände ist die fast zwangsläufige Folge der wachsenden Komplexität und Interdependenz der gesellschaftlichen Verhältnisse. Da die staatlichen Organe heute weithin nicht mehr in ausreichendem Maße über das erforderliche und jeweils aktuelle Spezialwissen verfügen können, wachsen Erfordernis und Neigung von Parlament und Regierung, Informationen und Beratung „von außen" in Anspruch zu nehmen. Wer das kommunale Mitwirkungsbegehren in diesen Zusammenhang einordnet, wird vor allem beachten müssen, daß die Gemeinden und Kreise den Großteil staatlicher Gesetze vollziehen und insofern Erfahrungen und Sachverstand der ortsnahen Behörden bei der Anwendung von Vorschriften in der täglichen Verwaltungspraxis der Gesetzgebungsarbeit zur Verfügung stellen können.

2. Mit der Anpassung der Organisation und den Verfahrensweisen parlamentarischer Wirksamkeit an gewandelte soziale und technische Verhältnisse ist schon der zweite Problembereich berührt, der für die Frage der kommunalen Mitwirkung an gesetzgeberischen Entscheidungsprozessen von Bedeutung ist. Gemeint ist der

Standort der kommunalen Selbstverwaltung und ihrer Spitzenverbände zwischen den beiden Polen ausschließlicher öffentlich-rechtlicher Organisation und rein gesellschaftlicher, außerstaatlicher Gebilde. Kann die kommunale Selbstverwaltung noch als bürgerlicher Freiraum gegen die zu zentraler Omnipotenz neigende Staatsverwaltung verstanden werden?[2]

Kommunale Beteiligung am Gesetzgebungsprozeß ist sicher auch eine Form gesellschaftlicher Partizipation, weil die Vertretung kommunaler Interessen durch – jedenfalls auf Bundesebene – privatrechtlich organisierte Verbände wahrgenommen wird. Zugleich aber ist sie auch organschaftliche Partizipation an höherstufigen staatlichen Entscheidungsprozessen, da die Mitglieder der kommunalen Spitzenverbände, deren Interessen im Rahmen der Mitwirkung vertreten werden sollen, ebenso Gebietskörperschaften sind wie der Bund und die Länder. Dieses Auseinanderfallen von – bürgerlich-rechtlich fundierter – Organisation und -öffentlich-rechtlichem, organschaftlich wirkendem – Auftrag ist das Spezifikum der kommunalen Spitzenverbände, das ihre Sonderstellung konstituiert und damit das allgemeine Problem der Verbandsbeteiligung an der Gesetzgebung verfassungsrechtlich wie -politisch auf eine besondere Ebene hebt.

3. Kommunale Beteiligung an Gesetzgebungsverfahren erfordert schließlich eine Betrachtung und Bewertung aus einer dritten Perspektive, die sich auf das Spannungsverhältnis zwischen Bund, Ländern und kommunaler Selbstverwaltung richtet. Das kommunale Beteiligungsbegehren kann nämlich umfassend nur gewürdigt werden, wenn über das Erfordernis einer Optimierung der Gesetzgebungsarbeit und über die Einräumung einer Sonderstellung der kommunalen Spitzenverbände hinaus Antworten auf dringender werdende Fragen über die Zukunft des vertikal gestuften, dezentralisierten und föderal ausgeprägten Staatsaufbaus gegeben werden.

Das Spannungsverhältnis zwischen Bund, Ländern, Kreisen und Gemeinden erwächst aus dem Zusammentreffen zweier außerordentlich schwierig harmonisierbarer Entwicklungsströmungen: Einerseits ist zu registrieren eine zunehmende Komplexität lösungsbedürftiger öffentlicher Probleme mit einer sich verdichtenden wechselseitigen Abhängigkeit und Mitverantwortung im Verhältnis der Entscheidungsträger zueinander. Andererseits wächst unter den Bedingungen der föderativen Demokratie-Pluralität das legitime Bedürfnis der Gebietskörperschaften nach einem Höchstmaß von Selbstbestimmungs- und -gestaltungsmöglichkeiten[3].

Mag dieser sich so ansammelnde Konfliktstoff jedenfalls in Umrissen verfassungsrechtlich vorgezeichnete Lösungswege vorfinden, soweit die Beziehung des Bundes zu den Ländern in Rede steht (insbesondere Bundesrat, Gemeinschaftsaufgaben), so sind verfassungsrechtliche Direktiven für die Bewältigung des staatlich-kommunalen Spannungsverhältnisses weniger leicht zu erkennen und insgesamt in hohem Maße interpretationsbedürftig[4]. Letzteres findet seine Ursache vor allem in den Rechtsbegriffen des Art. 28 Abs. 2 GG, der mit seinen Eckpfeilern Eigenverantwortlichkeit und Allzuständigkeit für „Angelegenheiten der örtlichen Gemeinschaft" eine sehr weite, von staatlichen Eingriffen zum Teil relativ, zum Teil absolut geschützte Zone lokaler Selbstgestaltung markiert. Andererseits wird – jedenfalls vom Wortlaut her – das Erfordernis ebenenübergreifender Zusammenarbeit und Mitverantwortung nicht besonders angesprochen.

Dieser Sachverhalt rechtfertigt die Frage, ob kommunale Beteiligungsrechte nicht zugleich auch Instrumente des Ausgleichs von Selbständigkeit und Zusammenarbeit, von Eigenverantwortlichkeit und Mitverantwortlichkeit sowie von ortsgebundenem Selbstgestaltungswillen und übergreifendem Mitgestaltungsauftrag darstellen könnten.

Insgesamt erweist sich somit das Problem der kommunalen Mitwirkung am Gesetzgebungsverfahren als mehrschichtig. Es verlangt differenzierte und abgewogene Lösungen und entzieht sich einem vorschnellen Urteil über Zulässigkeit, Zweckmäßigkeit und Umfang. Bedingungen, Funktionen und Grenzen kommunaler Partizipation bestimmen sich – dies wird sehr häufig übersehen – weder ausschließlich unter dem allgemeinen Gesichtspunkt der Verbandsbeteiligung noch allein aus der Perspektive der Effektivitätssteigerung parlamentarischer Arbeit noch letztlich einzig unter dem Aspekt des Verhältnisses der Ebenen der öffentlichen Verwaltung zueinander. Erst das – sicher anspruchsvolle – Zusammenführen aller drei Bestimmungsfaktoren verspricht Lösungswege, welche die Unabhängigkeit des Gesetzgebers achten, dem Entwicklungsprozeß Rechnung tragen, den die kommunale Selbstverwaltung innerhalb des gesamten Verfassungs- und Verwaltungsgefüges durchläuft, die Effektivität und Glaubwürdigkeit der kommunalen Spitzenverbände sicherstellt und schließlich das immer intensiver werdende wechselseitige Aufeinanderangewiesensein aller Träger öffentlicher Verwaltung in angemessener Weise würdigt.

II. Kommunale Mitwirkung in der geschichtlichen Entwicklung

Das kommunale Mitwirkungsbegehren an der staatlichen Willensbildung ist bereits zur Zeit der Weimarer Republik nachdrücklich artikuliert worden.

In den Jahren 1924 bis 1926 fanden sowohl im Reichsstädtebund als auch im Deutschen Städtetag ausführliche und grundsätzliche Überlegungen zum Umfang und zur Methode der Verbandspolitik statt[5].

Einig war man sich in der Zielsetzung, „in möglichst umfassender und allgemeiner Weise bei der Gesetzgebung und Verwaltung" mitzuwirken[6].

Die Zusammenarbeit mit den Zentralbehörden und hier wiederum vor allem mit dem Reichsministerium des Innern, das in erster Linie die kommunalen Interessen anderen Ressorts gegenüber geltend machen könne, sollte intensiviert werden.

Ende der 20er Jahre bemühte sich der Städtetag intensiv um eine normativ abgesicherte Vertretung der kommunalen Interessen bei der politischen Willensbildung des Reiches. Auf der Jahresversammlung von Magdeburg im Jahre 1928 wurde neben einer angemessenen Vertretung im Reichswirtschaftsrat die Bildung eines kommunalpolitischen Reichstagsausschusses und einer Kommunalabteilung beim Reichsministerium des Innern gefordert[7].

Bis auf den erstmals 1929 eingerichteten Reichstagsausschuß für Kommunalpolitik blieben diese Forderungen jedoch unerfüllt. Ebenso erfolglos blieb die Forderung an den Reichskanzler und den Reichsfinanzminister, „durch eine entsprechende Stellungnahme der Reichsregierung grundsätzlich in allen Reichsministerien die Anordnung herbeizuführen, daß den in Betracht kommenden kommunalen Spitzenverbänden im gleichen Augenblick, in dem die Vorlage an den Reichsrat zur Stellungnahme übersandt wird, ebenfalls eine Ausfertigung übermittelt wird"[8].

Befürchtungen, die Interessen der Selbstverwaltung würden im politischen Kräftespiel zwischen Bund und Ländern verdeckt und verdrängt, führten nach 1949 zur Forderung nach Einrichtung eines Kommunalreferates beim Bundesministerium des Innern sowie zur Bildung eines kommunalpolitischen Bundestagsausschusses, der allerdings zu Beginn der V. Wahlperiode nicht mehr gebildet und dessen Aufgaben in die des Innenausschusses überführt wurden.

Insgesamt entwickelte sich alsbald zu den Parlamenten auf Bundes- und Landesebene eine überaus rege Kommunikation, in der die kommunalen Spitzenverbände ihrer Rolle „als zentralen Repräsentanten im Staatsaufbau" ausbauen und sich eine „Sonderstellung gegenüber den sonstigen Verbandsorganisationen" erwerben konnten[9].

Eine grundlegende Überprüfung und Neubewertung ihres Selbstverständnisses regten die kommunalen Spitzenverbände an, als die von der Enquete-Kommission Verfassungsreform des 6. Deutschen Bundestages konzipierte Verbundplanung zwischen Bund und Ländern eine „Neubestimmung der kommunalen Selbstverwaltung"[10] unumgänglich werden ließ. Eine überregionale Bund-Länder-Planung birgt Gefahren für die kommunale Selbstverwaltung, die durch ihre Einbindung in überörtliche Planungsträger in ihrer Planungs- und Gestaltungsfreiheit beeinträchtigt werden kann. Die kommunalen Spitzenverbände wußten sich im Einklang mit allen maßgeblichen politischen Kräften, als sie mit Nachdruck davor warnten, die Gemeinden auf den bloßen Vollzug höherrangiger Rechtsnormen, Raumordnungspläne und Investitionsvorhaben zu beschränken. Jede Gemeinde sollte auch über ein bestimmtes Maß eigener Entwicklungs-, Planungs- und Haushaltskompetenzen verfügen können. Der überregionale Bezug der kommunalen Leistungsverwaltung zwingt überdies zu einer stärkeren Mitwirkung der Kreise und Gemeinden bei der Formulierung staatlicher Planungskonzepte. Insoweit bedarf die Verfassungsgarantie des Art. 28 Abs. 2 GG einer Erweiterung durch eine funktionale Dimension[11].

Aus der Einsicht, daß neue Aufgaben vor allem in der Harmonisierung und Koordinierung verschiedener Entwicklungen, Planungen, Zielvorstellungen und Finanzierungsmöglichkeiten mit den örtlichen Gegebenheiten von den Kreisen und Gemeinden verlangt würden, erwuchs die Forderung, die Verfassungsgarantie des Art. 28 Abs. 2 GG nicht mehr nur allein als Schutz eines Freiraums für ungestörte Gestaltung örtlicher Angelegenheiten zu verstehen, sondern als Legitimation für eine wirksame Beteiligung bei der Formulierung überregionaler Zielvorstellungen zu begreifen[12].

Weiterhin standen die kommunalen Spitzenverbände auf Bundesebene vor der Frage, ob sie sich in die Bekanntmachung der öffentlichen Liste des Deutschen Bundestages über die Registrierung von Verbänden und deren Vertreter vom 15. Januar 1974 aufnehmen lassen wollten. Zu den letzten Amtshandlungen des 6. Bundestages hatte die Verabschiedung einer Regelung über die „Registrierung von Verbänden und deren Vertreter" gehört, die als Anlage 1a der Geschäftsordnung des Deutschen Bundestages mit Wirkung vom 1. November 1972 in Kraft gesetzt wurde[13].

Der Präsident des Bundestages führt danach eine öffentliche Liste, in der alle Verbände eingetragen werden, die Interessen gegenüber dem Bundestag oder der Bundesregierung vertreten. Eine Anhörung ihrer Vertreter findet nur statt, wenn sie sich in diese Liste eingetragen und dabei Angaben unter anderem über die Zusammensetzung von Vorstand und Geschäftsführung, über den Interessenbereich des Verbandes, seine Mitgliederzahl und die Namen der Verbandsvertreter gemacht haben[14].

Die kommunalen Spitzenverbände waren sich darin einig, eine Eintragung in diese öffentliche Liste nicht vorzunehmen. Eine dadurch bewirkte Zuordnung zu den vielfältigsten Interessengruppen lehnten sie ab, weil dies ihrem Selbstverständnis als Vertreter allgemeiner öffentlicher Interessen widersprach und vor allem dem politischen Rang ihrer Mitglieder – den Kreisen und Gemeinden als Gebietskörperschaften – nicht gerecht wurde.

Die unterschiedliche Beurteilung der verfassungsrechtlichen und verfassungspolitischen Gestaltungsmöglichkeiten für eine Absicherung und den weiteren Ausbau der kommunalen Mitwirkung am Gesetzgebungsverfahren durch die Spitzenverbände verhinderte ein gemeinsames Vorgehen. Es liegen daher nicht ganz dekkungsgleiche Eingaben des Deutschen Städtetages und des Deutschen Landkreistages auf der einen Seite und des Deutschen Städte- und Gemeindebundes auf der anderen Seite an die Enquete-Kommission vor[15].

Zur Absicherung des geforderten Mitwirkungsrechts an der Bundesgesetzgebung wurde eine Ergänzung des Art. 28 Abs. 2 GG vorgeschlagen. Folgender Satz 3 sollte angefügt werden, der sich in allen Eingaben lediglich in unbedeutenden Details unterscheidet:

> „An dem Erlaß von Rechtsvorschriften, die den Wirkungskreis der kommunalen Gegebietskörperschaften berühren, wirken die kommunalen Spitzenverbände mit".

Der Deutsche Städte- und Gemeindebund forderte darüber hinaus eine Mitwirkung kommunaler Vertreter im Bundesrat.

Zu diesem Zweck sollte Art. 51 GG dahin ergänzt werden, daß drei kommunale Mitglieder in den Bundesrat zu entsenden seien, die „auf Vorschlag der kommunalen Spitzenverbände auf Bundesebene durch die Ländervertreter im Bundesrat gewählt und abberufen" werden sollen[16].

Dieser von den anderen kommunalen Spitzenverbänden nicht mitgetragene Vorschlag wurde von der Enquete-Kommission verworfen, weil durch eine solche

Erweiterung des Bundesrates die Zweigliedrigkeit der bundesstaatlichen Struktur gefährdet würde. Sie sprach sich jedoch wegen der Rückwirkungen der Bundesgesetze und staatlicher Planungen auf den kommunalen Bereich für eine Beteiligung der kommunalen Spitzenverbände am Gesetzgebungsverfahren durch Änderung der Geschäftsordnungen des Bundestages und der Bundesregierung sowie an der gemeinsamen Planung von Bund und Ländern in den Planausführungsgesetzen aus. Ferner wird für die Initiativgesetze des Bundesrates ein Anhörungsrecht in dessen Geschäftsordnung empfohlen, kraft dessen den kommunalen Spitzenverbänden Gelegenheit zur Stellungnahme im Plenum und in den Ausschüssen des Bundesrates bei Vorlagen zu geben sei, die die Belange der kommunalen Selbstverwaltung berühren[17].

III. Der gegenwärtige Stand kommunaler Mitwirkung am Gesetzgebungsverfahren im Bund und in den Ländern

1. Bund:

Was die Mitwirkung an der *Bundesgesetzgebung* betrifft, so hatte der damalige Bundesinnenminister Maihofer bereits in der Antwort der Bundesregierung[18] auf eine Große Anfrage der CDU/CSU-Bundestagsfraktion zur Lage der Städte, Gemeinden und Kreise[19] anerkannt, daß die Kommunen „das Fundament der öffentlichen Verwaltung" bilden, „auf dem der Bund und die Länder bei der Durchführung ihrer Aufgaben aufbauen". Daraus erwachse das Erfordernis einer möglichst weitgehenden, guten und vertrauensvollen Zusammenarbeit. Die kommunalen Spitzenverbände sollten stärker als bisher in die Gesetzgebungsarbeit des Bundes eingeschaltet und an den zentralen Planungsentscheidungen beteiligt werden.

In der Debatte[20] betonte der Minister, die Gemeinden seien eben nicht bloße Anhängsel der Länder, sondern eigenständige Gebietskörperschaften, die zwar nicht Staaten im Rechtssinne seien, aber zur Sphäre des Staates gehörten. Die Ebenen von Bund, Ländern und Gemeinden seien gleichrangig.

Die Beteiligung der kommunalen Spitzenverbände an der Gesetzgebung habe sich nach der bisherigen informellen Praxis bewährt und könne durchaus in formelle Verfahrensregelungen überführt werden[21].

In den kommunalen Spitzenverbänden erkenne die Bundesregierung die „zentralen Repräsentanten im Staatsaufbau" und messe ihnen „eine Sonderstellung gegenüber den sonstigen Verbandsorganisationen zu". Die umfassende demokratische Legitimation der repräsentativen Organisationen der Kommunen sowie der Umstand, daß sich Bund, Länder und Gemeinden in die allgemeine politische Verantwortung teilten, seien für ihn, den Minister, eine „zureichende Grundlage eines gemeindlichen Mitspracherechts bei der Vorbereitung von Gesetzen und Maßnahmen der Bundesregierung".

Aufgrund der Bundestagsdebatte und unter Berücksichtigung des Beratungsstandes zu diesem Problem in der Enquete-Kommission sowie einiger vorbereitender Gespräche[22] entschied man sich grundsätzlich dahin, die kommunalen Informations- und Mitwirkungsrechte im Rahmen der sogenannten „Geschäftsordnungslösungen" institutionell und formell zu verankern. Die Bundesregierung ergänzte mit Wirkung vom 6.3.1975 die Gemeinsame Geschäftsordnung der Bundesministerien (GGO II) um eine Bestimmung, wonach vorbereitende Entwürfe zu Gesetzen, durch die die Belange der Gemeinden und Gemeindeverbände berührt werden, den auf Bundesebene bestehenden kommunalen Spitzenverbänden möglichst frühzeitig zugeleitet werden sollen. Wesentlich abweichende Stellungnahmen der kommunalen Spitzenverbände sind in der Begründung der Gesetzesvorlage darzulegen[23].

Auch der Bundestag traf am 19.6.1975 auf Anregung aus dem Kreis der Enquête-Kommission, insbesondere seines Vorsitzenden, Prof. Dr. *Friedrich Schäfer*, und mit nachhaltiger Unterstützung des Bundestagsvizepräsidenten Dr. Hermann Schmidt-Vockenhausen und des Abgeordneten Dr. Horst Waffenschmidt in § 72 Abs. 3 seiner Geschäftsordnung eine Regelung, nach der von nun an „den auf Bundesebene bestehenden kommunalen Spitzenverbänden vor Beschlußfassung im Ausschuß Gelegenheit zur Stellungnahme gegeben werden" soll, und zwar für alle Gesetzentwürfe, die wesentliche Belange der Kommunen berühren[24].

Mit dieser von der Enquete-Kommission auch im Schlußbericht für sinnvoll und ausreichend gehaltenen Regelung war dem Anliegen der kommunalen Spitzenverbände zwar inhaltlich, nicht jedoch in formeller Hinsicht Rechnung getragen. Ihre Forderungen zielten auf eine Verankerung im Grundgesetz selbst ab. Die Enquete-Kommission hielt jedoch die Rechtsstellung des kommunalen Bereichs im Grundgesetz für ausreichend abgesichert und befürchtete, daß auch andere Korporationen ähnliche Forderungen erheben würden. Ebenfalls wurde die Regelung in einem einfachen Bundesgesetz abgelehnt, weil der Bund keine Gesetzgebungskompetenz im Kommunalrecht habe und mit dem Anhörungsrecht ein verfahrensrechtlicher Aspekt geregelt werde, der als materielles Verfassungsrecht in die Geschäftsordnungen der Verfassungsorgane gehöre[25].

Die „Geschäftsordnungslösung" kann durchaus als Erfolg der kommunalen Spitzenverbände gewertet werden. Gegenüber der bis dahin sicherlich auch intensiven Informations- und Anhörungspraxis durch Bundestag und Bundesregierung hat sie den entscheidenden Vorteil, daß nunmehr klare und eindeutige Rechte und Pflichten in den gegenseitigen Beziehungen statuiert worden sind, die bei vernünftiger Wahrnehmung nicht nur der Gesetzgebungs- und Administrationstätigkeit des Bundes zugute kommen werden. Die nunmehr institutionalisierte Mitwirkung wird sich darüber hinaus als ausbaufähiges Element im Beziehungsfeld Bund -kommunale Selbstverwaltung erweisen können. Bei loyalem Verhalten der kommunalen Spitzenverbände auf Bundesebene wird dadurch das im Bund-Länder-Verhältnis angelegte Konfliktpotential nicht anwachsen müssen.

Der Bundesrat hat die von der Enquete-Kommission vorgeschlagene Geschäftsordnungsregelung des kommunalen Anhörungsrechts[26] noch nicht vorgenommen. Er vertritt die Auffassung, daß die Interessen der kommunalen Gebietskörperschaften durch die Länder hinreichend gewahrt werden. Es ist einzuräumen, daß die kommunale Beteiligung im Bundesrat besonders schwierige, vor allem praktische Probleme aufwirft. Namentlich der Umstand zeitlicher Befristung der Arbeit des Bundesrates erschwert naturgemäß eine umfassende Realisation des kommunalen Mitwirkungsanspruchs in dieser Institution. Es wäre zu wünschen, wenn sich für diesen Sektor einer Mitwirkung praktikable Formen der Zusammenarbeit finden ließen, die sich im übrigen nur auf Gesetzesvorlagen des Bundesrates beschränken brauchten; nur bei diesen ist eine Anhörung noch erforderlich. Bei Gesetzentwürfen der Bundesregierung oder aus der Mitte des Bundestages ist die Anhörung bereits durch die Geschäftsordnungen dieser Verfassungsorgane ausreichend sichergestellt.

Die vom Deutschen Städte- und Gemeindebund erhobene Forderung nach kommunaler Repräsentation im Bundesrat ist von der Enquete-Kommission Verfassungsreform im Ergebnis mit Recht abgelehnt worden. Eine dadurch bewirkte „Vollföderalisierung", die nicht nur die staatlichen, sondern auch die kommunalen Ebenen einbezöge, würde die bundesstattliche Ordnung wesentlich umstrukturieren. Die politischen wie verfassungsrechtlichen Konflikte zwischen Bund, Ländern und Kommunen würden mit hoher Wahrscheinlichkeit erheblich verstärkt. Zudem würde die Auswahl der kommunalen Repräsentanten kaum lösbare Probleme hinsichtlich des Wahlverfahrens aufwerfen, da neben den geographischen und parteipolitischen auch gebietskörperschaftliche Größen-Kriterien eine gewichtige Rolle spielen würden. Ferner ist die Gefahr nicht auszuschließen, daß eine solche integrierte Mitwirkung in einem obersten Bundesorgan innerhalb der kommunalen Spitzenverbände parteipolitische Profilierungs- und Auseinandersetzungsprozesse auslösen würde[27].

In diesem Zusammenhang ist darauf hinzuweisen, daß die Länder, die durch den Bundesrat an der Gesetzgebung und Verwaltung des Bundes mitwirken (Art. 50 GG), die kommunalen Spitzenverbände der Landesebene bei kommunal-relevanten Bundesratsangelegenheiten noch unzureichend beteiligen. Die von den Ländern in diese Arbeit einzubringenden Erfahrungen beschränken sich häufig nur auf den engeren Bereich der Landesverwaltung. Da aber die meisten Bundes- und Landesgesetze von den kommunalen Gebietskörperschaften vollzogen werden, wäre es zweckmäßig und notwendig, die hier gewonnenen Erkenntnisse über die kommunalen Landesverbände für die Bundesratsarbeit verfügbar zu machen. Das von den Ländern in Anspruch genommene Mandat kommunaler Interessenvertretung gegenüber dem Bund würde dadurch an Gewicht gewinnen können.

Den immer wieder vereinzelt vorgetragenen Vorschlag, Gemeindekammern auf Bundes- oder Landesebene einzurichten,[28], hat die Kommission erst gar nicht aufgegriffen.

2. Länder:

Die Mitwirkung der kommunalen Spitzenverbände in den einzelnen Bundesländern ist von Land zu Land unterschiedlich geregelt. Sie reicht von einer Verankerung in der Landesverfassung bis zu Beschlüssen von Ältestenräten der Parlamente oder Kabinettsbeschlüssen der Landesregierungen. Die für eine solche unterschiedliche Regelung maßgeblichen Gründe lassen sich kaum systematisieren.

Im einzelnen ergibt sich zusammenfassend folgendes Bild in den einzelnen Bundesländern:

In *Baden-Württemberg* sollen die Gemeinden und Gemeindeverbände oder ihre Zusammenschlüsse nach Art. 71 Abs. 4 der Verfassung vom 11.11.1953 (GesBl. S. 173) rechtzeitig gehört werden, bevor durch Gesetz oder Verordnung allgemeine Fragen geregelt werden, welche die Gemeinden oder Gemeindeverbände berühren.

Die Beteiligung durch den Landtag wird in § 50a der Geschäftsordnung des Landtags Baden-Württemberg vom 25.4.1975 (Landtagsdrucksache 6/7700) geregelt.

Die Anhörung der kommunalen Spitzenverbände durch die Ressorts der Landesregierung ist durch sogenannte „Anhörungsgrundsätze" näher konkretisiert.

Im wesentlichen wird festgelegt, daß den kommunalen Spitzenverbänden rechtzeitig und in einer angemessenen Frist Gelegenheit zu einer schriftlichen oder mündlichen Stellungnahme zu Gesetzes- und Verordnungsentwürfen gegeben werden soll, durch die allgemeine Fragen geregelt werden, die Gemeinden oder Gemeindeverbände berühren. Dies gilt auch, wenn Entwürfe der Ministerien oder der Landesregierung nachträglich wesentlich ergänzt oder geändert werden[29].

Der *Freistaat Bayern* beteiligt sechs kommunale Vertreter mit Sitz und Stimme im Senat, der insgesamt 60 Mitglieder hat[30]. Die Mitgliedschaft im Senat kann für die Kommunen nicht effektiver sein als die verfassungsrechtliche Position des Senats im Gesetzgebungsverfahren, die sehr viel schwächer ist als die Stellung des Bundesrates. In diesem Zusammenhang ist die Tatsache zu werten, daß die Geschäftsordnung des bayerischen Landtags die Anhörung der kommunalen Spitzenverbände nicht besonders regelt, sondern sie zu den allgemeinen „Sachkundigen" zählt, die von den Landtagsausschüssen angehört werden[31].

Offensichtlich geht der Landtag davon aus, daß die kommunalen Interessen durch die kommunalen Mitglieder im Senat im Rahmen der parlamentarischen Gesetzgebungsarbeit hinreichend gewährleistet sind.

Auch die Geschäftsordnung der bayerischen Staatsregierung sieht für die kommunalen Spitzenverbände keine besonderen Anhörungsregelungen vor. Vielmehr werden sie so wie alle anderen Verbände und Organisationen behandelt[32].

Aus einem Briefwechsel zwischen den kommunalen Spitzenverbänden Bayerns und dem Bayerischen Ministerpräsidenten im Frühjahr 1976 ergibt sich, daß die Anhörungspraxis der Landesregierung offensichtlich den kommunalen Wünschen nicht entspricht[33].

Das Land *Hessen* regelt die Anhörung der kommunalen Spitzenverbände in § 147 der Hessischen Gemeindeordnung vom 25.2.1952 (GVBl. I, S. 11).

Diese Bestimmung beschränkt sich textlich darauf, daß die Landesregierung „mit den Vereinigungen, welche die Gemeinden und Gemeindeverbände zur Förderung ihrer Interessen bilden", in Verbindung bleiben soll. Seit Jahren fordern die kommunalen Landesverbände eine klare und umfassende Regelung ihrer Mitwirkung durch eine Neufassung der in Frage stehenden Bestimmung der Gemeindeordnung, ferner eine Ergänzung der Geschäftsordnung des Landtags, der Geschäftsordnung der Landesregierung und der Gemeinsamen Geschäftsordnung der Ministerien[34].

Diese Bemühungen blieben bislang ohne Erfolg. Die Mitgliederversammlung des hessischen Landkreistages hat noch am 23. Juni 1978 Landtag und Landesregierung gebeten, die kommunale Mitwirkung gemäß den erhobenen Forderungen nunmehr zu regeln, insbesondere die inzwischen vom Ältestenrat des Landtags erarbeiteten Anhörungsgrundsätze in die Geschäftsordnung des Landtags einzuarbeiten.

In *Niedersachsen* fehlt sowohl eine gesetzliche wie auch eine besondere geschäftsordnungsmäßige Regelung der Mitwirkung der kommunalen Spitzenverbände an der Gesetzgebung. Die Anhörung durch die Fachausschüsse des Landtags erfolgt im Rahmen des § 93 Abs. 2 GO (8. Wahlperiode, LT 8/125). Die kommunalen Verbände sind hier den „Interessenvertretern oder Sachverständigen" gleichgestellt.

Die Beteiligung der kommunalen Spitzenverbände durch die Landesregierung erfolgt auf der Grundlage von Kabinettsbeschlüssen, zuletzt vom 23.4.1976. Hiernach sind die Verbände zu Entwürfen von Gesetzen, Verordnungen und Verwaltungsvorschriften zu hören und abweichende Auffassungen in die Begründungen zu den jeweiligen Gesetzesvorlagen einzuarbeiten.

Bemühungen, in den Geschäftsordnungen des Landtags und der Landesregierung die kommunale Beteiligung besonders zu regeln, blieben bislang erfolglos.

Auch *Nordrhein-Westfalen* sieht für die Mitwirkung der kommunalen Spitzenverbände keine besonderen gesetzlichen oder förmlichen Geschäftsordnungsregelungen vor.

Die Landesverbände forderten eine besondere Regelung ihrer Beteiligung in der Geschäftsordnung des Landtages; insbesondere wünschten sie eine Anhörung durch die Landtagsausschüsse getrennt von anderen Verbänden oder Organisationen oder Sachverständigen.

Der Landtag fand sich zu einer Ergänzung der Geschäftsordnung nicht bereit. In mehreren Besprechungen mit dem Präsidenten des Landtags wurde schließlich die folgende vom Ältestenrat beschlossene Regelung erreicht.

> „Die Ausschüsse des Landtags sollen den auf Landesebene bestehenden kommunalen Spitzenverbänden vor der Beschlußfassung über einen überwiesenen Beratungsgegenstand, durch den wesentliche Belange von Gemeinden und Gemeindeverbänden berührt werden, Gelegenheit zur schriftlichen und mündlichen Stellungnahme geben. Dies gilt insbesondere bei Entwürfen von Gesetzen, die ganz oder teilweise von den Gemeinden oder Gemeindeverbänden auszuführen sind, deren öffentliche Finanzen unmittelbar betreffen oder auf ihre Verwaltungsorganisation einwirken.

Die mündliche Stellungnahme nach Satz 1 soll getrennt von der Anhörung anderer Sachverständiger oder Interessenvertreter abgegeben werden, wenn die kommunalen Spitzenverbände dies beantragen.
Wenn kommunale Spitzenverbände im Rahmen des §§ 32 bzw. 33 der Geschäftsordnung[35] Stellung genommen haben, sollen die dargelegten Ansichten in ihren wesentlichen Punkten im Bericht des Ausschusses an den Landtag wiedergegeben werden.".

Wenn auch der Beschluß des Ältestenrates zunächst inhaltlich den Vorstellungen der kommunalen Spitzenverbände entspricht, so verlangen sie weiterhin eine formelle Regelung ihres Anliegens in der Geschäftsordnung des Landtages.

Die Gemeinsame Geschäftsordnung für die Ministerien des Landes Nordrhein-Westfalen – GO – vom 22.5.1962 (mehrfach ergänzt)[36] sieht ebenfalls keine besonderen Bestimmungen für die Beteiligung der kommunalen Spitzenverbände vor. Die Beteiligung geschieht im Rahmen des § 78 Abs. 4, der die „Beteiligung außerhalb der Landesregierung stehender Stellen an Gesetzesentwürfen" behandelt. Nach dem ausdrücklichen Wortlaut ist eine Anhörung nur dann zulässig, „wenn und soweit dies im öffentlichen Interesse geboten ist. Über Art und Umfang der Anhörung entscheidet der Minister".

Die Beziehungen zwischen den Ressorts der Landesregierung und den kommunalen Spitzenverbänden sind zwar, wie in allen anderen Bundesländern, auch in Nordrhein-Westfalen sehr intensiv und orientieren sich an den beiderseitigen Bedürfnissen nach Information und Erfahrungsaustausch. Dennoch bleibt festzuhalten, daß kommunale Spitzenverbände wie andere Interessenorganisationen und „außenstehende Stellen" betrachtet werden, ihre Anhörung grundsätzlich in das Belieben der Ministerien gestellt ist und abweichende Meinungen nicht in die Begründung der Gesetzesentwürfe aufgenommen zu werden brauchen. Alle Versuche, eine entsprechende Ergänzung im Sinne der Regelung der Gemeinsamen Geschäftsordnung der Bundesministerien zu erreichen, blieben bislang erfolglos.

Die kommunalen Mitwirkungsrechte sind in *Rheinland-Pfalz* zum Teil in § 129 GO und § 65 LKrO verankert[37]. Danach haben die Landesregierung und die obersten Landesbehörden Entwürfe von Rechtsvorschriften und allgemeinen Verwaltungsvorschriften, die die Belange der kommunalen Selbstverwaltung berühren, mit den kommunalen Spitzenverbänden „in geeigneter Form rechtzeitig zu erörtern.".

Der Landtag von Rheinland-Pfalz hat durch Beschluß vom 26.5.1977 § 83 Abs. 2 seine Geschäftsordnung wie folgt ergänzt:

„Zu Gesetzentwürfen, die wichtige Belange der kommunalen Selbstverwaltung unmittelbar berühren, sollen die auf Landesebene bestehenden kommunalen Spitzenverbände (Gemeinde- und Städtebund, Städteverband, Landkreistag) schriftlich oder mündlich gehört werden. Von der Anhörung kann insbesondere bei Regierungsvorlagen abgesehen werden, wenn aus der Vorlage die Auffassung der kommunalen Spitzenverbände ersichtlich sind"[38].

Auch die Gemeinsame Geschäftsordnung für die Ministerien und die Staatskanzlei des Landes Rheinland-Pfalz (GGO) erhält nunmehr in § 12 eine Bestimmung über die Beteiligung der Verbände der Gemeinden, Städte und Landkreise, wodurch die jeweiligen Bestimmungen in den kommunalen Verfassungsgesetzen noch näher konkretisiert werden[39].

Die Regelungen des Landes Rheinland-Pfalz können als besonders „kommunalfreundlich" bezeichnet werden.

Das *Saarland* regelt die Beteiligung der kommunalen Spitzenverbände in § 221 Abs. 3 des kommunalen Selbstverwaltungsgesetzes (in der Fassung vom 10.9.1968, Amtsblatt S. 689, zuletzt geändert durch Gesetz vom 4.12.1974, Amtsblatt S. 1060). Ferner gehören kommunale Vertreter auf Grund des § 23 Kommunales Finanzausgleichsgesetz vom 12.6.1974, (Amtsblatt S. 578) dem zu bildenden Beirat für den Finanzausgleich an.

§ 18 Abs. 4 der Geschäftsordnung des Landtags vom 26.6.1973 (Amtsbl. S. 529) sieht für die kommunalen Spitzenverbände keine besonderen Regelungen vor.

Auch im Rahmen der Geschäftsordnung der Landesregierung haben die kommunalen Spitzenverbände keine Sonderstellung. Sie erhalten Gesetzentwürfe oder Entwürfe von Verwaltungsvorschriften im Rahmen der durch § 14 Abs. 3 der Geschäftsordnung in der Fassung vom 8.6.1960 vorgesehenen Modalitäten. Forderungen der saarländischen Spitzenverbände auf entsprechende Ergänzungen der Geschäftsordnung des Landtags und der Landesregierung blieben bislang erfolglos.

In *Schleswig-Holstein* sind nunmehr durch eine Ergänzung der kommunalen Verfassungsgesetze[40] die obersten Landesbehörden verpflichtet, die kommunalen Spitzenverbände zu Entwürfen und Verwaltungsvorschriften zu hören. Diese gesetzlichen Regelungen lösen frühere Geschäftsordnungsbestimmungen und Erlasse des Innenministers ähnlichen Inhalts ab.

Eine besondere Regelung für die kommunalen Spitzenverbände enthält jedoch die Geschäftsordnung des Schleswig-Holsteinischen Landtags nicht. § 15 Abs. 2 dieser Geschäftsordnung (in der Fassung vom 28.4.1971 – GVOBl. S. 225 –) regelt allgemein das Recht der Ausschüsse, „Personen, die dem Landtag nicht angehören, Gelegenheit zur Stellungnahme vor dem Ausschuß zu geben".

Die Uneinheitlichkeit der Regelungen der kommunalen Mitwirkung im Gesetzgebungsverfahren im Länderbereich war Gegenstand einer Konferenz der Präsidenten Deutscher Länderparlamente im Mai 1973[41]. Es ging im wesentlichen darum, zwar den kommunalen Sachverstand für die Gesetzgebungsarbeit nützlich zu machen, andererseits aber jede Sonderregelung zu vermeiden und „nicht eine einzige Organisation beim Namen zu nennen". Die auf dieser Konferenz gefaßten Beschlüsse sind offensichtlich Ursache dafür, daß die Bemühungen der kommunalen Spitzenverbände in einigen Bundesländern um eine besondere Regelung ihrer Beteiligung in den Geschäftsordnungen der Landtage (Bayern, Hessen, Niedersachsen, Nordrhein-Westfalen, Saarland, Schleswig-Holstein) bislang ohne Erfolg geblieben sind. Die Landtage von Baden-Württemberg und Rheinland-Pfalz haben dagegen ihre Geschäftsordnungen nach dieser Konferenz entsprechend ergänzt.

Die Ständige Konferenz der Innenminister beschäftigte sich in ihren Sitzungen vom 30.3.1973 und 29.4.1974 ebenfalls mit dem Problem der kommunalen Mitwirkung an der Gesetzgebung. Dabei ging es zunächst um die Beteiligung am Gesetzgebungsverfahren des Bundes. Die Innenminister, die aus verständlichen Gründen ihre eigene stärkere Mitwirkung bei kommunalrelevanten Bundesgesetzen wünschten, unterstützten das Begehren der kommunalen Spitzenverbände, soweit sich dies auf entsprechende Regelungen in den Geschäftsordnungen des Bundestages und der Bundesregierung richtete.

Der damalige Vorsitzende der Konferenz, Innenminister Heinz Schwarz, Rheinland-Pfalz, setzte sich darüber hinaus auch für eine stärkere und formalisierte Mitwirkung der kommunalen Spitzenverbände bei der Gesetzgebung der Länder ein. Die Ständige Konferenz der Innenminister faßte hierzu folgenden Beschluß:

„1. Die Landesregierung und die obersten Landesbehörden haben Entwürfe von Rechtsvorschriften, die die Belange der gemeindlichen Selbstverwaltung berühren, sowie Entwürfe von allgemeinen Verwaltungsvorschriften, die wichtige Belange der gemeindlichen Selbstverwaltung unmittelbar berühren, mit den Landesverbänden der Gemeinden und Städte in geeigneter Form rechtzeitig zu erörtern.
2. Die von der Regierungsvorlage abweichenden Stellungnahmen der kommunalen Spitzenverbände sind in die amtliche Begründung von Gesetz- und Verordnungsentwürfen aufzunehmen.
3. Die Mitwirkungsmöglichkeiten der kommunalen Spitzenverbände sind rechtlich abzusichern.
4. Den kommunalen Spitzenverbänden ist bei der Beratung von Gesetzentwürfen die Möglichkeit einzuräumen, ihre Auffassung in den Parlamentsausschüssen mit den Abgeordneten zu erörtern".

Diese Empfehlungen der Innenminister sind jedoch bislang noch nicht von allen Ländern als Grundsätze für die Mitwirkung der kommunalen Spitzenverbände an der Gesetzgebung übernommen worden, sei es durch formelle Bestimmungen in den Geschäftsordnungen oder durch informelle Gestaltung der Verbandsbeteiligung.

IV. Die Praxis kommunaler Mitwirkung

Adressaten kommunaler Verbandsarbeit sind die Parlamente, vor allem die Fraktions- und Ausschußvorsitzenden, kommunalpolitisch interessierte Abgeordnete, die Ministerien, die politischen Parteien, die Beiräte und Sachverständigengremien und schließlich die Öffentlichkeit.

Ständige Gesprächspartner sind ohne Zweifel die Ministerien. Die Ministerien machen sich einerseits den vorhandenen Sachverstand der kommunalen Spitzenverbände zunutze, während diese um die Realisierung kommunaler Interessen bemüht sind.

Vor allem gilt das besondere Interesse der kommunalen Spitzenverbände den Vorsitzenden und Mitgliedern der Parlamentsausschüsse, aber auch den Vorsitzenden und Finanzsachverständigen der Fraktionen. Hierbei – ähnlich wie bei den Kontakten zu den politischen Parteien – sind naturgemäß persönliche Kontakte von ausschlaggebender Bedeutung. Häufig wählen die Spitzenverbände den Verbandsvorsitzenden aus der Reihe der Abgeordneten oder nehmen in den Vorstand Bundestags- bzw. Landtagsabgeordnete auf[42]. Das Verhältnis zur Ebene der Parteien gestaltet sich im wesentlichen über deren Vereinigungen mit kommunalpolitischen Zielen. Im übrigen geht das deutliche Bemühen aller kommunalen Spitzenverbände dahin, strikte parteipolitische Neutralität zu wahren, um die einheitliche Interessenwahrnehmung politisch unterschiedlich geführter Kommunen zu gewährleisten.

Von nicht zu unterschätzender Bedeutung für die Durchsetzung fachlicher Belange der kommunalen Seite ist ihre Mitwirkung in zahlreichen Ausschüssen, Beiräten, Kuratorien, Kommissionen und Gremien auch auf Bundesebene, als deren wichtigste wohl der Konjunkturrat und der Finanzplanungsrat zu erwähnen wäre[43].

Zusammen mit seiner Öffentlichkeitsarbeit verfügt der kommunale Bereich damit über ein breites Spektrum zum Teil sehr wirkungsvoller Instrumentarien verbandlicher Artikulation.

Diese Gesichtspunkte enthalten zugleich ein weiteres wichtiges Problem:

Durch die Beteiligung der kommunalen Verbände an der staatlichen Willensbildung und ihre Einflußnahme darf die Unabhängigkeit und die Entscheidungsfreiheit der staatlichen Organe prinzipiell nicht eingeschränkt werden. „Hearings", Eingaben, Forderungen und wertende Stellungnahmen sollen politische und administrative Probleme sichtbar machen, Zusammenhänge und Auswirkungen aufzeigen und vor allem die Vielfalt der zum Teil auch unterschiedlichen Aspekte und Interessen der kommunalen Gebietskörperschaften artikulieren. Die hiermit vermittelte Information der verantwortlichen politischen Organe – Parlamente und Regierungen – muß unverfälscht und glaubwürdig sein. Sie wird zwar, je nach den Besonderheiten des Falles und den jeweiligen Belangen der vertretenen Gebietskörperschaften – z.B. Großstädte oder kleine ländliche Gemeinden –, nicht frei von „Interessen" und daran ausgerichteten Absichten sein. Dies zu erkennen, zu werten und im politischen Willensbildungs- und Entscheidungsprozeß mit anderen „Interessen" abzuwägen, ist Aufgabe der staatlichen Entscheidungsträger.

Umgekehrt muß bei einer Institutionalisierung und Formalisierung der Verbandsmitwirkung der Gefahr begegnet werden, daß die Verbände in ihrer Funktion nachhaltig eingeschränkt werden, wenn sie sich aufgrund ihrer Mitarbeit bei der Vorbereitung von Gesetzen so stark haben einbinden und integrieren lassen, daß die Momente der eigenständigen Initiative und des kommunalen Selbstgestaltungsauftrags vernachlässigt werden.

Schließlich müssen – wie bei jeder institutionalisierten Verbandsbeteiligung – Antworten auf die Frage gegeben werden, ob die Verbände damit nicht ihren Verantwortungsbereich überschreiten und ihre Legitimation überfordern, wenn von ihnen die Berücksichtigung des Gesamtinteresses verlangt wird.

V. Kommunale Mitwirkung zwischen Legitimation und Verantwortung

Die Diskussion um eine kommunale Beteiligung am Gesetzgebungsverfahren hat sich vornehmlich an der Frage der Legitimation der kommunalen Spitzenverbände entzündet und dabei den Blick für die eigentliche Problemstellung verstellt, die in der nicht vollständigen Deckungsgleichheit von kommunaler Legitimation und kommunaler Verantwortung zu sehen ist.

Einige Einwände gegen eine formalisierte Mitwirkung kommunaler Spitzenverbände an der Gesetzgebung und sonstigen politischen Entscheidungen werden gelegentlich mit der Organisationsform der kommunalen Spitzenverbände, die in der Länder- und Bundesebene überwiegend privatrechtlich organisiert sind, begründet[44].

Die hier geäußerten Bedenken sind nicht stichhaltig. Auch die Parteien, die nach Art. 21 GG „bei der politischen Willensbildung des Volkes" mitwirken, sind privatrechtlich organisiert. Gleiches gilt für die Gewerkschaften, denen in einzelnen Gesetzen (z. B. im Bereich des Beamtenrechts) Mitwirkungsrechte eingeräumt sind. Zudem verfügen alle kommunalen Spitzenverbände über einen außerordentlich hohen Organisationsgrad, obwohl, von den bayerischen Spitzenverbänden abgesehen, eine Zwangsmitgliedschaft nicht besteht und für Ein- und Austritte keine besonderen Schwierigkeiten in den Verbandssatzungen vorhanden sind. Daraus wird ersichtlich, daß die Mitglieder der Spitzenverbände am verbandsinternen Meinungsbildungsprozeß intensiv beteiligt werden und dadurch ein hohes Maß an Identifizierung mit den verbandspolitischen Aktivitäten ermöglicht wird. Die Struktur der Verbände zwingt zur parteineutralen Verbandsführung sowie zu einem ständigen Ausgleich der Interessen ihrer Mitglieder, die je nach Größe oder besonderen Gegebenheiten ihrer sozio-ökonomischen Strukturen oder geographischen Situation recht unterschiedlich sein können. Die Vertreter der Mitgliedskommunen sind aus allgemeinen und direkten Wahlen hervorgegangene kommunalpolitische Mandatsträger oder durch indirekte Wahlen berufene Amtsinhaber. Die innerverbandliche Ordnung ist so angelegt, daß die maßgeblichen Organe durch einen demokratischen Kreationsprozeß gebildet werden. Damit liegt eine ungebrochene Kette demokratischer Legitimation bis zum Entscheidungsträger vor.

Als Wahrer der Belange der kommunalen Gebietskörperschaften nehmen die Spitzenverbände mittelbar die Interessen der Bürger war. Sie vertreten mithin nicht individuelle, sondern allgemeine Interessen. Die Städte, Gemeinden und Kreise sind in ihrem politischen Auftrag wie Bund und Länder auf das allgemein öffentliche Wohl verpflichtet. Die kommunalen Spitzenverbände müssen ihre Zielsetzungen und Aktionen nach Inhalt und Form an diesem hohen Rang des öffentlichen Interesses ausrichten. Darin unterscheiden sie sich wesenhaft von allen anderen Verbänden und Organisationen, die vornehmlich oder ausschließlich partikulare Interessen vertreten.

Auch der Einwand, die kommunale Beteiligung an Gesetzgebungsmaßnahmen und anderen politischen Entscheidungen der Länder- und Bundesebene führe zu einer Vermengung der Verantwortungsbereiche, ist kein Hindernis für kommunale Partizipation. Kommunale Selbstverwaltung ist nicht mehr wie zu Beginn des vergangenen Jahrhunderts staatsfreie Verwaltung im gesellschaftlichen Raum, ausschließlich auf die örtlichen Angelegenheiten bezogen; sie ist vielmehr zunehmend in die gesamte öffentliche Administration hineingewachsen[45].

Selbstverständlich ist damit ihr grundgesetzlich verbürgtes Selbstbestimmungsrecht in klar umrissenen Bereichen eigener politischer Verantwortung nicht aufgehoben. Dennoch: Nicht so sehr die Trennung zwischen Staatsverwaltung und Kommunalverwaltung beherrscht die politische und administrative Gegenwart, sondern der weitgehende Prozeß der Integration beider Bereiche[46].

Aus der stärkeren Verzahnung der örtlichen Verwaltung mit überörtlichen Entscheidungsträgern, aus der intensiveren Steuerung der kommunalen Selbstverwaltung durch Bundes- und Landesgesetze sowie durch zentrale Planungen und schließlich aus der sich verdichtenden finanziellen Abhängigkeit vom Staat erwachsen zwangsläufig Notwendigkeiten einer intensiveren staatlich-kommunalen Zusammenarbeit und das heißt: von kommunaler Mitwirkung an Entscheidungsprozessen der höheren legislativen und administrativen Ebenen.

Das Problem formalisierter und institutionalisierter kommunaler Mitwirkung am Gesetzgebungsverfahren liegt also nicht in der mangelnden politischen Legitimation der Kommunen und ihrer Verbände, sondern darin, daß die kommunale Selbstverwaltung ein hohes Maß an gesamtstaatlicher Verantwortung übernimmt, die zu tragen ihr glaubwürdig nur dann gelingen wird, wenn sie ihr Selbstverständnis dem gewandelten staatlich-kommunalen Verhältnis anpaßt.

Das Auseinanderklaffen von Legitimation und Verantwortung kennzeichnet nicht allein die Rolle der kommunalen Ebene und ihrer Spitzenverbände; dieser Befund gilt für die gesamtstaatliche Entscheidungsstruktur. Sie ist geprägt von einer zunehmenden, die einzelnen Zuständigkeitsbereiche übergreifenden Interdependenz der wahrzunehmenden Aufgaben und Probleme. Es gibt eine Inkongruenz zwischen Entscheidungsstruktur und Problemstruktur[47].

Immer mehr Probleme sprengen den eigenen Zuständigkeitsbereich und wachsen in übergreifende Zusammenhänge hinein.

Will man eine Zentralisierung, d.h. eine Verlagerung der Entscheidungszuständigkeiten auf eine immer höhere Ebene mit immer umfassenderen Entscheidungskompetenzen vermeiden, sollen aber zugleich die anfallenden Aufgaben nicht isoliert und sektoral, sondern ihrem Verflechtungsgrad entsprechend übergreifend und im Zusammenhang gelöst werden, dann bleiben letztlich nur noch sinnvoll ausgeformte zuständigkeitsübergreifende Mitwirkungsmöglichkeiten als Lösungsweg.

Aus diesen Erwägungen sind besonders verstärkte kommunale Beteiligungsrechte am Gesetzgebungsverfahren, darüber hinaus aber auch an allen anderen höherstufigen Entscheidungsprozessen nur dann verantwortbar, wenn folgende maßgeblichen Voraussetzungen erfüllt sind:

Die kommunalen Spitzenverbände müssen zunächst innerhalb, aber auch zwischen ihren Organisationen, die kommunalen Belange so aufeinander abstimmen, daß eine Benachteiligung oder einseitige Bevorzugung von Interessen bestimmter kommunaler Gebietskörperschaften vermieden wird. Dies bedeutet nicht die Herstellung eines „unreflektierten Einheitswillens", der sich nur um den Preis der Einebnung einer durchaus differenzierten Interessens- und Problemlage erreichen läßt. Die staatlichen Entscheidungsträger haben Anspruch auf eine umfassende und vollständige Sichtbarmachung der Probleme. Sie können andererseits aber auch erwarten, daß überzogene Egoismen eliminiert werden. Ebensowenig dürfen die kommunalen Spitzenverbände es zulassen, daß einzelne Aufgabenbereiche der Kommunalpolitik und -verwaltung einseitig gefördert werden.

Komplexe Zuständigkeit der kommunalen Behörden für die Durchführung fast aller Bundes- und Landesgesetze bringt es mit sich, daß die Verwaltungsvielfalt nur noch auf der kommunalen Ebene registriert und bewertet werden kann. Demgemäß sind die kommunalen Spitzenverbände auch in besonderer Weise im Rahmen des ständigen Erfahrungsaustausches mit ihren Mitgliedern in der Lage, nicht sachgerechte Schwerpunktbildungen zu erkennen. Neue Aufgaben oder die Erweiterung bisheriger Aufgaben begrenzen im Regelfall notwendigerweise den finanziellen Spielraum von Bund, Ländern und Kommunen, da sich die wirtschaftlichen und finanziellen Ressourcen nicht in dem erforderlichen Maße vergrößern. Die hohe fachliche Spezialisierung in Politik und Verwaltung birgt die Gefahr in sich, daß sich jeder Sachbereich absolut sieht. In den Parlamenten, Regierungen und Verwaltungen finden diejenigen Aufgaben immer leichter eine einseitige Bevorzugung, die „populär" sind und sich im Rahmen der Öffentlichkeitsarbeit gut „verkaufen" lassen. Die kommunalen Spitzenverbände können durch ihre Arbeit zu einer Harmonisierung der „Aufgaben-Konkurrenz" beitragen, indem sie Fehlentwicklungen signalisieren. Vor allem muß vermieden werden, daß Vertreter einzelner Fachbelange innerhalb der kommunalen Spitzenverbände im Zusammenwirken mit den korrespondierenden Fachbereichen der Länder und des Bundes das System „vertikaler Fachbruderschaften" und „vertikaler Fachversäulung" (Frido Wagener) durch isolierte und unkoordinierte Aktivitäten im Gesetzgebungsverfahren verfestigen.

Vor allen müssen die kommunalen Spitzenverbände ihre Aktivitäten bei der Wahrnehmung der Belange ihrer Mitglieder nach Inhalt und Form so gestalten, daß ihre Glaubwürdigkeit als Vertreter allgemeiner öffentlicher Interessen gewahrt bleibt. Kommunale Zielsetzungen müssen sich daher nicht nur an realistischen Maßstäben orientieren, sondern auf eine gesamtstaatliche Gemeinwohlverwirklichung ausgerichtet sein[48].

Für Organisationen, deren Mitglieder Gebietskörperschaften von gleichem Rang wie Bund und Länder sind, handelt es sich hierbei nicht nur um ein spezifisches verbandsethisches Postulat[49] sondern zugleich auch um ein „inneres Legitimationskriterium", das ihre Sonderstellung und institutionalisierte Beteiligungsregelung am Gesetzgebungsverfahren rechtfertigt. Diese Mitwirkung und Beteiligung ist daher nicht nur ein Recht für die kommunalen Spitzenverbände, sondern vornehmlich eine anspruchsvolle Verpflichtung und Verantwortung, der sie in ihrer verbandspolitischen Arbeit Rechnung zu tragen haben, wenn diese von dauerhaftem Erfolg gekrönt sein soll.

Anmerkungen

1 Vgl. insbesondere E. Forsthoff, Strukturwandlungen der modernen Demokratie, Berlin 1964, insbes. S. 16 ff.; ders., Der Staat der Industriegesellschaft. Dargestellt am Beispiel der Bundesrepublik Deutschland, München 1971, S. 19 f., 94 ff., 109 ff., W. Brohm, Sachverständige und Politik, Rechtsfragen der Beratung in der Wirtschafts- und Sozialpolitik der BRD, in: Festschrift für E. Forsthoff, hrsg. von R. Schnur, München 1972, S. 37 ff.

2 Kritisch dazu O. Gönnenwein, Gemeinderat, Tübingen 1963, S. 7; U. Scheuner, Zur Neubestimmung der kommunalen Selbstverwaltung, in: Archiv für Kommunalwissenschaften Bd. 12 (1973), S. 1 ff.; K. Stern, Zur Revision des Grundgesetzes: Zur Position der Gemeinden und Gemeindeverbände in der Verfassungsordnung, in: DÖV 1975, S. 515 ff.

3 Ausführlich dazu und mit weiteren Nachweisen F. W. Scharpf, B. Reissert, F. Schnabel, Politikverflechtung: Theorie und Empirie des kooperativen Föderalismus in der Bundesrepublik, Kronberg/Taunus 1976; J. J. Hesse (Hrsg.), Politikverflechtung im föderativen Staat, Studien zum Planungs- und Finanzierungsverbund zwischen Bund, Ländern und Gemeinden, Baden-Baden 1978.

4 Ausführlich dazu J. Burmeister, Verfassungstheoretische Neukonzeption der kommunalen Selbstverwaltungsgarantie, München 1977; W. Roters, Kommunale Mitwirkungen höherstufigen Entscheidungsprozessen, Köln 1975, jeweils mit zahlreichen Nachweisen.

5 Vgl. dazu ausführlich W. Hofmann, Städtetag und Verfassungsordnung. Position und Politik der Hauptgeschäftsführer eines kommunalen Spitzenverbandes, Stuttgart u. a. 1966 (Schriftenreihe des Vereins für Kommunalwissenschaften, Bd. 13); J. Bertram, Staatspolitik und Kommunalpolitik – Notwendigkeit und Grenzen ihrer Koordinierung, Stuttgart u. a. 1967, S. 99 ff.

6 Deutscher Städtetag, Altakten 136.

7 Vgl. J. Bertram, a.a.O., S. 105 f.

8 Deutscher Städtetag, Altakten B 3765.

9 So der damalige Bundesinnenminister Maihofer in der Debatte des Bundestages vom 7. November 1974 auf eine Große Anfrage der CDU/CSU-Bundestagsfraktion zur Lage der Städte, der Gemeinden und Kreise, Protokoll S. 8586.

10 Die kommunalen Spitzenverbände konnten dabei auf eine Reihe hervorragender wissenschaftlicher Arbeiten zurückgreifen, vornehmlich U. Scheuner, AFK 1973, S. 1 f.; E. Schmidt-Assmann, Verfassungsrechtliche und verwaltungspolitische Fragen einer kommunalen Beteiligung an der Landesplanung (Zur Auslegung und Fortentwicklung des § 5 Abs. 2 und 3 BROG), AÖR 101 (1976), S. 520 ff.; Die Kommunale Selbstverwaltung im Grundgesetz und ihr genetisches Modell, in: Festschrift für Scupin 1973, S. 391 ff; ders., Dezentralisation nach dem Grundgesetz, DÖV 1974, S. 649 ff.

11 Vgl. vor allem E. Pappermann, Das zwischengemeindliche Nachbarrecht, JuS 1973, S. 689 ff., ders., DÖV 1975, S. 181 ff.; ders., SKV 1976, S. 2 ff.; ders., Nochmals: Zur Auslegung des Art. 28 Abs. 1 Satz 2, SKV 1976, S. 134 f.; ders., Abschließend: Zur Bedeutung des Art. 28 GG für die Aufgabenverteilung zwischen Selbstverwaltungskörperschaften, SKV 1976, S. 336 f.; ders., DVBl. 1976, S. 767; W. Roters, Kommunale Mitwirkung an höherstufigen Entscheidungsprozessen, a.a.O.; ders., in: I. v. Münch (Hrsg.), Grundgesetz-Kommentar, Bd. 2, 1976, Art. 28 Rdn. 30 ff., 59 ff.

12 Vgl. die Eingabe des Deutschen Städtetages und des Deutschen Landkreistages vom 19.6.1973 „Forderungen der Städte und Kreise zum Standort des kommunalen Bereichs nach dem Grundgesetz" an die Enquete-Kommission (Kom. Drs. Nr. 061) und die Eingabe des Deutschen Städte- und Gemeindebundes vom 18.6.1973 „Forderungen der Gemeinden zum Standort des kommunalen Bereichs nach dem GG"; an die Enquete-Kommission (Kom. Drs. Nr. 060), dazu auch F. Schäfer, Entspricht unsere Verfassungsordnung dem Wandel der kommunalen Selbstverwaltung?, in: Die demokratische Gemeinde, 26. Jahrgang, S. 1049 ff.; E. Busch, Die Kommunen im Spannungsfeld der bundesstaatlichen

Ordnung, in: F. Schäfer (Hrsg.), Schwerpunkte im Kräftefeld von Bund und Ländern – Formen des Zusammenwirkens im deutschen Föderalismus –, S. 139 ff.; K. Stern, Zur Revision des Grundgesetzes: Zur Position der Gemeinden und Gemeindeverbände in der Verfassungsordnung, in: DÖV 1975, S. 515 ff.; umfassend vor allem: Schlußbericht der Enquete-Kommission Verfassungsreform des Deutschen Bundestages, Beratungen und Empfehlungen zur Verfassungsreform, Teil II: Bund und Länder, hrsg. vom Presse- und Informationszentrum des Deutschen Bundestages, S. 215 ff.

13 BT-Drs. VI/3807; sten. BT 6. Wahlperiode, 198. Sitzung vom 21. September 1972, S. 11699; der 7. Bundestag hat sie bei seinem Zusammentreten übernommen, vgl. sten. Ber. 7. Wahlperiode, 1. Sitzung am 13. Dezember 1973, S. 1 B.

14 Inzwischen haben sich 948 Verbände und Organisationen in diese Liste eintragen lassen (vgl. Beilage zur „Woche im Parlament", Nr. 10/79).

15 Komm. Drs. Nr. 060 und 061 vom 16.8.1973.

16 Komm. Drs. Nr. 060.

17 Schlußbericht Enquete-Kommission a.a.O., Teil II, S. 216, 223 ff.

18 Schreiben des BdI vom 19.7.1974, vgl. BT-Drs. 7/2409, S. 1.

19 Drs. 7/1247.

20 Debatte über die Anfrage sowie Antwort der Bundesregierung, BT-Drs. 7/2409; vgl. hierzu auch Seele, Der Landkreis 1975, S. 50 f.

21 Protokoll der 128. Sitzung des Deutschen Bundestages vom 7.11.1974, S. 8584.

22 Z. B. Gespräch des Bundeskanzlers mit den Präsidenten und Hauptgeschäftsführern der kommunalen Spitzenverbände vom 2.10.1974.

23 §§ 25, 40 Abs. 3 Satz 2 GGO II i.d.F. vom 15.10.1976 (GMBl. S. 550).

24 § 73 Abs. 3a, § 74 Abs. 2 GO BT, Beteiligung der kommunalen Spitzenverbände an den Sitzungen von Bundestagsausschüssen. Seit Anfang 1979 besteht im Innenausschuß die Übung, den Vertretern der kommunalen Spitzenverbände die Einladungen für jede Sitzung zuzusenden. Die Spitzenverbände können dann selbst entscheiden, ob sie teilnehmen oder nicht.

25 Vgl. Schlußbericht Enquete-Kommission, a.a.O., Teil II, S. 226 f.

26 Schlußbericht II S. 225.

27 Vgl. auch K. Stern, DÖV 1975, S. 517 f.; W. Roters, Kommunale Mitwirkung an höherstufigen Entscheidungsprozessen, S. 171 ff.; ders., Kommentierung Art. 28 GG, a.a.O. Rdn. 50; H. P. Ipsen, DÖV 1977, S. 542; E. Schleberger, Der Städtetag 1977, S. 185 f.; W. Zeh, Der Landkreis 1977, S. 253; E. Schmidt-Jortzig, DVBl. 1977, S. 806.

28 Für die Einrichtung von Gemeindekammern auf Landesebene vor allem R. Voigt, Kommunale Partizipation am staatlichen Entscheidungsprozeß, S. 153 ff.; 157; ders., Städte- und Gemeindebund 1977, S. 69; ders., Die demokratische Gemeinde 1977, S. 691; kritisch dazu K. Stern, DÖV 1975, S. 516 f., Roters, Kommunale Mitwirkung an höherstufigen Entscheidungsprozessen, a.a.O., S. 173 ff., 188 f.; ders., Kommentierung Art. 28 GG, Rdnr. 50; F. Schäfer, DÖV 1977, S. 337; E. Schmidt-Jortzig, DVBl. 1977, S. 806.

29 Bekanntmachung des Innenministers über die Grundsätze für die Anhörung der kommunalen Landesverbände nach Art. 71 Abs. 4 der Landesverfassung und die Beteiligung der Spitzenorganisationen der Gewerkschaften und der Berufsverbände nach § 112 LBG vom 5.11.1973, Nr. II/430/153, Anl. 1 (GABl. S. 1093).

30 Art. 34 und 35 Landesverfassung Bayern vom 2.12.1946 (BayBS, I, S. 3, zuletzt geändert durch Gesetz vom 18.7.1973 (GVBl. S. 389).

31 § 42 der GO für den bay. Landtag vom 1.10.1974 (GVBl. 387).

32 Vgl. § 5 Abs. 4 Satz1 GO der Staatsregierung in der Fassung der Bekanntmachung vom 27. Februar 1973, Staatsanzeiger Nr. 10, weiterhin geändert durch Bekanntmachung vom 18.12.1975, Staatsanzeiger 51/52.

33 Schreiben der bayerischen kommunalen Spitzenverbände vom 17.3.1976 und Antwort des Bayerischen Ministerpräsidenten vom 23. März 1976 – B III/3 – 242 – 3.

34 Gemeinsames Schreiben der kommunalen Landesverbände vom 27.8.1975 an den Präsidenten des Hessischen Landtags und dem Hessischen Ministerpräsidenten (Informationen Hess. StT. 4/75, S. 51).

35 GO des Landtages NW vom 4.4.1974 i.d.F. der Änderung vom 7.7.1976, abgedruckt in Geller-Kleinrahm, Die Verfassung des Landes NW, 3. Auflage. Diese Bestimmungen regeln allgemein die Anhörung von Sachverständigen oder Vertreter betroffener Interessen.

36 Abgedruckt in Geller-Kleinrahm, a.a.O.

37 GO für Rheinland-Pfalz vom 14.12.1973 (GVBl. S. 419) und LKrO für Rheinland-Pfalz vom 14.12.1973 (GVBl. S. 451).

38 Abgedruckt in: Sammlung des Bereinigten Landesrechts Rheinland-Pfalz, – BS-1101-2.

39 In der Fassung vom 1.8.1976, abgedruckt in: Rumetsch, Landesrecht in Rheinland-Pfalz, Nr. 11d.

40 § 132 GO in der Fassung des Gesetzes vom 11.11.1977 (GVBl. S. 410 ff) sowie § 71 KrO in der Fassung des Gesetzes vom 11.11.1977 (GVBl. S. 436 ff).

41 41. Konferenz der Präsidenten der Deutschen Länderparlamente am 31. und 4. Mai 1973 in Hamburg; vgl. dazu Zeitschrift für Parlamentsfragen 1973, S. 463/64; Voigt, Kommunale Partizipation am staatlichen Entscheidungsprozeß, Würzburg 1976, S. 54 A.

42 Bereits im Jahre 1926 wies Meyer-Lülman, HWKW, Erg. Bd. I S. 529, auf diese Verbandsübung hin.

43 Die Bundesregierung nennt 25 solcher institutionellen Beteiligungen allein auf Bundesebene, ohne dabei jedoch abschließend zu sein (BT-Drs. 7/2409, S. 3). Ähnlich zahlreich ist die Mitwirkung im Bereich der Länder.

44 Vgl. etwa E. Busch, Die Kommunen im Spannungsfeld der bundesstaatlichen Ordnung, a.a.O., S. 153 ff; R. Feucht, a.a.O., S. 27 m.w.N.

45 So auch der Schlußbericht der Enquete-Kommission Verfassungsreform, a.a.O., S. 219; F. Schäfer, Entspricht unsere Verfassungsordnung dem Wandel der kommunalen Selbstverwaltung?, a.a.O.; K. Stern, Zur Revision des Grundgesetzes: Zur Position der Gemeinden und Gemeindeverbände in der Verfassungsordnung, a.a.O.

46 Grundsätzlich dazu J. Burmeister, Verfassungstheoretische Neukonzeption der kommunalen Selbstverwaltungsgarantie, a.a.O., S. 69 ff. m.w.N.

47 Vgl. insbesondere F. W. Scharpf, Die Theorie der Politikverflechtung: Ein kurzgefaßter Leitfaden, in: J. J. Hesse (Hrsg.), Politikverflechtung im föderativen Staat, a.a.O., S. 21 ff.

48 Weitere Ausführungen hierzu vom Verfasser in „Landkreis" 1973, S. 41.

49 Das selbstverständlich auch als Bestandteil eines Verhaltenskodex für das Verhältnis Bund und Länder zum kommunalen Bereich und für Bund und Länder untereinander zu gelten hat.

III. Bundesstaatliche Ordnung und Finanzverfassung

Sozialer Bundesstaat und parlamentarische Demokratie

Zum Verhältnis von Parlamentarismus und Föderalismus unter den Bedingungen des Sozialstaats

Von Prof. Dr. *Ernst-Wolfgang Böckenförde*, Freiburg

I.

Die Diskussionen um die Wandlungen und Gefährdungen der bundesstaatlichen Ordnung in der Bundesrepublik sind in den letzten 20 Jahren unter den Leitworten des „unitarischen Bundesstaats“[1], dann des „kooperativen Föderalismus“[2] und schließlich der „Politikverflechtung“[3] geführt worden. Mit diesen Leitworten wurde eine Entwicklung beschrieben und auf ihre Folgen hin analysiert, die ihren Grund zum einen in dem durch die Nachkriegsverhältnisse induzierten und durch das Sozialstaatsprinzip legitimierten enormen Anwachsen der leistungsstaatlichen Aktivitäten hatte, zum anderen in einer dem korrespondierenden strikten Erwartung der Einheitlichkeit der (wirtschaftlich-sozialen) Lebensverhältnisse im gesamten Bundesgebiet, ohne Rücksicht auf die politische Eigenständigkeit und Individualität der einzelnen Länder. Die Entwicklung führte zu einer Akkumulation leistungsstaatlicher Aufgaben und Zuständigkeiten beim Bund, sei es im Zuge stückweiser Kompetenzverlagerung, sei es im Zuge para-konstitutioneller Fonds- und Förderungspraxis – der soziale Bundesstaat wurde *unitarischer* Bundesstaat[4]. Der damit sich abzeichnenden Schrumpfung des Zuständigkeitsbereichs und der politischen Eigenständigkeit der Länder suchte man auf zweifache Weise entgegenzuwirken: durch die Erweiterung der Zustimmungsbefugnisse des Bundesrats bei der Gesetzgebung[5] und durch die Institutionalisierung und verfassungsmäßige Legalisierung des Zusammenwirkens zwischen Bund und Ländern, vornehmlich in Form der ausdrücklichen (Art. 91a und b GG) und indirekten (Art. 104a IV GG – sog. Finanzierungshilfen) Gemeinschaftsaufgaben, ergänzt durch einen labil-komplizierten Finanzverbund[6]. Hinzu kam, um weitere Kompetenzverlagerungen im Zuge der Unitarisierungstendenz hintanzuhalten, eine verstärkte und zunehmend institutionalisierte Kooperation der Länder untereinander, vornehmlich in Form beratender und (auf Einstimmigkeitsgrundlage) beschließender Ministerkonferenzen – der Ausbau der sog. Dritten Ebene[7]. Der unitarische Bundesstaat setzte, zur Erhaltung der Bundesstaatlichkeit, den kooperativen Föderalismus aus sich heraus. Die Praxis des kooperativen Föderalismus bewirkte, hervorgerufen durch die Notwendigkeit gemeinsamer Planungen und wechselseitiger Abstimmung, ein weitausgreifendes Verbundsystem in der Wahrnehmung der Aufgaben und Zuständigkeiten, das das im Grundgesetz von 1949 vorgesehene Trennsystem überlagerte und teilweise verdrängte[7a]. Dies System ist zutreffend als „Politikverflechtung" analysiert worden[8]. Die verschiedenen Aufgabenträger sind, in der Wahrnehmung ihrer Aufgaben, notwendig aufeinander verwiesen und voneinander abhängig, können nicht mehr für sich, sondern nur in Abstimmung miteinander etwas politisch bewegen, was die Angewiesenheit auf Einigung, damit auf Kompromiß und komplizierte Verfahren, und eine Prämie für den status quo bedeutet.

Zu dieser vielfach behandelten Inhalts- und Funktionsänderung der bundesstaatlichen Ordnung[9] ist seit 1969 ein neues Problem hinzugetreten, das bislang nur vereinzelt Beachtung[10] gefunden hat: die wachsende Spannung von bundesstaatlicher Ordnung und parlamentarischer Demokratie oder, anders formuliert, das Problem des *demokratischen* Bundesstaates. Äußerlich sichtbar geworden ist es durch die seit 1969 auseinanderfallenden (partei-)politischen Mehrheiten im Bundestag und Bundesrat sowie den Bund-Länder-Planungsgremien der Gemeinschaftsaufgaben. Diese zunächst nur parteipolitische Konstellation hat, verbunden mit der allgemeinen politischen Polarisierung seit Bestehen der sozialliberalen Koalition, dazu geführt, daß die im Bundestag regierenden und über die Gesetzgebungsmehrheit verfügenden Parteien gleichwohl in weiten Bereichen[11] die Einigung mit der Opposition auf der Ebene des Bundesrats oder der Bund-Länder-Gremien suchen müssen. Die Erringung der – wenn auch evtl. knappen – parlamentarischen Mehrheit in der Bundestagswahl und die darin liegende demokratische Legitimation reicht nicht mehr hin, um in Form der ‚Herrschaft auf Zeit' ein politisches Programm durch Gesetzgebung und Verwaltungsagenden zu verwirklichen – und damit bei der Aktivbürgerschaft Erfolg zu haben oder zu scheitern. „Das kann nicht richtig sein", hat *Friedrich Schäfer*, auf einen konkreten Anwendungsfall dieses Zusammenhangs Bezug nehmend, konstatiert[12]. Aber liegt hier wirklich ein Strukturproblem unserer bundesstaatlichen Ordnung, die zugleich als demokratisch-parlamentarische Ordnung verfaßt ist? Oder handelt es sich nur um eine vorübergehende, durch bestimmte Wahlergebnisse in Bund und Ländern hervorgerufene politische Konstellation, die das demokratisch-parlamentarische Prinzip, wie es in Bund und Ländern Gültigkeit hat, unberührt läßt?

II.

Seine volle Bedeutung und verfassungspolitische Aktualität erhält das Problem des demokratischen Bundesstaates in der Tat erst auf dem Hintergrund der politischen und verfassungsrechtlichen Entwicklung des sozialen Bundesstaats zum unitarischen Bundesstaat und kooperativen Föderalismus. Der Auseinanderfall der politischen Mehrheiten im Repräsentationsorgan des Bundesvolks und im Organ der Ländermitwirkung im Bund, an sich nichts Außergewöhnliches im Rahmen einer bundesstaatlichen Verfassung, trifft heute auf eine verfassungsrechtliche Konstellation und politische Praxis, die gegenüber dem ersten Jahrzehnt der Bundesrepublik grundlegend verändert sind.

1. Die Entwicklung zum unitarischen Bundesstaat bestand nicht allein in der Verlagerung von Gesetzgebungskompetenzen auf den Bund und der nahezu vollen Ausschöpfung der Bereiche der konkurrierenden Gesetzgebung durch den Bund, sondern ebenso in einer Ausdehnung der Verwaltungstätigkeit des Bundes (in Form der gesetzesakzessorischen und – vor allem – gesetzesfreien Verwaltung) und einer starken Inanspruchnahme der Einflußmöglichkeiten des Bundes auf die Landesverwaltung, wofür Art. 84 Abs. 1 und 2, Art. 85 Abs. 2 GG verfassungsrechtliche Anknüpfungspunkte boten. Der Kern des unitarischen Bundesstaats und das vorantreibende Prinzip seiner Herausbildung lag und liegt, wie *K. Hesse* hervorgehoben hat[13], in der „sachlichen Unitarisierung" der Wahrnehmung der staatlichen Aufgaben. Diese Unitarisierung wird ebenso von den Funktionsbedingungen einer entwickelten arbeitsteiligen Industriegesellschaft[14] wie von der sozialstaatlich induzierten Erwartung der Einheitlichkeit der Lebensverhältnisse (seit Anfang der 70er Jahre auch der Chancengleichheit) und der unitarisierenden Wirkung bundesrechtlich gewährleisteter, unmittelbar geltender Grundrechte[15] gefordert und legitimiert. Sie hat sich nicht nur auf einem Weg, etwa dem der Kompetenzverlagerung, sondern auf verschiedenen Wegen, z.T. quer zu den Kompetenzabgrenzungen, Bahn gebrochen[16]. Zu erwähnen sind neben der Kompetenzverlagerung die Unitarisierung des Gesetzesvollzugs, auch wo er landeseigene Angelegenheit ist, der Abbau der sozialen und wirtschaftlichen Unterschiede zwischen den Teilen/Regionen des Bundesgebiets in Form von (bundesgeförderten) Entwicklungsprogrammen und Finanz(ausgleichs)zuwendungen[16a], schließlich – der Übergang zum kooperativen Föderalismus – die koordinierte und sachlich vereinheitlichte Wahrnehmung der eigenen Kompetenzen durch die Länder[17].

Diese Entwicklung vollzog sich nicht als Ausschaltung, sondern im Rahmen der bundesstaatlichen Ordnung. Die sachliche Unitarisierung in ihren vielfältigen Formen konnte daher nicht unter politischer Beiseitestellung der Länder erfolgen, sie war auf die Einbeziehung und gesicherte Beteiligung der Länder angwiesen. Sie war daher nicht gleichbedeutend mit Zentralisierung[18]. Was den Ländern an Eigenständigkeit und politischer Selbstentscheidung verlorenging, wurde kompensiert durch vermehrte Beteiligung an der politischen Willensbildung bzw. staatlichen Tätigkeit des Bundes selbst, die dadurch gewissermaßen in sich föderalisiert wurde. In dieser Beteiligung, und darüber hinaus einem entsprechenden "procedere" zwischen Bund und Ländern als grundsätzlich gleichgeordneten politischen Größen, wurde sogar ein neues Formprinzip bundesstaatlicher Ordnung gesehen[19]. Zentraler Bezugspunkt für den Beteiligungsföderalismus wurde der Bundesrat, durch den die Länder, der Konzeption des Grundgesetzes zufolge, „bei der Gesetzgebung und Verwaltung des Bundes mitwirken". Im Bereich der Gesetzgebung dehnten sich die Zustimmungsgesetze – im Unterschied zu den ‚normalen' Einspruchsgesetzen – aus, sei es als Kompensation für neu entstandene oder von den Ländern verlagerte Bundeskompetenzen[20], sei es aus der Fortentwicklung der Finanzverfassung zum Finanzverbund oder der Konstitutionalisierung der (direkten und indirekten) Gemeinschaftsaufgaben[21]. Die Einflußnahme des Bundes auf den Gesetzesvollzug und damit die Landesverwaltung war durch die Widerlager der Art. 84 Abs. 1 und 2, 85 Abs. 2 GG zwar von vornherein an die Zustimmung des Bundesrats gebunden, in dieser Form aber auch zugelassen. Indem diese Möglichkeiten nicht nur für einzelne Fälle, wofür sie gedacht waren, sondern im Zuge der Unitarisierung dauernd in Anspruch genommen wurden, entstand, vermittelt über die Ausschüsse des Bundesrats, in denen die Länderbürokratie vertreten ist[22], und über vorbereitende Ressortkonferenzen ein ausgebreitetes System kondominialen Zusammenwirkens zwischen den Exekutiven von Bund und Ländern[23]. Verstärkt wurde diese Entwicklung zum Beteiligungsföderalismus durch eine extensive Interpretation des Begriffs „Zustimmungsgesetz" durch den Bundesrat. Der Bundesrat beanspruchte, wenn in einer Gesetzesvorlage auch nur eine Regelung zustimmungspflichtig war, sein Zustimmungsrecht für die Gesetzesvorlage im ganzen, und er beanspruchte bei der späteren Änderung eines zustimmungspflichtigen Gesetzes in jedem Falle wiederum sein Zustimmungsrecht, auch wenn die Änderung sich nicht auf eine die ursprüngliche Zustimmungspflicht auslösende Regelung bezog[24]. Bundestag und Bundesregierung haben – im Zeichen bestehender politischer Homogenität zwischen Bundestags- und Bundesratsmehrheit – dieser Interpretation zwei Jahrzehnte lang nicht wiedersprochen. Sie stellte sich als gesicherte Verfassungspraxis dar. Das BVerfG hat, als es schließlich 1974 darüber zu entscheiden hatte, den ersten Anspruch bestätigt, den zweiten desavouiert[25].

Das Ergebnis war, von der föderativen Struktur her gesehen, ein weitausgreifendes Beteiligtsein der Länder am und im Bund sowie, als dessen Kristallisationspunkt, ein wesentlicher Ausbau der verfassungsrechtlichen ebenso wie der politischen Position des Bundesrats. Auf seine Billigung oder Zustimmung waren und sind die Gesetzgebungsmehrheit des Bundestages und die Bundesregierung nicht nur in Einzelfällen, wo besondere Länderinteressen auf dem Spiele stehen, sondern in wachsendem Umfang für wichtige Teile ihrer Politik angewiesen. Das ursprüngliche Regel-Ausnahme-Verhältnis hat sich weitgehend relativiert, wenn nicht gar umgekehrt.

2. Der kooperative Föderalismus baut auf dem Beteiligungsprinzip auf, seinen Kern hat er jedoch, weitergreifend, im Prinzip der *Übereinstimmung*[26]. Das versteht sich für die kooperative Zusammenarbeit der Länder in ihren eigenen Kompetenzbereichen von selbst. Hier stehen sie sich als gleichberechtigte, voneinander unabhängige politische Entscheidungsträger gegenüber. Als solche können sie, soll

diese Unabhängigkeit nicht aufgegeben werden, nur auf der Basis der Einstimmigkeit verbindliche Verabredungen treffen, die jedes einzelne Land dann durch Gesetze oder Exekutivhandlungen bei sich wirksam macht. Auch gemeinsame Institutionen der Länderebene, wie etwa das ZDF, können nur einstimmig begründet werden, wenngleich die Willensbildung *in* der Institution sich nach Mehrheitsgrundsätzen vollziehen kann. In den durch die Verfassungsänderung von 1969 geschaffenen oder zugelassenen Einrichtungen und Verfahren der Kooperation von Bund und Ländern, den Gemeinschaftsaufgaben der Art. 91a, 91b und 104a Abs. 4 GG, gilt zwar nicht das Einstimmigkeitsprinzip, aber es wird mit der geforderten Dreiviertelmehrheit in den maßgeblichen Gremien (bei 50% Stimmenanteil des Bundes)[27] gleichwohl eine breite Übereinstimmung intendiert.

Das hier verfolgte Prinzip weitgehender Einigung zwischen den kooperierenden Beteiligten realisiert sich praktisch in überschaubaren Verhandlungs- und Koordinierungsgremien, in denen die eigentlichen Ergebnisse erzielt werden. Dies sind – notwendigerweise – Regierungs- bzw. Exekutivgremien. Ihre Mitglieder müssen, ungeachtet bestehender parlamentarischer Kontrolle, über Verhandlungsspielräume verfügen, sollen überhaupt Einigungen und Entscheidungen erreichbar sein. Das Ergebnis solcher Verhandlungen/Beratungen, oft mühsam zustande gebracht, kommt einer Vor-Abstimmung gleich und bringt die Parlamente unausweichlich in die bekannte Ratifikationslage[28]. Der kooperative Föderalismus, in dem Maße er sich ausbreitet, bedeutet den Übergang in einen *Regierungen-Bundesstaat* und hat die vielfach festgestellte Entmachtung der Parlamente, ungeachtet aller formellen Zuständigkeiten, zur notwendigen Folge[29]. Alle Versuche, die bisher gemacht worden sind, dem entgegenzuwirken, sind untauglich; sie kommen über Kosmetik nicht hinaus[30]. Das föderative Verbundsystem und die Politikverflechtung, die der kooperative Föderalismus hervorbringt, bewirken nicht nur eine Komplizierung des politischen Entscheidungsprozesses und die Tendenz zur Einigung auf den „kleinsten gemeinsamen Nenner", sondern ebenso eine Tendenz zur *Entparlamentarisierung*, in den Ländern wie im Bund. Das ist der Preis für die oft hervorgehobene Flexibilität und Anpassungsfähigkeit des kooperativen Föderalismus.

III.

Das Strukturproblem des demokratischen Bundesstaats scheint damit manifest zu sein. In der Diskussion der letzten Jahre wird freilich immer wieder darauf hingewiesen, der Ausbau des Beteiligungsföderalismus und die zunehmende Verschränkung von Bund und Ländern in der Wahrnehmung ihrer Aufgaben stelle sich als ein Element effektiver Gewaltenteilung dar[31]. Die Gewaltenteilung habe dadurch wieder politischen Gehalt bekommen, über ein formales Organisationsschema zur Funktionensonderung hinaus. Trifft diese These zu, dann würde sich die stattgehabte Veränderung von vornherein in den Rahmen der Verfassungsstruktur des demokratischen Bundesstaates einfügen, nur neue Akzente setzen, nicht aber diese Verfassungsstruktur zum Problem werden lassen. Denn Gewaltenteilung (oder besser: Gewaltengliederung[32]) ist ja selbst Bestandteil einer freiheitlich organisierten demokratischen Ordnung, nicht ihr Widerpart.

1. In der Tat wird seit Bestehen der Bundesrepublik die bundesstaatliche Ordnung kaum mehr aus dem föderalistischen Prinzip, d. h. der Zusammenordnung für sich stehender politischer Einheiten zu einem handlungsfähigen politischen Ganzen, in das diese als selbständige Glieder eingefügt sind, begründet und gerechtfertigt, sondern aus ihrer gewaltengliedernden Funktion[33]. Darin spiegelt sich die veränderte Wirklichkeit bundesstaatlicher Ordnung. Schon mit dem Übergang zur Weimarer Verfassung war das Deutsche Reich ein „Bundesstaat ohne bündische Grundlage"[34] geworden, in dem als tragendes politisches Fundament an die Stelle des „ewigen Bundes" der Fürsten und Freien Städte die nationale Souveränität des (einheitlichen) deutschen Volkes, nicht die Souveränität der Bayern, Badener, Württemberger und Preußen, getreten war[35]. Nicht mehr die Erhaltung und Integration historisch-politischer Individualitäten, als welche sich die Einzelstaaten im Bismarckreich noch verstanden und präsentiert hatten, war das formende Prinzip bundesstaatlicher Ordnung, sondern „innerstaatliche Gliederung" bzw. „territoriale Dezentralisation" des als nationale Demokratie organisierten und sich so verstehenden politischen Gemeinwesens[36]. Bei der Wiedererrichtung der bundesstaatlichen Ordnung nach 1945 war das, ungeachtet der stärker föderalistischen Ausgestaltung des Grundgesetzes, nicht anders. Das gemeinsame politische Schicksal von Krieg, Niederlage, Besatzungsherrschaft, Teilung, das die gesamte Nation betraf, dazu die primär von Besatzungsinteressen diktierte Zuschneidung der Länder nach 1945, die Bevölkerungsvermischung infolge der Aufnahme der Vertriebenen und der Flüchtlinge aus der DDR, schließlich der gemeinsame schnelle wirtschaftliche Wiederaufstieg in Westdeutschland, das alles ließ die Länder als selbständige historisch-politische Individualitäten, die fortlaufend zu integrieren sind, nicht nur noch stärker zurücktreten als in Weimar, sondern vollends unwirklich werden[37]. Es führte mit sachlogischer Konsequenz dazu, den Föderalismus als dezentrales, gewaltengliederndes und darin freiheitssicherndes Organisationsprinzip eines einheitlichen politischen Gemeinwesens zu erleben, zu praktizieren – und auch zu begründen. Die Funktionsbestimmung und Rechtfertigung bundesstaatlicher Ordnung wurde in der durch sie bewirkten Machtverteilung zwischen den (partei-)politischen Kräften gesehen, indem etwa die Bundes-Oppositionsparteien Regierungspositionen in den Ländern besetzen, in der Teilung der Gesetzgebungs- und Verwaltungszuständigkeiten zwischen Bund und Ländern durch die bundesstaatliche Kompetenzabgrenzung, in der Balancierung der einzelnen Funktionen im Bund durch Beteiligung der Länder oder von Ländervertretern an ihrer Ausübung[38]. Diese gewaltengliedernde Funktion, oftmals als „vertikale Gewaltenteilung" zusammengefaßt, ist in der Tat heute das primär tragende und legitimierende Prinzip der bundesstaatlichen Ordnung[39]. Sie ist auch real wirksam, nicht nur als organisatorische Hülse, bringt wichtige integrative und balancierende Wirkungen hervor und trägt nicht unwesentlich zu der vergleichsweisen Stabilität und Kontinuität der politischen Verhältnisse in der Bundesrepublik bei.

2. Dennoch ist unsere Frage damit noch nicht erledigt. Denn die Entwicklung zu unitarischem Bundesstaat, kooperativem Föderalismus und Politikverflechtung hat die fraglos bestehende Gewaltengliederungsfunktion der bundesstaatlichen Ordnung in ihrer Wirkungsweise und ihrem politischen Effekt wesentlich verändert. Nicht mehr das *Neben*einander verschiedener politischer Organisationen und der in ihnen wirksamen (partei-)politischen Kräfte in je eigenen Funktionsbereichen und Entscheidungspositionen und die dadurch entstehende Gewaltenbalancierung ist primär strukturbestimmend, sondern das *In-* und *Mit*einander dieser Organisationen und Kräfte, d. h. die gemeinsame Beteiligung an den nämlichen Funktionsbereichen und Entscheidungspositionen. An die Stelle der Gewaltentrennung, die verschiedenen Organen (politischen Kräften) je bestimmte Funktionen zur selbständigen Wahrnehmung zuweist[40], tritt zunehmend eine neue (und sehr alte) Form der Gewalten*teilung*. Verschiedene politische Organisationen/Kräfte werden an *einer* Funktion oder Aufgabe beteiligt, die sie gemeinsam, evtl. mit unterschiedlicher Intensität der Beteiligung, ausüben, womit sie auf ständige Gemeinsamkeit in der Form von Ausgleich und Kompromiß verwiesen sind. Dieses Konzept von Gewaltenteilung hat eine alte Tradition. Es ist, wie jüngst überzeugend nachgewiesen worden ist[41], auch bei *Montesquieu* wirksam, der genau zwischen Gewaltentrennung als sachlich-organisatorischer Trennung verschiedener Funktionen, und Gewalt-teilung als Beteiligung verschiedener politisch-sozialer Kräfte an der Ausübung einer Funktion unterscheidet. Eine Gewaltentrennung fordert er im Verhältnis von Exekutive und richterlichter Gewalt, während er für die Gesetzgebung und das Verhältnis zwischen Legislative und Exekutive das Teilungs- und Beteiligungskonzept vertritt, mit der beabsichtigten Folge steter Konsensherstellung und der Relativierung von Souveränität[42]. Gewaltenteilung als Teilhabe und Beteiligung, wie sie hier erscheint, ist in ihrer Wurzel ein ständestaatliches Konzept, von der Idee des regimen mixtum geprägt.

Demgegenüber ist das Gewaltenteilungskonzept, wie es der Verfassung der USA und der französischen Verfassung von 1791 zugrundeliegt und die staatsrechtliche Entwicklung des 19. Jahrhunderts bestimmt hat, primär auf Gewaltentrennung ausgerichtet; es ist mit dem Souveränitätsgedanken und dem Prinzip der einheitlichen Staatsgewalt verbunden[43]. Auf der Basis einer einheitlichen Trägerschaft der Staatsgewalt – bei Volk oder Monarch – ergibt sich ein System der Gliederung und organisatorischen Trennung und Balancierung der verschiedenen Funktionen, aber in der Weise, daß jede der getrennten Funktions Gewalten in den Organen (oder Repräsentanten), die sie wahrnimmt, auf den Staatsträger rückführbar bleibt und von ihm her legitimiert wird[44]. Gewaltenteilung steht hier nicht quer zum Staatsform- und Souveränitätsprinzip, sondern entfaltet sich auf seiner Grundlage und in seinem Rahmen[45], ist im eigentlichen Sinn Gliederung der einheitlichen Staatsgewalt. Die Verfassungen der USA, der V. Republik in Frankreich, aber auch der deutschen Länder bieten für diese Form der Gewaltenteilung jeweils verschiedene, aber treffende Beispiele[46].

Im Beteiligungsföderalismus des unitarischen Bundesstaats und im kooperativen Föderalismus wird der Weg von diesem souveränitätsbezogenen Konzept einer Gewaltentrennung wieder zurück zum alten, ständestaatlich geprägten Konzept der Teilhabe und Beteiligung gegangen. Die Grundlage ist zwar eine andere, aber Struktur und Wirkungsweise stimmen weithin überein. Die unterschiedenen Staatsgewalten von Bund und Ländern und ihrer Organe werden nicht mehr in abgegrenzte Funktions- oder Kompetenzbereiche verwiesen, dadurch getrennt und gegenseitig balanciert, sie werden in der Gesetzgebung des Bundes ebenso wie in der Verwaltung, den Gemeinschaftsaufgaben und Kooperationseinrichtungen permanent *zusammengespannt*; ihr stetes Zusammenwirken, und das heißt Beteiligung, Einigung und Kompromiß, sind notwendige Bedingung staatlich-politischer Entscheidung. Das Prinzip der gemischten Verfassung, die – Staatsform und Staatsträgerschaft bewußt relativierend – verschiedene konkrete Machtträger, die sich nicht von der gleichen Legitimationsbasis herleiten, miteinander verknüpft[47], gewinnt neue Gestalt. Auch an die dreigliederige Legislative der konstitutionellen Monarchie, in der Monarch, teilweise der Adel und Volksrepräsentation stets zusammenwirken mußten, damit ein Gesetz zustandekam und die Souveränitätsfrage so in die Schwebe gebracht wurde, wird man erinnert[48].

IV.

Die durch bundesstaatliche Ordnung bewirkte „vertikale Gewaltengliederung" steht so in der Form, die sie durch unitarischen Bundesstaat und kooperativen Föderalismus erhalten hat, zum Prinzip der einheitlichen Herrschaftskonstituierung und -legitimation, das im Begriff der Staatsform enthalten ist[49], eher quer; sie kann nicht einfach, wie das herkömmliche Gewaltentrennungskonzept, als eine Form der Ausgestaltung dieses Prinzips begriffen werden. Dieser Umstand ist strukturell, nicht aktuell begründet; das Auseinanderfallen der politischen Mehrheiten in Bundestag und Bundesrat, das bei Beginn der Diskussion um den unitarischen Bundesstaat bezeichnenderweise als eine „wohl kaum praktische Möglichkeit" erschien[50], hat ihn nicht hervorgerufen, sondern nur sichtbar gemacht.

Ergibt sich damit aber nicht ein grundsätzlicher Widerstreit zwischen der neuen Form vertikaler Gewaltenteilung und der demokratischen Staatsform, so daß unitarischer Bundesstaat und kooperativer Föderalismus einen Abbau demokratischer Verfassungsstruktur bedeuten? Die Bejahung dieser Frage mag naheliegen.

1. Eine Bejahung dieser Frage wäre geboten, wenn die verschiedenen politischen Organisationen und Staatsgewalten, die im Beteiligungsföderalismus zusammengespannt bzw. miteinander in Verbund gebracht sind, ihrerseits nicht demokratisch konstituiert wären. Das ist jedoch nicht der Fall. Das Prinzip demokratischer Staatsorganisation gilt nach Art. 20 Abs. 2, 28 GG für Bund und Länder und ist in ihnen verwirklicht; die Mitglieder des Bundesrats wie der Bund-Länder-Gremien oder der Ministerkonferenzen sind jeweils demokratisch legitimiert, zwar nicht unmittelbar, aber doch mittelbar über die Entsendung und (Weisungs-)Abhängigkeit von parlamentarisch gebildeten und verantwortlichen Regierungen oder

als Mitglied solcher Regierungen[51]. Kein un-demokratischer, d.h. nicht über eine auf die Aktivbürgerschaft rückführbare Legitimation verfügender Entscheidungsträger ist in den politischen Entscheidungsprozeß oder die föderalen Verbundgremien eingeschleust oder daran beteiligt. Allerdings ist der Bezugspunkt der demokratischen Legitimation ein verschiedener: einmal die Aktivbürgerschaft des Bundes, und von ihr konstituiert der Bundestag, zum anderen die Aktivbürgerschaften der einzelnen Länder, und von ihnen konstituiert die Landtage. Aktivbürgerschaften der Länder und Aktivbürgerschaften des Bundes stehen dabei nicht in einem Verhältnis der (regional radizierten) Repräsentation, so daß Landtage, Landesregierungen und auch der Bundesrat letztlich doch als durch das Bundesvolk demokratisch legitimiert angesehen werden könnten. „Volk" in den Ländern und „Volk" im Bund sind im bundesstaatlichen System vielmehr voneinander unabhängige, je originäre und staatsrechtlich nicht vermittelte Legitimationskörper[52]. Wenn deshalb Ländervertreter oder Länderorgane an der Ausübung der Bundesstaatsgewalt mitentscheidend beteiligt sind, in welchen Verfahren auch immer, liegt darin von der Bundesstaatsgewalt her gesehen eine Beteiligung fremder, weil nicht im demokratischen Legitimationszusammenhang zur Aktivbürgerschaft des Bundes stehender politischer Kräfte[53]. Ländervertreter und Länderorgane sind zwar demokratisch legitimiert in Bezug auf das Staatsvolk ihres Landes, sie sind es aber nicht vom Staatsvolk des Bundes her[54]. Die durch Beteiligungsföderalismus und kooperativen Verbund hervorgerufene Situation, daß die Entscheidung der Aktivbürgerschaft in der Bundestagswahl für viele Politikbereiche nicht mehr eine entscheidungskompetente Mehrheit konstituiert, vielmehr die Übereinstimmung mit Ländervertretern oder Landesorganen gesucht werden muß, bedeutet somit vom Staatsaufbau des Bundes her ein *Defizit* an demokratischer Struktur. Das Moment der gemischten Verfassung, die eine staatsformrelativierende Verfassung ist, tritt deutlich hervor[55].

2. Diese Argumentation bewegt sich auf der juristisch konstruktiven Ebene und hat darin ihre Schlüssigkeit. Dennoch fängt sie die Verfassungswirklichkeit nicht voll ein. Die Entscheidungspositionen von Bundes- und Landesstaatsgewalt, wiewohl in ihrem demokratischen Legitimationsbezug staatsrechtlich unvermittelt, werden von den gleichen politischen Parteien innegehabt. Es gehört zu den bemerkenswerten Kennzeichen unserer föderativen Ordnung, daß die ins Gewicht fallenden politischen Parteien unitarische Parteien in dem Sinne sind, daß sie jeweils bundesweit und in Bund und Ländern zugleich agieren[56]. Es gibt nicht einerseits Landesparteien mit spezifisch landespolitischer Zielsetzung und Aktion[57] und andererseits Bundesparteien mit (nur) bundespolitischer Zielsetzung und Aktion – was gerade auch durch das *Schwester*verhältnis zwischen CDU und CSU bestätigt wird. Nichts könnte übrigens den im politisch-existentiellen Sinne national-unitarischen Charakter unserer bundesstaatlichen Ordnung und den Umstand, daß die Bundesstaatlichkeit politisch (nurmehr) als Prinzip „innerstaatlicher Gliederung" existiert, deutlicher machen als eben dieser Sachverhalt.

Indem sich so über der je originären und staatsrechtlich unvermittelten Ausgangsbasis von Landes- und Bundesstaatsgewalt die nämlichen politischen Parteien als legitimierte Inhaber der politischen Entscheidungspositionen erheben, wird das durch Beteiligungsföderalismus und kooperativen Verbund entstehende staatsrechtliche Defizit an demokratischer Struktur politisch überlagert und relativiert (und als solches nicht erlebt); es verlagert sich aber zugleich in das parlamentarische Regierungssystem hinein. Das zum parlamentarischen Regierungssystem gehörige, im Bundestag und den Landtagen auch formell fortbestehende Verhältnis und Wechselspiel von Regierungsmehrheit und Opposition[58] wird inhaltlich unterlaufen und ausgehöhlt. Die Oppositionspartei(en) des Bundestags, aufgrund des Wahlentscheids der Aktivbürgerschaft in die Oppositonsrolle verwiesen, sind gleichwohl über Bundesrat und die Organe des föderativen Verbunds an der (materiellen) Regierung im Bund, bei der Wahrnehmung der Gesetzgebungs- und Verwaltungskompetenzen, mitentscheidend beteiligt. Analoges gilt übrigens, auf der Ebene der Landtage, für die „vereinbarten" Gesetze und Verwaltungsabkommen des kooperativen Föderalismus: Oppositionsparteien des einen Landes sind als Regierungsparteien des anderen Landes beteiligt. Wenngleich diese Beteiligungskonstellation nicht alle Politikbereiche umfaßt und auch Bundesrat und föderative Verbundgremien selbstverständlich nicht darin aufgehen, der Schauplatz ihrer Betätigung zu sein, hat sie doch für das Verfassungsleben strukturbestimmenden Charakter. Soweit Beteiligungsföderalismus und kooperativer Verbund reichen, entsteht die Notwendigkeit zu einer materiellen Allparteienregierung, die praktisch auch besteht[59]. Diese materielle Allparteienregierung ist eine in sich differenzierte, weil alle die Partner nicht gleichberechtigt sind; die formellen Regierungsparteien haben das Vorrecht (und evtl. die Last) die Initiative, die nur materiellen haben primär eine Hemmungs-, Änderungs- und Verhinderungsfunktion. Gleichwohl aber bleibt das Ergebnis, daß jeweils „ohne den anderen nichts geht", also materielle Einigung Voraussetzung staatlich-politischen Handelns ist. Die Legitimation der parlamentarischen Mehrheit zur Herrschaft auf Zeit, Angelpunkt des parlamentarischen Regierungssystems, tritt insoweit außer Funktion. Der zunehmende Übergang politischer Entscheidungsfunktionen an den Vermittlungsausschuß (Art. 77 GG)[60] und die Konferenz des Bundeskanzlers mit den Ministerpräsidenten der Länder ist nur ein äußerer Ausdruck dafür. Beides sind Funktionsweisen des Allparteienbundesstaats.

Hinzu tritt der Bedeutungsverlust der Landesparlamente als solcher. Er folgt aus der schon erwähnten Ratifikationslage, in die der föderative Verbund (Gemeinschaftsaufgaben) und kooperative Verbund (Beschlüsse der dritten Ebene) die Landesparlamente drängen[61]. Die den Landtagen verbliebenen formellen Kompetenzen werden dadurch im Verhältnis zur eigenen Regierung dem Parlament materiell entwunden. Die Regierungen ihrerseits unterstehen aber, da und soweit sie im föderativen oder kooperativen Verbund agieren, den Bedingungen der materiellen Allparteienregierung.

V

Die Frage ist berechtigt, ob die Veränderung des demokratischen Staatsaufbaus, die durch den unitarisch-kooperativen Bundesstaat hervorgerufen worden ist, sich dem Verfassungssystem, wie es das Grundgesetz aufgerichtet hat, noch einfügt und ob sie verfassungspolitisch annehmbar erscheint.

Wie die vorangegangenen Überlegungen gezeigt haben, wird das Defizit an demokratischer Verfassungsstruktur, das Beteiligungsföderalismus und kooperativer Verbund bewirken, auf der Ebene des Parteienstaates wieder überlagert und dadurch politisch weithin ausgeglichen. Effektiv ist hingegen die Modifizierung oder, genauer, die bereichsweise Verdrängung des parlamentarischen Regierungssystems. Das parlamentarische Regierungssystem ist jedoch weder in Art. 20 GG als Strukturprinzip der Verfassungsordnung mitgarantiert[62], noch ist es die einzig mögliche Erscheinungsform von Demokratie. Ein demokratisch-rechtsstaatliches Verfassungssystem kann, muß aber nicht mit dem parlamentarischen Regierungssystem verbunden sein. Eine begrenzte (oder auch unbegrenzte) Allparteienregierung ist zwar durchaus unparlamentarisch, aber keineswegs, wie das Beispiel der Schweiz zeigt, auch undemokratisch. Eine Entwicklung der bundesstaatlichen Ordnung, die das parlamentarische Regierungssystem teilweise verdrängt, ohne dabei das demokratische Prinzip aufzuheben, überschreitet nicht den Rahmen, den Art. 20 GG der verfassungsrechtlichen Entwicklung zieht[63].

Es bedarf daher für unser Problem keiner diffizilen Erörterung über das Verhältnis von Verfassungswandel und Verfassungsänderung und die möglichen Grenzen zulässigen Verfassungswandels. Die entscheidende Frage ist, ob der gegenwärtige Weg der stückweisen Verdrängung des parlamentarischen Systems zugunsten eines noch bereichsweisen, aber in seiner Tendenz ausgreifenden Allparteienbundesstaates verfassungs*politisch* sinnvoll erscheint.

Will man hierüber zu einem Urteil gelangen, kommt es nicht nur darauf an, die Vorzüge und Nachteile dieser neuen Form bundesstaatlich-demokratischer Regierungsweise gegeneinander abzuwägen, sondern auch die Gesamtlage des politischen Gemeinwesens, und nicht zuletzt die unterhalb der Verfassungsebene wirksamen, aber in sie hineinragenden Faktoren und Prozesse politischer Willensbildung in Betracht zu ziehen. Das kann hier nicht im einzelnen verfolgt werden, einige Hinweise seien jedoch erlaubt. Ein wesentliches Problem der entstandenen Verfassungslage liegt darin, daß die Maßgeblichkeit des in einer (Bundestags)Wahl zum Ausdruck gekommenen demokratischen Mehrheitswillens für die zu treffenden politischen Entscheidungen abnimmt und die Bedingungen für politische Innovationen, die den status quo infrage stellen, generell erschwert werden. Dem stehen auf der anderen Seite die gemeinsame Verantwortung der rivalisierenden politischen Kräfte für wesentliche Politikbereiche, die integrative Einbindung der Parteien und die Vermeidung extremer politischer Ausschläge gegenüber, die eine notwendige Folge von Allparteienbeteiligung sind[63a]. Hier wird von Wichtigkeit, wie weit die Regierbarkeit und reale politische Entscheidungsstruktur eines durch wirtschaftlich-sozialen und geistig-ethischen Pluralismus geprägten politischen Gemeinwesens angesichts der auch politischen Funktion dieses Pluralismus ohnehin durch Kompromiß und Konsens maßgeblich bestimmt wird und darauf verwiesen ist[64]. Sollte dies letztere der Fall sein, kann es gerade Inhalt einer politischen Entscheidung sein, das System von Kompromiß und Konsens auch auf der Verfassungsebene sich verfestigen zu lassen, weil eine durch demokratischen Wahlakt legitimierte verfassungsrechtliche Mehrheit auch bei klaren verfassungsrechtlichen Entscheidungsbefugnissen, allein auf sich und ihre Mehrheit gestellt, ohnehin politisch ohnmächtig wäre.

Nicht weiter führt es indes, die anstehende verfassungspolitische Frage vorwiegend unter den strategischen Gesichtspunkten der gegenwärtigen Regierungs- und Oppositionsparteien zu betrachten, wiewohl sich das bei den Parteien selbst nahelegen mag. Sie eignet sich nicht für ein solches Kalkül. Die Annahme, die entstandene Verfassungslage entspreche einseitig den politischen Interessen der heutigen Bundestagsopposition (Frühjahr 1980) oder der jeweiligen parlamentarischen Opposition, wäre ein Irrtum. Denn im Hinblick auf das Hauptziel der heutigen wie jeder Opposition, die Mehrheit und damit die Regierungsmacht zu erringen, ist die starke Beteiligungsposition, die ihr zugewachsen ist, durchaus ambivalent. Diese Position verschafft ihr zwar Einfluß, Entscheidungsteilhabe und Möglichkeit der Korrektur, Verhinderung oder eventuell auch Blockierung, dies aber um den Preis der Einbindung und Mitverantwortung, ja der immanenten ,,Fehler"-Korrektur und damit auch der Stabilisierung der zeitigen Regierungsmacht. Wenn die Opposition wirksam für Balancierung und Ausgleich sorgt, Auswüchse verhindert, also dazu beiträgt, daß die Regierung eine „gute" Regierung bleibt – was wiederum der Regierung(smehrheit) zugute gehalten wird, wozu soll dann ein Machtwechsel als notwendig, ja unerläßlich erscheinen?[65]. Die Kontinuität der Rollenverteilung erscheint als Beitrag zur Stabilität des (auf Stabilität und Kontinuität ausgerichteten) politischen Systems.

Schließlich sind die verfassungsrechtlichen und politischen Bedingungen einer Rückentwicklung des unitarisch-kooperativen Bundesstaats und des Systems des Beteiligungsföderalismus zu bedenken. Soll der Rückweg zur Wiederherstellung des vollen parlamentarischen Regierungssystems im Bund und zur inhaltlichen Entscheidungskompetenz der Landesparlamente angetreten werden, so kann dies freilich nicht ohne eine Beseitigung der Ursachen, d.h. eine Entflechtung des unitarischen Bundesstaats und kooperativen Föderalismus geschehen. Es müßte – auch für die vertikale Gewaltenteilung der bundesstaatlichen Ordnung – ein Gewalten*trennungs*konzept anstelle der jetzt entstandenen Art von Gewalt-teilung treten[66]. Das heißt, der ausgebaute Beteiligungsföderalismus bedürfte der Rückbildung zu einem System vorwiegend getrennter, von Bund und Ländern je für sich wahrzunehmender Aufgaben und Kompetenzen. Dazu gehörte – um einige wesentliche Punkte zu nennen – die Reduzierung des Zustimmungsrechts des Bundesrats auf diejenigen Fälle und Teile von Gesetzen, die Länderinteressen zentral berühren[67], ferner die Beseitigung der Ingerenzbefugnis des Bundes nach Art. 84 I GG und damit die Anerkennung der Gesetzesvollziehung als eigenen und eigenständigen Handlungsbereich der Länder[68], schließlich – das schwierigste Unterfangen – die Rückbildung des finanzwirtschaftlichen Verbundsystems und der daraus resultierenden Politikverflechtung zugunsten eines eine eigenständige Finanzwirtschaft und Politikgestaltung von Bund und Ländern ermöglichenden Finanzausgleichs, verbunden mit einer geregelten Fortschreibung der Aufteilung der Einnahmen aus den Verbundsteuern.[69].

Es ist allerdings fraglich, ob die politischen Voraussetzungen für einen solchen Weg in einem absehbaren Zeitraum überhaupt gegeben sein werden. Denn eine solche Rückbildung der föderativen Ordnung würde, von anderen Problemen abgesehen, notwendig auch das Postulat der „Einheitlichkeit der Lebensverhältnisse" berühren. Dessen Infragestellung würde aber – bei der fundamentalen Bedeutung dieser Erwartungshaltung im Bewußtsein der Bürger – aller Voraussicht nach der bundesstaatlichen Ordnung die entscheidende Legitimation entziehen. Wenn dies aber so ist, bleibt keine Alternative. Denn ein Föderalismus, dessen unitarisch-demokratische Legitimationsgrundlage eine Verschiedenheit der Lebensverhältnisse nicht mehr trägt, der daher nur als „innerstaatliche Gliederung" und „vertikale Gewaltenteilung" politisch zu existieren vermag[70], ist, will er überhaupt fortbestehen, auf den Weg zum unitarisch-kooperativen Bundesstaat und zum fortschreitenden Allparteienbundesstaat festgelegt.

Anmerkungen

1 Grundlegend hierzu: Konrad Hesse, Der unitarische Bundesstaat, Karlsruhe 1961, und dazu, teilweise abweichend, Ulrich Scheuner, Struktur und Aufgabe des Bundesstaats in der Gegenwart (1962) = ders., Staatstheorie und Staatsrecht, Berlin 1978, S. 415 (425 ff.).

2 Gutachten über die Finanzreform in der Bundesrepublik Deutschland (sog. Tröger-Gutachten), Stuttgart 1966, Tz 76, 77; R. Grawert, Finanzreform und Bundesstaatsreform: Der Staat 7 (1968), S. 63 ff.; W. Kewenig, Kooperativer Föderalismus und bundesstaatliche Ordnung, AöR 93 (1968), S. 433; Renate Kunze, Kooperativer Föderalismus in der Bundesrepublik, Stuttgart 1968; Konrad Hesse, Aspekte des kooperativen Föderalismus, in: Festschrift für Gebhard Müller, Karlsruhe 1971, S. 141 ff.; Gunter Kisker, Kooperation im Bundesstaat, Tübingen 1971.

3 Politikverflechtung zwischen Bund, Länder und Gemeinden, (Veröffentlichung der Hochschule Speyer, Bd. 55), 1975; Scharpf/Reissert/Schnabel, Politikverflechtung: Theorie und Empirie des kooperativen Föderalismus in der Bundesrepublik, Kronberg/Ts. 1976. Joachim Jens Hesse (Hrsg.), Politikverflechtung im föderativen Staat, Baden-Baden, 1979.

4 Siehe dazu näher K. Hesse (FN 1), S. 12 ff.; A. Köttgen, Innerstaatliche Gliederung und moderne Gesellschaftsordnung, in: Göttinger Festschrift für das OLG Celle, Göttingen 1961, S. 79 ff.

5 Der Zusammenhang ist gesehen und festgestellt bei K. Hesse, Aspekte (FN 2), S. 153 f.

6 Initiiert wurde diese Entwicklung durch das sog. Tröger-Gutachten zur Finanzreform (siehe FN 2), das Gemeinschaftsaufgaben und Finanzverbund ausdrücklich postulierte; wesentliche Teile davon werden in Verfassungsrecht überführt durch die sog. Große Finanzreform (Finanzreformgesetz) des Jahres 1969. Zu deren Zielsetzung vgl. die Begründung zum Regierungsentwurf, BT-Drucksache V/2861.

7 P. Feuchte, Die bundesstaatliche Zusammenarbeit in der Verfassungswirklichkeit der Bundesrepublik Deutschland: AöR Bd. 98 (1973), S. 473 ff.; ferner Meinhard Ade, Der Länderrat. Zur Zulässigkeit und Zweckmäßigkeit einer verfaßten Ländergemeinschaft, Diss. jur. Freiburg 1976, S. 20–35.

7a Hinweise dazu, insbes. für den finanziellen Verbund, im Schlußbericht der Enquête-Kommission Verfassungsreform: Beratungen und Empfehlungen zur Verfassungsreform, Teil II: Bund und Länder (Zur Sache 2/77), Bonn 1977, S. 100–110, 173 ff.; J. A. Frowein, Gemeinschaftsaufgaben im Bundesstaat: VVDStL 31 (1972), S. 35 ff. Allgemein zu dieser Entwicklung U. Scheuner, Kooperation und Konflikt. Das Verhältnis von Bund und Ländern im Wandel (1972) = ders., Staatstheorie und Staatsrecht, Berlin 1978, S. 399 ff.

8 F. Scharpf, in: Scharpf/Reissert/Schnabel (FN 3), S. 13 ff.; ders., in: Hesse (Hrsg.), Politikverflechtung (FN 3), S. 21–31.

9 Siehe dazu den – die Diskussion selbst auch weiterführenden – Literaturbericht von R. Grawert, Zusammenarbeit und Steuerung im Bundesstaat: Der Staat 14 (1975), S. 229–52.

10 Kisker (FN 2), S. 117 ff.; 143 f.; 293 f.; im Ansatz auch Grawert (FN 9), S. 249 f.

11 Keineswegs überall und insb. nicht im außenpolitischen Bereich, wie Abschluß und Ratifikation der Ostverträge gegen den deutlichen Widerstand der Bundestags-(und Bundesrats-)Opposition zeigt.

12 Sondervotum zum Schlußbericht der Enquête-Kommission Verfassungsreform, Kap. 7, in: Beratungen und Empfehlungen zur Verfassungsreform, Teil I: Parlament und Regierung (Zur Sache 3/76), Bonn 1976, S. 227.

13 K. Hesse (FN 1), S. 13 ff.; auch zum folgenden.

14 Dazu Köttgen (FN 4), S. 79 ff.

15 Diese – bislang wenig beachtete – Wirkung ergibt sich daraus, daß die im Grundgesetz gewährleisteten Grundrechte kraft Art. 31n. 1 III GG auch unmittelbar in den Ländern und für die Ausübung der Landesstaatsgewalt gelten; sie stellen „gemeines Bundesrecht" dar (E.-W. Böckenförde, Verfassungsfragen der Richterwahl, Berlin 1974, S. 44) und erlauben keine nach Ländern oder Landeszugehörigkeit differenzierte Geltungsintensität. Eine praktische Auswirkung zeigt sich in der Einwirkung von Art. 12 I GG auf die (einheitliche) Vergabe von Studienplätzen nach gleichen Kriterien und die Unzulässigkeit eines sog. Landeskinderbonus, wie sie BVerfGE 33, 303 (351 ff.) festgestellt hat.

16 Zusammenfassende Schilderung bei Klaus Stern, Das Staatsrecht der Bundesrepublik Deutschland, Bd. 1, München 1977, S. 594 ff.; vorher Scheuner, Wandlungen im Föderalismus der Bundesrepublik (1966) = ders., Staatstheorie und Staatsrecht, Berlin 1978, S. 435 ff.

16a Siehe A. Köttgen, Fondsverwaltung in der Bundesrepublik, Stuttgart 1965.

17 Sie erfolgte und erfolgt über die verschiedenen Ministerkonferenzen, die teils selbst einheitliche „Richtlinien" beschließen, wie die Kultusministerkonferenz, teils einheitliche Entwürfe bestimmter, von den einzelnen Ländern in Kraft zu setzender Gesetze verabschieden, wie zuletzt 1977 den Musterentwurf eines einheitlichen Polizeigesetzes des Bundes und der Länder.

18 K. Hesse, (FN 1), S. 21.

19 K. Hesse (FN 1), S. 23 f.; ders., Aspekte (FN 2), S. 146 ff.; die Betonung des "procedere" vor allem bei Peter Lerche, Föderalismus als nationales und internationales Ordnungsprinzip: VVDStL 21 (1964), S. 66 ff.; ferner U. Scheuner (FN 16), S. 437 f.; 447 f.

20 So die Zustimmungsvorbehalte für den Bundesrat in Art. 74a Abs. 2, Abs. 3 (i.V.m. Art. 73 Nr. 8), Abs. 4 (i.V.m. Art. 98 Abs. 1); Art. 87a Abs. 4, letzter Satz; Art. 87b Abs. 1 und Abs. 2; Art. 87c; Art. 87d Abs. 2; Art. 109 Abs. 3 und 4.

21 Ausfluß und Erscheinungsform des Finanzverbundes sind folgende Zustimmungsvorbehalte: Art. 104a Abs. 3 (Geldleistungsgesetze); Art. 106 Abs. 3 (Umsatzsteuerverteilung), Abs. 4 (Finanzzuweisung), Abs. 5 (Gemeindeanteil an der Einkommenssteuer), Abs. 6 (Gewerbesteuerumlage); Art. 107 Abs. 1 (Bestimmung des örtlichen Steueraufkommens und der Ergänzungsanteile im Rahmen des Finanzverbundes); Art. 108 Abs. 4 (Zusammenwirken bei der Verwaltung von Steuern). Aus der Konstitutionalisierung der Gemeinschaftsaufgaben ergeben sich die Zustimmungsvorbehalte nach Art. 91a Abs. 2 GG (Ge-

setze zur näheren Bestimmung und Ausführung der einzelnen Gemeinschaftsaufgaben) und Art. 104a Abs. 4 GG (nähere Bestimmung der Investitionshilfen des Bundes an die Länder).

22 Zugelassen durch Art. 52 Abs. 4 GG, weshalb vom Bundesrat gelegentlich auch als dem „Parlament der Oberregierungsräte" gesprochen wird, vgl. Werner Weber, Die Gegenwartslage des deutschen Föderalismus (1967) = ders., Spannungen und Kräfte im westdeutschen Verfassungssystem, 3. Aufl. Berlin 1970, S. 291.

23 Auf einen interessanten Bereich solchen Zusammenwirkens (Straßenauftragsverwaltung) machte 1967 W. Blümel, Bundesstaatsrechtliche Aspekte der Verwaltungsvorschriften: AöR 93 (1968), S. 200 (202 ff.) aufmerksam.

24 Siehe im einzelnen E. Friesenhahn, Die Rechtsentwicklung hinsichtlich der Zustimmungsbedürftigkeit von Gesetzen und Verordnungen des Bundes, in: Der Bundesrat als Verfassungsorgan und politische Kraft, Bad Honnef/Darmstadt 1974, S. 251–76.

25 BVerfGE 37, 368 (379–83).

26 Hesse, Aspekte (FN 2), S. 144 ff.; siehe auch BVerfGE 1, 299 (315).

27 In den Planungsausschüssen der drei Gemeinschaftsaufgaben hat der Bund 11 Stimmen und jedes Land 1 Stimme; Beschlüsse werden mit Dreiviertelmehrheit gefaßt, vgl. § 7 HochschulbauförderungG vom 1.9.1969 (BGBl. I, 1556), § 6 Gesetz über die Gemeinschauftsaufgabe „Verbesserung der regionalen Wirtschaftsstruktur" v. 6.10.1969 (BGBl. I, 1861), § 6 Gesetz über die Gemeinschaftsaufgabe „Verbesserung der Agrarstruktur und des Küstenschutzes" vom 3.9.1969 (BGBl. I, 1573).

28 Frühzeitig gesehen bei Leisner, Schwächung der Landesparlamente durch grundgesetzlichen Föderalismus: DöV 1968, S. 389 ff.; eingehend Kisker (FN 2), S. 117 ff.; 133 f., 290 f.; vgl. ferner Grawert (FN 9), S. 249, Frowein (FN 7a), S. 24 ff.; Stern (FN 16), S. 597.

29 Kisker (FN 2) spricht von „oligarchischem Bundesstaat". Die vorbehaltenen Entscheidungs- und Bewilligungszuständigkeiten, wie etwa in Art. 91a Abs. 4 und Art. 104a Abs. 4 GG, begründen keine politische Entscheidungsmacht, im Rahmen der – direkten und indirekten – Gemeinschaftsaufaben wirkt sich zudem die vielberufene „Angebotsdiktatur" des Bundes aus (siehe dazu Barbarino, Zur Revision des Grundgesetzes. Planerische und finanzielle Aspekte des Bund-Länder-Verhältnisses unter besonderer Berücksichtigung der Gemeinschaftsaufgaben: DöV 1973, S. 19 ff.), die die Kostenbeteiligung und Finanzhilfen des Bundes als (gesamtwirtschaftliche) Steuerungsinstrumente geeignet macht.

30 Sie beschränkten sich im wesentlichen darauf, die Anmeldefristen für Vorhaben zur gemeinsamen Rahmenplanung zu verlängern und die Regierungen zu verpflichten, die Entwürfe solcher Anmeldungen rechtzeitig den Landtagen (und dem Bundestag) vorzulegen, damit im Parlament eine Sachdebatte darüber geführt werden kann (vgl. Frowein (FN 7a), S. 25 f. mit Anm. 49. Daß die Parlamente ungeachtet dessen an der Kompromißfindung in den Planungsgremien nicht beteiligt sein können und später der Ratifikationslage ausgesetzt bleiben, ist unbestritten und liegt in der Sachlogik kooperativen Handelns, vgl. auch Stern (FN 16), S. 597.

31 Hesse (FN 1), S. 27 ff. m.w.Nachw.; ders., Aspekte (FN 2), S. 148 f.; F. Meyers, A. Süsterhenn, in: Süsterhenn (Hrsg.), Föderalistische Ordnung heute, Koblenz 1961, S. 30 (Süsterhenn), S. 52 (Meyers); Diskussionsbeiträge von E. W. Fuß, J. Salzwedel und H. Zacher, in: VVDStL 21 (1964), S. 106, 130, 132 f.; Werner Weber (FN 22), S. 294 f.; eher ablehnend Scheuner, Das Grundgesetz in der Entwicklung zweier Jahrzehnte: AöR 95 (1970), S. 350 (399), der den Gedanken politischer Vielfalt und regionaler Gliederung als entscheidend ansieht.

32 Wolff/Bachof, Verwaltungsrecht I, 9. Aufl. München 1974, § 16 (S. 67).

33 Siehe die Hinweise FN 31. R. Smend, Verfassung und Verfassungsrecht (1928) = ders., Staatsrechtliche Abhandlungen, 2. Aufl. 1968, S. 269 f. legte bereits für den Weimarer Bundesstaat das Schwergewicht auf die Beteiligung der Länder an der Reichsgewalt und die darin liegende Selbstdarstellung und Selbstbewahrung.

34 Carl Schmitt, Verfassungslehre, München/Berlin 1928, S. 389.

35 Die Präambel zur Reichsverfassung von 1871 spricht davon, daß die beteiligten Fürsten und Freien Städte „einen ewigen Bund" schließen – diese Formulierung der Verfassung des Norddeutschen Bundes wurde 1871 als Reichsgesetz (!) verkündet –, in der Präambel der Weimarer Verfassung heißt es, daß „das Deutsche Volk, einig in seinen Stämmen und von dem Willen beseelt, sein Reich in Freiheit und Gerechtigkeit zu erneuern und zu festigen", sich die Verfassung gegeben habe.

36 Der Weimarer Bundesstaat als „territoriale Dezentralisation": Carl Schmitt, Der Hüter der Verfassung, Tübingen 1931, S. 96. Dem entsprach der Neugliederungsartikel der WRV (Art. 18), der die Existenz der Länder zur Disposition des verfassungsändernden Reichsgesetzgebers stellte, wobei dem Reichsrat kein volles Zustimmungsrecht, sondern nur ein durch Volksentscheid überwindbares Veto zukam (Art. 76 Abs. 3 WRV). Richard Thoma, HDStR Bd. 1, Tübingen 1930, § 15, S. 184 hat insofern zutreffend von einer „singulären bundesstaatlichen Rechtsordnung des labilen Föderalismus" gesprochen.

37 Werner Weber, Spannungen und Kräfte im westdeutschen Verfassungssystem, 3. Aufl. Berlin 1970, S. 55 ff.; insb. 60–65, ferner ebd. S. 292 f.; K. Hesse (FN 1), S. 12 f.

38 Exemplarisch hierfür die Darlegung bei K. Hesse (FN 1), S. 26 ff. und – mehr referierend – Werner Weber (FN 22), S. 294–97. Ferner Schlußbericht der Enquête-Kommission Verfassungsreform (FN 7a), S. 204.

39 A. A. Scheuner (FN 31), S. 399, der das Element der politischen Vielfalt und regionalen Gliederung in den Vordergrund rückt; dieses erscheint indessen in der Bundesrepublik nicht an sich, sondern über den in der Gewaltengliederungsfunktion mitenthaltenen Teilhabe- und Selbständigkeitsaspekt – und nur soweit dieser reicht, als den Föderalismus legitimierendes Prinzip; eine weitergreifende Legitimation wird durch die ‚kategorische' (K. Hesse, Aspekte (FN 2), S. 155) Aufgabe und das ihr entsprechende Postulat der Einheitlichkeit/Gleichartigkeit der Lebensverhältnisse verhindert.

40 Dazu Wolff/Bachof (FN 32), § 16 II, S. 68 ff.

41 U. Lange, Trennung und Teilung der Gewalten bei Montesquieu, Manuskript, S. 7 ff.; demnächst in: Der Staat 19 (1980), Heft 2.

42 Lange (FN 4), S. 12 f. Ähnliche Richtung früher schon Martin Drath, Die Gewaltenteilung im heutigen deutschen Staatsrecht, in: Faktoren der Machtbildung, Berlin 1962, S. 95 ff.

43 Daraus erklärt sich die überwiegende Ablehnung von Montesquieus Gewaltenteilungslehre in der Staatsrechtslehre des frühen 19. Jhts.; sie wurde als Gefährdung der müsam errungenen Einheit und Souveränität der Staatsgewalt angesehen, vgl. etwa R. v. Mohl, Das Staatsrecht des Königreichs Württemberg, Bd. 1, Tübingen 1829, S. 18, 23, 435; v. Aretin/Rotteck, Das Staatsrecht der konstitutionellen Monarchie, Bd. 1, 1, Altenburg 1827, S. 168 f.; L. v. Rönne, Das Staatsrecht der preußischen Monarchie, Bd. 1, 4. Aufl. 1881, S. 345, Anm. 4.

44 Grundlegend Art. 3 der Déclaration des droits de l'homme et du citoyen vom 4.8.1789: "Le principe de toute souveraineté réside essentiellement dans la nation; nul corps, nul individu ne peut exercer d'autorité, qui n'en émane expressement." Dieses Prinzip wird aufgenommen und fortgeführt in Tit. III, Art. I–III französische Verfassung von 1791, Art. 25 belgische Verfassung von 1831, Art. 18 und 19 französische Verfassung von 1848. Art. 20 Abs. 2 GG steht ganz in dieser Tradition: „Alle Staatsgewalt geht vom Volke aus. Sie wird vom Volke durch Wahlen und Abstimmungen und durch besondere Organe der Gesetzgebung, der vollziehenden Gewalt und der Rechtsprechung ausgeübt."

45 Siehe dazu E.-W. Böckenförde, Verfassungsfragen der Richterwahl, Berlin 1974, § 11, S. 66–68.

46 Ein parlamentarisches Regierungssystem, wie es die Verfassungen der Länder der Bundesrepublik größtenteils normieren, ist mit dieser Form der Gewaltenteilung keineswegs unvereinbar; die funktionelle und personelle Trennung zwischen Exekutive und Legislative wird dadurch zwar (punktuell) durchbrochen, die Rückführbarkeit der verschiedenen „Gewalten" auf den Träger der Souveränität und ihre Legitimation von daher bleibt indessen unberührt.

47 Zur Tradition der „gemischten Verfassung" und ihrer Verbindung mit dem frühen rechtsstaatlichen Denken sieht Carl Schmitt (FN 34), S. 202 ff.

48 Dazu E.-W. Böckenförde, Der deutsche Typ der konstitutionellen Monarchie (1967) = ders., Staat, Gesellschaft, Freiheit, Frankfurt 1976, S. 112 (125 ff.).

49 Der Begriff der Staatsform ist bezogen auf den Träger der politischen Herrschaftsgewalt, die im Staat zusammengefaßt und organisiert ist, nicht auf den Inhalt des politischen Regimes, das von diesem Träger der Staatsgewalt legitimiert bzw. ausgeübt wird.

50 So ausdrücklich K. Hesse (FN 1), S. 24.

51 Daß demokratische Legitimation nicht eine unmittelbare sein muß, sondern sich als gestufte Legitimations*kette* darstellen kann, ist allgemein anerkannt. Für einen gegliederten demokratischen Staatsaufbau ist gerade diese Legitimationskette wichtig und entscheidend, vgl. Roman Herzog, Staatslehre, Frankfurt 1971, S. 208 ff.; ders., in: Maunz/Dürig/Herzog/Scholz, Grundgesetz; Kommentar, Rdn. 52 f. zu Art. 20; E.-W. Böckenförde (FN 45), § 14, S. 73 ff.

52 Maunz, in: Maunz/Dürig/Herzog, Grundgesetz. Rdn. 48 zu Art. 20 (Bearbeitung 1960).

53 Näher hierzu Kisker (FN 2), S. 116 ff.

54 Das ist im Schlußbericht der Enquête-Kommission Verfassungsreform (wie FN 12) Zur Sache 3/76, S. 205 übersehen. Der Bundesrat wird ohne weiteres als „mittelbar" demokratisch legitimiert angesehen, ohne daß auf die unterschiedlichen Legitimationskörper auch nur hingewiesen wird.

55 Siehe oben bei FN 47.

56 Um ein Mißverständnis abzuwehren: Das schließt nicht aus, daß diese insofern unitarischen Parteien eine föderalistische Zielsetzung für die staatliche Organisation der Bundesrepublik vertreten.

57 Die „Bayerische Staatspartei" kann in diesem Zusammenhang vernachlässigt werden.

58 Dazu statt anderer Stern (FN 16), S. 818 ff.

59 Siehe dazu die eindrucksvolle Analyse bei Gerhard Lehmbruch, Parteienwettbewerb im Bundesstaat, Stuttgart 1976, S. 160 ff., 174 f.

60 Bei bedeutsamen und zwischen Bundestagsmehrheit und -opposition kontroversen Gesetzgebungsvorhaben hat sich seit einigen Jahren die Praxis eingebürgert, für die Kompromißfindung im Vermittlungsausschuß bestimmte Punkte „aufzubewahren" und nicht schon in die parlamentarische Debatte einzubringen. Verstärkt sich diese Tendenz, läuft die parlamentarische Beratung auf eine bloße Erstentscheidung oder gar den „1. Akt" des Gesetzgebungsverfahrens hinaus.

61 Siehe oben II, 2 a.E. (S. 186).

62 Das folgt schon aus der Wortfassung von Art. 20 Abs. 2 GG; vgl. auch Herzog, in: Maunz/Dürig/Herzog/Scholz, Grundgesetz, Rdn. 81 f. zu Art. 20 (Neubearbeitung 1978) und Stern (FN 16), S. 746 f.

63 Festgehalten ist in Art. 20 II GG das Prinzip repräsentativer Demokratie (und damit ein Ausschluß rätedemokratischer Organisation); dies ist aber nicht gleichbedeutend mit parlamentarischem Regierungssystem, vgl. Herzog (FN 62), Rdn. 82 zu Art. 20.

63a Diese Lage findet, bezogen auf die Stellung und Funktion des Bundesrats, eine im wesentlichen positive Beurteilung als „wirksamste aller checks and balances of power" und „Ansatz eines politischen Gegen- und Abstützungsgefüges", ohne daß allerdings der darin liegende Charakter der Allparteienregierung hervorgehoben wird, bei Klaus Stern, Die föderative Ordnung im Spannungsfeld zwischen Bund, Ländern und Gemeinden, Berlin 1975, S. 25, siehe auch daselbst S. 32; ähnlich jüngst Friedrich Vogel (MdB), in: Das Parlament, Nr. 34/35 (1979).

64 Siehe dazu u.a. die Beiträge von Peter Graf Kielmansegg, Demokratieprinzip und Regierbarkeit (S. 118–133); Wilhelm Hennis, Parteienstruktur und Regierbarkeit (150–195); Ernst-Wolfgang Böckenförde, Die politische Funktion wirtschaftlich-sozialer Verbände und Interessenträger in der sozialstaatlichen Demokratie (223–254) in dem Sammelband: Regierbarkeit. Studien zu ihrer Problematisierung. Hrsgg. von W. Hennis, P. Graf Kielmansegg, Ulrich Matz. Stuttgart 1977.

65 Das Problem erhält dadurch noch einen zusätzlichen Aspekt, daß die derzeitigen Regierungsparteien SPD und F.D.P. insgesamt als innovativ und reformfreudig gelten, die derzeitigen Oppositionsparteien CDU und CSU als eher beharrend und stabilisierend. Es kann sich daher gerade bei der Gruppe politisch bewußter, aber parteipolitisch nicht gebundener Wähler als die bessere politische Logik und ideale Form von „Ausgewogenheit" darstellen, den reform- und innovationsfreudigen Parteien die Initiativrolle zu überlassen, die der Regierung(smehrheit) zufällt, die eher beharrenden Parteien hingegen in der Korrektur- und Bremsfunktion zur Verhinderung von Auswüchsen innovatorischer Politik zu bestätigen.

66 Siehe oben III, 2, S. 188.

67 Siehe dazu das Sondervotum Heinsen/Rietdorf/Böckenförde zu Kap. 7 des Schlußberichts der Enquête-Kommission Verfassungsreform (wie FN 7a), Zur Sache 3/76, S. 220 ff. Dieses Sondervotum ist von insgesamt 10 der 21 Mitglieder der Kommission unterstützt worden.

68 Dieser Vorschlag hat eine weitreichende Entflechtungswirkung, ohne in das bundesstaatliche Gefüge, etwa zu Lasten des Bundes, erheblich einzugreifen. Es ist heute vergessen, daß selbst die unitarisch gestaltete Weimarer Verfassung eine dem Art. 84 I GG entsprechende Ingerenzbefugnis des Reiches in die Organisations- und Verfahrenshoheit der Länder nicht kannte. Gemäß Art. 14 WRV konnte zwar durch einfaches Reichsgesetz bestimmt werden, daß Reichsgesetze nicht durch Landesbehörden, sondern durch Reichsbehörden auszuführen waren; soweit aber die Ausführung den Landesbehörden oblag (was die Regel war), konnte das Reich weder die Organisation der Landesbehörden noch das Verwaltungsverfahren (noch – wie jetzt durch BVerfGE 22, 180 (181) zugelassen – die Organisation der Gemeinden) regeln, sondern nur gemäß Art. 15 II WRV „allgemeine Anweisungen" an die Landesbehörden erteilen – was z. T. den heutigen Verwaltungsvorschriften des ARt. 84 II GG entspricht. Vgl. Anschütz, Die Verfassung des Deutschen Reiches, 14. Aufl. 1933, Bem. 5 zu Art. 15, S. 119 f.

69 Siehe dazu die Problemanalyse im Schlußbericht der Enquête-Kommission Verfassungsreform (wie FN 7a), Zur Sache 2/77, S. 180–198, die freilich nicht zu relevanten Reformvorschlägen geführt hat. Die Crux einer sachgerechten Fortschreibung der Aufteilung der Verbundsteuern liegt darin, daß der sich aus den Aufgaben ergebende Ausgabenbedarf bei Bund und Ländern jeweils größer ist als die verfügbaren Mittel und für eine Abgrenzung und Abwägung der „notwendigen Ausgaben" von Bund und Ländern, deren Deckung gleichmäßig gewährleistet werden soll (Art. 106 III Ziff. 1 GG), objektive Kriterien mangels einer von politischen Prioritätssetzungen unabhängigen Aufgabenbewertung nicht ersichtlich sind, dies also jeweils politisch entschieden bzw. ausgehandelt werden muß.

70 Siehe oben III, 1, S. 187.

Kompetenzen der Länderparlamente und ihre Verteidigung

Von Landtagspräsident Dr. *Helmut Lemke*, Ministerpräsident a. D., Kiel

I.

In einer parlamentarischen Demokratie repräsentieren die Parlamente das souveräne Volk. Ihre vornehmste Aufgabe ist es, Geist und Willen der Verfassung durch Gesetzgebung, Etatgestaltung, Teilhabe an der politischen Planung sowie Wahl und Kontrolle der Regierung nach normierten Verfahrensregeln zu verwirklichen. Probleme, die die Menschen bewegen, müssen gerade und in erster Linie von den Parlamenten aufgegriffen und diskutiert werden; die Parlamente müssen zu diesen Problemen Positionen beziehen, die richtungsweisend für die Zukunft sind[1]. Dies alles gilt für den Bundestag und die Länderparlamente gleichermaßen.

Die Landtage können diesen Anforderungen in der gegenwärtigen Situation jedenfalls gerade noch gerecht werden. So hat der Schleswig-Holsteinische Landtag in seiner 8. Wahlperiode (1975/1979) eine Vielzahl von Gesetzen verabschiedet, bei denen es nicht nur um gleichsam bundesrechtlich vorprogrammierte Ausführungs- oder Anpassungsgesetze oder um Regelungen ging, die nur einen kleinen Teil der Bevölkerung betreffen oder sich gleichsam auf politische Nebensächlichkeiten beziehen. Normiert wurden vielmehr auch etliche Bereiche, die von allgemeinem Interesse sind und in denen gesetzgeberische Aussagen das Leben und Handeln vieler Bürger zu leiten oder zu gestalten vermögen. Zu nennen sind in diesem Zusammenhang etwa das Gesetz zur Änderung des kommunalen Verfassungsrechts, das Datenschutzgesetz, die Landesbauordnung, das Gesetz zur Änderung des Hochschulgesetzes, das Mittelstandsförderungsgesetz und das Schulgesetz. Zugleich hat der Landtag auch seine Kontrollfunktion sehr ernst genommen. Er hat sich dabei nicht darauf beschränkt, lediglich abgeschlossene Vorgänge zu prüfen und zu werten. Auch die nach modernem Parlamentsverständnis unverzichtbare „begleitende Kontrolle“[2] wurde bewußt ausgeübt. Zu erwähnen sind in diesem Zusammenhang die Großen und Kleinen Anfragen, die Entschließungsanträge sowie – nicht zuletzt – die Einsetzung von Untersuchungsausschüssen. Darüber hinaus sind auch die Ausschüsse in ihren zahlreichen Sitzungen – auf gleichsam informeller Ebene – immer wieder kontrollierend tätig geworden, wenn dort in ständigem Kontakt zwischen Abgeordneten und Regierungsvertretern in den jeweiligen Zuständigkeitsbereich des Ausschusses fallende Angelegenheiten diskutiert und kontroverse Standpunkte dargelegt wurden.

II.

Ein solches Fazit am Ende einer Legislaturperiode ist eine positive Erfolgsbilanz. Dessen ungeachtet wird seit langem nicht nur von einer Aushöhlung der Eigenstaatlichkeit der Länder, sondern gerade auch von einer „Depossedierung der Landtage" gesprochen – eine in etwa wohl zutreffende Diagnose[3]. Zwischen diesen beiden Befunden – Erfolgsbilanz eines Landtages für die jüngste Vergangenheit einerseits und Feststellung eines allgemeinen Bedeutungsverlustes andererseits – besteht kein Widerspruch. Bei Lichte besehen ist die „Depossedierung der Landtage" ein vor langem begonnener und sich ständig fortentwickelnder Prozeß, der in gewisser Hinsicht gleichsam durch die Besonderheiten des bundesstaatlichen Systems grundgesetzlicher Prägung vorprogrammiert war[4]. Dieser Prozeß hat – wie die Leistungen des Schleswig-Holsteinischen Landtages und sicher auch der anderen Länderparlamente zeigen – *gegenwärtig* sein durch Bedeutungslosigkeit der Volksvertretungen gekennzeichnetes Endstadium noch nicht erreicht; er könnte dieser Gefahrenzone aber *sehr bald* bedenklich nahekommen, wenn nicht entscheidend und schnell für Abhilfe gesorgt oder zumindest die noch vorhandenen Kompetenzen verteidigt und entschieden genutzt werden. Motiv kann dabei nicht die vordergründige Erwägung sein, den Länderparlamentariern einen vom Aufgabenbestand her interessanten Arbeitsbereich zu sichern. Es geht vielmehr um die Erhaltung der Funktionsfähigkeit unseres demokratischen bundesstaatlichen Systems, in dem die Länderparlamente nach dem Willen des Grundgesetzes eine hervorragende Rolle spielen[5].

III.

Allgemeine Hinweise auf den Stellenwert des bundesstaatlichen Systems in unserem Verfassungsgefüge und auf die Bedeutung des Länderparlamentarismus im Rahmen dieses Systems vermögen freilich zur Lösung der Problematik nichts letztlich Entscheidendes beizutragen. Wenig hilfreich dürfte es auch sein, die Funktion der Länderparlamente an im Grunde genommen nur Randbereiche berührenden Beispielen darzustellen, wie es Friedrich Schäfer 1971 in einer Veranstaltung der Deutschen Vereinigung für Parlamentsfragen getan hat[6]; er bekräftigte seinerzeit den Grundsatz, daß man vom Bunde her ein erhebliches Interesse an der Funktionsfähigkeit der Länder haben müsse, und führte dazu aus:

> „Lassen Sie mich ein ganz aktuelles Beispiel nehmen, das sich uns in den letzten Anhörungsterminen zur Frage des Umweltschutzes aufgedrängt hat. Bei den Fragen des Umweltschutzes wurde z. B. vorgetragen, die gesetzlichen Bestimmungen reichten aus, Landräte und gleichgestellte untere Verwaltungsbehörden seien aber wesentlich überfordert, wenn sie diese Gesetze anwenden sollten. Und bei einem Hearing, das ich in meinem Wahlkreis Reutlingen/Tübingen durchgeführt habe, wurde von den entsprechenden Vertretern der Behörden gesagt: Wir können diese Landes- und Bundesgesetze nur durchsetzen, wenn wir den notwendigen politischen Rückhalt haben. Das ist nun eine wirklich große Aufgabe der Landesparlamente, die sie nicht immer ganz so erfüllen, wie

man es erwarten müßte: die Verwaltung zu kontrollieren und ihr dadurch den notwendigen politischen Rückhalt dafür zu geben, daß sie die Gesetze in schwierigen Fragen ohne Ansehen der Person durchsetzen können. Wir sind, wenn wir Bundesgesetze beschließen, darauf angewiesen, daß die Länder sie ausführen und daß die Länderparlamente ihre Aufgabe, die Exekutive zu kontrollieren, auch tatsächlich erfüllen".

So verständlich es ist, daß ein Bundespolitiker diesen Aspekt landesparlamentarischer Wirkungsmöglichkeiten herausstellt, so unbezweifelbar ist es, daß für die Länderparlamente – insgesamt gesehen – wenig gewonnen wäre, wenn sie ihr Augenmerk noch mehr als bisher auf die Kontrolle des Verhaltens der Regierung bei der Ausführung von Gesetzen richten würden, an deren Zustandekommen sie nicht unmittelbar beteiligt sind. Damit soll die Wichtigkeit der Kontrolle der Regierung auch im Bereich der Ausführung von Bundesgesetzen nicht bagatellisiert werden. Entscheidend ist jedoch die Akzentsetzung: Wie Friedrich Schäfer an anderer Stelle[7] zu Recht bemerkt hat, können die Landtage nicht in erster Linie darauf verwiesen werden, daß die Länder für die Verwaltung zuständig seien und diese Verwaltung zu kontrollieren eine besonders wichtige Aufgabe der Landtage darstelle.

Bei einer wertenden Betrachtung ergibt sich, daß es im Kompetenzbereich der Länderparlamente im wesentlichen zwei neuralgische Punkte gibt, auf die sich die Aufmerksamkeit aller politisch Verantwortlichen richten muß. Sie lassen sich durch folgende Fragen umschreiben: Welche Möglichkeiten richtungsweisender politischer Gestaltung haben die Länderparlamente in ihrer Funktion als Legislative? Gibt es noch eine effektive Dispositionsbefugnis der Länderparlamente als Haushaltsgesetzgeber? Das sind heute und für absehbare Zukunft die Kernprobleme; ihrer Lösung wird entscheidendes Gewicht bei der Suche nach einem Ausweg aus der „Dauerkrise der Landesparlamente"[8] zukommen. Dieser Ausweg wird nicht über Appelle oder gutgemeinte Absichtserklärungen gefunden werden können. Es bedarf vielmehr der konkreten und praktikablen Regelung all jener Komplexe und Einzelerscheinungen, in denen sich bislang der Bedeutungsverlust der Länderparlamente in einer an die Wurzeln ihrer verfassungsrechtlichen Existenz rührenden Weise immer wieder manifestiert hat. Dabei wird der Begriff der Regelung nicht ausschließlich im Sinne einer normativen Regelung verstanden. In manchen Bereichen und bei manchen Materien wird sich zeigen, daß – zumindest vorerst – auch eine ‚Vereinbarung' zwischen sachbeteiligten Verfassungsorganen als Grundlage für eine sinnvollere und effektivere Wahrnehmung der von der Verfassung her als unentziehbar gedachten Aufgaben eines Länderparlaments dienen kann.

IV.

Jeder Versuch einer erfolgversprechenden Therapie setzt eine zuverlässige Diagnose voraus. D. h.: Es muß zunächst im einzelnen untersucht werden, wo und aus welchen Gründen es zu einer „Depossedierung der Landtage" gekommen ist. Dabei wird man feststellen, daß die negative Entwicklung zwei unterschiedliche Komponenten hat: Von Bedeutung ist einmal der Kompetenzzuwachs des Bundes sowohl im legislativen als auch im finanziellen Bereich; die Verlagerung von Gesetzgebungszuständigkeiten auf den Bund, die Neigung des Bundes zur extensiven Inanspruchnahme von konkurrierenden und Rahmenkompetenzen sowie die Problematik der Gemeinschaftsaufgaben sind hinreichend bekannt und bedürfen hier keiner näheren Darlegung mehr[9]. Daß die Verlagerung von Gesetzgebungskompetenzen von den Ländern zum Bund nicht als abgeschlossene Entwicklung betrachtet werden kann, hat erst kürzlich wieder der Bericht der Bundesregierung über die strukturellen Probleme des föderativen Bildungssystems[10] gezeigt. Dort wird gerade für einen Bereich, der zu den wenigen Domänen der Länderkompetenzen gehört, eine Neuverteilung der Aufgaben im bundesstaatlichen System für notwendig erachtet, die auf eine Übertragung bestimmter Einzelzuständigkeiten auf den Bund zielt. Eine Verwirklichung der Vorstellungen der Bundesregierung würde die durch Artikel 79 Absatz 3 GG gezogenen Grenzen sicher überschreiten. So ist denn auch sowohl seitens der Länder[11] als auch im Schrifttum[12] Widerspruch erhoben worden. Dabei soll nicht verkannt werden, daß es im Bildungswesen Mißstände gibt, die beseitigt werden müssen. Hier bieten sich aber Wege an, die ohne Verfassungsänderung und ohne eine weitere Entmachtung der Länderparlamente beschritten werden können. Die finanzielle Seite des Bund-Länder-Verhältnisses wird gegenwärtig gerade wieder durch die beginnenden Verhandlungen der Ministerpräsidenten der Länder mit der Bundesregierung über die Zerlegung des Aufkommens der Mehrwertsteuer beleuchtet. Diese Verhandlungen gehen nicht nur letztlich an den Länderparlamenten und ihrem Budgetrecht vorbei, sie werfen auch die Frage auf, ob es wirklich sinnvoll ist, daß der Bund den Ländern bei der Mehrwertsteuerverteilung Geld „wegnimmt", um es ihnen anschließend – im Rahmen der Gemeinschaftsaufgaben – mit Auflagen und für bestimmte Projekte zurückzugeben[13]. Die Gelegenheit sollte daher genutzt werden, eine Ersetzung der Mischfinanzierung im Rahmen der Gemeinschaftsaufgaben durch eine angemessene Erhöhung des Länderanteils an der Mehrwertsteuer zu diskutieren[14]. Darüber hinaus sollte auch etwa darüber nachgedacht werden, ob Artikel 109 GG, der in Absatz 1 die Unabhängigkeit der Haushaltswirtschaft von Bund und Ländern deklariert, um in den Absätzen 2 bis 4 diese Unabhängigkeit – wiederum an den Länderparlamenten vorbei – erheblich zu relativieren[15], der Weisheit letzter Schluß ist.

Interessant ist bei den beiden zuletzt angesprochenen Problemkreisen, daß zwar nicht die Länderparlamente, aber der Bundesrat und damit die Länderregierungen entscheidende Mitspracherechte haben. Diese Feststellung gilt gleichermaßen etwa für Grundgesetzänderungen, die den Kompetenzraum der Länderparlamente beschränken, wie für Bundesgesetze aus dem Bereich der konkurrierenden und der Rahmengesetzgebung, durch deren Erlaß ebenfalls die Entscheidungsmöglichkeiten der Landtage eingeengt werden. Nicht ohne Bedeutung ist in diesem Zusammenhang der Umstand, daß der Bundesrat von seinem Initiativrecht in zunehmendem Maße Gebrauch macht: Während der Bundesrat in der 3. Legislaturperiode des Bundestages (1957–1961) nur fünf Gesetzentwürfe einbrachte (0,8 % aller Gesetzesinitiativen), legte er in der 7. Wahlperiode des Bundestages (1972–1976) 73 Entwürfe (10,9 % aller Gesetzesinitiativen) vor[16].

V.

Mit dem Hinweis auf den bereits in der Verfassung angelegten und auch in der Verfassungswirklichkeit beachtlichen Einfluß des Bundesrates (und damit der Länderexekutiven) ist der Blick eröffnet auf das zweite Ursachenbündel für den Bedeutungsverlust der Landtage. Gemeint sind die Gewichtsverschiebungen zwischen Landesparlament und Landesregierung, die über den soeben angesprochenen Bundesratskomplex hinaus die Stellung der Länderexekutiven zu Lasten der Landtage gestärkt haben. Das Augenmerk ist dabei vor allem auf drei Aspekte zu richten: den zwangsläufigen Informationsvorsprung der Exekutive mit ihrem spezialisierten Mitarbeiterstab, die die Parlamente präjudizierende Wirkung der weitgehend im Exekutivbereich angesiedelten politischen Planung und die im Laufe der vergangenen Jahre ständig gestiegene Bedeutung des abgestimmten Verhaltens der Länderexekutiven.

Die insoweit vorhandenen Problemfelder lassen sich kurz wie folgt umreißen: Der Landtagsabgeordnete, der – in Ermangelung eines gleichwertigen Apparates – schlechter informiert ist als der ihm gegenüberstehende Minister oder Mitarbeiter aus dem Exekutivbereich, kann nicht effektiv kontrollieren. Er kann auch nicht die Möglichkeiten und Alternativen selbständig und zuverlässig beurteilen, die ihm bei der Normsetzung zur Verfügung stehen. Des weiteren hat ein Landtagsabgeordneter, der im Rahmen der Realisierung von Regierungsplanung zur normativen Regelungen von Lebensbereichen oder zur Bewilligung von Mitteln aufgefordert ist, kaum noch einen wirklichen Entscheidungsspielraum, wenn er sich vor – zumindest zum Teil – bereits vollendete Tatsachen gestellt sieht, auf die einzuwirken er nie eine Chance hatte. Die gleiche Situation besteht schließlich im Kooperationsbereich, weil eine in oft mühsamen Verhandlungen erzielte Einigung der Ministerpräsidenten oder der Ressortminister über Mustergesetzentwürfe, gemeinsame Einrichtungen oder sonstwie abgestimmtes Vorgehen häufig genug einen faktischen Zwang zur parlamentarischen Umsetzung mit sich bringt.

VI.

Die Länderparlamente sind sich ihrer Lage inzwischen deutlich bewußt geworden. Ihnen ist klargeworden, daß sie in einem Zweifrontenkrieg stehen, in dem sie an der einen Front (Verhältnis Bund–Länder) keine unmittelbaren Einflußmöglichkeiten haben. Es verwundert daher nicht, daß sie sich in ihrem Bemühen um Sicherung der Grundlagen ihrer Existenz zunehmend der zweiten Front zugewendet haben und versuchen, im Verhältnis zu ihren eigenen Regierungen, wenn nicht den ‚Krieg‘, so doch die eine oder andere ‚Schlacht‘ zu gewinnen. Dabei dürften die Chancen auf die Dauer gesehen nicht schlecht stehen, wenn die Länderparlamente auf einen ‚Frontalangriff‘ verzichten und ihre Zielvorstellungen nicht am Maßstab des verfassungsrechtlich gerade noch Zulässigen ausrichten. Wie immer man hier die Dinge im einzelnen beurteilen mag, zwei Gesichtspunkte sollten jedenfalls nie aus den Augen verloren werden: Jedes Bemühen um ein Mehr an Kompetenz, um -Erweiterung der Möglichkeiten zu politischer Einflußnahme muß die Grenzen der eigenen Kapazität berücksichtigen. Zu bedenken ist darüber hinaus, daß eine Diskussion über die Abschichtung der Einfluß- und Verantwortungsbereiche bei der Wahrnehmung staatlicher Aufgaben nicht den Zweck haben kann und darf, die ‚Macht' des einen oder anderen Staatsorgans zu stärken oder zu schwächen. Es muß vielmehr darum gehen, die Voraussetzungen zu schaffen, unter denen der Staat und seine Organe das Wohl des einzelnen und das Wohl der Allgemeinheit so gut und so effektiv wie möglich zu fördern vermögen.

VII.

Soweit es um den ersten der oben unter VI. angesprochenen Problembereiche geht, ist festzuhalten, daß ein Höchstmaß an zuverlässiger Information unverzichtbare Bedingung sowohl für die gesetzgebende als auch für die kontrollierende Tätigkeit der Länderparlamente ist. Von wesentlicher Bedeutung ist in diesem Zusammenhang die Frage, inwieweit die Parlamente sich selbst sachkundig machen können, ohne auf die Auskunftsbereitschaft – etwa der Exekutive – angewiesen zu sein. Die Einrichtung von Wissenschaftlichen Diensten, die Einsetzung von Enquete-Kommissionen und Untersuchungsausschüssen zeigen Wege auf, die beschritten werden können und zum Teil auch bereits mit Erfolg beschritten werden. Ein weiteres Informationsmittel wird, auch wenn die Diskussion im gegenwärtigen Zeitpunkt noch kontrovers verläuft, der direkte Zugriff der Parlamente auf Datensysteme der Exekutive sein, soweit sichergestellt ist, daß dadurch nicht in den verfassungsrechtlich geschützten Initiativbereich der Regierung eingegriffen wird. Kein Abgeordneter sollte sich indessen der Illusion hingeben, daß er über diese und andere Möglichkeiten unmittelbarer Informationsverschaffung immer und überall in die Lage versetzt werden kann, seinen Aufgaben in vollem Umfang nachzukommen. Er wird immer auch auf mittelbare Informationsbeschaffung angewiesen sein, d.h. auf die Unterrichtung durch die Exekutive über jeweils aktuelle politische Sachfragen. Insoweit stehen den Parlamenten die herkömmlichen, letztlich aus dem Zitierungsrecht abzuleitenden Auskunftsansprüche zur Verfügung. Dabei ergibt sich jedoch ein Problem aus der Tatsache, daß bereits die Formulierung einer Frage einen gewissen Kenntnisstand voraussetzt. Anzustreben ist es daher, daß die Exekutive die Abgeordneten zwar nicht generell, aber doch in bestimmten, die Aufgaben des Parlaments besonders tangierenden Sachbereichen von sich aus unterrichtet. Gerade in diesem Zusammenhang ist freilich zu beachten, daß Information nicht als Selbstzweck sondern im Sinne einer Voraussetzung für die pflichtgemäße Wahrnehmung der von der Verfassung zugewiesenen Aufgaben zu verstehen ist. Im Klartext heißt das etwa: Die Landtage müssen bestrebt sein, rechtzeitig über laufende Bundesratsangelegenheiten und über Verhandlungen in dem weiten Bereich der Bund-Länder-Kooperation unterrichtet zu werden, um nicht vor vollendete Tatsachen oder schlichte Ratifizierungssituationen gestellt zu werden.

In dieser Richtung sind in jüngster Vergangenheit Initiativen unternommen und auch bereits Vereinbarungen abgeschlossen worden. Erinnert sei insoweit

– an den Beschluß des Ältestenrates des Landtages von Baden-Württemberg vom 26.11.1974, nach dem der Landtag von der Landesregierung über Ergebnisse der in ihrem Auftrag erstellten und aus Haushaltsmitteln finanzierten Meinungsumfragen, über beabsichtigte, die Zuständigkeiten des Landes berührende Grundgesetzänderungen sowie – rechtzeitig vor der Unterzeichnung – über Staatsverträge von erheblicher politischer Bedeutung unterrichtet werden soll[17];

– die Empfehlungen der Konferenz der Präsidenten der deutschen Länderparlamente vom 6.5.1976 über eine rechtzeitig vor der Unterzeichnung erfolgende Unterrichtung des Landtages durch die Landesregierung bei Staatsverträgen und Verwaltungsabkommen von erheblicher politischer Bedeutung[18];

– an die unter dem 20.7.1977 veröffentlichte Vereinbarung zwischen dem Präsidenten des Landtages Rheinland-Pfalz und dem Ministerpräsidenten des Landes Rheinland-Pfalz betreffend die Information des Landtages über bestimmte Bundesratssachen sowie über Gegenstand und wesentlichen Gang der Beratungen bei Staatsverträgen und bei sonstigen Abkommen von erheblicher politischer einschließlich finanzieller Bedeutung[19];

– an den Beschluß des Bayerischen Landtages vom 1.6.1978, durch den die Staatsregierung ersucht wurde, den Landtag rechtzeitig über die Vorbereitung und Beratung von Staatsverträgen, Abkommen und sonstigen Vereinbarungen zu unterrichten und ihm dementsprechend die diesbezüglichen Materialien und Protokolle laufend zugänglich zu machen[20];

– an das unter dem 27.4.1979 mitgeteilte Ergebnis der Verhandlungen zwischen dem Präsidenten des Schleswig-Holsteinischen Landtages und dem Ministerpräsidenten des Landes Schleswig-Holstein über die Unterrichtung des Landtages in bezug auf Staatsverträge, Verwaltungsabkommen und Mustergesetzentwürfe von erheblicher politischer Bedeutung sowie Grundgesetzänderungen, die die Zuständigkeit der Länder berühren[21];

– an den Antrag der CDU-Fraktion des Hessischen Landtages vom 13.6.1978[22], der auf Einblickgewährung in Materialien der Fachministerkonferenzen gerichtet ist;

– an die Entschließung der Konferenz der Präsidenten der deutschen Länderparlamente vom 19.10.1979 zur Unterrichtung der Parlamente über Beratungsgegenstände der Fachministerkonferenzen und über die Ergebnisse der Beratungen[23].

Selbstverständlich müssen in allen diesen Bereichen die durch die Verfassung gezogenen Grenzen beachtet werden, die im Regelfall *rechtlich* verbindliche Weisungen ausschließen. Aber auch Empfehlungen und Meinungsäußerungen können *politisch* von einer wegweisenden Bedeutung sein. Daß die Parlamente durch eine solche Einschaltung ihre Möglichkeiten späterer Kontrolle einengen, ist eine zwangsläufige Folge[24]. Sie kann indessen in gewissen Grenzen als das gleichsam geringere Übel hingenommen werden.

VIII.

Die kompetentielle Zuordnung der Planung ist seit Jahren Gegenstand der politischen und wissenschaftlichen Auseinandersetzung. Herrschende Meinung in der Wissenschaft dürfte es inzwischen sein, daß die politische Planung als staatsleitende Aufgabe Parlament und Regierung zur gesamten Hand zusteht, jedenfalls soweit sie den Charakter einer ‚Vor-Verfügung' über Entscheidungen des Parlaments im Bereich der Gesetzgebung und des Budgetrechts trägt[25]. In der politischen Auseinandersetzung ist die Beteiligung der Parlamente an der Planung dagegen kontrovers geblieben. Befriedigende Lösungen scheinen allenfalls in Teilbereichen (wie etwa bei der Landesplanung, der Hochschulentwicklung oder der Standortplanung für Kraftwerke) erreichbar zu sein. Versuche, eine umfassende Planungsbeteiligung auf der Basis von Planungskontrollgesetzentwürfen zu realisieren[26], sind bislang gescheitert. Diese Versuche wurden bezeichnenderweise stets von der Opposition unternommen und stießen stets auf den erbitterten Widerspruch der jeweiligen Regierung; dabei spielten parteipolitische Orientierungen keine Rolle. Für die künftige Willensbildung der Parlamente sollten in diesem Zusammenhang nicht nur rechtliche sondern in erster Linie politisch-praktische Erwägungen eine Rolle spielen: Nach dem gegenwärtigen Stand der Entwicklung wird man eine umfassende und in starren normierten Bahnen verlaufende Planungsbeteiligung der Parlamente schon aus Gründen begrenzter parlamentarischer Kapazität für kaum durchführbar halten müssen. Es sollte daher versucht werden, die Zusammenarbeit auf dieser Ebene zunächst informell und differenziert nach dem politischen Gewicht der Planung gleichsam in einem Probelauf zu praktizieren, bevor ‚endgültige' Regelungen ins Auge gefaßt werden.

IX.

Ein Gesichtspunkt sollte schließlich, wenn über den Bedeutungsverlust der Länderparlamente gesprochen wird, nicht unerwähnt bleiben: Es ist ein nicht zu übersehendes Faktum, daß die Länderparlamente hier und da durch Enthaltsamkeit zu einer gewissen Selbstentmachtung beigetragen haben. Ein einprägsames Beispiel ist insoweit die Entwicklung des Schulrechts. Obwohl es sich hierbei um eine grundrechtsrelevante Materie handelt, die in der öffentlichen Diskussion immer eine wesentliche Rolle gespielt hat, haben die Länderparlamente sie lange Zeit weitgehend der Regelung durch die Kultusbürokratie überlassen. Eine Änderung trat erst als Reaktion auf die mahnenden Hinweise der Rechtsprechung und der Wissenschaft ein. Ob diese Hinweise immer und in jeder Beziehung berechtigt sind, mag hier dahingestellt bleiben. Es reicht aus festzuhalten, daß das Bestehen einer Regelungslücke in diesem Bereich jedenfalls vom Grundsatz her kaum ernsthaft bestritten werden konnte. Weitere Beispiele für eine von der Sache her wenig verständliche länderparlamentarische Abstinenz ließen sich sicher finden. Dabei müßte auch die Frage in die Überlegungen einbezogen werden, ob die Parlamente nicht manchmal etwas leichtfertig durch vage formulierte Verordnungsermächtigungen Entscheidungen delegieren, die zu treffen eigentlich ihre Aufgabe ist.

Vor einem in diesem Zusammenhang möglichen Mißverständnis muß allerdings von vornherein gewarnt werden. Es geht nicht darum, daß die Länderparlamente möglichst alle Bereiche mit einem möglichst engmaschigen Normengeflecht überziehen; entscheidend ist vielmehr, daß die Länderparlamente rechtzeitig erkennen, welche wesentlichen Lebensbereiche einer staatlichen Regelung bedürfen, und daß sie die wesentlichen Punkte der entsprechenden Sachkomplexe selbst einer Regelung zuführen.

X.

Aus den vorstehenden Überlegungen läßt sich folgendes Fazit ziehen: Der Länderparlamentarismus befindet sich sicher in einer gewissen Krisensituation. In einem Zweifrontenkrieg haben sich die Länderparlamente gegen Angriffe auf ihr „Territorium" zu verteidigen. Dabei muß im Vordergrund die Aufgabe stehen, jedenfalls den gegenwärtigen ‚Besitzstand' zu wahren. Darüber hinaus müssen sich die Länderparlamente bemühen, bereits eingetretene Terrainverluste hier und da wieder rückgängig zu machen. Dieser ‚Kampf' erscheint nicht aussichtslos, wenn er energisch und selbstbewußt, zugleich aber auch selbstkritisch und im Bewußtsein der Verpflichtung gegenüber dem einzelnen und der Allgemeinheit geführt wird. Es gilt, nicht nur die Grenzen sondern vor allem auch die Möglichkeiten eigener Tätigkeit immer wieder zu entdecken.

Anmerkungen

1 Stern, Das Staatsrecht der Bundesrepublik Deutschland, Band I, § 22 III 5.

2 Herzog, Möglichkeiten und Grenzen einer Beteiligung des Parlaments an der Ziel- und Ressourcenplanung der Bundesregierung, Gutachten für die Projektgruppe Regierungs- und Verwaltungsreform, Seite 84 f. mit weiteren Nachweisen.

3 Lemke, Die Notwendigkeit einer Verfassungsreform aus der Sicht der Länderparlamente, in: Parlamente und Föderalismus (Festschrift für Rudolf Hanauer), Seite 141.

4 Leisner, Schwächung der Landesparlamente durch grundgesetzlichen Föderalismus, DÖV 1968, 389 ff.

5 Lemke (Anm. 3), Seite 140; Voigt, Einfluß und Wirkungsmöglichkeiten der Landesparlamente, BayVerwBl. 1977, 97 (103).

6 Haben die Länderparlamente eine Zukunft? ZParl. 1971, 277 (278 f.).

7 Bundesstaatliche Ordnung als politisches Prinzip, Beilage zur Wochenzeitung DAS PARLAMENT 17/75, Seite 3 (15).

8 Titel eines Aufsatzes von Sailer in: BayVerwBl. 1978, 713.

9 Lemke (Anm. 3), Seite 141 ff.

10 BT-Drs. 8/1551 u. 8/1956.

11 Vgl. etwa die Stellungnahme der Kultusministerkonferenz vom 20./21.4.1978 (BT-Drs. 8/1956 Anlage 3), den Beschluß des Bundesrates vom 20.10.1978 (BR-Drs. 120/78) sowie den Beschluß des Bayerischen Senats vom 1.2.1979 (Sen-Drs. 14/79).

12 Richter, Alternativen zur Kompetenzverschiebung im Bildungsföderalismus, DÖV 1979, 185 ff.

13 Äußerung von Ministerpräsident Späth, wiedergegeben in: FAZ vom 23.1.1979.

14 Vgl. den Antrag der CDU-Fraktion im Landtag von Baden-Württemberg, (Drs. 7/5197).

15 Schäfer (Anm. 6), Seite 287.

16 ZParl 1977, 149.

17 Drs. 6/6565 sub IV.

18 Unveröffentlicht.

19 Drs. 8/2266 u. 8/2307.

20 Drs. 8/8344.

21 Umdruck-Nr. 2945 (Mitteilung des Präsidenten des Schl.-H. Landtages).

22 Drs. 8/6216.

23 Unveröffentlicht.

24 Goppel, Parlament und Regierung, in: Parlamentarismus und Föderalismus (Festschrift für Rudolf Hanauer), Seite 33 (40).

25 Vgl. u. a. Böckenförde, Planung zwischen Regierung und Parlament, Der Staat 1972, 429 (444 f.); Kewenig, Zur Revision des Grundgesetzes: Planung im Spannungsverhältnis von Regierung und Parlament, DÖV 1973, 23 (28 f.); Lemke, Das Grundgesetz – eine Verfassung der siebziger Jahre?, DÖV 1972, 621 (624); Schlußbericht der Enquete-Kommission Verfassungsreform (BT-Drs. 7/5924), Seite 174.

26 Vgl. hierzu die Synopse von Planungskontrollgesetzentwürfen in ZParl 1974, 184 ff. sowie die Stenographischen Berichte der 44. Sitzung des Landtages von Nordrhein-Westfalen vom 14.3.1972 (Seite 1610 ff.) und der 35. Sitzung des Landtages Rheinland-Pfalz vom 15.3.1973 (Seite 1271 ff.). Weitere Beispiele für die Kontroversen in diesem Bereich ließen sich anfügen.

Die Bedeutung der föderativen Ordnung für das Parteiensystem der Bundesrepublik Deutschland

Von Prof. Dr. *Werner Kaltefleiter*, Kiel

Die föderative Ordnung der Bundesrepublik Deutschland ist wie kaum ein Verfassungselement im Grundgesetz im einzelnen geregelt. Dennoch ist die Ansicht verfehlt, die Bedeutung und die Wirkungsweise des Föderalismus erschöpfend der Verfassung entnehmen zu können. Von besonderer Bedeutung für die lebendige Verfassung ist dabei die Rückwirkung der föderativen Ordnung auf Struktur und Arbeitsweise des Parteiensystems[1].

1. *Das Primat der Landesparteien*

Zunächst gilt auch für die Parteien, was für die Bundesrepublik generell festgestellt werden kann: zuerst waren die Länder, sie schufen durch die Landesparteien die Bundesrepublik Deutschland. So konstituierten sich am Anfang die Parteien in ihren regionalen Gliederungen[2]. Erst später entstanden die Bundesparteien. Dabei stimmte lange Zeit die Organisation der regionalen Parteien nicht mit den Landesgrenzen überein, weil diese nach der Etablierung der Parteien verändert worden waren, so z. B. in Baden-Württemberg, in Niedersachsen oder weil, wie bei der SPD, der organisatorische Aufbau der Bezirke sich an entsprechenden Grenzen der Weimarer Republik orientierte. Erst Ende der sechziger, Anfang der siebziger Jahre hat sich die Bildung von den Landesgrenzen entsprechenden Landesverbänden durchgesetzt. Für die Machtverteilung gilt freilich, daß in der Regel noch die ursprünglichen regionalen Gliederungen innerhalb des Landesverbandes eine dominierende Position einnehmen. Die neu entstandenen Landesparteien bilden den Rahmen für das Zusammenwirken der alten Organisationseinheiten. Wie immer sich diese regionalen Differenzierungen weiter entwickeln mögen: die jeweiligen Bundesparteien sind in sich föderativ geordnet, wobei die Landesparteien, wenn auch mit Unterschieden zwischen den drei Bundestagsparteien, das Übergewicht haben.

Am deutlichsten zeigt sich dies in der zentralen Frage der Rekrutierung der bundespolitischen Elite. Die Wahlkreiskandidaturen sind von der Bundespartei nicht, bestenfalls über die jeweiligen Landesparteien, aber auch das nur in seltenen Ausnahmefällen, zu beeinflussen. Auf die Aufstellung der Landeslisten vermögen die Bundesparteien ebenfalls keinen nennenswerten Einfluß zu nehmen. Bester Hinweis dafür ist das mehrfache Bemühen Konrad Adenauers, das Wahlgesetz um eine Bundesliste anzureichern, um eine gewisse für die Arbeit der Fraktion erforderlich gehaltene Kandidatenplanung zu erreichen. In dieser Frage mußte auch Adenauer sich der Macht der föderativen Gliederung der Parteien beugen, und seither hat es keine Versuche mehr gegeben, das Bundeswahlgesetz in dieser Frage zu ändern.

Hier ist allerdings bemerkenswert, daß das Europawahlgesetz von 1978 die Wahlfreiheit zwischen einer Bundesliste und einem System von Landeslisten eröffnet hat. Die Tatsache, daß sich SPD und FDP für eine Bundesliste, CDU/CSU dagegen für das System von Landeslisten entschieden, verdeutlicht zunächst die Unterschiede in der internen Struktur der Parteien. Dabei spielt die Eigenständigkeit der CSU als Schwesterpartei der CDU für die Union insgesamt eine zentrale Bedeutung. Durch sie ist die föderative Ordnung, anders als bei den anderen Parteien, in der Union in einer Weise institutionalisiert, die anderen die Zentrale stärkenden Faktoren mit Erfolg entgegenwirkt, ja, in der Lage ist, zentrifugale Kräfte zu entwickeln, die ein einheitliches Auftreten auf der Grundlage eines „Gebietskartells" in Frage stellen. Dies hat die Diskussion um eine bundesweite Kandidatur beider Parteien vor allem seit 1976 verdeutlicht.

Wichtiges Element dieser die Zentrale stärkenden Faktoren könnte die Entwicklung der Parteifinanzen sein[3]. Die Autonomie der Beitragserhebung liegt bei den Kreisverbänden. Die Landes- und erst recht die Bundespartei leben in diesem Bereich von Matrikularbeiträgen – Umlagen genannt. Das Verbot der steuerlichen Absetzbarkeit von Parteispenden, das das Bundesverfassungsgericht 1956 ausgesprochen hat, hat die Entwicklung einer starken Finanzautonomie der Bundespartei durch Spenden ebenfalls erschwert. Die zahlreichen Fördervereine sind nämlich zunächst in den Ländern organisiert. Erst die Einführung der Subventionierung politischer Parteien aus öffentlichen Mitteln hat dem entgegengewirkt. Mit der Wahlkampfkostenerstattung verfügt die Bundespartei über eigene planbare Einnahmen von bedeutender Höhe. Diese reichen allerdings bei weitem nicht zur Finanzierung der Bundesparteien aus, geschweige denn, um über die Parteifinanzierung Einfluß auf die Länderparteien nehmen zu können. Dies ist nicht zuletzt dadurch begründet, daß durch die Einführung entsprechender Wahlkampfkostenerstattung für die Landtagswahlkämpfe auch die finanzielle Position der Landesparteien gestärkt wurde. Hier hat dies allerdings zu einer Stärkung gegenüber den Kreisen geführt, nicht zuletzt weil – durchaus systemwidrig – eine entsprechende Wahlkampfkostenerstattung für Kommunalwahlen bislang fehlt.

Von wesentlicher Bedeutung für die Machtverteilung zwischen Bundes- und Landesparteien ist die Rollenzuweisung auf der jeweiligen Stufe des politischen Systems. Die Bundespartei, die die Bundesregierung stellt, hat mit der Regierungsmacht auch einen innerparteilichen Machtzuwachs zu verzeichnen. Mit der Verfügung über den Bundeshaushalt kann sie zur Interessenbefriedigung von Landesparteien beitragen und dafür politische Unterstützung einkaufen[4]. Dies gilt natürlich in stärkerem Umfang gegenüber Landesparteien, die in der Opposition sind, als gegenüber Landesparteien, die ihrerseits die Landesregierung stellen. Umgekehrt bedeutet der Regierungsverlust in Bonn das Auslösen erheblicher innerparteilicher zentrifugaler Kräfte, wobei dann den „Landesregierungsparteien" besondere Bedeutung zukommt. Symptomatisch war dafür, als in der Führungskrise der CDU/CSU Anfang 1979 sich die Ministerpräsidenten der unionsregierten Länder trafen, um die innerparteiliche Entwicklung wieder unter Kontrolle zu bringen, und damit eine neue innerparteiliche Institution schufen, die in keiner Satzung vorgesehen ist: die Konferenz der CDU/CSU-Ministerpräsidenten. Als freilich zwei von ihnen im nächsten unionsinternen Konflikt unmittelbar beteiligt waren, nämlich die Ministerpräsidenten Albrecht und Strauß bei der Suche nach einem Kanzlerkandidaten für 1980, blieb diese Institution zwangsläufig wirkungslos.

Gerade die Entwicklung des Verhältnisses zwischen CDU und CSU seit 1969 zeigt, wie sehr der Regierungsbesitz in Bonn integrierend für die föderative Parteistruktur wirkt. Die Ursache der lang anhaltenden Auseinandersetzungen zwischen CDU und CSU liegt letztlich darin begründet, daß auf dem ersten Bundesparteitag in Goslar 1950 die CSU nicht Landesverband wurde, sondern selbständige Schwesterpartei blieb, was die Trennung zwischen Zentrum und bayrischer Volkspartei aus der Weimarer Zeit wiederholte. Im Gegensatz zu dem Erfolg der Union bei der Integration anderer tradierter Konflikte der Weimarer Zeit gelang die Überwindung dieses Gegensatzes nicht. Bis 1969 waren die daraus sich ergebenden zentrifugalen Kräfte des autonomen Verbandsinteresses jedoch durch die Kabinettsdisziplin weitgehend kompensiert. Macht ist eben nicht nur süß, sondern auch ein Klebstoff, der Parteikohäsion bewirkt. Auf dem Hintergrund dieser Erfahrung kann vorausgesagt werden, daß, wenn die SPD die Regierungsmacht in Bonn wieder verlieren wird, die Diskrepanz zwischen sozialdemokratischem und sozialistischem Flügel in der Partei stärker wird. Die Möglichkeit einer Abspaltung des linken Flügels, etwa also der Wiederholung des Experiments einer USPD ist kaum aktuell, solange die SPD die Regierung bildet, sie kann eine Gefahr werden, wenn die SPD in die Opposition geworfen wird, also, wenn die integrierende Kraft des Machtbesitzes in Bonn verloren geht – oder wenn sie zur Machterhaltung in Bonn eine, vom sozialistischen Flügel zur Zeit nicht akzeptierte und akzeptierbare Koalition, z. B. mit der CDU, eingeht.

2. *Die interdependente Elitenrekrutierung*

Die Rollenverteilung zwischen Regierung und Opposition in Bund und Ländern bestimmt auch die Rekrutierung der politischen Eliten. Langjährige Oppositionsrolle trocknet eine Partei aus, das gilt nicht nur für die Bundesrepublik Deutschland, weil, wie schon Walter Rathenau[5] im Hinblick auf das Deutsche Kaiserreich zu Recht beobachtet hat, die Gestaltungsmöglichkeit durch die Regierungsmacht die qualifiziertesten Persönlichkeiten anzieht. So fehlt es nicht an Beispielen aus der langjährigen bundespolitischen Oppositionsrolle der SPD, daß Spitzenpolitiker der Bundespartei ein Exekutivamt in einem Land übernahmen[6]. Bundeskanzler Schmidt ist das bekannteste Beispiel, er ging 1961 als Innensenator nach Hamburg, um nach Bonn zurückzukehren, als dort die Macht greifbar erschien. Für die CDU/

CSU wechselte Stoltenberg 1971 aus der Bonner Oppositionsrolle in das Amt des Regierungschefs eines Bundeslandes. Strauß folgte dem Beispiel 1977, Leisler Kiep übernahm 1975 das Amt des Finanzministers in Niedersachsen.

In gleicher Weise dienen landespolitische Regierungsämter als Elitereserve für die Bundespartei. Was Willy Brandt von 1961 bis 1966 für die SPD war, zeigt sich bei der Union in der Suche nach einem Kanzlerkandidaten unter ihren Ministerpräsidenten: 1975 standen Kohl und Stoltenberg, 1979 Albrecht und Strauß hierfür im Wettbewerb. Es gibt aber auch die Fälle, wo als Regierungspartei die Bundes- wie die Landespartei auf die Elitereserve der anderen Stufe des politischen Systems zurückgreifen muß. So holte Adenauer 1962 den Ministerpräsidenten von Hassel aus Kiel in das Verteidigungsministerium, die Union fand 1966 den Nachfolger Erhards, nämlich Kiesinger, im Regierungsamt in Stuttgart, und die SPD entsandte ihren Bundesgeschäftsführer Börner 1976 in die von Krisen geschüttelte hessische Landespartei. Regelmäßig kandidierten bei beiden großen Parteien erfolgreiche „Landesfürsten" für ihre Partei für den Bundestag, um auf das Mandat zu verzichten, wenn der Wahlerfolg ausblieb. Schließlich dient auch die Bundespartei als Elitereserve für langjährige Oppositionsparteien in den Ländern. 1978 suchten z. B. von Weizsäcker für die CDU in Berlin und von Dohnanyi für die SPD in Rheinland-Pfalz den ausgetrockneten Oppositionsparteien dieser Länder Blutauffrischung zu geben. Das gilt gelegentlich auch für die kommunale Stufe des politischen Systems: mit dem Bundestagsabgeordneten Wallmann stürmte die CDU das Frankfurter Rathaus.

Der denkbare Rekrutierungsweg der Landesopposition zur Bundesopposition spielt zwar keine bedeutende Rolle, weil die Gefahr des Austrocknens in der Rolle der Landesopposition noch weit größer ist als in der der Bundesopposition. Aber auch für diesen Weg gibt es Beispiele: Dregger vertauschte die Wiesbadener Oppositionsbank mit der Bonner.

Die föderative Ordnung verhindert, daß es nur Regierungs- und nur Oppositionsparteien in der Bundesrepublik Deutschland gibt. Das mildert insbesondere die Wirkungsweise der Oppositionsrolle in mehrfacher Weise: Spitzenpolitiker der Bonner Opposition finden in den Ländern Regierungsmacht, und die Regierungsposition der Länder ist Elitereserve für Bonn. In gleicher Weise gilt die Bundespartei als Elitereserve für Länderparteien in der Opposition. Freilich widersetzten sich die autonomen Landesverbände häufig einer solchen Eliterekrutierung von außen. 1975 scheiterten noch die Bemühungen, der Berliner CDU einen Kandidaten von außen zu bringen ebenso wie die, die schleswig-holsteinische SPD 1975 und 1979 mit einem attraktiven Spitzenkandidaten aus Bonn auszustatten.

Zu den Kennzeichen der Rekrutierung der politischen Eliten in der Bundesrepublik Deutschland gehört, daß der Quereinstieg, d.h. die Übernahme einer führenden Rolle in der Partei, ohne zuvor langjährige innerparteiliche Aufstiegschancen wahrgenommen zu haben, zu den Seltenheiten gehört[7]. Eine der bekanntesten Ausnahmen aus jüngster Zeit ist die Karriere des früheren Generalsekretärs der CDU, Kurt Biedenkopf. Aber gerade seine Entwicklung zeigt die Bedeutung der landespolitischen Machtposition. Um seine innerparteiliche Position abzusichern, bemühte er sich um eine landespolitische Basis und fand diese in dem westfälischen Landesverband. Auch ein geglückter Quereinstieg in Bonn bedarf auf Dauer der landespolitischen Absicherung.

Diese wechselnden Elitenreserven tragen dazu bei, durch personelle Innovation in der Bundesrepublik, teilweise auch in der Landespolitik, die Chance des Machtwechsel zu verbessern und damit dieses Lebenselixier demokratischer Regierungsweise zu stärken. Dies gilt allerdings nicht immer uneingeschränkt, wie sich gerade am Beispiel der Entwicklung der CDU/CSU seit 1969 zeigt.

Die Funktion der Wahlniederlage im demokratischen Prozeß ist, eine inhaltliche und personelle Erneuerung der in die Opposition geworfenen Partei auszulösen[8]. Der Wahlausgang von 1969 vermochte dies nicht, weil die Union als stärkste Partei im Deutschen Bundestag sich durch das Koalitionsverhalten der FDP um ihren Wahl-„Sieg“ betrogen fühlte. Es fehlte die inhaltliche Bereitschaft zur Innovation. Dennoch erfolgte diese im Ansatz, als auf dem Mainzer Parteitag 1969 mit Helmut Kohl und Gerhard Stoltenberg zwei bedeutende jüngere Spitzenpolitiker in das Parteipräsidium gewählt wurden. Aber erst die Wahlniederlage von 1972 löste die durchgehende Innovationsbereitschaft aus. Der Sturz Rainer Barzels ein halbes Jahr nach der verlorenen Wahl entsprach den Regeln parlamentarischer Regierungsweise, von der Max Weber einmal formuliert hatte: Die Masse der Deputierten folgt dem oder den wenigen Leadern blind, – solange sie Erfolg haben[9]. Barzel hatte 1972 keinen Erfolg und dementsprechend verlor er die Gefolgschaft. Die Wahl von Kohl zum Bundesvorsitzenden, Carstens zum Fraktionsvorsitzenden und Kurt Biedenkopf zum Generalsekretär signalisierte die Erneuerung der CDU.

Dieser Erneuerungsprozeß blieb jedoch auf die CDU beschränkt und schloß die CSU nicht ein, obwohl die CSU genau wie die CDU die Wahlen von 1969 und 1972 verloren hatte. Die Ursache liegt zunächst darin, daß Politiker aller Parteien ein Wahlergebnis an der absoluten Höhe des Stimmenanteils werten und nicht nach der relativen Ausschöpfung des Stimmenpotentials fragen. Angesichts der sozialstrukturellen Bedingungen Bayerns waren die 55 % der CSU aus dem Jahre 1972 genauso eine „Niederlage“ wie die Ergebnisse der CDU in den übrigen Bundesländern. Aber die absolute Höhe dieses Stimmenanteils verhinderte, daß man dies als Niederlage verstand und konnte dementsprechend auch die Innovation der CSU nicht auslösen. So blieb Strauß im Jahre 1976 jene Belastung für die Wählbarkeit der CDU/CSU, wie schon 1969 und 1972. So kann argumentiert werden, daß die wenigen Stimmen, die der CDU/CSU 1976 am Wahlerfolg fehlten, auf die unzureichende Innovation der CSU zurückzuführen ist, die das Gesamtbild der CDU/CSU mit prägt. Die föderative Ordnung des Parteiensystems, verbunden mit der länderspezifischen Ausprägung der Sozialstruktur, hat hier dazu beigetragen, daß die Wahlniederlage ihre Funktion zur Erneuerung der Opposition nicht umfassend erfüllen konnte.

Bei dem Wechselspiel der Elitenreserve und Elitenrekrutierung zwischen Bundes- und Landesparteien ist freilich nicht zu übersehen, daß gerade Regierungen in den Ländern nur bedingt geeignet sind, für die Bundespolitik Eliten zu rekrutieren. Das Amt an der Spitze einer Landesregierung mag die werbliche Funktion des Spitzenkandidaten noch stärken. Brandt von 1961 bis 1969 und Kohl 1976 für die CDU/CSU sind dafür bekannte Beispiele, wie die aus der Provinz rekrutierten Spitzenkandidaten werbewirksam eingesetzt werden konnten, wobei dies für das Amt des Regierenden Bürgermeisters von Berlin in einer Zeit, in der die krisenhafte Position der Stadt ständig Schlagzeilen machte, stärker galt als 1976 für Kohls Amt in Rheinland-Pfalz. Interessant ist aber auch, daß beide scheiterten, als sie in Bonn Führungsaufgaben übernehmen mußten. Für Brandts Sturz war die Affäre Guillaume Anlaß, nicht Ursache. Er scheiterte, weil ihm die Führungskraft gerade auch gegenüber der Bundespartei und der Bundesfraktion fehlte – sein Fraktionsvorsitzender Wehner eröffnete die Diskussion, die letztlich zu Brandts Rücktritt führte. Während Barzel als Fraktionsvorsitzender stürzte, weil er die Wahl von 1972 verloren hatte, begann Kohls Abstieg nach dem guten Wahlergebnis von 1976, weil er die Fraktion nicht in den Griff bekam. Kohl wie Brandt fehlte die langjährige Erfahrung in der Arbeitsweise einer Bundestagsfraktion. Zu den Elementen, die dem parlamentarischen System im Vergleich zum präsidialen System mehr Stabilität geben, gehört die Rekrutierung der politischen Elite durch die Parlamentsfraktion, die die Inkompatibilität vom legislativen Mandat und exekutiver Funktion in den USA ausschließt. Die amerikanische Erfahrung, daß auf diese Weise zwar leicht neue, aber eben auch unerfahrene Gesichter Spiztenpositionen erobern können, gilt mit Einschränkungen auch für ein föderatives System wie das der Bundesrepublik Deutschland. Das föderative System eröffnet, ja bietet eine Elitenrekrutierung am Parlament vorbei geradezu an. Von den fünf Kanzlern kamen nur drei aus der Fraktion – Kiesinger hatte ihr allerdings früher angehört – von den sechs Kanzlerkandidaten kamen nur drei (Schumacher, Ollenhauer und Barzel) aus der Bundestagsfraktion.

3. *Die latente Große Koalition im föderativen System*

Die Möglichkeit unterschiedlicher Rollenverteilung in Bund und Ländern beeinflußt auch die Arbeitsweise des Parteiensystems bei der inhaltlichen Formulierung der Politik. Daß die jeweilige Bundesregierung vielfältige Rücksichten auf die anstehenden Landtagswahlen nimmt, ist offensichtlich. Die Situation des fast ständigen Wahlkampfes in der Bundesrepublik Deutschland ist häufig kritisiert worden. Sie erschwert die Durchsetzung einer mittelfristig orientierten Politik, die kurzfristig unpopulär sein mag. Dies gilt insbesondere, wenn in jeder Landtagswahl über die Bundesratsmehrheit und damit auch über die Entscheidungsfähigkeit der Bundesregierung mit entschieden wird. Nicht weniger bedeutsam aber ist die Rückwirkung auf die Opposition, wobei dies besonders ausgeprägt ist, wenn die Opposition im Bundestag wie seit 1972 im Bundesrat die Mehrheit stellt.

Die Bundesratsmehrheit eröffnet der Opposition die Chance des Mitregierens, und so weisen Politiker der CDU/CSU immer wieder mit Stolz daraufhin, daß sie wesentliche Gesetze in ihrem Sinne verbessert hätten, ob dies nun das Hochschulrahmengesetz, die zahlreichen Steuergesetze oder was sonst immer sei. Dies mag ein Oppositonserfolgserlebnis sein, schafft aber zugleich Mitverantwortung und, was wichtiger ist, verwirrt und verwischt in dem komplexen Verfassungsprozeß zwischen Bundestag, Bundesrat und dem Vermittlungsausschuß die Präsentation politischer Alternativen. Das aber ist die zentrale Funktion der Opposition im parlamentarischen System. Sie soll Hoffnung für die Unzufriedenen sein und diese dadurch in das System integriert halten. Durch die Chance des Mitregierens über den Bundesrat verspielt die Opposition ihr Erstgeburtsrecht auf und ihre Pflicht zur Präsentation verständlicher politischer Alternativen. Wenn seit etwa 1974 eine wachsende Unzufriedenheit mit dem Parteiensystem in der Bundesrepublik zu beobachten ist, die Inflation von Bürgerinitiativen ist dafür ebenso ein Indikator wie das durch zahlreiche Repräsentativbefragungen ermittelte Protestpotential, dann ist dafür eine wesentliche Ursache, daß es im Bewußtsein der Wählerschaft an verständlichen Alternativen fehlt. Man spricht zwar von Polarisierung, aber dies kennzeichnet nur den Lärm, der die politische Auseinandersetzung begleitet. Die uniosregierten Länder verantworten einen Haushalt, der fast die Hälfte des Volumens des Bundeshaushaltes umfaßt. Dies führt zwangsläufig zu einer Mitverantwortung, die das Oppositionsverhalten mit prägt. Gerade dieses Beispiel zeigt, daß diese Art der Mitverantwortung durch die Bundesratsmehrheit der Opposition zwar verstärkt wird, daß sie aber im föderativen System grundsätzlich angelegt ist.

In der politischen Diskussion der Bundesrepublik Deutschland ist die These aufgestellt worden, die Unionsparteien mißbrauchten ihre Mehrheitsposition im Bundesrat zu parteipolitischen Zwecken[10]. Dieser Vorwurf vermag möglicherweise wirksam einen Antiparteieneffekt, der die politische Kultur der Bundesrepublik Deutschland noch immer kennzeichnet, zu stimulieren, übersieht aber zunächst, daß in einer Demokratie Politik stets Parteipolitik ist. Jenseits dieser tagespolitischen Polemik ist die Konkurrenz zweier Verfassungsprinzipien hervorzuheben, nämlich die Konkurrenz des parlamentarischen mit dem föderativen Prinzip.

Zu den Grundlagen parlamentarischer Regierungsweise gehört – wie es die Doktrin von Dicey[11] darlegt, die im vergangenen Jahrhundert in der Klärung der verfassungsgeschichtlichen Entwicklung Großbritanniens erarbeitet wurde – daß die parlamentarische Mehrheit über eine unbegrenzte Legitimation zur Entscheidung aller inhaltlichen Fragen verfügt. Die föderative Ordnung der Bundesrepublik Deutschland, die auf den beiden Prinzipien der Autonomie der Subsysteme und der Mitwirkung der Subsysteme an der Willensbildung des Zentralsystems beruht, beschränkt diese umfassende Legitimation der parlamentarischen Mehrheit im Deutschen Bundestag. Dabei ist die legitimierende Wirkung einer Bundestagswahl nicht größer und nicht geringer als die der jeweiligen Landtagswahlen. Somit verfügt die Bundestagsmehrheit über die gleiche Legitimation wie die des Bundesrates. Es ist letztlich der Konflikt zwischen regionaler Autonomie und regionaler Vielfältigkeit einerseits gegenüber unbeschränkter Handlungsfähigkeit der zentralen Exekutive andererseits. Die Verfassung der Bundesrepublik Deutschland hat sich mit der föderativen Ordnung für das erstere entschieden. Die Doktrin von Dicey wurde entwickelt im Kampf des Parlamentes gegenüber der Krone. Föderative Strukturen spielten dabei keine Rolle. Das bedeutet zugleich, daß man die in Großbritannien entwickelten Prinzipien parlamentarischer Regierungsweise in der deutschen Verfassung dort modifizieren muß, wo die föderative Ordnung tangiert wird.

Neben dieser verfassungssystematischen Frage ist also nicht der tagespolitische Streit über Mißbrauch oder Nichtmißbrauch von Macht relevant sondern die Rückwirkung dieses Systems auf das Verhalten der Parteien in diesem System. Dabei ist die Beeinträchtigung des Wechselspiels zwischen Regierung und Opposition im Bund von entscheidender Bedeutung. In der Institution – die auch nicht im Grundgesetz enthalten und dennoch eine Notwendigkeit ist – der Konferenz der Regierungschefs, also des Bundeskanzlers mit den Ministerpräsidenten der Länder sowie in anderen Konferenzen der Exekutive wie Kultusministerkonferenz, Innenministerkonferenz und vieles mehr, ist über die föderative Ordnung auf Dauer eine nach außen kaum erkennbare Große Koalition etabliert[12], die allerdings über die Parteilinie hinweg eine neue Markierung zwischen Regierung und Oppositionsparteien schafft. Den Regierungsparteien in Bund und Ländern sitzen die Oppositionsparteien von Bund und Ländern mit wechselnder politischer Couleur gegenüber. Damit sind Elemente einer Proporzdemokratie in das parlamentarische System der Bundesrepublik Deutschland eingedrungen, ja überlagern diese teilweise. Das Wechselspiel zwischen Regierung und Opposition, das sich in den Wahlkämpfen lautstark als Parteiengegensatz artikuliert, entspricht nur bedingt der Verfassungswirklichkeit. Die formalisierte Große Koalition von 1966–1969 war die Ursache der ersten große Legitimationskrise des Parteiensystems, die zum Auftreten von NPD und APO führte. Die verborgene Große Koalition in der föderativen Ordnung ist eine Grundlage der Legitimationskrise des Parteiensystems der Gegenwart.

Eine einfache Antwort zur Lösung dieses Problems gibt es nicht. Die Vorteile föderativer Ordnung sind gerade vor dem Hintergrund zentraler politischer Systeme in Europa wie z. B. Italien, Frankreich oder auch Großbritannien so offenkundig, daß die föderative Ordnung der Bundesrepublik Deutschland kaum zur Disposition stehen kann. Dies aber bedeutet, daß den Parteien aufgegeben ist, unter den Bedingungen föderativer Ordnung das Wechselspiel zwischen Regierung und Opposition im Verständnis der Wählerschaft zu erhalten und zu bewahren. Die Stabilität der parlamentarischen Demokratie in der Bundesrepublik Deutschland wird davon abhängen, ob dies den Parteien, und das heißt insbesondere der Bonner Oppositionspartei, wie immer sie heißt, gelingt.

Anmerkungen

1 Für Einzelheiten siehe Kaack, Heino: Geschichte und Struktur des deutschen Parteiensystems, Opladen 1971.

2 Vgl. dazu bereits – wenn auch unter einem anderen Aspekt – Schäfer, Friedrich: Die Funktion von Bundesparteitagen im föderativen modernen Parteienstaat. In: Demokratisches System und politische Praxis der Bundesrepublik. Festschrift für Theodor Eschenburg, München 1971, S. 287 ff.

3 Vgl. Weihrauch, H., Gutachterliche Stellungnahme zur Parteienfinanzierung in der Bundesrepublik, Bonn 1978 sowie die Anschlußstellungnahme, Frankfurt/Main 1978, vorgelegt für das Normenkontrollverfahren des Landes Niedersachsen vom 29.7.1977 vor dem Bundesverfassungsgericht.

4 In den USA konnte z. B. festgestellt werden, daß der Staat des Präsidenten regelmäßig während der Präsidentschaft seines „Sohnes" einen höheren Anteil an den Rüstungsaufträgen erhält. Siehe dazu Münster, E. W., Der Einfluß lokaler Interessen auf die amerikanische Außenpolitik, in: W. Kaltefleiter und E. Keynes (Hrsg.), Weltmacht ohne Politik?, in: Jahrbuch „Verfassung und Verfassungswirklichkeit 1979", Berlin 1979.

5 Rathenau, W.: Zur Kritik der Zeit, Mahnungen und Warnung, Berlin 1925.

6 Hierzu und zum folgenden unter dem Aspekt der Inkompatibilität auch Jekewitz, Jürgen: Landesregierungsamt und Abgeordnetenmandat im Deutschen Bundestag und im Europäischen Parlament, Bonn 1978, insbesondere S. 5 ff.

7 Vgl. Kaltefleiter, W., The Recruitment Market of the German Political Elite, in: Eulau/Czudnowski (Ed.), Elite Recruitment in Democratic Polities – Comparative Studies Across Nations, New York-London-Sydney-Toronto 1976.

8 Vgl. Kaltefleiter, W., Vorspiel zum Wechsel. Eine Analyse der Bundestagswahl 1976, Berlin 1977.

9 Weber, M.: Wirtschaft und Gesellschaft, Tübingen 1972, 5., rev. Aufl. S. 853.

10 Siehe dazu auch Lehmbruch, Gerhard: Parteienwettbewerb im Bundesstaat, Stuttgart-Berlin-Köln-Mainz 1976.

11 Dicey, A. V.: Introduction to the Study of the Law of the Constitution, London 1885. Siehe dazu auch Jennings, Ivor: Cabinet Government, London 1951.

12 Dies gilt ähnlich für die gerade während der Großen Koalition geschaffenen Einrichtungen wie Konjunkturrat und Finanzplanungsrat. Siehe dazu auch Kaltefleiter, W.: Verfassungspolitische Probleme langfristiger Haushaltspolitik, in: Jahrbuch „Verfassung und Verfassungswirklichkeit 1969", Köln und Opladen 1969, S. 239 ff.

Die Gemeindefinanzreform – ein dynamisches Reformwerk

Von *Hans Matthöfer*,
MdB, Bundesminister der Finanzen, Bonn

I. Die Ausgangslage vor der Finanzreform

1. Stellung der Gemeinden und Gemeindeverbände in der Finanzverfassung

Eine Betrachtung der finanzwirtschaftlichen Lage der Gemeinden muß von ihrer verfassungsrechtlichen Stellung im Finanzsystem des Grundgesetzes ausgehen. Im Rahmen dieses Beitrags will ich mich darauf beschränken, kurz die Entwicklung zu skizzieren, die zur Gemeindefinanzreform des Jahres 1969 geführt hat, welche das heutige Bild der kommunalen Finanzwirtschaft prägt.

Finanzverfassungsrechtlich ist bedeutsam, daß das Grundgesetz von Anfang an keine unmittelbaren Finanzbeziehungen zwischen Bund und Gemeinden kannte und daß diese Verfassungsrechtslage bis heute – abgesehen vom kommunalen Sonderbelastungsausgleich nach Art. 106 Abs. 8 GG – fortbesteht: die Gemeinden bilden keine dritte staatliche Ebene, sie sind Teile der Länder, die daher auch für die Finanzausstattung ihrer Gemeinden verantwortlich sind. Im Grundgesetz des Jahres 1949 war diese Alleinverantwortung der Länder besonders ausgeprägt; denn das Grundgesetz hatte zunächst – gegenüber dem Rechtszustand der Weimarer Verfassung – keine wesentliche Verbesserung in der Finanzausstattung der Gemeinden gebracht. So waren z. B. die Realsteuern, die heute einen wesentlichen Teil der gemeindlichen Steuereinnahmen darstellen, Ländersteuern, an denen die Gemeinden nach Maßgabe der Landesgesetzgebung beteiligt wurden.

Diese ursprüngliche Rechtslage änderte sich mit der Finanzreform des Jahres 1956. Sie sah eine unmittelbare Beteiligung der Gemeinden an bestimmten Steuereinnahmen vor: neben der Zuweisung des Aufkommens aus den Realsteuern an die Gemeinden wurden die Länder verpflichtet, sie prozentual am Länderanteil an der Einkommen- und Körperschaftsteuer zu beteiligen. Der Grund dafür ist im gewachsenen Verständnis für die Forderungen der Gemeinden nach Stärkung ihres Selbstverwaltungsrechts (Art. 28 Abs. 2 GG) und nach einer entsprechenden Erweiterung ihres finanziellen Handlungsraums zu suchen.

Schon bald zeigte sich allerdings, daß das System der kommunalen Einnahmen zu erheblichen Ungleichgewichten bei den Gemeinden führte. Dies läßt sich z. B. an der noch näher darzustellenden Entwicklung der Gewerbesteuereinnahmen deutlich ablesen.

Darüber hinaus gewann in den 60iger Jahren die Erkenntnis Raum, daß die Finanzverfassung des Jahres 1956 entsprechend den politischen und wirtschaftlichen Bedürfnissen und Forderungen weiterentwickelt werden mußte. Am Ende mancher gerade auch für die kommunale Finanzausstattung unerwünschter Entwicklungen stand schließlich die Finanzreform des Jahres 1969, die zu einer umfassenden Reform des Gemeindefinanzsystems führte, wie es im geltenden Art. 106 Abs. 5 bis 7 des Grundgesetzes seinen Ausdruck gefunden hat.

Wesentliche Vorarbeiten zu dieser Reform leistete die nach ihrem Vorsitzenden benannte „Troeger-Kommission" – eine Sachverständigenkommission für die Finanzreform, die im Jahre 1964 in einer gemeinsamen Sitzung des Bundeskanzlers mit den Ministerpräsidenten der Länder gebildet worden war und ihr Gutachten im Frühjahr 1966 vorlegte. Auf seiner Grundlage wurde im März 1968 der Entwurf eines Finanzreformgesetzes auf den Weg gebracht.

Den in diesem Gesetzentwurf angesprochenen Problemen einer Neuordnung des Zusammenwirkens von Bund und Ländern einerseits und der Neugestaltung des kommunalen Finanzwesens andererseits hatte *Friedrich Schäfer* in seinem Aufsatz „Verfassungsprobleme einer Finanzreform" aus dem Jahre 1967 zentrale Bedeutung zuerkannt. Die Finanzreform bezeichnete er als vordringlichstes Gesetzgebungswerk der 5. Wahlperiode des Deutschen Bundestages.

Was *Friedrich Schäfer* aus der damaligen Sicht zur Gemeindefinanzreform formulierte, kann als Maßstab für die Ergebnisse der späteren parlamentarischen Beratungen gelten. Er postulierte damals u. a.:

> „Eine Finanzreform wäre unvollständig, wenn sie nicht gleichzeitig den Kommunalfinanzbereich neu ordnen würde. Die zunehmend erforderlich gewordenen Ausgleichsleistungen der Länder und die trotzdem steigende Verschuldung der Gemeinden zeigen, daß deren Steuerkraft nicht ausreicht, um die sich ihnen stellenden Aufgaben zu bewältigen. Das hat seinen Grund vor allem darin, daß eine parallele Entwicklung zu der in den Ländern vorgegangen ist. Die Finanzzuweisungen der Länder sind zwar, soweit sie durch Gesetz erfolgen, stärker objektiviert als die Dotationen des Bundes, machen aber in vielen Fällen einen größeren Teil der kommunalen Einnahmen aus als das Steueraufkommen aus Realsteuern und den herkömmlichen örtlichen Verbrauch- und Aufwandsteuern. Das widerspricht aber den Grundgedanken der Selbstverwaltung. Es liegt am Charakter der gemeindlichen Steuern, daß diese starken, konjunkturgebundenen regionalen Schwankungen ausgesetzt sind. Ziel der Kommunalfinanzreform muß es sein, diese Schwankungen auszugleichen."

Spätestens seit der Finanzreform 1969, die finanzverfassungsrechtlich zu einer größeren Unabhängigkeit der Gemeinden von den Ländern führte, ist auch der Bund für die Finanzausstattung der Gemeinden insgesamt mitverantwortlich.

Diese Mitverantwortung zeigt sich in seiner Gesetzgebungszuständigkeit für die Festlegung des Einkommensteueranteils der Gemeinden und die Höhe der Gewerbesteuerumlage; ferner nimmt er Einfluß auf die Finanzausstattung der Gemeinden durch Regelung derjenigen Steuerarten, deren Aufkommen ganz oder zum Teil den Gemeinden zufließen.

Freilich wirkt auch die Wahrnehmung der gesamtstaatlichen Verantwortung des Bundes für die allgemeine Wirtschafts- und Konjunkturpolitik auf die finanzielle

Situation der Gemeinden zurück. Die unmittelbare Verantwortung des Bundes für die Kommunalfinanzen ist aber auf gesetzgeberische Maßnahmen beschränkt. Gerade der Bundesfinanzminister muß daher immer wieder darauf hinweisen, daß nach unserer Verfassungsordnung die Länder die Hauptverantwortung für die Ausstattung ihrer Gemeinden mit den zur Erfüllung ihrer Aufgaben erforderlichen Finanzierungsmitteln tragen.

An dieser grundgesetzlich festgelegten Aufgabenverteilung hat die Finanzreform nichts ändern wollen. Vielmehr war eines ihrer Ziele, das Gemeindefinanzsystem in der Weise zu verbessern, daß unter Angleichung der Steuerkraftunterschiede alle Gemeinden die Möglichkeit erhalten sollten, die Aufgaben der örtlichen Gemeinschaft auf der Grundlage einer gesicherten Finanzausstattung zu erfüllen. Dabei sollte Sorge getragen werden, daß die gemeindliche Selbstverwaltung durch eine ausreichende finanzwirtschaftliche Eigenverantwortung erhalten bleibt.

2. Die finanzwirtschaftliche Ausgangslage

Die Finanzlage der Gemeinden vor der Finanzreform zeigte folgende Merkmale:

– Der Anteil der Steuereinnahmen an den gesamten Einnahmen der Gemeinden war ständig zurückgegangen, nämlich von 37,9 v. H. im Jahre 1962 auf 27,9 v. H. im Jahre 1966.

– Die Gewerbesteuer hatte ein immer größeres Gewicht im Steuersystem der Gemeinden erhalten. Im Jahre 1968 betrug der Anteil der Gewerbesteuer am gesamten Gemeindesteueraufkommen 82,4 v. H.

– Die Gewerbesteuer in ihrer damaligen Struktur in Verbindung mit ihrem hohen Anteil am kommunalen Gesamtsteueraufkommen hatte zu großen Steuerkraftunterschieden zwischen den Gemeinden geführt. Insbesondere nichtindustrielle Gemeinden waren infolgedessen nicht ausreichend mit eigenen Finanzmitteln ausgestattet. Erhebliche Schwankungen der Gewerbesteuerkraft bestanden nicht nur zwischen Gemeinden unterschiedlicher Größenordnung, sondern auch zwischen Gemeinden gleicher Größe.

– Die Gewerbesteuer war mit ihrem damaligen Gewicht für die Gemeinden zu konjunkturempfindlich, insbesondere auch deshalb, weil bereits geringe Schwankungen in bestimmten Wirtschaftszweigen erhebliche Einnahmeausfälle zur Folge haben konnten. Dieses Problem verschärfte sich noch dadurch, daß die Gewerbesteuer in der einzelnen Gemeinde vielfach nur von wenigen, branchenmäßig einseitig ausgerichteten Industriebetrieben aufgebracht wurde.

– Von dem Gewicht der Gewerbesteuer gingen verzerrende Wirkungen auf die Raumordnung aus. Industriestädte mit einem hohen Gewerbesteueraufkommen waren in der Lage, ein breites Angebot an kommunaler Infrastruktur zur Verfügung zu stellen. Dadurch wurde ein erheblicher Anreiz auf den Zuzug weiterer Industrien ausgeübt. Eine ständige Benachteiligung strukturschwacher Gebiete war die Folge.

– Die Finanzausstattung der Gemeinden entsprach nicht mehr der Entwicklung der kommunalen Ausgaben, insbesondere der Bedeutung der gemeindlichen

Investitionen für die Sicherung der gesamtwirtschaftlichen Entwicklung. Die Gemeinden hatten immer die höchste Verschuldung. Im Gegensatz zur Entwicklung bei Bund und Ländern hatte die Gemeindeverschuldung über längere Zeiträume hinweg ziemlich stetig zugenommen. Dies galt zunächst bis etwa 1965, während beispielsweise die Länderverschuldung im Vergleich des Jahres 1963 zu 1961 angesichts reichlich fließender Steuereinnahmen leicht zurückging und der Bund etwa in den Jahren 1961–1965 seinen Schuldenstand nur geringfügig auszuweiten brauchte. Im Jahre 1965 erreichte der Anteil der Gemeinden an der Gesamtverschuldung der Gebietskörperschaften fast 52 v. H.

II. Die Inhalte der Gemeindefinanzreform

Waren durch die Vorschläge des Troeger-Gutachtens sachliche Diskussionsgrundlagen für die Finanzreform vorhanden, so wurde die entscheidende politische Voraussetzung für ihre Verwirklichung erst durch die Beteiligung der sozialdemokratischen Partei an der Bundesregierung geschaffen. Die SPD hatte ihre Politik, die sie für die Gemeinden und ihre Bürger in der großen Koalition durchsetzen wollte, im November 1966 in einem 8-Punkte-Programm formuliert: „Bund, Länder und Gemeinden sind die gleichermaßen notwendigen, tragenden Säulen unseres Staates. Die finanzielle Neuordnung muß allen dreien gleichberechtigt die Voraussetzungen für die Lösung ihrer jeweiligen Aufgaben verschaffen."

Dementsprechend standen für die SPD die Verstärkung der kommunalen Finanzmasse sowie die strukturelle Verbesserung der Gemeindefinanzen im Vordergrund. Das Gemeindefinanzreformprogramm des damaligen Bundesfinanzministers Strauß, das von der CDU/CSU-Bundestagsfraktion getragen wurde, hatte dagegen die Senkung der Gewerbesteuer zum wesentlichen Inhalt. Die sich daraus ergebenden erheblichen Differenzen innerhalb der damaligen Großen Koalition zeigten sich auch darin, daß das Bundeskabinett in seiner Sitzung am 4. Dezember 1968 lediglich beschlossen hatte, die Vorstellungen des Bundesfinanzministeriums über die Gemeindefinanzreform den gesetzgebenden Körperschaften mitzuteilen, wobei den Mitgliedern des Bundeskabinetts die eigene Stellungnahme freibleiben sollte. Damit war eine Entscheidung in der Sache nicht getroffen. Sie war vielmehr Verhandlungen zwischen den Koalitionsfraktionen vorbehalten und hat sich in dem späteren Regierungsentwurf des Gemeindefinanzreformgesetzes niedergeschlagen.

Für die SPD-Bundestagsfraktion führte ihr stellvertretender Vorsitzender, der spätere Bundesfinanzminister Alex Möller diese Verhandlungen. Bundesfinanzminister Strauß sagte über die entscheidende Rolle von Alex Möller anläßlich der Verabschiedung des Finanzreformgesetzes am 11. Dezember 1968 im Deutschen Bundestag: „Er war es, der damals bei den Koalitionsverhandlungen – das war Musik in meinen Ohren – die Koalition, beide Koalitionspartner, darauf festgelegt hat, daß diese Koalition nicht in den Bundestagswahlkampf gehen darf, wenn sie nicht vorher die Finanzverfassungsreform und die dazu gehörigen Gesetze verabschiedet hat."

Professor Friedrich Schäfer war zum damaligen Zeitpunkt Staatssekretär im Bundesministerium für Angelegenheiten des Bundesrates und der Länder und führte die Verhandlungen für die sozialdemokratischen Mitglieder der Koalitionsregierung. Ihm war es auf Regierungsseite zu verdanken, daß die Gemeindefinanzreform als gemeindefreundlicher Kompromiß zwischen zwei von unterschiedlichen Standpunkten ausgehenden Zielsetzungen überhaupt zustande kommen konnte.

Die Beteiligung an der Einkommensteuer

Die angestrebte Verstärkung der kommunalen Finanzmasse hätte grundsätzlich durch zwei Steuerarten erfolgen können:

Durch eine Beteiligung der Gemeinden an der Einkommensteuer oder durch eine Beteiligung der Gemeinden an der Umsatzsteuer. Dabei wurden für beide Beteiligungsformen eine Reihe konkreter Ausgestaltungsmöglichkeiten diskutiert. Grundlage der Diskussion bildeten die Ergebnisse der Finanzreformkommission. Sie hatte im Troeger-Gutachten u. a. eine Beteiligung der Gemeinden an der Umsatzsteuer in Form einer Gemeindesteuer auf die Einzelhandelsumsätze untersucht. Die Kommission hatte diese Lösung wegen steuersystematischer und verwaltungsmäßiger Schwierigkeiten sowie im Hinblick auf die zusätzliche Belastung der Verbraucher abgelehnt.

Die Regierungskoalition schlug in Übereinstimmung mit den Ergebnissen der Kommission als Maßnahme zur Verstärkung der Gemeindefinanzmasse eine Beteiligung an der Einkommensteuer vor. Die FDP-Bundestagsfraktion sprach sich in den parlamentarischen Beratungen gegen eine solche Beteiligung und statt dessen für eine Beteiligung der Gemeinden am Aufkommen aus den Bundesanteilen der Gemeinschaftsteuern aus.

Dem widersprach damals insbesondere die CDU/CSU-Bundestagsfraktion. Ihr Sprecher führte dazu anläßlich der 2. Lesung des Finanzreformgesetzes am 11. Dezember 1968 im Bundestag aus: „In die Gemeinschaftsteuern soll die Umsatzsteuer mit ihrer besonderen Unterart der Einfuhrumsatzsteuer eingeführt werden. Die Gestaltung des Mehrwertsteuerrechts, insbesondere auch der Einfuhrumsatzsteuer, läßt es nicht zu, hier von einer örtlich radizierbaren Steuer zu sprechen. Diese Steuer könnte nur – und das ist ein sehr grober Maßstab – nach einem Kopfsatz aufgeteilt werden. Daher bietet sich die Gemeinschaftsteuer als Ganzes für eine wirklich qualitativ hochwertige Gemeindesteuer im Sinne eines echten Ersatzes für die Wegnahme eines Teils der ebenso qualifizierten Gewerbesteuer gar nicht an.“

Bei der konkreten Ausgestaltung der Beteiligung der Gemeinden an der Einkommensteuer war die Bundesregierung wiederum in Übereinstimmung mit einem Gedanken der Finanzreformkommission. Die Sachverständigen hatten darauf hingewiesen, daß es richtig sei, den Gemeindeanteil an der Einkommensteuer nach dem örtlichen Aufkommen bis zu einer gewissen Höhe der Einkommensteuer zu verteilen. Die Einkommensteuerbeteiligung wurde u. a. damit begründet, daß dem Bürger bewußt werden sollte, daß er zu den Gemeindeaufgaben einen finanziellen Beitrag zu leisten hat. Damit würde auch die Finanzierung der kommunalen Lasten gleichmäßig auf alle Bevölkerungskreise verteilt.

Gleichzeitig sollte das Gemeindefinanzsystem auf eine breitere, in sich ausgewogenere Grundlage gestellt werden. Verteilten sich bis zur Gemeindefinanzreform die Steuereinnahmen der Gemeinden ungefähr zu 80 v.H. auf die Gewerbesteuer, zu 15 v.H. auf die Grundsteuer und zu 5 v.H. auf die sonstigen Steuern, so war die Vorstellung, daß sich die Steuereinnahmen der Gemeinden in Zukunft zu 45 v.H. aus der Gewerbesteuer, zu 35 v.H. aus der Einkommensteuer, zu 15 v.H. aus der Grundsteuer und zu 5 v.H. aus den sonstigen Steuern zusammensetzen sollte. Die übermäßige Konjunkturabhängigkeit der Gemeinden sollte durch die Beseitigung des Übergewichts der Gewerbesteuer abgebaut werden.

Die Einkommensteuerbeteiligung, die mit dem Gemeindefinanzreformgesetz vom 8. September 1969 auf 14 v.H. des Aufkommens an Lohnsteuer und an veranlagter Einkommensteuer festgesetzt wurde, sollte sicherstellen, daß die Steuerkraft der Gemeinden ohne ertragsstarke Industrien und insbesondere die Steuerkraft der zentralen Orte entscheidend verstärkt und damit auch in diesen Gemeinden eine ausreichende Grundlage für eine eigenverantwortliche kommunale Selbstverwaltung geschaffen werden könnte.

Der Austausch von Gewerbesteuereinnahmen gegen eine Beteiligung an der Lohnsteuer und der veranlagten Einkommensteuer sollte den Gemeinden zugleich eine angemessene Beteiligung am Gesamtwachstum der Steuereinnahmen sichern. Bis zur Finanzreform war das Wachstum der Gemeindesteuereinnahmen hinter dem der staatlichen Steuern zurückgeblieben, so daß der Anteil der Finanzzuweisungen an den Deckungsmitteln der Gemeinde ständig erhöht werden mußte. Die maßgebliche Beteiligung der Gemeinden vor allem an der wachstumskräftigen Lohnsteuer sollte zu einer Sicherung des Anteils der Steuereinnahmen an den gesamten Einnahmen der Gemeinden führen.

Einführung der Gewerbesteuerumlage

Im Kompromiß der Parteien der Großen Koalition für die Finanzreform war die Reduzierung der Bedeutung der Gewerbesteuer für die kommunalen Finanzen ein wesentlicher Punkt. Dabei bestand weitgehend Übereinstimmung darüber, daß eine völlige Abschaffung der Gewerbesteuer schon aus fiskalischen Gründen im Interesse der Gemeinden nicht möglich sei. Vielmehr sollte nur ein Teil des Aufkommens von der kommunalen Ebene auf die Ebene von Bund und Ländern verlagert werden. Nach dem Entwurf des Finanzreformgesetzes vom 30. April 1968, der vom damaligen Bundesfinanzminister Strauß vorgelegt wurde, sollte diese Gewerbesteuerumlage gleichzeitig ein erster Schritt zu einer Gewerbesteuersenkung sein. Dementsprechend sah der Regierungsentwurf eine zeitliche Befristung der Umlage auf die Jahre 1970 und 1971 vor.

Wie die ab 1972 durch die Senkung der Gewerbesteuer in Höhe der Gewerbesteuerumlage entstehende Deckungslücke geschlossen werden sollte, blieb im

Entwurf offen. Nicht zuletzt dieses Offenhalten der Ausgleichslösung für den Einnahmeausfall war Ursache für die Kritik des Bundesrates am Finanzreformgesetz.

Auch die SPD-Fraktion wandte sich damals von Anfang an entschieden dagegen, in die Finanzreform eine Bestimmung über den Abbau der Gewerbesteuer ab 1972 aufzunehmen, erst recht nicht mit Verfassungsrang. In diesem Zusammenhang hat die SPD damals schon betont, daß im Interesse der kommunalen Selbstverwaltung eine Beibehaltung der Gewerbesteuer notwendig sei. Schließlich einigten sich alle Fraktionen darauf, die Umlage ohne Befristung, zu gleichen Teilen auf Bund und Länder aufgeteilt, zu konzipieren.

Die Möglichkeit, eine Gewerbesteuerumlage zu erheben, wurde im Grundgesetz verankert. Die Regelung der Einzelheiten, insbesondere der Höhe der Umlage, blieb dem Gemeindefinanzreformgesetz vorbehalten. Bei der späteren Beratung dieses Gesetzes wurde eingehend die Höhe der Umlage diskutiert. Von ihr war das Ausmaß der Annäherung der Steuerkraft innerhalb der gleichen Gemeindegrößenklassen abhängig: je höher die Umlage, umso geringer die Steuerkraftunterschiede in den Gemeindegrößenklassen. Einigkeit wurde schließlich über eine Umlage in Höhe von 40 v. H. der Gewerbeertrag- und -kapitalsteuer erzielt. Dieser Anteil stellte einen Kompromiß dar zwischen der Forderung, einerseits die Steuerkraftunterschiede in Gemeinden gleicher Größenordnungen so weit wie möglich zu senken, andererseits jedoch zwischen Gemeinden unterschiedlicher Größenordnung eine Staffelung beizubehalten, die vor allem durch den höheren Ausgabenbedarf zentraler Orte gerechtfertigt sei. Gleichzeitig galt es, die Auffassung der Länder zu berücksichtigen, in deren Kompetenz die Gesetzgebung über den Gewerbesteuerausgleich fiel, der bis dahin von Betriebsgemeinden an Wohnsitzgemeinden gezahlt wurde; dieser Gewerbesteuerausgleich mußte abgeschafft werden, um die angestrebten Ziele der Gemeindefinanzreform erreichen zu können.

Um bei den finanzstarken Gemeinden die Verpflichtung zu den Gewerbesteuerausgleichszahlungen in angemessener Höhe durch die Abführung von Gewerbesteuerumlage zu ersetzen, mußte letztere ausreichend bemessen werden. Bei einer Festsetzung der Umlage auf weniger als 40 v. H. hätte daher damit gerechnet werden müssen, daß die Länder ihren Gewerbesteuerausgleich beibehalten hätten. In diesem Fall wären die Steuerkraftunterschiede zwischen den Gemeinden wesentlich stärker ausgeglichen worden, als dies nach der Regierungsvorlage beabsichtigt gewesen ist. Damit hätte sich auch insgesamt eine wesentliche – in diesem Umfang unerwünschte – Verschiebung der Steuerkraft von den größeren zu den kleineren Gemeinden ergeben.

Gleichzeitig wurde im Gesetz festgelegt, daß bei der Gewerbesteuerumlage von den Meßbeträgen der Gewerbesteuer vom Ertrag und Kapital ausgegangen wird; die Umlage wurde auf 120 v. H. dieser Meßbeträge festgesetzt. Sie sollte nicht nach dem Ist-Aufkommen erhoben werden, um zu verhindern, daß besonders belastete Gemeinden mit überdurchschnittlich angespannten Hebesätzen stärker durch die Umlage belastet würden als besser gestellte Gemeinden mit niedrigeren Hebesätzen. Der einheitliche, durch die Meßbeträge allein auf die Gewerbesteuerkraft abgestellte Bemessungsmaßstab führt dazu, daß die Gewerbesteuerumlage einen umso höheren Prozentsatz der tatsächlichen Einnahmen aus der Gewerbesteuer beansprucht, je niedriger der Gewerbesteuerhebesatz der Gemeinde festgesetzt ist. Bei einem Gewerbesteuerhebesatz von 200 v. H. beansprucht die Umlage z. B. 60 v. H. der Gewerbesteuereinnahmen, bei einem Hebesatz von 300 v. H. dagegen 40 v. H.

Finanzhilfen des Bundes für Länder und Gemeinden

Durch die Finanzreform wurde auch Art. 104a Abs. 4 in das Grundgesetz eingefügt. Hiernach kann der Bund den Ländern Finanzhilfen für besonders bedeutsame Investitionen der Länder und Gemeinden (GV) gewähren, die zur Abwehr einer Störung des gesamtwirtschaftlichen Gleichgewichts oder zum Ausgleich unterschiedlicher Wirtschaftskraft im Bundesgebiet oder zu Förderung des wirtschaftlichen Wachstums erforderlich sind. Das Nähere, insbesondere die Arten der zu fördernden Investitionen, wird durch Bundesgesetz, das der Zustimmung des Bundesrates bedarf, oder aufgrund des Bundeshaushaltsgesetzes durch Verwaltungsvereinbarung mit den Ländern geregelt.

Dementsprechend gibt der Bund in gewissen Bereichen seine Finanzhilfen aufgrund gesetzlicher Regelung, wie z. B. aufgrund des Gemeindeverkehrsfinanzierungsgesetzes und des Städtebauförderungsgesetzes; die Finanzhilfe im Rahmen der bisherigen Konjunktur- und Wachstumsprogramme haben dagegen ihre Rechtsgrundlage in mit den Ländern geschlossenen Verwaltungsvereinbarungen.

Mit Art. 104 a Abs. 4 GG hat der Bund erstmals eine verfassungsrechtliche Ermächtigung erhalten, sich unter bestimmten Voraussetzungen an der Finanzierung von Investitionen der Gemeinden zu beteiligen. Allerdings erlaubt diese Verfassungsvorschrift dem Bund nicht, den Gemeinden unmittelbar Finanzhilfen zu geben. Auch läßt sich die Forderung der Kommunen, die im Rahmen der Konjunktur- und Wachstumsprogramme vom Bund den Ländern zur Verfügung gestellten Mittel als Pauschalbeträge vom Bund zu erhalten, nicht verwirklichen. Hier setzt das Verfassungsrecht den Einwirkungsmöglichkeiten des Bundes auf die Finanzausstattung der Gemeinden Grenzen. Nach Art. 104 a Abs. 1 GG darf der Bund nicht allgemein Aufgaben der Länder oder Gemeinden finanzieren. Lediglich nach der Ausnahmebestimmung des Art. 104 a Abs. 4 GG hat er die Möglichkeit, Finanzhilfen für Investitionen von Ländern und Gemeinden bereitzustellen.

Dabei muß es sich um Investitionen handeln, die aus gesamtstaatlicher Sicht besonders bedeutsam und zur Verwirklichung der Ziele des Art. 104 a Abs. 4 GG erforderlich sind. Pauschalbeträge würden die rechtliche und politische Verantwortung von Bundesregierung und Parlament auf die Kommunalverwaltungen überwälzen. Art. 104 a Abs. 4 GG schreibt aber ausdrücklich vor, daß „insbesondere die Arten der zu fördernden Investitionen“ durch Bundesgesetz oder aufgrund des Bundeshaushaltsgesetzes durch Verwaltungsvereinbarung zu regeln sind.

Die von den Kommunen und ihren Spitzenverbänden häufig geübte Kritik an der Schwerfälligkeit des Verfahrens bei der Bewilligung der Finanzhilfen hat im Bund nicht den richtigen Adressaten. Er hat keine rechtlichen Möglichkeiten, in das Abwicklungsverfahren bei der Gewährung von Finanzhilfen im Länderbereich einzugreifen. Dies hat das Bundesverfassungsgericht in seiner Rechtsprechung zu Art. 104 a Abs. 4 GG bestätigt.

Trotz gewisser Schwierigkeiten bei der Gewährung der Finanzhilfen hat sich dieses Instrument des Bundes zur Steuerung der Konjunktur- und Wachstumspolitik durchaus bewährt und den Gemeinden zu einer wesentlich verbesserten Ausstattung ihrer Investitionshaushalte verholfen. Als Beispiel will ich nur die Leistungen erwähnen, die der Bund zur Verbesserung der Verkehrsverhältnisse der Gemeinden erbracht hat. Sie betrugen im Jahre 1969 noch 859 Mio DM und stiegen im Jahre 1978 auf 2,2 Mrd. DM an. Darüber hinaus hat der Bund Finanzhilfen nach dem Städtebauförderungsgesetz (in 1978 ca. 330 Mio DM) und nach dem Krankenhausfinanzierungsgesetz (in 1978 ca. 1 Mrd. DM) gewährt, die weitgehend in die Kommunalhaushalte geflossen sind. Im Gegensatz zur Kritik einiger Länder an diesen Finanzhilfen des Bundes habe ich aus dem kommunalen Bereich noch keine Kritik an diesen Leistungen des Bundes für die Gemeinden gehört.

III. Die aktuelle Lage der Gemeindefinanzen

Auswirkungen der Gemeindefinanzreform

Die Gemeindefinanzreform hatte einen quantitativen und einen qualitativen Aspekt. Nach 10 Jahren kann man zunächst mit Genugtuung feststellen, daß das quantitative Ziel der Gemeindefinanzreform alle Erwartungen übertroffen hat.

Die Einnahmeseite der Gemeinden hat sich erheblich besser entwickelt als die der übrigen Gebietskörperschaften: von 1970 bis 1978 stiegen die Einnahmen der Gemeinden jahresdurchschnittlich um 11,0 %, die der Länder in diesen Jahren um 10,5 % und die des Bundes um 7,9 %. Bei der Steuerentwicklung war die Lage nicht wesentlich anders: Die Steuereinnahmen der Gemeinden sind von 1970 bis 1978 mit einer durchschnittlichen jährlichen Zuwachsrate von 11,6 % gewachsen. Dies zeigt, daß die Gemeindefinanzreform durch die Beteiligung der Gemeinden an der dynamischsten deutschen Steuerart, der Lohn- und veranlagten Einkommensteuer, von Jahr zu Jahr fortwirkt. So ist das Aufkommen an Lohnsteuer und veranlagter Einkommensteuer von 51,1 Mrd. DM in 1970 auf 129,4 Mrd. DM in 1978 angestiegen, der Gemeindeanteil an der Einkommensteuer dementsprechend von 6,3 Mrd. DM im Jahr 1970 auf 16,7 Mrd. DM im Jahr 1978. Dem Wachstum des Aufkommens aus der Lohnsteuer und der veranlagten Einkommensteuer von 1968 bis 1978 um 237,5 v. H. steht eine Steigerung des Aufkommens aus der Gewerbesteuer nach Ertrag und Kapital und aus der Lohnsummensteuer im gleichen Zeitraum um „nur" 137,6 v. H. gegenüber.

Der Austausch Einkommensteuerbeteiligung gegen Gewerbesteuerumlage hat sich für die Gemeinden positiv ausgewirkt. Der Saldo der Mehreinnahmen, der am Anfang in der Größenordnung von 2 Mrd. DM lag, hat 1978 ein Volumen von 8,6 Mrd. DM erreicht; dies ist mehr als 1/5 aller Steuereinnahmen der Kommunen im vergangenen Jahr. Die jährlichen Mehreinnahmen machen von 1970 bis 1978 addiert rd. 52 Mrd. DM für den kommunalen Bereich aus. Selbstverständlich wirft die Beteiligung an einer so dynamischen Steuer, wie es die Lohn- und veranlagte Einkommensteuer ist, auch Probleme auf.

Die Gemeinden müssen notwendige Korrekturen zugunsten der Bürger im Einkommensteuerrecht mittragen und wie Bund und Länder ihre Planungen auf die veränderten Steuersteigerungsraten einstellen. Ohne die letzten drei Steuerreformen wäre das Steueraufkommen in der Bundesrepublik in den Jahren von 1974 bis 1979 nicht um durchschnittlich 6,7 v. H., sondern um den doppelten Prozentsatz gewachsen.

Bei der Einkommensteuer ist ein durchschnittliches Wachstum von 6,9 v. H. in den Jahren von 1974 bis 1979 festzustellen; ohne die genannten drei Steuerreformen hätte sich dieser Prozentsatz mindestens verdreifacht. Auch für die Gemeinden galt hier die Konsequenz, daß derjenige, der an einer dynamisch wachsenden Steuer beteiligt ist, eben auch dann beteiligt bleibt, wenn notwendige Ermäßigungen zugunsten des Bürgers vorgenommen werden. Aus der Vergangenheit läßt sich allerdings feststellen, daß die Gemeinden regelmäßig weniger Steuerausfall haben mittragen müssen, als es ihrem Anteil am gesamten Steueraufkommen entsprochen hätte.

Ein weiteres angestrebtes Ziel, die Steigerung des Anteils der Gemeinden an den gesamten Steuereinnahmen, wurde seit der Finanzreform ebenfalls erreicht: der Steueranteil der Gemeinden am gesamten Steueraufkommen ist von 1969 bis 1978 von 9,8 v. H. auf 12,5 v. H. gewachsen, was in absoluten Zahlen im Jahr 1978 Mehreinnahmen von ca. 8,5 Mrd. DM entsprach.

Schließlich wurde das Gewicht der Gewerbesteuer für die Gemeindefinanzen erheblich reduziert: Im Jahre 1978 hatte die Gewerbesteuer einen Anteil von 41,8 v. H., die Beteiligung der Gemeinden an der Einkommensteuer einen Anteil von 41,9 v. H. und die Grundsteuer einen Anteil von 12,5 v. H. an den gesamten Steuereinnahmen der Gemeinden.

Neufestsetzung der Höchstbeträge beim Gemeindeanteil an der Einkommensteuer

Die Gemeinden erhalten nach den Bestimmungen des Gemeindefinanzreformgesetz 14 v. H. des Aufkommens der Einkommensteuer; ab 1. Januar 1980 wurde dieser Anteil auf 15 v. H. erhöht. Dieser Einkommensteueranteil wird nach einem Schlüssel auf die einzelnen Gemeinden aufgeteilt, bei dem nur die Einkommensteuerbeträge berücksichtigt werden, die auf die zu versteuernden Einkommen bis zu bestimmten Höchstbeträgen entfallen. Die Höchstbeträge sind in dem Gemeindefinanzreformgesetz festgelegt. Ursprünglich betrugen sie 8 000 DM für Alleinstehende und 16 000 DM für zusammen veranlagte Ehegatten.

In Fortführung der Gemeindefinanzreform wurden auf Vorschlag der Bundesregierung im Jahr 1972 die Einkommensteuerbeträge für die Aufteilung des Gemeindeanteils an der Einkommensteuer der unterschiedlichen Entwicklung der Steuerkraft der Gemeinden angepaßt. Das Gemeindefinanzreformgesetz hatte ursprünglich vorgesehen, die Höchstgrenzen von 8 000/16 000 DM bis zum 31. Dezember 1971 gelten zu lassen und sie dann auf 80 000/160 000 DM zu erhöhen. Umfangreiche Modellberechnungen zeigten jedoch, daß dadurch ein Teil der Gemeinden einseitig Vorteile erhalten hätte, während andere Gemeinden verhältnismäßig stark benachteilit worden wären. Deshalb wurden durch Änderung des Gemeindefinanzreformgesetzes die Höchstbeträge auf 16 000/32 000 DM festgesetzt. Eine weitere Anpassung der Höchstbeträge erfolgte zum 1. Januar 1979. Von diesem Zeitpunkt ab gelten Höchstbeträge von 25 000/50 000 DM.

Wie in der Vergangenheit wird es auch in Zukunft notwendig sein, von Zeit zu Zeit zu überprüfen, ob die Verteilung des Gemeindeanteils an der Einkommensteuer auf die einzelnen Gemeindegruppen noch sachgerecht ist. Sowohl der Deutsche Bundestag als auch der Bundesrat sind deswegen bei der Festsetzung der neuen Höchstbeträge zum 1. Januar 1979 davon ausgegangen, daß diese Höchstbeträge zunächst für die Jahre 1979 und 1980 gelten sollen. Die Bundesregierung wurde ersucht, wegen der Einkommensveränderungen der Bürger, der mehrmaligen Änderungen im Einkommensteuerrecht sowie der Strukturentwicklung der Gemeinden (z. B. Gebietsreform) gleichzeitig mit der alle drei Jahre notwendigen Aktualisierung der statistischen Basis für die Verteilung des Gemeindeanteils an der Einkommensteuer von 1974 auf 1977 in Zusammenarbeit mit den Bundesländern Modellberechnungen für eine an den Zielen der Gemeindefinanzreform ausgerichtete Verteilung vorzunehmen. Die Vorbereitungen für diese Modelluntersuchungen sind im Gange. Wenn sich aufgrund der Modellberechnungen eine Anhebung der Höchstbeträge als notwendig oder zweckmäßig erweist, wird die Bundesregierung entsprechende gesetzgeberische Maßnahmen einleiten.

Die Abschaffung der Lohnsummensteuer im Rahmen des Steueränderungsgesetzes 1979

Die Bundesregierung hatte sich auf dem Weltwirtschaftsgipfel in Bonn im Juli 1978 verpflichtet, einen international abgestimmten Beitrag zur Stärkung der Nachfrage und zur Verbesserung der Wachstums- und Beschäftigungsbedingungen in unserer Volkswirtschaft zu leisten. Nach dem Beschluß der Bundesregierung sollte der deutsche Beitrag durch ein Paket verschiedener Maßnahmen erbracht werden; dazu gehörte auch die Abschaffung der Lohnsummensteuer.

Die Opposition im Deutschen Bundestag sowie die Mehrheit des Bundesrates gaben sich damit nicht zufrieden. Zusätzlich wurde die Beseitigung der Gewerbekapitalsteuer gefordert. Es gab sogar eine Reihe von Stimmen, die die Gewerbesteuer insgesamt zur Disposition stellten.

Die Bundesregierung hat demgegenüber eine Abschaffung der Gewerbekapitalsteuer – und damit möglicherweise eine Gefährdung der Gewerbesteuer insgesamt – von Anfang an abgelehnt. Damit wäre nämlich die entscheidende objektbezogene Komponente aus der Gewerbesteuer herausgenommen und den Städten und Gemeinden ein wesentlicher Teil ihrer Finanzautonomie entzogen worden.

Die steuerrechtlichen Maßnahmen des Jahres 1978 im Rahmen des Steueränderungsgesetzes 1979 sind keinesfalls als die Fortführung der Gemeindefinanzreform mit einer solchen Zielsetzung zu verstehen. Die Abschaffung der Lohnsummensteuer war vielmehr unter dem Aspekt der Wirtschaftsentlastung im Bereich der ertragsunabhängigen Steuern notwendig. Ein entscheidender Gesichtspunkt für die Bundesregierung war, daß die Beseitigung der fakultativen, nur von einem Teil der Gemeinden erhobenen Lohnsummensteuer das Institut der Gewerbesteuer als eine den Gemeinden zustehende Realsteuer im Kern unberührt ließ und damit letztlich auch unter dem Blickwinkel der finanziellen Autonomie der Kommunen vertretbar war.

Die gefundene Ausgleichsregelung für den Wegfall der Lohnsummensteuer steht allerdings in der Tradition der Gemeindefinanzreform. Die Senkung der Gewerbesteuerumlage um 1/3 und die Erhöhung des Gemeindeanteils an der Einkommensteuer von 14 v. H. auf 15 v. H. sind selbstverwaltungsgerecht, weil sie eine Ausgleichsregelung über eine dauerhafte und unmittelbare Steuerbeteiligung der Gemeinden ermöglichen. Dieser Ausgleich verhindert – zusammen mit weiteren Komponenten – Verluste bei den Lohnsummensteuergemeinden und bringt den Gemeinden, die bisher keine Lohnsummensteuer erhoben haben, erhebliche Mehreinnahmen, mit denen sie in die Lage versetzt werden, in eigener Verantwortung zur Entlastung der ortsansässigen Wirtschaft ihre Gewerbesteuerhebesätze zu senken. Die Bundesregierung hat damit ihre Zusage eingehalten, daß die Lohnsummensteuer nur dann abgeschafft werden kann, wenn ein befriedigender Ausgleich für die betroffenen Gemeinden gefunden werden konnte. Daß die bundesgesetzliche Regelung nur einen globalen Ausgleich vorsehen konnte, ergibt sich aus unserer Finanzverfassung.

IV. Die Zukunft der Gemeindefinanzen

Einen wesentlichen Beitrag zur Diskussion um die Zukunft des kommunalen Finanzsystems hat die Enquête-Kommission Verfassungsreform unter dem Vorsitz von Friedrich Schäfer geleistet. Von 1971 bis 1976 hat die Kommission die Finanzverfassung des Grundgesetzes kritisch geprüft. Sie kam zu dem Ergebnis, daß insbesondere die finanzverfassungsrechtliche Situation der Gemeinden weitgehend unverändert bleiben sollte. Dies gilt für die Verteilung der Steuern nach Art. 106 des Grundgesetzes und für den Finanzausgleich nach Art. 107 des Grundgesetzes. Allein zu Art. 106 Abs. 5 hat die Kommission für den Gemeindeanteil am Aufkommen der Einkommensteuer eine Änderung vorgeschlagen, wonach das Grundgesetz um die Bestimmung ergänzt werden soll, daß durch die Landesgesetzgebung bestimmt werden kann, daß ein Teil des Gemeindeanteils den Kreisen zufließt.

Die Kommission hat sich auch mit der Frage beschäftigt, ob die jetzige Beteiligung der Gemeinden am Aufkommen der Einkommensteuer in eine selbständige proportionale Gemeindepersonalsteuer mit obligatorischem Hebesatzrecht umgestaltet werden soll. Das Ergebnis war, daß dies im wesentlichen aus folgenden Gründen weder erwünscht noch geboten sei:

– die anhaltende Tendenz zu größeren Gemeinden mache eine Einbindung eines breiten Kreises von Gemeindebürgern in echte kommunale Verantwortung durch eine spürbare Heranziehung weitgehend illusorisch,

– eine proportionale Personalsteuer mit örtlich verschiedenen Hebesätzen fördere die Bildung von unerwünschten Steueroasen und habe unsoziale Auswirkungen,

– es bestünden steuertechnische Schwierigkeiten; Festsetzung und Erhebung seien kompliziert und verwaltungsaufwendig.

Auch die Alternative, den Landesgesetzgeber dazu zu ermächtigen, den Gemeinden anstelle oder neben ihrem Anteil am Aufkommen der Realsteuern eine kommunale Personalsteuer mit eigenem Hebesatz zu erschließen, wurde nach anfänglich offener Diskussion schließlich von der Enquête-Kommission abgelehnt. Damit hätte zwar nach Auffassung der Kommission der Zusammenhang zwischen gemeindlicher Leistungskraft und der Steuerbereitschaft der Gemeindebürger wieder stärker bewußt gemacht werden können und außerdem dem Landesgesetzgeber die Möglichkeit verschafft werden können, das wirtschaftsstrukturpolitische Mittel der Realsteuern stärker in eigener Regie zu übernehmen; letztlich hat sich dieser Gedanke in der Kommission jedoch gegen steuersystematische, praktische und verfassungsrechtliche Bedenken nicht durchsetzen können. Es würde dem System der konkurrierenden Gesetzgebung widersprechen, den Ländern in einem Einzelfall das Recht einzuräumen, dieselbe Steuerquelle, die bereits nach einem Bundesgesetz ausgeschöpft wird, auch nach Landesgesetz in Anspruch zu nehmen. Die Einführung einer solchen Art von Gemeindepersonalsteuer würde außerdem der Beseitigung der Gewerbesteuer, wenn nicht sogar aller Realsteuern, Vorschub leisten. Um aber das Interesse der Gemeinden an der Industrieansiedlung wachzuhalten, ist nach Auffassung der Kommission eine Besteuerung der gewerblichen Wirtschaft, deren Aufkommen den Gemeinden zufließt, unabdingbar.

Obwohl allgemein Zufriedenheit mit den Ergebnissen der Gemeindefinanzreform 1969 angebracht und auch festzustellen ist, sind in letzter Zeit wiederum Überlegungen angestellt worden, ob und wie die Gemeinden an der Umsatzsteuer beteiligt werden können. Die einen wollen damit den Ausfall aus einer Abschaffung der Gewerbesteuer ersetzen; die anderen zielen darauf ab, Einnahmen für die Gemeinden aus der Einkommensteuer durch Einnahmen aus der Umsatzsteuer zu ersetzen. Die Diskussion beschäftigt sich vor allem mit der Frage, nach welchem Maßstab ein kommunaler Anteil an der Umsatzsteuer den einzelnen Gemeinden zugewiesen werden könnte. Eine Verteilung nach dem örtlichen Aufkommen wird wegen der hohen Streuung des Aufkommens von allen abgelehnt; hier wären insbesondere kleinere Gemeinden erheblich benachteiligt. Eine Beteiliung der Gemeinden an der Umsatzsteuer könnte wohl im Ergebnis nur auf eine Zuweisung von Bund und Ländern hinauslaufen.

Die gegen eine Umsatzsteuerbeteiligung der Gemeinden gerichteten Bedenken gelten m. E. gegenüber allen Ausgestaltungsmöglichkeiten einer Umsatzsteuerbeteiligung. Sie sind unabhängig davon gültig, ob die Umsatzsteuerbeteiligung als Beteiligung der Gemeinden am gesamten Aufkommen der Mehrwertsteuer mit einem bestimmten Prozentsatz gestaltet ist, ob eine Ertragshoheit der Gemeinden über das örtliche Mehrwertsteueraufkommen der letzten Stufe – möglicherweise mit Variationsmöglichkeiten durch kommunale Ebenen – eingeführt wird oder ob neben der Mehrwertsteuer eine kommunale Einzelhandelssteuer mit der Möglichkeit geschaffen wird, den Satz dieser Abgabe innerhalb eines bestimmten Rahmens zu variieren. Bisher ist in der Diskussion noch keine brauchbare, praktikable und selbstverwaltungsgerechte Lösung gefunden worden. Angesichts der positiven Entwicklung der Gemeindefinanzreform sehe ich auch keinen konkreten Anlaß, eine neue Finanzreform in Gang zu setzen. Diese wäre im übrigen nur durch eine Verfassungsänderung mit der dafür notwendigen Zwei-Drittel-Mehrheit im Bundestag und Bundesrat möglich.

Was die Zukunft der Gewerbesteuer anbetrifft, kann ich nur auf die klare Aussage von *Friedrich Schäfer* als Vertreter der SPD-Bundestagsfraktion auf der Hauptversammlung des deutschen Städtetages in Kiel am 11. Mai 1979 hinweisen. Dort hat er sich entschieden gegen eine von interessierten Kreisen im Zusammenhang mit der Diskussion um das Steueränderungsgesetz 1979 entwickelte Interpretation gewandt, wonach es sich bei der Fortführung der Gemeindefinanzreform langfristig um die Beseitigung der Gewerbesteuer insgesamt handele:

> „Einen solchen Schluß läßt die Debatte um die Finanzreform nicht zu. Die SPD hat zu keinem Zeitpunkt eine Senkung der Gewerbesteuer, wie sie ursprünglich im Entwurf des Finanzreformgesetzes vorgeschlagen worden war, gebilligt. Wir haben uns damals entschieden dagegen gewandt, in die Verfassung eine Bestimmung aufzunehmen, wonach die Gewerbesteuer spätestens 1972 um 40 % abgebaut werden sollte. ... Eine Beseitigung der Gewerbesteuer kommt für die SPD auch im Interesse der kommunalen Selbstverwaltung nicht infrage."

Ziel der Finanzreform war eine ausreichende finanzielle Selbständigkeit der Gemeinden zur Sicherung ihrer Selbstverwaltung. Bei der Aufteilung der Deckungsmittel sollten die finanziellen Bedürfnisse der Gemeinden gleichwertig berücksichtigt werden. Vor der Finanzreform war das gemeindliche Finanzsystem mit erheblichen Mängeln behaftet. Die Finanzkraft der Gemeinden mußte gestärkt werden, da ein großer Teil der für die Allgemeinheit wichtigen Investitionen in ihr Aufgabengebiet fällt. Die mit der Gemeindefinanzreform angestrebte quantitative und qualitative Stärkung der eigenen kommunalen Einnahmen ist gelungen. Die Bundesregierung wird diesen Erfolg verteidigen.

Die Reform der Finanzreform

Von *Dr. Ernst Heinsen*,
Senator a. D., Hamburg

1. Einleitung

In der 30-jährigen Geschichte des Grundgesetzes ist kein Bereich so oft geändert und kritisiert worden wie die Verteilung der Aufgaben und der Finanzmittel auf Bund und Länder. Der Grund ist verständlich – es geht dabei nicht nur um die zentrale Frage des bundesstaatlichen Aufbaus, sondern auch um die staatlichen Leistungen für den Bürger und um den Einfluß des gesellschaftlichen Wandels darauf.

Auch die letzte Verfassungsänderung auf diesem Gebiet, die Finanzreform von 1969, war nicht nur hart umkämpft, sie ist seitdem auch in entscheidenden Teilen heftig kritisiert worden. Insbesondere unterlag die Verwischung der Verantwortung und die geringe Effizienz der Regelungen über die Gemeinschaftsaufgaben und Mitfinanzierungskompetenzen des Bundes zunehmender Kritik vor allem aus CDU, Ländern und Wissenschaft. In der Enquête-Kommission Verfassungsreform herrschte ebenfalls starkes Mißbehagen, doch fehlte letztlich der Mut zu einem radikalen Wandel, nicht zuletzt deshalb, weil die Finanzminister des Bundes und der Länder zwar die Kritik teilten, aber keine praktikable Alternative sahen[1].

Das Argument gegen eine „Reform der Finanzreform", die gemeinsame Aufgabenerfüllung oder Politikverflechtung, wie sie heute meist genannt wird, sei noch nicht ausreichend erprobt, dürfte 10 Jahre nach der Reform an Überzeugungskraft verloren haben. Nachdem inzwischen Wissenschaft – insbesondere Scharpf et al.[2] – und Praxis immer mehr erkannt haben, daß der Einfluß des Bundes und die Finanzausgleichswirkung weit hinter den Erwartungen zurück geblieben sind, daß sich Bund und Länder vor allem gegenseitig hemmen und die Verwischung der Verantwortung zu einer Verwischung der Politik geführt hat, bietet sich immer stärker die Alternative einer Entflechtung und Entfesselung der verklammerten Kräfte an. Voraussetzung dafür ist allerdings, daß die Verantwortung des Bundes für die Gesamtentwicklung des Bundesgebiets und eine gleichmäßige Erfüllung der staatlichen Aufgaben in allen Ländern gewährleistet wird.

2. *Die Finanzreform in der Kritik*

2.1 Die Ziele der Finanzreform

Die Finanzreform hatte im wesentlichen drei Ziele: Einmal sollte durch eine „Flurbereinigung" der Wildwuchs der außerhalb und gegen die Verfassung entstandenen Fondswirtschaften beseitigt und die Finanzverantwortung von Bund, Ländern und Gemeinden klar gegeneinander abgegrenzt, Zuständigkeitsüberschneidungen vermieden und der Gefahr der Mittelverschwendung vorgebeugt werden[3]. Zum zweiten galt es, die unterschiedliche Leistungskraft der Länder dauerhaft auszugleichen[4]. Schließlich sollte der Bund geeignete Steuerungsinstrumente erhalten, damit die großen Infrastrukturaufgaben gelöst und Schwerpunkte für die Entwicklung des Bundesgebiets gesetzt werden könnten[5].

Die klare Abgrenzung der Zuständigkeiten und der Verantwortung hat die Reform nicht einmal versucht – mit der Begründung, die Verfassungswirklichkeit der vergangenen 20 Jahre habe gezeigt, daß sich eine solche Abgrenzung „im Zuge der wirtschaftlichen und gesellschaftlichen Integration unserer Lebensverhältnisse ... nicht auf allen Gebieten aufrecht erhalten" lasse; die Erfüllung der staatspolitischen Aufgaben und die Anforderungen an die öffentlichen Haushalte erfordere vielmehr eine „Verzahnung der Kompetenzen"[6]. Es blieb daher bei der Schaffung verfassungsrechtlich einwandfreier Rechtsgrundlagen für das Zusammenwirken von Bund und Ländern bei der Planung und Finanzierung einzelner wichtiger Politikbereiche; die Fondswirtschaft wurde also institutionalisiert und damit legalisiert, konkretisiert und limitiert. Durch die Mitwirkung des Bundes an der Planung der Gemeinschaftsaufgaben und an der Finanzierung weiterer Bereiche sollte er zugleich den gewünschten Einfluß auf die Aufgabenerfüllung erhalten. Die Bundeszuschüsse sollten zusammen mit der Verteilung des Länderanteils an der Umsatzsteuer und dem verbesserten horizontalen Finanzausgleich den leistungsschwachen Ländern dazu verhelfen, daß auch sie ihre Aufgaben erfüllen konnten.

2.2 Die in Kauf genommenen Nachteile

Schon in den Auseinandersetzungen über die Finanzreform in Bundestag und Bundesrat war erkannt worden, daß die gewollte Mitverantwortung des Bundes für Länderaufgaben eine Verwischung der Verantwortung bedeutet, die im Widerspruch zu dem Transparenzgebot der Demokratie und zum Gewaltenteilungsgrundsatz des Bundesstaates steht[6a]. Das gleiche gilt für die Entmachtung der Parlamente, insbesondere der Landtage, die die Mittel für die von den Exekutiven in den Planungsgremien beschlossenen Maßnahmen praktisch nicht verweigern können, und für die Bürokratisierung und Doppelarbeit, die aus dem oft hohen Detaillierungsgrad bundeseinheitlicher Richtlinien und dem daraus erwachsenden Verwaltungsaufwand bei der Prüfung der Anträge und Verwendungsnachweise sowohl auf der Ebene der Länder als auch des Bundes entstehen, von den faktischen

Eingriffsmöglichkeiten der Bundesministerien in die Durchführung der gemeinsam finanzierten Aufgaben abgesehen. Diese politischen und bürokratischen Kosten[7] der Mischfinanzierung sind hingenommen worden in der Erwartung, sie würden durch die erhofften Vorteile, vor allem die Steuerungsmöglichkeiten für den Bund und den Finanzausgleichseffekt, mehr als ausgeglichen.

2.3 Die Effizienz der Aufgabensteuerung durch den Bund

2.3.1 durch Investitionshilfen

Die Untersuchungen von Scharpf et. al.[2] haben überzeugend bestätigt, daß die tatsächlichen Möglichkeiten des Bundes, die Erfüllung der Länderaufgaben zu steuern, weit hinter den Erwartungen zurückgeblieben sind, vor allem bei den strukturpolitischen Investitionshilfen gemäß Art. 104 a Abs. 4. Da hier weder Verfassung noch Gesetz dem Bund Planungsbefugnisse einräumen und auch das Bundesverfassungsgericht den Grundsatz der Gleichbehandlung der Länder als Verteilungsmaßstab vorgeschrieben hat[8], ist der Bund darauf beschränkt, seine Mittel mehr oder weniger nach festen (Einwohner- oder Kfz-) Schlüsseln auf die Länder zu verteilen und damit allein das Förderungsniveau zu erhöhen[9] bzw., wie etwa bei der Städtebauförderung, eine Förderung überhaupt erst zu initiieren[10].

Die Kehrseite der Bestimmung des Förderniveaus durch den Bund ist aber die „Angebotsdiktatur", die Landesregierungen und Landtage zwingt, wollen sie nicht auf die Bundesmittel verzichten, zugunsten der erforderlichen Komplementärmittel andere, ihnen womöglich wichtigere Aufgaben zurückzustellen.[11] Diese Privilegierung einzelner Aufgaben ist auch das eigentliche Motiv; sie führt zu einer Stärkung der Fachbürokratien in Bund und Ländern und ihres Fachegoismus, dem die „Generalisten", d. h. die Kabinette, Finanzminister und Parlamente trotz des Haushaltsvorbehalts kaum wirksam begegnen können; man denke nur an den Agrarbereich und die Bildungsplanung. Eine wesentliche Wirkung der Politikverflechtung ist daher die Bestandssicherung der Erfüllung partieller Aufgaben auf Kosten anderer, insbesondere in Zeiten rückläufiger Staatseinnahmen.[12]

Davon abgesehen hat sich gezeigt, daß Mitfinanzierung, vor allem bei zu geringen Eigenanteilen der Investitionsträger, auch zu Fehlallokationen und Mittelvergeudung führen kann. So hat die Förderung des ÖPNV die Gemeinden oft veranlaßt, vorwiegend kapitalintensive und hochkonzentrierte Verkehrsanlagen zu bauen, deren Folgekosten ihre Leistungskraft überstiegen[13]; ähnlich hat die Freistellung der Krankenhausträger von den Investitionskosten, in Verbindung mit dem Zurückschrecken der Länder vor örtlichen Protesten gegen die Schließung nicht mehr benötigter oder unwirtschaftlicher Krankenhäuser und dem Ressortegoismus und Perfektionismus der Fachbürokraten und Ärzte eine Tendenz „zu einer gesamtwirtschaftlich nicht mehr zu vertretenden maximalen Krankenversorgung (geschaffen), die gekennzeichnet ist durch eine regional und nach Fachdisziplinen überhöhte Zahl von Krankenhausbetten, einem trotz vielfach zu hoher

Verweildauer und zu hoher Krankenhaushäufigkeit sinkenden Ausnutzungsgrad und einer daraus folgenden Tendenz zu Fehlbelegungen der kostenaufwendigen Krankenhausbetten"[14].

Zusammengefaßt sind die strukturpolitischen Förderhilfen des Art. 104 a Abs. 4 als „Überverflechtung" anzusehen. Sie haben mit Ausnahme der Initialwirkung bei der Städtebauförderung nichts bewirkt, was die Länder, hätten sie die Mittel dafür gehabt, nicht auch hätten tun können und im großen und ganzen auch getan hätten[15].

2.3.2 durch die Gemeinschaftsaufgaben

Die zusätzliche gemeinsame Planung gemäß Art. 91 a hat allerdings auch nicht zu wesentlich anderen Ergebnissen geführt. Der Planungsspielraum ist ohnehin eng. Die Auswahl der Projekte, die Bestimmung der Eigenleistung der Gemeinden und die funktionale und regionale Kontingentierung auf Landesebene ist von vornherein Sache der Länder allein. Ziele, Gegenstände und Mittel der Förderung bestimmt in der Regel das Gesetz, das Fördervolumen der Bundeshaushalt. Da auch die Verteilung der Mittel auf die Länder, wie noch auszuführen ist, weitgehend in festen Schlüsseln erstarrt ist, bleibt den Planungsausschüssen nicht viel mehr, als die von den Ländern angemeldeten Projekte im Rahmen der ihnen zustehenden Mittelquoten als Bundesrahmenplan festzustellen[16].

Der Grund für diese geringe Effizienz einer Steuerung und Schwerpunktsetzung ist systembedingt. Im Verfassungsstaat bedarf das Zusammenwirken von Bund und Ländern einer Institutionalisierung. Der Ausgleich der unterschiedlichen Interessen erfordert in einem multilateralen Gremium einen hohen Konsensbedarf, der, um zu Ergebnissen zu gelangen, minimiert werden muß[17]. Dem dient sowohl der Grundsatz der Gleichbehandlung der Länder[18] als auch der Einigungszwang[19], die zur Anwendung egalitärer Verteilungsschlüssel (nach Einwohnern) führen.[20] Aus Gründen der Besitzstandswahrung sind diese dann nur noch auf pareto-optimalem Wege, d. h. bei Erhöhung des Mittelvolumens und Ausweitung des Kreises der Begünstigten abzuändern[21,22].

2.3.3 Die Blockierung der Politik

Die geschilderte vertikale Verflechtung einzelner Aufgaben erschwert die horizontale Koordination mit den übrigen Staatsaufgaben auf jeder Ebene[23]. Selbst beim Bund, der Vertreter verschiedener Ressorts in die Planungsausschüsse entsenden kann, besteht nur eine minimale Koordinierung zwischen den drei Gemeinschaftsaufgaben[24]; in den Ländern funktioniert sie noch weniger. Dies ist einer der Gründe für den Vorschlag der Enquête-Kommission, in Art. 28 a (neu) mit der allgemeinen Planungskompetenz jedenfalls die Möglichkeit zu schaffen, die isolierten Planungen durch integrierte Planungen zu überwölben[25].

Vor allem hat aber die Politikverflechtung zu einer Blockierung nicht nur, wie bis zu einem gewissen Grade beabsichtigt, der Politik der Länder, sondern auch des Bundes geführt. Es geht dabei nicht nur um die erwähnte Bestandsicherung der verflochtenen Bereiche zu Lasten anderer bei einer Mittelverknappung, sondern auch darum, daß den Politikern durch die Vorentscheidungen der Beamten in Ausschüssen und Unterausschüssen, in denen die eigentlichen Kompromisse und Entscheidungen fallen, die Hände gebunden werden. Zudem erfolgt die Einigung, die erreicht werden muß, meist auf dem geringsten gemeinsamen Nenner, der in der Regel jede Politik verhindert, die nicht mit breiter Unterstützung rechnen kann – bis hin zu dem Extrem, daß nur noch diskutiert und „gedacht werden darf, was mehrheitsfähig ist"[26]. Das ist aber tendenziell immer eine Bestätigung des status quo. Was daher als politisches Steuerungsmittel der Regierungsmehrheit des Bundes zur Durchsetzung eines Programms der Systempolitik gedacht war, ist zu einem bürokratischen, entpolitisierten Aushandeln von Interessen unter Ausschluß der Öffentlichkeit und mit konservativer Tendenz geworden[27]. Die Finanzreform hat damit die Tendenz zur Konkordanzdemokratie und zur Allparteienpolitik wesentlich verstärkt, die Durchsetzung alternativer Politikmodelle in Bund und Ländern und damit den Parteienwettbewerb erschwert und die Absichten ihrer Autoren, jedenfalls des sozialdemokratischen Koalitionspartners, ins Gegenteil verkehrt.

2.4 Die Wirksamkeit der Finanzausgleichsfunktion

Historisch stand von allen Argumenten für eine Mitfinanzierung von Länderaufgaben durch den Bund der finanzielle Ausgleich zwischen leistungsstarken und leistungsschwachen Ländern und Regionen an erster Stelle. Die Entstehung der Fondswirtschaften, die Initiative zur Finanzreform und der endgültige Inhalt des im Vermittlungsausschuß gefundenen Kompromisses war weitgehend von der Forderung der finanzschwachen Länder bestimmt, die zur Erfüllung ihrer Aufgaben erforderlichen Mittel zu erhalten. Argumentiert wurde vor allem mit dem angeblichen Verfassungsgebot der „Herstellung einheitlicher Lebensverhältnisse", obwohl Art. 72 und 106 mit „Wahrung" der Einheitlichkeit etwas anderes meinen. Immerhin entsprach es der Auffassung einer breiten Mehrheit, wenn z. B. Friedrich Schäfer noch in den Beratungen der Enquête-Kommission erklärte, „die gemeinsame Finanzierung von Schwerpunktaufgaben (habe) einen günstigen Finanzausgleichseffekt, weil die Mittel nach dem Bedarf fließen. Das kann ein notwendig starres, an mehr oder weniger abstrakten Größen orientiertes und für längere Zeit geltendes Finanzausgleichsgesetz nicht erreichen"[28]

Auch insoweit haben jedoch die seitherigen wissenschaftlichen Untersuchungen die Erwartung widerlegt und die nur auf eine überschlägige Rechnung gestützte Skepsis des Verfassers[29] bestätigt. Der Grund dafür ist die bei den Investitionshilfen schon in den Gesetzen vorgesehene und durch das Bundesverfassungsgericht bestätigte Gleichbehandlung der Länder[30] und die entsprechende Tendenz zur Verfestigung von Verteilungsschlüsseln, die sich immer mehr dem Verhältnis der Einwohnerzahlen annähern. In welchem Maße dies auch bei den Gemeinschaftsaufgaben und der Förderung des ÖPNV geschehen ist, zeigen die Standardabweichungen der Länderquoten vom Bundesdurchschnitt pro Kopf. Interessant ist eine Gegenüberstellung der letzten Jahre vor der Finanzreform mit der Gegenwart, wobei der Wert Null exakt einer Verteilung nach Einwohnern entspricht[31]:

	1965–68	1974/75
Hochschulbau	2,2	1,1
Wirtsch. Förderung	6,4	3,5
Agrarförderung	2,5	2,6
ÖPNV-Förderung	5,1	2,7

Am stärksten wird noch bei den Gemeinschaftsaufgaben Verbesserung der Wirtschafts- und Agrarstruktur differenziert, bei denen die Stadtstaaten gar nicht oder kaum, die bevölkerungsstarken Bundesländer Nordrhein-Westfalen und Baden-Württemberg erheblich unter dem Durchschnitt gefördert werden. Die Hochschulbauförderung scheidet ohnehin als Mittel zur Umverteilung zugunsten der finanzschwachen Länder aus, da sie seit je mit Vorrang an die finanzstarken Länder ging. Die Nivellierungstendenz durch Halbierung der Ausschläge ist mit Ausnahme der Agrarförderung überall zu erkennen; auch beim ÖPNV schreitet sie durch Aufnahme immer mehr und immer kleinerer Vorhaben fort[30].

Es bleibt festzustellen, daß nur bei drei Aufgaben mit einem Gesamtvolumen der Bundeszuschüsse von (1977) 2,5 Mrd. von insgesamt über 7 Mrd. DM[32] überhaupt ein Finanzausgleichseffekt erreicht wird, auch dort jedoch relativ gering und mit sinkender Tendenz.

3. *Die Alternative: Entflechtung*

3.1 Die Macht des Wettbewerbs

Hat damit die Finanzreform die Erwartung enttäuscht, der Bund könne auf diesem Wege die Aufgabenerfüllung in den Ländern wirksam steuern und die Lebensverhältnisse angleichen, hat sie darüber hinaus die Tendenzen zur Ausschaltung der Parlamente, zur Bürokratisierung, zur Blockierung der Politik und zur Konkordanzdemokratie verstärkt, so drängt sich eine weitgehende Entflechtung als Alternative geradezu auf. Wird dadurch die Verantwortung wieder klar getrennt, erhalten Bund und Länder die Freiheit zurück, die Politik zu führen, für die die jeweilige Regierung und Parlamentsmehrheit gewählt worden ist, so werden die schöpferischen Kräfte des politischen Wettbewerbs freigesetzt, der das Grundprinzip des demokratischen Parteienstaates ist.

Allerdings ist und bleibt es erforderlich, daß der Bund seiner verfassungsmäßigen Verantwortung für die allgemeine Entwicklung des Gesamtstaates gerecht werden kann, daß er daher die „Richtlinien der Politik" im Sinne von Rahmenbedingungen bestimmt. Die Arbeitsteilung zwischen Bund und Ländern sollte funktional daher dem Prinzip entsprechen, das den Vorschlägen der Enquête-Kommission zur Reform der Verteilung der Gesetzgebungszuständigkeiten zugrunde liegt: möglichst weitgehende Beschränkung des Bundes auf die politischen Grundentscheidungen, die von den Ländern auszufüllen sind[33]. Weiterhin müssen die Länder nicht nur vertikal, im Verhältnis zum Bund, sondern auch untereinander finanziell instand gesetzt werden, ihre Aufgaben allein und gleichwertig zu erfüllen. Je einfacher, transparenter und gerechter dies geschieht, desto wirksamer kann sich auch der politische Wettbewerb von gleichen Startchancen aus entfalten. Dann besteht auch kein Grund, „an ihrer politischen Bereitschaft zu einem mit den gesamtstaatlichen Erfordernissen abgestimmten Mittelansatz" zu zweifeln[34]; die Zweifler übersehen die Wirkungen der Konkurrenz der Länder und des Drucks der Öffentlichkeit und der Wähler, dessen sich auch Bundesregierung und Bundestagsmehrheit umso besser bedienen können, wenn sie nicht mehr selbst in die Kompromisse mit den Ländern eingebunden sind. Im übrigen dürften auch die Länder durchaus in der Lage sein, gesamtstaatliche Erfordernisse etwa bei der regionalen oder kommunalen Infrastruktur zu definieren, womöglich besser als der ferne Bund[35].

Schließlich sollte auch der Fetisch der „Herstellung einheitlicher Lebensverhältnisse" von dem ihm nicht gebührenden Podest gehoben werden. Abgesehen davon, daß es sich hier, wie gesagt, nicht um ein Verfassungsgebot handelt, wäre ein derartiges Ziel weder erreich- noch wünschbar. Weder können noch sollten die Lebensverhältnisse in den industriellen Ballungsgebieten und auf dem Lande oder in den Fremdenverkehrsgebieten die gleichen sein, und zwar nicht nur die Umweltbedingungen, sondern auch das Angebot etwa an kulturellen Einrichtungen. Zwar sollte das Leben in allen Teilen des Bundesgebiets gleich lebenswert sein, aber keinesfalls gleich. Auch wenn Fachleute aller Art stets im Zweifel für eine einheitliche und zentrale Regelung als die (oft, keineswegs immer) effizientere sind, ist die (zuweilen fragwürdige) Effizienz nicht der einzig denkbare Maßstab: Initiativen und Modelle sind im kleineren, überschaubaren Bereich meist leichter durchzusetzen; ist dies gelungen, so sorgt der politische Wettbewerb auch für das Aufrücken der langsameren Schiffe. Regionale Unterschiede der Prioritäten schaden überdies nicht. Wenn ein Land etwa die Krankenversorgung überdurchschnittlich fördert, das andere nur einen durchschnittlichen Standard gewährleistet, dafür aber bei den Kultur- und Bildungseinrichtungen vorangeht, so dient auch dies dem Wettbewerb: Am Ende erweist sich die Anziehungskraft des jeweils höchsten, aber noch vertretbaren Standards. Ein gewisses Maß an „Unordnung" wird mehr als aufgewogen durch die höhere Flexibilität und größere Bürgernähe und durch die Einflußmöglichkeiten, die eine dezentrale Entscheidung und die klare Abgrenzung der Verantwortung dem Bürger, der öffentlichen Meinung und den Parlamenten bietet[35a].

3.2 Die Entflechtung der Mischfinanzierung

Wenn die strukturpolitischen Investitionshilfen des Bundes als „Überverflechtung" anzusehen sind und zudem ihre einzige Wirkung, bestimmte Förderungen zu initiieren, eingetreten ist, der Zug also „rollt", kann ohne weiteres auf sie verzichtet werden. Der Wettbewerb der Länder wird verhindern, daß er auf einem Nebengeleis stehen bleibt.

Ähnliches gilt für die Gemeinschaftsaufgaben, zumal beim Hochschulbau jedenfalls in dem Zeitpunkt, an dem eine Reform realistischerweise frühestens verwirklicht werden kann, d. h. am Ende der 1980 beginnenden Legislaturperiode, das Ausbauprogramm abgeschlossen sein wird[36]; die wegen dann sinkender Studentenzahlen allenfalls notwendig werdenden Ersatzinvestitionen fallen gegenüber den ohnehin allein von den Ländern zu tragenden laufenden Hochschulkosten kaum ins Gewicht und können von ihnen aufgebracht werden. Ebenso wird 1984 auch beim Küstenschutz das große Ausbauprogramm nach den Strumfluten von 1962 und 1978 abgeschlossen sein. Die übrigen Projekte zur Verbesserung der regionalen Wirtschafts- und der Agrarstruktur übersteigen weder einzeln noch in der Summierung die Leistungskraft der Länder, sofern die Finanzmittel richtig verteilt sind.

Eine nicht im Grundgesetz geregelte Variante der Mischfinanzierung hat ohnehin keinerlei Existenzberechtigung. Gemeint ist die Tendenz des Bundes, die Erfüllung eigener Aufgaben z. T. von Finanzbeiträgen der Länder abhängig zu machen, etwa den Bau von Wasserstraßen, Autobahnen oder Bundesbahnanlagen (z. B. Elbe-Seiten-Kanal, BAB Westliche Umgehung Hamburg mit Elbtunnel, S-Bahn Hamburg-Harburg)[37].

3.3 Geldleistungsgesetze

Auch bei den Geldleistungsgesetzen – die Empfänger, Voraussetzungen und Höhe von Geldleistungen so festlegen, daß den ausführenden Länderbehörden kein Ermessensspielraum verbleibt – ist eine Entflechtung der Finanzierung ohne weiteres möglich und geboten. Troeger-Kommission und Bundesregierung hatten mit der Begründung, die Verwaltungsverantwortung liege in diesem Falle beim Bund, die Möglichkeit einer Durchführung in Bundesauftragsverwaltung vorgeschlagen, die gemäß Art. 104 a Abs. 2 zur Finanzierung der Geldleistungen durch den Bund geführt hätte. Dieser Gedanke war und ist richtig; der Bundesrat hatte nur die merkwürdige Konsequenz beanstandet, daß wegen der Auftragsverwaltung seine Zustimmung erforderlich sei, wenn der Bund die Kosten trage, nicht dagegen, wenn der Bund auf die Auftragsverwaltung verzichte, die Länder aber mit Kosten belaste, obwohl sie nicht die Verwaltungsverantwortung trügen[38].

Die im Vermittlungsausschuß gefundene Kompromißlösung mildert zwar dieses Ergebnis, aber um den Preis einer sachlich nicht gebotenen Mischfinanzierung und einer komplizierten, nicht ganz sachgerechten Abstufung: Trägt der Bund mindestens die Hälfte der Ausgaben, so wird das Gesetz in Bundesauftragsverwaltung ausgeführt; tragen die Länder mindestens ein Viertel, so bedarf es der Zustimmung des Bundesrates. Bei einem Bundesanteil von 80 % findet danach Auftragsverwaltung statt, die nicht der Zustimmung des Bundesrates bedarf. Dies ist ein Eingriff in Art. 83, der weit über den Rahmen des Art. 84 hinausgeht, ohne daß der Bundesrat dem zuzustimmen hätte. Unlogisch ist sowohl diese Abweichung vom System des Grundgesetzes als auch die Möglichkeit der Mischfinanzierung in Anwendungsfällen, in denen weder die Notwendigkeit noch die Absicht einer überregionalen Steuerung besteht.

Aus diesen Gründen sollte die Einheit von Verwaltungs- und Finanzverantwortung wiederhergestellt werden, aber, um dem berechtigten Einwand des Bundesrates Rechnung zu tragen, durch obligatorische Bundesauftragsverwaltung für alle Geldleistungsgesetze. Daß dann der Bund nach Art. 104 a, Abs. 3 immer die vollen Kosten trägt, ist sachgerecht, weil er auch allein über Grund und Einzelheiten der Ausgabe entscheidet. Mit der einmaligen Regelung im Grundgesetz entfällt auch der Grund für eine Zustimmung des Bundesrates zu diesen Gesetzen und damit ein weiteres Stück gegenseitiger Behinderungsmöglichkeit.

Für Geldleistungsvorschriften der Europäischen Gemeinschaften sollte und wird das gleiche gelten, wenn zusätzlich der von der Enquête-Kommission vorgeschlagene Art. 90 a (neu) für die Ausführung von EG-Vorschriften die Regelungen für Bundesgesetze für entsprechend anwendbar erklärt. Diese Regelung wird auch hier den Interessen des Bundes, der Länder und der EG gerecht.

4. *Die Steuerungsinstrumente des Bundes*

4.1 Bundesgesetze

Bereits heute werden Förderziele, -gegenstände und -maßnahmen der Gemeinschaftsaufgaben durch die Ausführungsgesetze zu Art. 91 a bestimmt. Aufgrund seiner konkurrierenden Zuständigkeit für das Recht der Wirtschaft und die Förderung der landwirtschaftlichen Erzeugung (Art. 74 Ziff. 11 und 17) kann der Bund auch zukünftig und noch präziser die sogen. Eckwerte der Förderung setzen, Fördergebiete abgrenzen, Schwerpunktorte sowie Mindest- und Höchstsätze der Förderung bestimmen und Förderungsmaßnahmen außerhalb des von ihm gesetzten Rahmens untersagen – der Bund kann die Länder nur nicht zwingen, bestimmte Fördermittel aufzuwenden. Dafür kann er selbst durch Steuergesetze und – nach obigem Vorschlag – durch Geldleistungsgestze aktiv fördern. Daß bei einer Subvention durch Steuergesetz die Länder in der Regel den Steuerausfall mit tragen, begründet wegen der hier nicht auftretenden politischen und bürokratischen Probleme auch nicht die gegen die Mischfinanzierung sonst bestehenden Bedenken.

Durch Bundesgesetz ist die Schwerpunktbildung auch leichter möglich als die Durchsetzung neuer Eckwerte in einem Planungsausschuß. Zwar bedarf auch ein

Gesetz im Bundesrat immer der Zustimmung von mindestens 5 Ländern (wenn mindestens 3 der 4 großen darunter sind), während in den Planungsausschüssen 6 Länder zustimmen müssen. Wichtiger ist jedoch, daß die im Verhältnis zu den unter Ausschluß der Öffentlichkeit tagenden Planungsausschüssen größere Transparenz des Gesetzgebungsverfahrens die Tendenz zur Einstimmigkeit, zur Verteilung von Gefälligkeitsgeschenken und zu einer nur pareto-optimalen Ausweitung erschwert.

4.2 Planung

Trotz der möglichen Verlagerung eines Teils der Steuerungsaufgaben des Bundes auf Bundesgesetze wird vor allem im Bereich der drei heutigen Gemeinschaftsaufgaben und bei der Bildungsplanung, aber womöglich auch darüber hinaus, ein Bedarf an Rahmenplanung auf Bundesebene bleiben, etwa zur Aufteilung der Studienplatzkapazitäten in den einzelnen Fächern auf die Länder, um Unter- oder Überkapazitäten zu vermeiden. Für diesen Bedarf erscheint weiterhin eine allgemeine Planungskompetenz des Bundes notwendig, wie die Enquête-Kommission sie in ihrem Artikel 28 a (neu) vorgeschlagen hat, auch um die sektoralen Planungen miteinander abzustimmen bzw. zu integrieren[39].

Zum Unterschied von den Vorschlägen der Enquête-Kommission und in Übereinstimmung mit dem Ziel einer möglichst weitgehenden Entflechtung und größeren Handlungsfähigkeit der einzelnen Ebenen sollte jedoch anstelle einer „gemeinsamen" Planung von einer alleinigen Planung des Bundes im Sinne einer – sektoralen oder integrierten – Rahmenplanung gesprochen werden, der allerdings wie bei einem Zustimmungsgesetz neben dem Bundestag auch der Bundesrat zustimmen müßte und die die Länder verpflichten könnte, auf ihrer Ebene den vom Bund gesetzten Rahmen auszufüllen[40]. Während also nach den Vorschlägen der Enquête-Kommission, ohne daß dies ausdrücklich gesagt worden wäre, ein oder mehrere gemeinsame Planungsausschüsse erforderlich wären, stellt hier die Bundesregierung allein den Planentwurf auf, der dann der Zustimmung beider Gesetzgebungsorgane bedarf. Tatsächlich wird sich aber die Bundesregierung schon im Vorstadium, ähnlich wie bei Gesetzentwürfen, über die Auffassung der Länder informieren, da sie ja der Zustimmung des Bundesrates bedarf. Dennoch unterscheidet dieser Vorschlag deutlich zwischen der Rahmenplanung des Bundes, die auf einem höheren Abstraktionsniveau den Rahmen setzt, und der konkreten Ausführungsplanung der Länder, für die ausreichend Spielraum bleiben muß.

Eine derartige Rahmenplanung ist auch nicht deswegen wirkungslos, weil sie, wie teilweise schon nach den Vorschlägen der Enquête-Kommission, nicht mit dem Anreiz der Mitfinanzierung des Bundes bewehrt ist. Dafür sorgt nicht nur die vorgeschlagene Verfassungspflicht der Länder zur Ausfüllung der Rahmenplanung und der Grundsatz der Bundestreue, sondern auch das Eigeninteresse der Länder an der Erfüllung ihrer Aufgaben und der Druck der Öffentlichkeit und der Wähler, die auch hier von Bundesregierung und Bundestagsmehrheit mobilisiert werden können, vom Bundesverfassungsgericht als ultima ratio ganz abgesehen.

Auf der anderen Seite ist die Trennung der Planung von der Mitfinanzierung die verfassungspolitische Voraussetzung für die Erhaltung der zur Globalsteuerung erforderlichen Planungskompetenz des Bundes für Länderaufgaben und sogar über den Katalog des Art. 91 a hinaus.

4.3 Notwendige Finanzierungsinstrumente des Bundes

Auch bei einer weitgehenden Entflechtung der Finanzierung bleiben neben der bereits genannten Steuergesetzgebung einige wenige Mitfinanzierungskompetenzen des Bundes erforderlich.

4.3.1 Finanzierung zur Konjunktursteuerung

Anders als bei der Strukturpolitik ist die Mitfinanzierungskompetenz des Bundes zur Konjunktursteuerung unverzichtbar. Einerseits trägt der Bund die Verantwortung für die Konjunkturpolitik, andererseits kann er diese nur im Zusammenwirken mit Ländern und Gemeinden durchsetzen. Die Mitfinanzierung gibt ihm die Möglichkeit, Länder und Gemeinden zu einem konformen Verhalten zu veranlassen und seine beschränkten Mittel durch die Heranziehung entsprechender Komplementärmittel wirkungsvoll aufzustocken. Die in Art. 104 a, Abs. 4 enthaltene Investitionskompetenz zur Konjunktursteuerung muß daher bestehen bleiben.

Dies ist aber auch ausreichend. Zwar haben die Vertreter der Bundesregierung vor der Enquête-Kommission argumentiert, der Bund müsse ergänzend auch strukturpolitische Investitionskompetenzen konjunkturpolitisch einsetzen können. Tatsächlich ist dies jedoch nur in ganz unerheblichem Umfang geschehen – aus dem naheliegenden Grund, daß Strukturmaßnahmen in der Regel unabhängig vom Konjunkturzyklus notwendig sind[41]. Im übrigen können die Investitionsausgaben der öffentlichen Hände besser durch eine Erweiterung des Instrumentariums des Stabilitätsgesetzes abgestimmt werden, etwa durch einen „Investitionsdeckel" ähnlich dem „Schuldendeckel"[42].

4.3.2 Finanzierung zur Förderung von Forschung und Innovation

Wie bei der heute anerkannten ungeschriebenen Bundeskompetenz zur Förderung der Großforschung[43] gehört es auch zu den im Wesen des Gesamtstaates liegenden Aufgaben des Bundes, allgemein die Innovation in den Bereichen der Wissenschaft, Wirtschaft, Technik und der gesellschaftlichen Verhältnisse zu fördern. Dem entspricht die Förderung zahlreicher Modellversuche durch das Bundesforschungsministerium oder andere Bundesressorts mit dem Ziel, Muster für die spätere Übernahme durch Bund, Länder und Gemeinden oder Wirtschaft und Gesellschaft zu erproben. Zwar spricht auch hier der Grundsatz der Klarheit der

Verantwortung für gesonderte Maßnahmen des Bundes und der Länder; auch die oft verlangte „Sitzlandquote" hat wenig Sinn. Bei der Vielfalt der Gegebenheiten ist jedoch nicht auszuschließen, daß auch gemeinsame Finanzierung durch Bund und Länder von Fall zu Fall zweckmäßig sein können. Eine Kompetenz dafür sollte daher vorgesehen werden.

4.3.3 Nothilfekompetenz

Schließlich wird es Aufgabe des Bundes sein, in etwaigen Notfällen den Ländern zu helfen, sei es bei Naturkatastrophen, außergewöhnlich schadensträchtigen Unfällen oder wenn ein Land ohne eigenes Verschulden sonst außerstande wäre, seine Aufgaben zu erfüllen. Die Formulierung einer derartigen Kompetenz muß den Unterschied zu den bisherigen „Ergänzungszuweisungen" deutlich machen, die von einer Ausnahmenorm zur Regelunterstützung tendierten.

Schließlich bedarf es auch weiterhin der in Art. 106 Abs. 4 Satz 2 und 3 und Abs. 8 niedergelegten Bundeskompetenzen. Alle diese Finanzierungskompetenzen des Bundes sollten der Übersichtlichkeit halber und um den Ausnahmecharakter zu betonen in einem Artikel vereinigt werden.

5. *Die Verteilung der Finanzmittel*

5.1 Horizontaler Finanzausgleich

Abgesehen davon, daß die Entflechtung und Umschichtung der Ausgaben zu einer Angleichung im vertikalen Finanzausgleich zwischen Bund und Ländern führen muß, liegt das Hauptproblem darin, im Verhältnis der Länder untereinander eine gleichmäßige Erfüllung der staatlichen Aufgaben zu gewährleisten.

5.1.1 Der Streit um das örtliche Aufkommen

Bei der Finanzreform war der Bundestag in Abkehr vom Troeger-Gutachten und der Regierungsvorlage von dem in Art. 107 verankerten Grundsatz der Verteilung des Länderanteils an den Gemeinschaftsteuern nach dem örtlichen Aufkommen abgegangen und hatte, dem Vorschlag Alfred Kubels und Niedersachsens folgend, die Aufteilung dem einfachen Bundesgesetzgeber nach dem jeweiligen Bedarf überlassen wollen, weil „der Grundsatz des örtlichen Aufkommens ... angesichts der Verflechtung unserer Wirtschaft nicht mehr sachgerecht" erscheine und „das bundesstaatliche Verhältnis durch die Aufspaltung in gebende und nehmende Länder stark belastet" werde[44].

Nach Auffassung der Ländermehrheit hätte dieser Verzicht auf „ein eigenes, originäres Steueraufkommen der Länder" und auf objektive Verteilungskriterien

„im Ergebnis ihre gesamte Steuerausstattung der Ermessensentscheidung des Bundestages überlassen“[45]. Da der „Bedarf“ niemals objektiv feststellbar, sondern ein „Produkt der politischen Willensbildung“ ist[46], wäre das Ergebnis für die Länder nicht nur nicht mehr kalkulierbar gewesen; die Auslieferung ihrer entscheidenden Einnahmen an eine von ihnen allenfalls durch das Veto des Bundesrates beeinflußbare politische Ermessensentscheidung hätte zudem auch gegen die vom Grundgesetz zugrundegelegte und durch Art. 79 Abs. 3 geschützte Staatsqualität der Länder verstoßen: die Länder wären wie in der Weimarer Republik zu „Kostgängern des Bundes“ geworden[47].

Nach dem Kompromiß des Vermittlungsausschusses werden daher der Länderanteil am Aufkommen der Einkommen- und Körperschaftsteuer wie die Ländersteuern weiterhin nach dem örtlichen Aufkommen verteilt, wobei die obligatorische Zerlegung der Lohn- und Körperschaftsteuern eine Verfeinerung dieses Prinzips und eine Milderung seiner Auswirkung darstellt. Nur die ohnehin kaum radizierbare Umsatzsteuer wird im Grundsatz nach der Einwohnerzahl verteilt; ein Voraus für die finanzschwachen Länder sorgt zusammen mit einer Intensivierung des horizontalen Finanzausgleichs für einen regionalen Ausgleich der Steuerkraft.

5.1.2 Möglichkeit eines bedarfsgerechten Finanzausgleichs

Da auch dieses mehrstufige und daher komplizierte System, erst recht nach den Enttäuschungen über die unzureichende Ausgleichswirkung der Mischfinanzierung, den Unterschied der Leistungskraft der Länder nicht aufhob, sondern nur milderte, hat es vor und während der Beratungen und auch nach Abschluß der Finanzreform zahlreiche Bemühungen gegeben, ein kohärentes Finanzausgleichssystem zu entwickeln, das den echten Bedarf aller Länder berücksichtigt und einen gerechten Ausgleich ermöglicht. Abgesehen von den oben bereits geschilderten grundsätzlichen Bedenken hat sich immer wieder gezeigt, daß jeder Versuch nur zu einer übermäßigen Komplizierung führt, die wegen ihrer notwendig subjektiven Elemente nicht überzeugt und den Aufwand nicht lohnt, weil sich die einzelnen Bedarfselemente am Ende gegenseitig aufheben[48]. Der Bedarf muß daher als Verteilungskriterium ausscheiden.

5.1.3 Einwohnerschlüssel

Neben dem örtlichen Steueraufkommen bleibt als einziges objektives Verteilungsmerkmal das Verhältnis der Einwohnerzahlen. Auch gegen diesen Maßstab lassen sich Bedenken erheben. So tritt z. B. der Bedarf zur Verbesserung der Agrarstruktur naturgemäß vorwiegend in Regionen mit geringerer Bevölkerungsdichte auf; ähnliches gilt z. T. für die Verbesserung der Wirtschaftstruktur[49]. In den bevölkerungsstarken Ländern sind schon durch die Massierung des Finanzeinsatzes Aufgabenlösungen möglich, die in kleineren Ländern nicht darstellbar sind. Demgegenüber erfordert jedoch die Erfüllung der staatlichen Aufgaben in Regionen mit außerordentlicher Bevölkerungsdichte auch höhere Aufwendungen[50]; so fällt z. B. der Bau von Hochschulen, Hochleistungskrankenhäusern, Nahverkehrssystemen, Theatern und anderen Infrastruktureinrichtungen vorwiegend in dicht bevölkerten Metropolen und Ballungsräumen an.

Die Beispiele sprechen für die Richtigkeit der Erfahrung, daß sich die verschiedenen Bedarfselemente gegenseitig aufheben, so daß der Einwohnerschlüssel am Ende doch einen gerechten Verteilungsmaßstab ergibt. Wenn für jeden Einwohner der gleiche Betrag an öffentlichen Mitteln zur Verfügung steht, muß es den Ländern möglich sein, die Bedürfnisse ihrer Bürger im Rahmen ihrer eigenen Prioritäten unterschiedlich, im ganzen aber gleichmäßig zu erfüllen.

Auf eine Ausnahme von dem Grundsatz der völlig gleichmäßigen Verteilung der Einnahmen auf die Länder wird man aber auch in Zukunft nicht verzichten können. Da in den Stadtstaaten anders als in den Flächenländern die Möglichkeit nicht besteht, den geballten Bedarf an vorzuhaltender Infrastruktur auf die Fläche und die größere Gesamteinwohnerzahl umzulegen, und da der Anteil der Staatsleitungskosten, vor allem der Landesexekutive und -legislative, am Gesamtaufwand besonders hoch ist, werden nach § 9 des Finanzausgleichsgesetzes ihre Einwohnerzahlen mit 135 % gewertet. Eine entsprechende Regelung ist, unabhängig von der exakten Höhe, erst recht unverzichtbar, wenn das Steueraufkommen nur nach dem Verhältnis der Einwohner verteilt wird. Dies gilt ebenso für Berlin, dessen Haushalt bisher durch Bundeszuschüsse ausgeglichen wird, und in geringerem Maße auch für das Saarland, dessen Staatsleitungskosten ähnlich überproportional sind.

Alle übrigen Korrekturen des bisherigen Finanzausgleichs wie die Abgeltung der Hafenlasten für Bremen, Hamburg und Niedersachsen (25, 55 bzw. 6 Mio. DM) und der außergewöhnlichen Belastungen des Saarlandes, Schleswig-Holsteins und von Rheinland-Pfalz (25, 30 bzw. 20 Mio. DM) verlieren bei einer Steuerverteilung nach Einwohnerzahlen ihre Berechtigung; jede Ausnahme würde den Streit um die Aufnahme weiterer Bedarfselemente neu eröffnen.

Die Anwendung des Einwohnerschlüssels würde aber einen gesonderten Länderfinanzausgleich nur dann entbehrlich machen, wenn außer dem Länderanteil an den Gemeinschaftssteuern auch das Aufkommen der Landessteuern einbezogen wird. Unter dieser Voraussetzung und bei höher gewerteten Einwohnerzahlen der vier kleinsten Bundesländer ergibt sich jedoch eine ausgewogene und angemessene Finanzausstattung aller Länder, wie die beigefügten Tabellen anhand der Ist-Ergebnisse für 1977 zeigen. Sie gehen von den Einnahmen aus Ländersteuern, dem Länderanteil an den Gemeinschaftssteuern und den Bundeszuschüssen nach Art. 91 a und 104 a Abs. 4 (ohne Investitionshilfen zur Konjunktursteuerung) aus, von denen der Länderanteil nach den Geldleistungsgesetzen, dessen Übergang auf den Bund vorgeschlagen wird, abgesetzt ist. Tabelle 1 zeigt die Verteilung dieser Einnahmen auf die Länder nach heutigem Recht, Tabelle 2 bei Anwendung des Einwohnerschlüssels mit Boni für die Stadtstaaten von 1/3 bzw. von 1/10 für das Saarland. Während die Einnahmen der Flächenländer heute zwischen 97,1 und 102,5 % des Bundesdurchschnitts schwanken, sind es dann einheitlich 97,5 %;

bei den Stadtstaaten sind es statt 79,9 % für Berlin und 131,5 % für Hamburg einheitlich 130 %, während sich das Saarland um 6 % auf 107,3 % verbessert. Da bei dem Modell in erster Linie Berlin gewinnt, kann der Bundeszuschuß verringert und die Ersparnis des Bundes dem Länderanteil an den Gemeinschaftssteuern zugeschlagen werden. In absoluten Zahlen erleiden die drei steuerstarken Länder NRW, Hessen und Baden-Württemberg Einbußen, während alle übrigen Länder gewinnen. Dies Ergebnis entspricht dem gewollten Ausgleich. Im übrigen liegt der Vorteil der Reform, abgesehen von der politisch wünschenswerten Angleichung Berlins an die übrigen Länder, in der erheblichen Vereinfachung, Transparenz und Überzeugungskraft der Steuerverteilung, die das bundesstaatliche System insgesamt stärkt. Dazu kommt der Wegfall der bürokratischen und politischen Nachteile der Politikverflechtung mit einer Einsparung von Beamten und Zeit bzw. einem Kompetenzzuwachs der Landtage, sowie die aus der Chancengleichheit der Länder und der Beseitigung der gegenseitigen Hemmung folgende Möglichkeit eines echten politischen Wettbewerbs für Bund und Länder und die sie tragenden politischen Parteien.

5.2 Erweiterung des Vertikalen Steuerverbundes

Werden damit alle Landessteuern und der Länderanteil an den Umsatz-, Einkommen- und Körperschaftsteuern in eine Verbundmasse einbezogen, die auf die einzelnen Länder zu verteilen ist, so liegt eine Vereinigung dieser Verbundmasse mit derjenigen nahe, die zwischen Bund und Ländern aufzuteilen ist; dies würde jedenfalls einer weiteren Vereinfachung und größerer Transparenz dienen. Die Einbeziehung des Aufkommens der Ländersteuern in den Bund/Länder-Verbund erfordert dann jedoch eine entsprechende Anreicherung um bisher reine Bundessteuern. Dafür bieten sich alle Bundessteuern an, für die nicht aus EG-rechtlichen oder Zweckmäßigkeitsgesichtspunkten eine gesonderte Behandlung geboten ist, also alle Verbrauch- und Verkehrsteuern, nicht dagegen die von Bundesfinanzbehörden verwalteten Finanzmonopole, Zölle, Einfuhrumsatzsteuern und Lastenausgleichs- sowie EG-Abgaben. Entsprechend verblieben allein den Ländern und Gemeinden die Spielbankenabgaben und die örtlichen Verbrauch- und Aufwandsteuern. Alle übrigen Steuern, über die allein dem Bund die Gesetzgebung zustehen sollte und die von den Ländern im Auftrag des Bundes verwaltet würden, bildeten dann eine einzige Verbundmasse, die durch Bundesgesetz mit Zustimmung des Bundesrates einheitlich zwischen Bund und Ländern, der Länderanteil sodann auf diese aufzuteilen wäre.

Die Verhandlungen über die Anteile an dem großen Verbund wären im Prinzip nicht schwieriger als heute über die Umsatzsteuer. Die Risikogemeinschaft von Bund und Ländern, bei der jede Erhöhung, Senkung oder Abschaffung von Steuern Bund und Länder in dem gesetzlich festgelegten Verhältnis gleichermaßen trifft oder begünstigt und jede einseitige Einnahmenverlagerung ausschließt, läßt auch nicht die Länder nur als ,,Kostgänger des Bundes" erscheinen. Durch sein alleiniges Gesetzgebungsrecht hat der Bund auch die Verantwortung dafür, daß

Länder und Gemeinden ebenso wie er selbst in der Lage sind, ihre Aufgaben zu erfüllen. Ein solcher Verbund erleichtert auch nicht nur jede Steuerreform oder etwaige, durch die EG, wirtschaftspolitische oder Rationalisierungsgründe bedingte Abschaffung von Steuern (Gewerbe-, Kfz- oder Bagatellsteuern), sondern auch den Verzicht auf das Zustimmungserfordernis des Bundesrats zu Steuergesetzen[51].

5.3 Einbeziehung der Gemeinden

Aus ähnlichen Gründen – die Gewerbesteuer wurde bereits genannt – empfiehlt sich auch die Einbeziehung der Realsteuern und des Gemeindeanteils an der Einkommensteuer in den Verbund. Als Ersatz für ihren, hinsichtlich der Gewerbesteuer ohnehin gefährdeten verfassungsrechtlich gesicherten Anspruch auf diese Steuern würden die Gemeinden einen eigenen, relativ konjunkturunempfindlichen Anteil an der großen Verbundmasse erhalten, die dann nach einem einheitlichen Verhältnis zwischen Bund, Ländern und Gemeinden aufzuteilen wäre. Ebenso wie der Länderanteil nach dem Grundsatz des modifizierten Einwohnerschlüssels durch besonderes Gesetz auf die Länder aufzuteilen wäre, würde auch der Gemeindeanteil entsprechend zunächst auf die Länder verteilt, die dann zur Weiterleitung an ihre Gemeinden verpflichtet wären. Auch dabei wäre im Prinzip der Einwohnerschlüssel zu Grunde zu legen, wobei ebenfalls nicht ohne Einwohnerwertung auszukommen wäre, um dem besonderen Bedarf z. B. der Großstädte Rechnung zu tragen. Im einzelnen sollte die Verteilung auf die einzelnen Gemeinden der Landesgesetzgebung überlassen bleiben, die die örtlichen und regionalen Bedürfnisse am besten berücksichtigen und die auch die Verteilung eines Teils des Gemeindeanteils nach dem System des bisherigen kommunalen Finanzausgleichs vorsehen kann.

Da bei dem vorgeschlagenen System ein Hebesatzrecht der Gemeinden kaum möglich ist, könnte den Gemeinden das Recht eingeräumt werden, Zuschläge zu den Realsteuern zu erheben, die dann der Gemeinde allein zustehen.

6. *Ergebnis*

Der Verfasser konnte seine Erwägungen im Rahmen dieses Aufsatzes naturgemäß nur skizzieren. Er gesteht, daß ihm die z. T. radikale Abkehr von Thesen, die er selbst im politischen Kampf um die Finanzreform vertreten hat, nicht leicht gefallen ist. Die folgenden Vorschläge erscheinen ihm jedoch nach seiner Erfahrung und jahrelangen gedanklichen Überprüfung als die einzig sinnvolle Alternative, die sowohl dem Bund als auch den Ländern insgesamt und jedem einzelnen ein Optimum an Wirkungsmöglichkeiten gibt. Sie verteilen die notwendigen Opfer ebenso wie die Vorteile in einem ausgewogenen Verhältnis und sind daher politisch durchsetzbar.[52] Sie erleichtern vor allem den politischen Fortschritt in diesem Lande durch Freisetzung eines echten politischen Wettbewerbs und stärken damit unseren Bundesstaat gegenüber allen Anforderungen, die die Zukunft bringt.

Im einzelnen wird vorgeschlagen, das Grundgesetz wie folgt zu ändern:

1. Anstelle von Art. 104 a Abs. 3 einfügen:

Art. 90 a (neu) Geldleistungsgesetze

Bundesgesetze, die Empfänger, Voraussetzungen und Höhe von Geldleistungen eindeutig festlegen, werden von den Ländern im Auftrage des Bundes ausgeführt.

2. Wie Enquête-Kommission (Art. 90 a) einfügen:

Art. 90 b (neu) Rechtsvorschr. einer zwischenstaatl. Einrichtung

Für die Ausführung von Rechtsvorschriften einer zwischenstaatlichen Einrichtung, auf die der Bund gemäß Artikel 24 Hoheitsrechte übertragen hat, gelten die Regelungen für die Ausführung von Bundesgesetzen entsprechend. Sind die Vorschriften hiernach von den Ländern als eigene Angelegenheit auszuführen, so kann das Gesetz mit Zustimmung des Bundesrates abweichend hiervon bestimmen, daß sie von den Ländern im Auftrag des Bundes ausgeführt werden.

3. Anstelle von Art. 91 a und b:

Art. 91 a (neu) Rahmenplanung

1. Der Bund kann auf Gebieten, für die ihm die Gesetzgebung zusteht und die für die Entwicklung des Bundesgebiets von Bedeutung sind, Planungen aufstellen, die auch den Ländern den Rahmen, die Ziele und die Mittel für ihre Planungen setzen. Die Rahmenplanung kann die Länder verpflichten, für ihre Bereiche Ausführungsplanungen aufzustellen.
2. Die Rahmenplanung bedarf der Zustimmung des Bundestages und des Bundesrates. Das Nähere, insbesondere die Auswahl der Planungsbereiche und das Verfahren, regelt ein Bundesgesetz mit Zustimmung des Bundesrates.

4. Anstelle von Art. 104 a Abs. 4 und Art. 106 Abs. 4 und 8:

Art. 104 b (neu) Finanzbeiträge des Bundes

1. Der Bund kann den Ländern für besonders bedeutsame Vorhaben zur Abwehr einer Störung des gesamtwirtschaftlichen Gleichgewichts Finanzbeiträge in Höhe von 50 vom Hundert der Ausgaben in jedem Land leisten.
2. Der Bund kann Ländern oder Einrichtungen von überregionaler Bedeutung Finanzbeiträge zur Förderung besonders bedeutsamer Forschungsvorhaben oder zur Erprobung von Modellen zur Weiterentwicklung von Wirtschaft und Gesellß schaft leisten.
3. Das Nähere, insbesondere die Arten der zu fördernden Vorhaben, wird durch Verwaltungsvereinbarungen geregelt. Die Bereitstellung der Mittel bleibt der Feststellung in den Haushaltsplänen des Bundes und der Länder vorbehalten.
4. Veranlaßt der Bund Mehrausgaben oder Mindereinnahmen, die die Länder nur für einen kurzen Zeitraum oder nur einzelne Länder oder Gemeinden (Gemeinde-

verbände) belasten, und kann diesen die Mehrbelastung nicht zugemutet werden, so gleicht sie der Bund durch Finanzzuweisungen aus. Die Grundsätze der Vorteilsausgleichung sind anzuwenden.

5. Der Bund kann einem Land oder einer Gemeinde entsprechend Ziffer 4 auch Finanzzuweisungen zum Ausgleich einer unzumutbaren Mehrbelastung gewähren, die durch eine Naturkatastrophe, einen besonders schweren Unglücksfall oder einen anderen unverschuldeten Notfall entstehen.

5. Neufassung von Art. 105:

Art. 105 (neu) Steuergesetzgebungsrecht

1. Der Bund hat die Gesetzgebung über Zölle, Finanzmonopole und Steuern, soweit nicht nach Absatz 2 die Länder zuständig sind.

2. Die Länder haben die Gesetzgebung über die Abgabe der Spielbanken und über die örtlichen Verbrauch- und Aufwandsteuern, solange und soweit sie nicht bundesgesetzlich geregelten Steuern gleichwertig sind.

3. Die Gemeinden haben das Recht, im Rahmen der Gesetze Zuschläge zu den Realsteuern zu erheben.

6. Neufassung von Art. 106:

Art. 106 (neu) Verteilung des Steueraufkommens

1. Der Ertrag der Finanzmonopole und das Aufkommen folgender Steuern steht dem Bunde zu:

   1. die Zölle
   2. die Einfuhr-Umsatzsteuer
   3. die einmaligen Vermögensabgaben und die zur Durchführung des Lastenausgleichs erhobenen Ausgleichsabgaben
   4. die Abgaben im Rahmen der europäischen Gemeinschaften.

2. Das Aufkommen aller übrigen bundesgesetzlich geregelten Steuern steht dem Bund, den Ländern und den Gemeinden gemeinschaftlich zu.

3. Das Aufkommen der landesgesetzlich geregelten Steuern und Abgaben steht den Ländern oder nach Maßgabe der Landesgesetzgebung den Gemeinden (Gemeindeverbänden) zu.

4. Das Verhältnis, nach dem die Gemeinschaftssteuern auf Bund, Länder und Gemeinden aufzuteilen ist, wird einheitlich durch Bundesgesetz mit Zustimmung des Bundesrates festgesetzt. Bei der Festsetzung ist die Deckung der notwendigen Ausgaben des Bundes, der Länder und der Gemeinden sicherzustellen. Der Umfang der Ausgaben ist unter Berückscihtigung einer mehrjährigen Finanzplanung zu ermitteln.

5. Die Anteile sind neu festzusetzen, wenn sich das Verhältnis zwischen den Einnahmen und Ausgaben des Bundes, der Länder und der Gemeinden wesentlich anders entwickelt.

7. Neufassung des Art. 107:

Art. 107 (neu) Verteilung der Gemeinschaftssteuern auf Länder und Gemeinden

1. Der Länderanteil am Aufkommen der Gemeinschaftssteuern steht den Ländern im Verhältnis ihrer Einwohnerzahl zu. Dabei ist den besonderen Verhältnissen der Stadtstaaten und der Länder, die weniger als zwei Millionen Einwohner haben, durch eine höhere Wertung ihrer Einwohnerzahl Rechnung zu tragen. Das Nähere regelt ein Bundesgesetz, das der Zustimmung des Bundesrates bedarf.
2. Der Gemeindeanteil an den Gemeinschaftssteuern wird von den Ländern nach Maßgabe der Landesgesetzgebung, jedoch grundsätzlich im Verhältnis der Einwohnerzahlen, auf ihre Gemeinden verteilt.

8. Neufassung von Art. 108 Abs. 1:

Art. 108 Steuerverwaltung

1. Steuern und Abgaben, die nach Artikel 106 Absatz 1 dem Bunde zustehen, werden durch Bundesfinanzbehörden verwaltet (alles weitere unverändert).

Abschließend ist darauf hinzuweisen, daß diese Vorschläge kein untrennbares Paket sind und daher auch in Teilen, etwa ohne Neuordnung des vertikalen Finanzausgleichs oder ohne Einbeziehung der Gemeinden verwirklicht werden können. Insgesamt sollen sie jedoch der Diskussion um Alternativen zur Politikverflechtung eine hinreichend konkrete Grundlage bieten, die auf praktisch-politischer Erfahrung beruht.

Anmerkungen

1 Enquête-Kommission Verfassungsreform, Protokoll Nr. 6 Teil II S. 46 f.; Kom. Drs. 084 S. 2; Schlußbericht Kap. 11 TZ 3.3.1, 3.3.2, 4.4 und Kap. 12 TZ 3.1.

2 Scharpf, Reissert, Schnabel, Politikverflechtung, 1976; desgl. (Hrsg.), Politikverflechtung II, 1977; im folgenden zitiert „Pol. Verfl. I" und „Pol. Verfl. II". Siehe auch Wagener, DÖV 1978 S. 587, 591, und Kisker, DÖV 1978 S. 681, 691.

3 Gutachten über die Finanzreform (zit. „Gutachten") 1966, TZ 6.8.

4 Gutachten TZ 9.

5 Gutachten TZ 11, 12, 133.

6 Begründung der Regierungsvorlage des Finanzreformgesetzes, BT-Drs. V 2861, TZ 78, 79.

6a S. a. Wagener a.a.O. S. 591; Kisker a.a.O. S. 694.

7 Pol. Verfl. I S. 232, 233, 236; Heinsen, BT-Prot. V S. 11077; s. a. Anm. 1.

8 BVerfGE 39/96, 119, 124.

9 Pol. Verfl. I S. 218, 221 f.; Hesse in Pol. Verfl. II S. 6; Wollmann, ebda. S. 26.

10 Pol. Verfl. I S. 178/79.

11 Po.. Verfl. I S. 237/38; Kisker a.a.O. S. 693.

12 Pol. Verfl. I S. 236 f.; Wollmann in Pol. Verfl. II S. 27 f.; Scharpf ebda. S. 72/73; Reissert, Die finanz. Beteiligung des Bundes an Länderaufgaben, 1975, S. 65; Wagener a.a.O. S. 591; Kisker a.a.O. S. 693 f.

13 Pol. Verfl. I S. 151/52.

14 Bericht d. Bundesregierung über die Auswirkungen des KHG, BT-Drs. VII 4530 S. 9; Pol. Verfl. I S. 214; Kisker a.a.O. S. 694.

15 Pol. Verfl. I S. 232; Wollmann in Pol. Verfl. II S. 28; Kisker a.a.O. S. 696.
16 Pol. Verfl. I S. 221–223; Kisker a.a.O. S. 691 f.
17 Pol. Verfl. I S. 42 f., 54 f., 231; Reissert S. 76.
18 Pol. Verfl. I S. 63, 225 f.; Kisker a.a.O. S. 693.
19 Pol. Verfl. I S. 219; König in Pol. Verfl. II S. 80; Reissert S. 76; Kisker a.a.O. S. 692.
20 Pol. Verfl. I S. 225/26; Reissert S. 64.
21 Pol. Verfl. I S. 227/28; Reissert S. 65.
22 Die Starrheit des Verteilungsschlüssels zeigt sich auch daran, daß jetzt z. B. für die Ruhrsanierung wieder neue Wege außerhalb der Gemeinschaftsaufgabe gesucht werden.
23 König in Pol. Verfl. II S. 79; Hübler ebda. S. 52; Hinkel ebda. S. 95 f.; Kisker a.a.O. S. 693 f.
24 Hübler in Pol. Verfl. II S. 55.
25 Schlußbericht Kap. 11 TZ 5.3.2.
26 Berger in Pol. Verfl. II S. 119.
27 König in Pol. Verfl. II S. 77 f.; Scharpf ebda. S. 72/73; Berger ebda. S. 118 f.; Wagener a.a.O. S. 591; Kisker a.a.O. S. 692.
28 Kom. Drs. 071 S. 2 und 120 S. 10.
29 Anl. 3 zum Kom. Prot. Nr. 16.
30 Ausnahme allein der ÖPNV, wo jedoch ebenfalls eine Annäherung stattgefunden hat; s. Pol. Verfl. I S. 146 f.; Reissert S. 50 f.
31 Durchschnittswerte für 1975–78 ermittelt aus den Tabellen bei Reissert S. 30 f.
32 S. Tabelle 1.
33 Schlußbericht Kap. 9 TZ 5.3.
34 So noch Schäfer in Pol. Verfl. II S. 127.
35 Lehmbruch in Pol. Verfl. II S. 89.
35a Wagener a.a.O. S. 591; Kisker a.a.O. S. 694.
36 Pruns in Pol. Verfl. II S. 168.
37 Pol. Verfl. I S. 236.
38 Heinsen, Bundesrat Prot. 322. Sitzung S. 46.
39 Schlußbericht Kap. 11 TZ 5.3.
40 Zur „Systemplanung" s. Wahle, Rechtsfragen der Landesplanung u. Landesentwicklung, Bd. 1, 1977, S. 114 f.; ders. in AÖR 1978 S. 517; ferner Kisker a.a.O. S. 696; Wagener a.a.O. S. 590.
41 Meyer, Möglichkeiten u. Grenzen des Abbaus der Pol. Verfl., Dipl. Arbeit, Konstanz 1977 S. 109 f.
42 Lehmbruch in Pol. Verfl. II S. 89.
43 Gutachten TZ 101.
44 Schriftl. Bericht d. Rechtsausschusses, zu BT-Drs. V 3605 S. 8.
45 Entschließung d. Bundesrats vom 28.3.1969, BR-Drs. 155/1/69.
46 Schäfer, Kom. Drs. 120 S. 12 und 071 S. 7.
47 Heinsen, BR-Prot. V S. 9186, 11077.
48 Begründung der Regierungsvorlage des Finanzverfassungsgesetzes 1955; Schäfer, Kom. Drs. 120 S. 12; Reissert S. 79 f.; Schlußbericht Kap. 11 TZ 4.4.
49 Schäfer, Kom. Drs. 120 S. 11 und 071 S. 10.
50 Rietdorf, Kom. Drs. 100 S. 5.
51 Eine alte Forderung von Fr. Schäfer, s. Sondervotum in Schlußbericht Kap. 7, und in Pol. Verfl. II S. 130.
52 Kisker a.a.O. S. 696 weist zutreffend darauf hin, daß Politikverflechtung das politische Überleben der Länder stärker infrage stellt als eine Koordination allein durch den Bund.

Tabelle 1 Ist-Einnahmen der Länder 1977 (Steuern und Bundeszuschüsse)
Quelle: Finanzbehörde Hamburg

		BaWü	Bay	Bln	Bre	Hamb	Hes	NSa	NRW	RhPf	Saar	SchlH	11 Länder
1	Aufk. LSteuern	2 732	2 975	524	231	820	1 569	1 635	4 939	954	264	535	17 178
2	LAnteil E/Kst.	10 855	10 409	1 251	847	2 967	6 336	6 605	18 650	3 350	818	2 319	64 407
3	LAnteil USt	2 775	3 422	613	215	514	1 685	2 398	5 187	1 154	516	954	19 433
4	StEinn. vor FAusgl.	16 362	16 806	2 388	1 293	4 301	9 590	10 638	28 776	5 458	1 598	3 808	101 018
5	± FinAusgl.	–1 058	+ 399	–	+ 145	– 618	– 258	+ 929	– 358	+ 286	+ 211	+ 322	± 2 292
6	StEinn. n. FAusgl.	15 304	17 205	2 388	1 438	3 683	9 332	11 567	28 418	5 744	1 809	4 130	101 018
	BZusch. Art. 91 a												
7	Hochsch. Bau	107	152	68	8	18	87	80	380	47	9	35	991
8	Reg. WiFörd.	12	73		1	–	20	65	22	28	42	40	303
9	AgrarFörd.	166	302	1	7	8	92	279	149	103	10	128	1 245
	BZusch. Art. 104 a IV												
10	WohnBau	133	138	153	17	80	139	122	415	61	16	51	1 325
11	Städtebau	22	39	23	5	4	29	12	48	16	5	15	218
12	GemStraßenbau	140	172	25	11	33	91	73	293	55	16	45	954
13	ÖPNV	62	170	68	2	8	80	72	281	21	2	9	775
14	Krankenhausbau	143	159	33	13	31	79	98	245	61	16	37	915
15	Summe d. Einn.	16 089	18 410	2 759	1 502	3 865	9 949	12 368	30 251	6 136	1 925	4 490	107 744
	LAnteil Art. 104 a IV												
16	BAFÖG (35 %)	136	146	47	11	24	80	101	249	48	15	25	882
17	RVers. Behind. (50 %)	7	5	1	1	1	5	8	18	3	1	3	53
18	Wohngeld (50 %)	66	84	48	17	31	58	93	258	29	10	40	734
19	WoBauPrämien (50 %)	190	194	13	10	15	89	108	201	61	15	30	926
20	Summe	399	429	109	39	71	232	310	726	141	41	98	2 595
21	Zeile 15 – Zeile 21	15 690	17 981	2 650	1 463	3 794	9 717	12 058	29 525	5 995	1 884	4 392	105 149
22	Einw. 30.6.77	9 121	10 812	1 937	707	1 688	5 538	7 226	17 049	3 645	1 086	2 587	61 396
23	Einn. Z. 21 pro Einw.	1 720	1 663	1 368	2 069	2 248	1 755	1 669	1 732	1 645	1 735	1 698	1 713
24	in % des BDurchschn.	100,4	97,1	79,9	120,8	131,2	102,5	97,4	101,1	96,3	101,3	99,1	100

Tabelle 2 ***Auswirkung der Reformvorschläge***
(Ausgangswerte wie Tabelle 1)

Länderanteil an Gemeinschaftsteuern (Tab. 1 Zeile 21)	DM 105 149
+ Anteil Bundeszuschuß für Berlin	DM 1 740
	DM 106 889

Einwohnerwertung: Stadtstaaten 133 1/3, Saar 110.

Einwohner Bundesgebiet am 30.6.77		61 396	
Berlin	1 937 + 1/3 =	646 =	2 583
Bremen	707 + 1/3 =	236 =	943
Hamburg	1 688 + 1/3 =	563 =	2 251
Saarland	1 086 + 1/10 =	109 =	1 195
Summe gewertet:		62 950	

Einwohnerfaktor: DM 106 889 000 000 : 62 950 000 = DM 1 698,–

	BaWü	Bay	Bln	Bre	Hamb	Hes	Nds	NRW	RhPf	Saar	SchlH	11 Länder
Gewert. Einw.	9 121	10 812	2 583	943	2 251	5 538	7 226	17 049	3 645	1 195	2 587	62 950
LAnteil	15 487	18 359	4 386	1 601	3 822	9 404	12 270	28 949	6 189	2 029	4 393	106 889
LAnteil Tab. 1	15 690	17 981	2 650	1 463	3 794	9 717	12 058	29 525	5 995	1 884	4 392	106 889
Differenz	– 203	+ 378	+1 736	+ 138	+ 28	– 313	+ 212	– 576	+ 194	+ 145	+ 1	–
pro Einw.	1 698	1 698	2 264	2 264	2 264	1 698	1 698	1 698	1 698	1 868	1 698	1 741
do. Tab. 1	1 720	1 663	1 386	2 069	2 248	1 755	1 669	1 732	1 645	1 735	1 698	1 713
% vom BDurchschn.	97,5	97,5	130,0	130,0	130,0	97,5	97,5	97,5	97,5	107,3	97,5	100
do. Tab. 1	100,4	97,1	79,9	120,8	131,2	102,5	97,4	101,1	96,3	101,3	99,1	100

Bibliographie Friedrich Schäfer

Von *Klaus Bremer*

Eine Bibliographie Friedrich Schäfers muß notwendig eine Auswahl bleiben, sie muß sich auf seine schriftlichen Publikationen beschränken. Friedrich Schäfers Vorträge über parlamentarische, verfassungs- und innenpolitische Themen, seine Diskussionsbeiträge auf wissenschaftlichen Fachtagungen und Podiumsgesprächen, eine Reihe von Fernseh- und Rundfunkinterviews – auch für den Schul- und Jugendfunk – entziehen sich der Dokumentation im Rahmen einer Bibliographie ebenso wie seine Debattenbeiträge im Parlament.

Der Anspruch auf Ruhegeld im Arbeitsrecht (Diss.), Tübingen 1939.

Bundesministerium für Vertriebene (Hrsg.), Bericht der ECA Technical Assistance Commission für die Eingliederung der Flüchtlinge in die deutsche Bundesrepublik; Mitverfasser des Gesamtberichts u. Verfasser von Anhang VII: Die Untersuchung der Frage der wirtschaftlichen Eingliederung der Vertriebenen in den einzelnen Ländern der Bundesrepublik (S. 231–269), Bonn 1951.

BGB für die Polizei, Stuttgart 1952 ff.

Polizeihandbuch für Baden-Württemberg, 2 Bände, Kohlhammer Verlag (Hrsg., zahlreiche eigene Beiträge), 1. Auflage, Stuttgart 1956.

Zur Frage der gemeindlichen Finanzreform, in: Hochschule für Verwaltungswissenschaft Speyer (Hrsg.): Kommunale Finanzen, Stuttgart 1960, S. 65–76.

Zu Fragen der Notstandsgesetzgebung, in: Der ÖTV-Vertrauensmann Nr. 4/60, Deutsche Polizei Nr. 4/60.

Der Streit um das Notstandsrecht, in: Der ÖTV-Vertrauensmann Nr. 6/61.

Bundestag im kleineren Saal, in: Die Zeit Nr. 15/1963 vom 12.4.1963.

Die Probleme der inneren Sicherheit, in: Die Polizei: Rechtsstellung und Aufgaben im Alltag und in Krisenzeiten, Stuttgart 1963.

Finanzwissenschaft und Finanzpolitik, Festschrift für Erwin Schoettle (Hrsg.) mit Beitrag: Aufgabe und Arbeitsweise des Haushaltsausschusses des Deutschen Bundestages, S. 251–267, Tübingen 1964.

Das Notparlament, in: Recht und Politik 1965, Nr. 1/65.

Aufgaben der Parlamentsreform, in: Die Neue Gesellschaft 1965 (H. 3) S. 689–694.

Probleme einer Notstandsgesetzgebung, in: Otto-Suhr-Institut der Freien Universität Berlin (Hrsg.): Der Staatsnotstand, Berlin 1965, S. 240–250.

Die Beitragsentrichtung zur Rentenversicherung der Arbeiter seit deren Bestehen, in: Die Sozialversicherung 1965, S. 331–335.

Die Notstandsgesetze. Vorsorge für den Menschen und den demokratischen Rechtsstaat, Schriftenreihe Demokratische Existenz Heute, Köln und Opladen 1966.

Ums Geld der Parteien, in: Die Zeit Nr. 39/1966 vom 23.9.1966 (S. 5).

Der Bundestag. Eine Darstellung seiner Aufgaben und seiner Arbeitsweise, verbunden mit Vorschlägen zur Parlamentsreform. Köln und Opladen, 1. Auflage 1967, 2. erweiterte Auflage 1975, 3. neubearbeitete Auflage 1977.

Zur Frage des Wahlrechts in der Weimarer Republik, in: Staat, Wirtschaft und Politik in der Weimarer Republik, Festschrift für Heinrich Brüning, Berlin 1967, S. 119–140.

Sozialdemokratie und Wahlrecht. Der Beitrag der Sozialdemokratie zur Gestaltung des Wahlrechts in Deutschland, in: Verfassung und Verfassungswirklichkeit, Jahrbuch 1967, Teil 2, Köln 1967, S. 157–196, auch in: Bericht der SPD-Wahlrechtskommission, Bonn 1968.

Verfassungsprobleme einer Finanzreform, in: Recht und Politik 1967 (H. 2) S. 31–40.

Development of German Parliamentary System, in: United Asia 1967 (H. 6) S. 436–441.

Die Gemeinden vor weiteren Schulden schützen, in: Die Welt vom 12.9.1967.

Vorschläge zu einer Parlamentsreform, in: Die Neue Gesellschaft 1967, S. 112–128.

Vorschläge zu einer Parlamentsreform, in: Aus Politik und Zeitgeschichte, Beilage zur Wochenzeitung Das Parlament Nr. 1/67.

Besprechung von: Klaus Friedrich Arndt, Parlamentarische Geschäftsordnungsautonomie und autonomes Parlamentsrecht, in: Der Staat 1967 (H. 4) S. 399–400.

Ist die Zeit reif für ein funktionsgerechtes Wahlrecht? (S. 155–159),
Die Wahlprüfung zum 5. Deutschen Bundestag (zusammen mit Jürgen Jekewitz) (S. 237–256), in: Verfassung und Verfassungswirklichkeit, Jahrbuch 1968, Teil 2, Köln 1968.

Das Problem der Länderneugliederung unter dem Aspekt einer aufgabengerechten Verwaltungsstruktur der Länder im deutschen Bundesstaat, in: Neugliederung der Länder, Loccum 1968.

Sozialdemokratie und Wahlrecht. Ein Vorschlag zum Wahlrecht: Viererwahlkreise. in: Bericht der SPD-Wahlrechtskommission, Bonn 1968.

Wie ist der Einfluß der Verbände auf die Tätigkeit des Gesetzgebers zu beurteilen? in: Bundesvorstand des DGB (Hrsg.): Die Stellung der Verbände im demokratischen Rechtsstaat, Düsseldorf 1968, S. 45–59.

Kooperativer Föderalismus, in: Recht und Politik 1968, S. 59–60.

Noch ein Vorschlag zum Wahlrecht: Viererwahlkreise, in: Vorwärts vom 29.2.1968.

Bildungspolitik als gesamtstaatliche Aufgabe, in: Bildung und Politik 1968 (H. 3) S. 45.

Die Verhältniswahl im Viererwahlkreis, in: Der Wähler 1968 (Nr. 13/14) S. 7–10.

Erst Wirtschaft und Staatsfinanzen geordnet – jetzt die Finanzreform verwirklichen, in: Die demokratische Gemeinde 1968, S. 934–936.

Die Stellung des Staatsoberhauptes in Verfassung und politischer Praxis von Weimar und Bonn, in: Rheinischer Merkur vom 14. und 21. März 1969, auch in: 1919-1969: Parlamentarische Demokratie in Deutschland, Schriftenreihe der Bundeszentrale für politische Bildung, Heft 86, Bonn 1970, S. 55–67.

Verfassungsrevision in der Bundesrepublik Deutschland, in: Der Bürger im Staat 1970 (H. 2) S. 70–74.

Der Auftrag heißt: Aufgaben-Erfüllung! – Zur aktuellen Frage der Länderneugliederung, in: SPD-Pressedienst vom 21. August 1970.

Empfiehlt es sich, das Beamtenrecht unter Berücksichtigung der Wandlungen von Staat und Gesellschaft neu zu ordnen?, Verhandlungen des 48. Deutschen Juristentages 1970 in Mainz, Teil O, München 1971, S. 11–32.

Die Funktion von Bundesparteitagen im föderativen modernen Parteienstaat, in: Demokratisches System und politische Praxis der Bundesrepublik, Festschrift für Theodor Eschenburg, München 1971, S. 287–297.

Der Bundesgrenzschutz im Sicherheitssystem der Bundesrepublik, in: Die Parole, 1971, Nr. 4 vom 20. April 1971.

Geplante Politik und Verfassung – Die Enquête-Kommission des Bundestages an der Arbeit –, in: SPD-Pressedienst vom 5. Oktober 1971.

Abtreibung und Recht auf Leben – Ein Beitrag zur Diskussion um den § 218 StGB –, in: SPD-Pressedienst vom 10. November 1971.

Die Rolle des Bundesgrenzschutzes in der Sicherheitskonzeption für Bund und Länder, in: Der Grenzjäger 1971.

Überlegungen zur inneren Sicherheit, in: input – das deutsche bildungsmagazin 1972 (Nr. 7) S. 4–5.

Aktuelle Probleme des Föderalismus, in: Verfassung und Verfassungswirklichkeit, Jahrbuch 1972, Teil 2, Köln 1972, S. 22–42.

Überlegungen zur Verwaltungsforschung und Verwaltungsreform, in: Schriftenreihe des Verein für Verwaltungsreform und Verwaltungsforschung Bonn 1972, Nr. 1, S. 7–23.

Radikalismus und Beamtentum, in: Die demokratische Gemeinde 1972, Nr. 1, S. 23–24.

Die ‚dritte Säule' ist noch zu schwach, in: Die demokratische Gemeinde 1972, Nr. 2, S. 101–102.

Beispiel Umweltschutz – Vorteile eines Hearings, in: Umwelt Nr. 1/1972, S. 25–26.

Das Verursacherprinzip in der Umweltschutzpolitik, in: Umwelt Nr. 2/1972, S. 4–6.

Modernes Dienstrecht, in: Einheitliches Recht für Arbeiter, Angestellte und Beamte – eine Forderung unserer Zeit, Düsseldorf 1972.

Innere Sicherheit, in: Das Parlament, Sondernummer 1972.

Ohne Planung geht es nicht – Erste Ergebnisse der Enquête-Kommission Verfassungsreform, in: SPD-Pressedienst vom 29. Februar 1972.

Grundgesetzreform und Gemeindeverfassung, in: Die demokratische Gemeinde 1973, S. 12–14.

Beiträge zum Zwischenbericht der Enquête–Kommission Verfassungsreform des Deutschen Bundestages, in: Zur Sache Nr. 1/73
– Überlegungen zu Art. 38 GG, S. 120–123, 125–127
– Vorschläge zu Fragen der Parlamentsauflösung und zur Beendigung der Wahlperiode, S. 141–144.

Scheitert die EWG-Solidarität am deutschen Föderalismus? – Einheitliche Gemeinschaftsregelungen können in der Länderkompetenz wieder zersplittern, in: Europa-Union Juni 1973, S. 3 u. 5, auch in: Die Neue Gesellschaft 1973, S. 313–319.

Das Bild und die Aufgabe der Polizei in einer sich wandelnden modernen Gesellschaft, in: Festzeitschrift des Bezirksverbandes Bundeskriminalamt der Gewerkschaft der Polizei 1973, S. 27–33.

Verfassungsreform: schwierige aber reizvolle Aufgabe – Föderativer Aufbau der Bundesrepublik im Mittelpunkt, in: SPD-Pressedienst vom 6. Juni 1973.

Weiterentwicklung eines neuen Staatsrechtsinstituts – Zu den Rechtsverhältnissen der Parlamentarischen Staatssekretäre –, in: SPD-Pressedienst vom 18. Dez. 1973.

Bundesstaatliche Ordnung als politisches Prinzip, in: Verfassung u. Verfassungswirklichkeit, Jahrbuch 1974: Schwerpunkte im Kräftefeld von Bund und Ländern, Köln 1975, S. 1–24.

Entspricht die verfassungsmäßige Ordnung dem eingetretenen Wandel der kommunalen Selbstverwaltung? in: Die demokratische Gemeinde 1974, S. 1049–1053.

Der Untersuchungsausschuß: Kampfstätte oder Gericht?, in: Zeitschrift für Parlamentsfragen 1974, S. 496.

Das Untersuchungsverfahren als Kampf? – Widersprüchliche Vorstellungen der CDU/CSU –, in: SPD-Pressedienst vom 12. Juni 1974.

Volksentscheide in zwei Bundesländern – Gedanken zum Thema Neugliederung der Länder –, in: SPD-Pressedienst vom 7. Januar 1975.

Das Wort hat jetzt der Gesetzgeber – Regierung muß Bundestag Neugliederungsgesetz vorlegen –, in: SPD-Pressedienst vom 23. Januar 1975.

Zur Stellung des Präsidenten des Bundesrechnungshofes, in: Verfassung, Verwaltung, Finanzkontrolle, Festschrift für Hans Schäfer zum 65. Geburtstag, Köln 1975, S. 147–167.

Bundesstaatliche Ordnung als politisches Prinzip, in: Aus Politik und Zeitgeschichte, Beilage zur Wochenzeitung Das Parlament Nr. 17/75.

Sondervoten zum Abschlußbericht der Enquête-Kommission Verfassungsreform des Deutschen Bundestages, in: Zur Sache Nr. 3/76
– Zum parlamentarischen Mandat: S. 84–87
– Zum Abschnitt Untersuchungsausschüsse: S. 159–165
– Zum Kapitel Bundesrat: S. 226–228.

Die Ausschußberatung im Deutschen Bundestag als Teil des politischen Entscheidungsprozesses, in: Form und Erfahrung – ein Leben für die Demokratie, Festschrift für Ferdinand A. Hermens, Berlin 1976, S. 99–116.

Innere Sicherheit im demokratischen und sozialen Rechtsstaat, in: Die Polizei in Baden-Württemberg, Nr. 9/1976.

Enquête-Kommissionen. Stellung, Aufgaben, Arbeitsweise, in: Der Bundestag von a–z, Bonn 1976.

Behutsame Weiterentwicklung der Verfassung, in: Die demokratische Gemeinde, 1976, S. 841–845.

Verfassungstreue im öffentlichen Dienst, in: Aus Politik und Zeitgeschichte, Beilage zur Wochenzeitung Das Parlament Nr. 25/76.

Bevölkerungswille wird berücksichtigt – Zeitgemäße Lösung des Neugliederungsproblems –, in: SPD-Pressedienst vom 7. Juli 1976.

Mehr Mitwirkungsrechte für den Wähler. – Weitreichende Vorschläge der Enquête-Kommission Verfassungsreform –, in: SPD-Pressedienst vom 30. Juli 1976.

Der Bundesrat des Grundgesetzes – Notwendige Korrektur einer ominösen Propagandaschrift –, in: SPD-Pressedienst vom 13. Januar 1976.

Zwei Bundestage in Bonn – Über die Problematik Neuwahl und Zusammentritt des Parlaments, in: SPD-Pressedienst vom 20. Febr. 1976.

Grundprinzipien für die Verfassungsorgane – Entgegenwirkungen können nicht ohne Folgen bleiben, in: SPD-Pressedienst vom 8. Dezember 1976.

Verfassungsreform: Alternative zur Politikverflechtung? in: Fritz W. Scharpf u. a. (Hrsg.), Politikverflechtung II, Kronberg/Taunus 1977, S. 123–132.

Die Stellung der Gemeinden im Sozialstaat, in: K. H. Naßmacher (Hrsg.), Kommunalpolitik und Sozialdemokratie, Bonn 1977, S. 166–178.

Fragen der bundesstaatlichen Ordnung: Bund – Länder – Europa, in: Schäfer/Lenz/Busch/Kretschmer/Zeh: Neue Herausforderungen an Politik und Verfassung, Anmerkungen zum Schlußbericht der Enquête-Kommission Verfassungsreform des Deutschen Bundestages, Aus Politik und Zeitgeschichte, Beilage zur Wochenzeitung Das Parlament Nr. 28/77.

Zur Rechtsprechung von Verwaltungsgerichten – Überforderung oder Anmaßung? in: Loccumer Protokolle Nr. 17/1977, S. 13–34.

Federalism As A Political Principle, in: Law and State Vol. 17, S. 91–118.

Was darf die Regierung dem Wähler sagen? – Neue Kriterien für die Öffentlichkeitsarbeit der Bundesregierung und der Landesregierungen –, in: SPD-Pressedienst vom 3. März 1977.

Damit die Entscheidungen tragfähiger werden. – Mehr parlamentarische Verantwortung für Kernkraftwerke –, in: SPD-Pressedienst vom 29. Juli 1977.

Zum Stellenwert von Bürgerinitiativen, in: SPD-Pressedienst vom 28. Juni 1977.

Bundesstaat oder Staatenbund? – Zur Eigenstaatlichkeit der deutschen Bundesländer, in: Die Neue Gesellschaft Nr. 3/1978, S. 172–177.

Besprechung von: Karl-Heinz Seifert, Die politischen Parteien im Recht der Bundesrepublik Deutschland, in: Der Staat 1978, S. 454–456.

De bescherming van het democratisch fundament van de Bondesrepubliek Duitsland, in: Burengerucht – Opstellen over Duitsland, Deventer (Niederlande) 1978.

Bürgerinitiativen in unserer Verfassungsordnung, in: Der Gemeinderat 1978 H. 11/1978.

Wenn Christen politische Gegner sind – CDU-Grundsatzprogramm: das Christentum als Grenze zwischen den politischen Parteien? in: Vorwärts vom 23. Nov. 1978.

Neue Wege sind richtig: Parlamentarisches Untersuchungsrecht funktionsfähig erhalten, in: SPD-Pressedienst vom 1. März 1978.

Politische Verantwortung verlangt Entscheidungsbefugnisse, in: SPD-Pressedienst vom 10. Nov. 1978.

Die Verantwortung der Länder und des Bundes für die innere Sicherheit der Bundesrepublik Deutschland, in: Das Polizeiblatt für das Land Baden-Württemberg, H. 1/79.

Die Stellung der Verbände in der Demokratie aus der Sicht der politischen Praxis, in: Ulrich v. Alemann (Hrsg.), Verbände und Staat, Opladen 1979, S. 187–198.

Neue Generation im Bundestag, in: Deutsche Tagespost vom 23. März 1979.

Die schwierige Land-Bund-Ehe. Die Zukunft liegt im eigenwilligen Miteinander, in: Nürnberger Zeitung vom 5. Mai 1979.

Eine freiheitlich demokratische Grundordnung wurde geschaffen – 30 Jahre Grundgesetz der Bundesrepublik, in: Auslandskurier H. 5/79.

Fragen der Parlamentsreform, in: Vorwärts vom 5. Juli 1979 (Nr. 28).

Verantwortung für die Funktionsfähigkeit, in: Das Parlament Nr. 11 vom 18. Aug. 1979.

GPSR Compliance

The European Union's (EU) General Product Safety Regulation (GPSR) is a set of rules that requires consumer products to be safe and our obligations to ensure this.

If you have any concerns about our products, you can contact us on ProductSafety@springernature.com

In case Publisher is established outside the EU, the EU authorized representative is:

Springer Nature Customer Service Center GmbH
Europaplatz 3
69115 Heidelberg, Germany

Batch number: 10809468

Printed by Printforce, the Netherlands